개정판

기업경영과
E-BUSINESS

윤한성 / 박준철 / 정기호

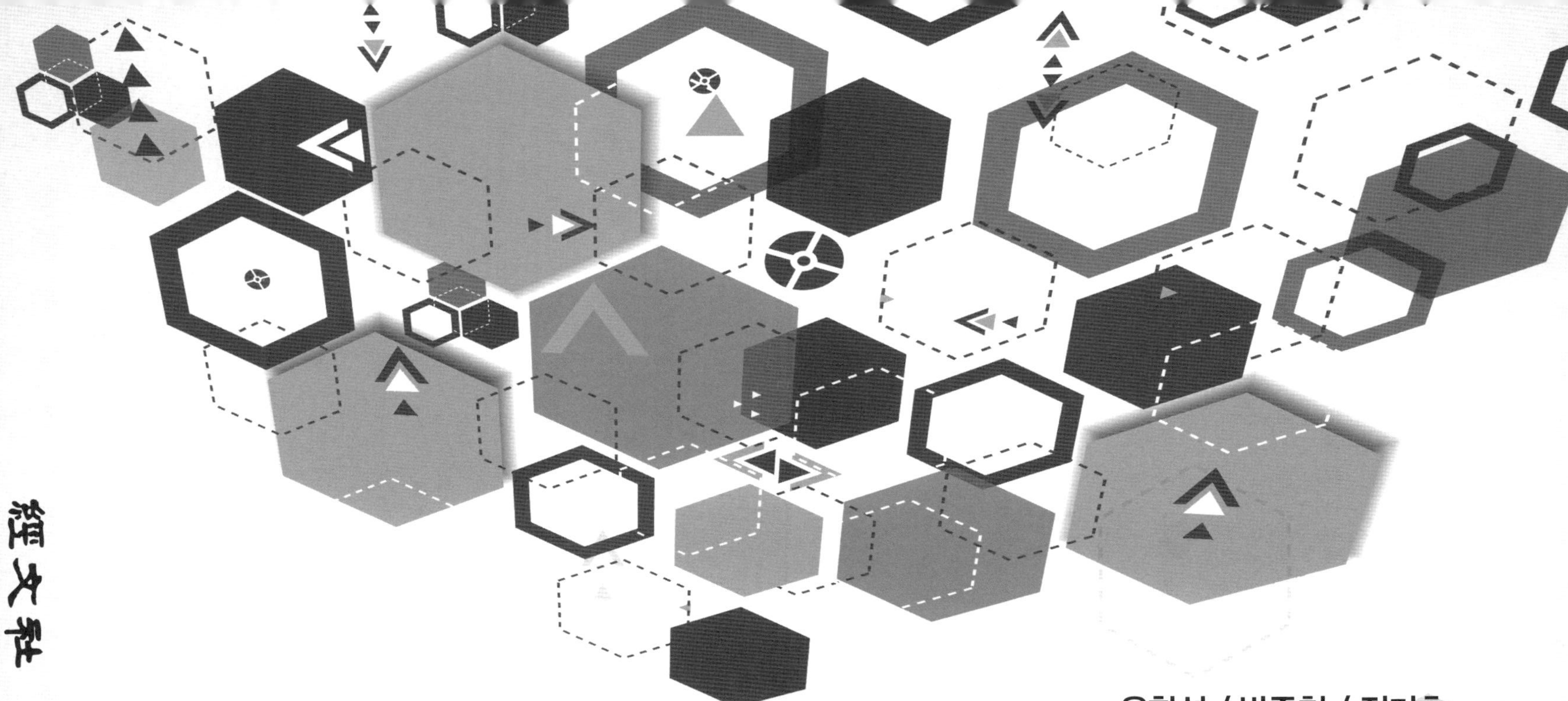

經文社

머리말

1990년대 중반 인터넷 웹을 통해 출현하기 시작한 전자쇼핑몰이나 검색서비스 등과 함께 인터넷의 상업적 활용이 시작된 이래, 기업의 인터넷 응용은 전자상거래 또는 e-비즈니스의 제 분야에서 다양하게 발전해 가고 있다. e-비즈니스 분야는 기업의 제반 경영기능 또는 이를 구성하는 경영활동의 기반을 구성하고 있다. 기업경영의 가능자(enabler)로서, 전략적 수단으로서, 또는 새로운 사업의 돌파구로서 e-비즈니스가 가지는 잠재성은 다른 경영자원 또는 경영환경 요소에 비하여 응용분야와 중요성이 넓고 크다고 할 수 있다.

e-비즈니스가 가지는 가능성과 중요성으로 인해 경영학 분야에 속하는 대학이나 학과를 비롯해 여러 대학이나 학과에서 e-비즈니스는 독립된 과목으로 강의되고 있다. 정보시대에 e-비즈니스 분야가 기업경영의 제반 요소와 밀접한 관계를 가진다고 할 때, 기업경영의 제반 개념과 e-비즈니스를 서로 연계하여 정리하는 것은 필요한 것으로 판단된다. 독립적으로 나누기 어려운 기업경영과 e-비즈니스의 두 분야를 밀접하게 통합하여 정리하거나 또는 두 분야를 적절히 병행하여 정리하는 것은 여러 측면에서 필요하다. 본서는 이러한 목적에서 시도한 바가 크다.

이와 같은 지향점에서 본서는 크게 기업경영과 e-비즈니스의 두 분야로 구성하였다. 기업경영 분야에서는 기업경영의 구성과 접근방식, 전략 및 전략경영 경영계획과 통제, 경영조직과 지휘 등 기업경영의 기본개념 또는 기본 방식에 관하여 정리하였다. 그리고 e-비즈니스 분야는 e-비즈니스의 개념과 발전과정, e-비즈니스 분야에서 다루어지는 마케팅, 고객관계관리, 공급망관리, 물류, e-비즈니스 지불처리 및 구현기술 등을 정리하였다.

기업경영에 필요한 공통적인 지식에 대해 기업의 입장에서 가급적 실무적으로 필요한 개념을 전달하고, 기업경영의 배경지식이 e-비즈니스분야에서 직접 또는 간접적인 도움이 되는 데 본서의 목적이 있다. 또한 e-비즈니스 분야에 관심이 많은 독자가 실제 비즈니스의 기본개념이 되는 기업경영의 기초분야를 이해하고 중요성을 인식하는 데 도움이 될 수 있다. 본서가 유익할 것으로 고려되는 독자층으로는 학부에서의 전공에 관계없이 e-비즈니스 분야의 기업에 관심을 가지는 대학생 또는 예비창업인 등이 될 수 있다.

본서는 준비과정 또는 집필에 충분한 시간이 허용되지 않음으로 해서 필자들이 의도한 대로 만족하게 집필되지 않은 여러 아쉬운 점들이 있다. 앞으로 지속적으로 보완해 감으로써 본서에서 의도했던 지향점을 이루어 가기로 한다. 끝으로 여러모로 어려운 여건에서 본서가 정리되는 데 도움을 준 경문사 한헌주 사장님, 김재홍 부장님 그리고 편집부 관계자분들에게 감사드립니다.

2015년 1월

저자 일동

차례

01 기업경영의 구성과 접근방식

02 전략 및 전략경영

03 경영계획과 통제

04 경영조직 및 지휘

05 e-비즈니스

06 e-CRM

07 e-SCM

08 e-ERP

09 e-비즈니스 콘텐츠관리

10 e-비즈니스 유통관리

11 e-비즈니스 지불관리

12 e-비즈니스 기술

01

기업경영의 구성과 접근방식

제1절 기업경영의 구성

제2절 기업경영에 대한 접근방식

기업경영(corporate management)은 기업형태에 따라 수행에 필요한 구성요소 및 구성요소들 간의 중요도 순위가 다르게 평가될 수 있으며 접근방식도 다양할 수 있다. 본 장에서는 기업경영의 구성요소와 오랜 기간 발전해 온 기업경영에 대한 여러 기본적인 접근방식에 대하여 살펴보기로 한다.

제1절 기업경영의 구성

일반적으로 경영의 대상은 기업뿐만 아니라 국민경제의 구성단위를 이루는 정부, 가계, 기업, 공공기관 등과 같은 모든 개별 경제주체가 포함될 수 있다. 그런데 기업경영으로 범위를 축소하는 경우에는 개별 기업이 그 대상이 되며, 기업의 주어진 목표를 달성하기 위해 필요로 하는 기업형태, 경영프로세스, 기능의 구성 등이 기업경영(corporate management)의 주요 구성요소가 된다고 할 수 있다. 즉 기업경영이란 기업을 대상으로 목적한 성과를 이루기 위하여 자원의 사용에 대해 계획하고(planning), 조직화하고(organizing), 지휘하고(leading), 통제하는(controlling) 과정이라고 할 수 있다. 기업경영의 구성은 여러 각도에서 정리될 수 있으나 기업의 환경과 설립형태, 경영자의 유형과 역할, 경영 프로세스, 경영 기능요소의 분야에서 살펴보면 다음과 같다.

1.1 기업의 환경과 설립형태

기업은 시장경제체제 하에서 자원, 노동, 자본 등의 생산요소를 활용하여 제품이나 서비스를 생산하고 생산된 결과를 필요로 하는 개인이나 단체에 제공하여 영리추구를 영위하는 경제주체이다. 이러한 기업의 설립은 규모, 소유방식 등에 따라 여러 형태를 가질 수 있으며, 주어진 환경에 적응하고자 전략을 가지고 존속과 성장을 지향한다고 할 수 있다.

(1) 기업의 환경과 적응

경쟁우위와 수익성의 확보를 위한 전략수립을 위하여 제반 경영활동에 지

그림 1-1 | 기업환경의 분류

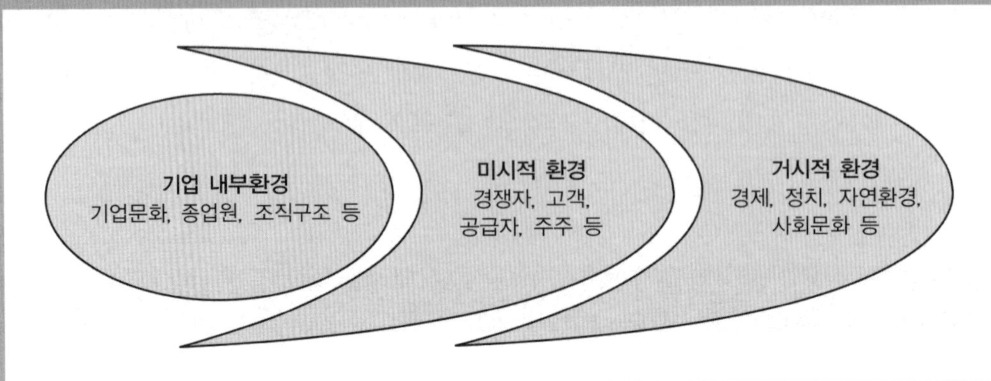

속적으로 영향을 미치는 환경을 체계적으로 인식하는 것이 필요하다. 일반적으로 기업의 환경은 기업의 내부환경과 외부환경으로 나눌 수 있고, 외부환경은 거시적 환경과 미시적 환경으로 나누기도 한다. 내부환경은 기업문화, 종업원, 조직구조 등과 같은 기업의 내적인 요인들을 의미하며, 외부환경은 조직의 외부에서 기업경영의 기회 또는 위협이 되는 각종 환경요인들을 뜻한다. 거시적(macro) 환경이란 기업에 대해 간접적이고 장기적으로 영향을 끼치는 광범위한 외부요인으로서 경제적, 정치적, 사회문화적, 자연적인 환경들이다. 미시적(micro) 환경은 기업의 경영활동에 직접적이고 단기적으로 영향을 미치는 요인들로서 경쟁자, 공급자, 소비자, 주주, 지역사회 등으로 이루어지는 환경을 뜻한다.

기업은 환경에 적응하여 존속과 성장을 유지하기 위해서는 당면한 환경을 분석하고 판단하여 적절한 전략을 수립하고 실행해야 한다. 기업의 전략은 기업 전체의 전략, 기업을 구성하는 사업부별 전략, 생산·재무, 연구개발, 인력관리 등의 기능별 전략 등과 같이 전략의 수준(level)을 구분할 수 있고, 장기·중기·단기 등과 같이 기간별로 수립할 수 있다. 최근에는 인간의 자연환경에 적응하는 형태의 생태경영 또는 녹색경영, 기업의 사회적 책임(CSR: corporate social responsibility), 윤리경영 등과 같이 기존의 단순한 영리추구와 차별되는 형태의 적응과정에 관심이 쏠리고 있다.

그림 1-2 | 기업의 설립형태 분류

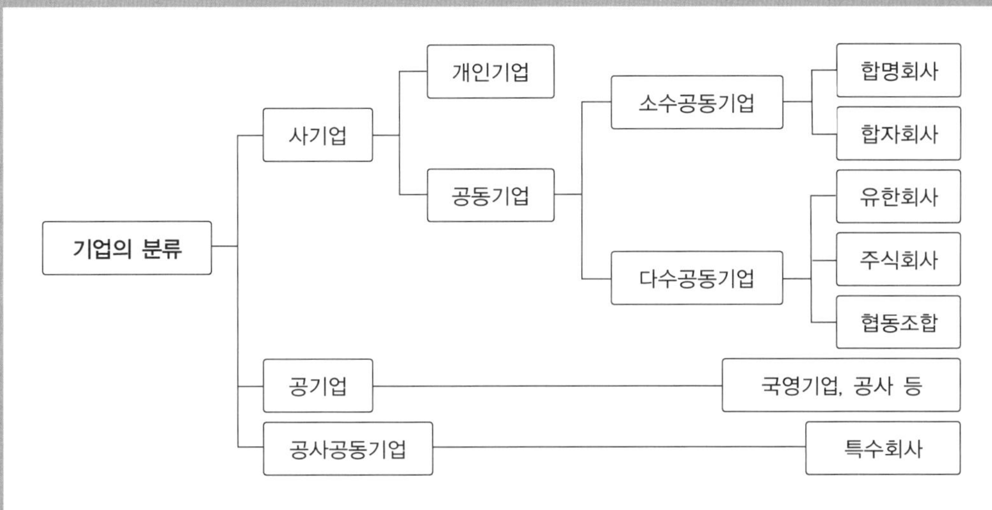

(2) 기업의 설립형태

기업의 형태를 분류하는 기준으로 규모, 업종, 출자성격, 법률, 소유방식 등에 따라 〈그림 1-2〉와 같이 분류할 수 있다. 매출액, 자본금, 자산규모 등의 기업규모에 따라 대기업과 중소기업으로 나눌 수 있다. 업종에 따라 금융업, 통신업, 상업, 광업 등으로 나눌 수 있다. 출자자의 성격에 따라 민간이 소유하고 운영하는 민간기업, 정부나 공공단체가 출자한 공기업, 민간과 정부 또는 공공단체가 공동으로 출자한 공사공동기업 등으로 분류된다. 상법 등의 규정에 따라 개인기업, 합명회사, 유한회사, 주식회사 등으로 분류된다. 소유방식에 따라 개인기업과 공동기업으로 나눌 수 있다.

1.2 경영자의 유형과 역할

(1) 경영자의 유형

경영자 또는 관리자의 유형은 크게 기업의 운영 및 지배구조(operation & governance) 또는 계층(level)에 따라 분류할 수 있다. 운영 및 지배구조에 따라 ① 기업의 설립자본 제공자가 경영을 수행하는 소유경영자, ② 기업규모의 확대에 따라 소유경영자가 고용한 경영자로서 일정범위의 권한과 책임을 위양받아 소유주의 방침을 수행하는 고용경영자, ③ 경영에 대한 전문적인 지식을 가지고 독자적인 권한과 책임을 가지고 기업을 경영하는 전문경영자로 나눈다. 그리고 계층에 따라서는 ① 최고경영자(top manager), ② 중간경영자(middle manage), ③ 하위경영자(lower manager)로 나눌 수 있다.

한편 기업조직의 기능특성에 따라 ① 기업의 기본적인 상품이나 서비스의 생산에 직접 기여하는 라인경영자(line manager), ② 라인(line)의 기능에 대해 전문적인 지식을 가지고 분석 및 지원을 수행하는 스탭경영자(staff manager)로 나눌 수 있다. 그리고 관리범위에 따라 ① 재무, 마케팅, 생산, 인사 등 하나의 특정 분야만을 관리하는 직능경영자(functional manager), ② 여러 분야의 직능을 포함하는 복잡한 조직을 관리하는 전반경영자(general manger)로 나누기도 한다.

(2) 경영자의 역할과 기술

경영자의 역할은 다음의 인간관계 역할, 정보관련 역할, 의사결정 역할로 나눌 수 있다.

① **인간관계 역할(interpersonal role)** : 대외적으로 조직의 대표자(figurehead), 종업원을 고용하고 훈련시키며 동기부여를 수행하는 리더(leader), 조직 내·외부를 연결하는 연락자(liaison) 등의 역할이며, 경영자와 타인간의 관계에서 이루어진다.

② **정보관련 역할(informational role)** : 조직 내·외부로부터 기업경영에 필요한 각종 정보를 청취하고(monitor), 이를 조직구성원에게 전달하며(disseminator), 조직의 의견을 대변하는(spokesman) 역할을 수행한다.

③ **의사결정 역할(decisional role)** : 새로운 사업을 제안하거나 검토하는 기업가(entrepreneur), 돌발상황에 대한 문제해결 방안의 제시 또는 수행(disturbance handler), 기업 내·외부 자원을 적소에 할당하는 자원배분자(resource allocator), 조직을 대표하여 외부와의 협상자(negotiator) 역할을 의미한다.

그리고 경영자가 가져야 하는 기능(skill)을 크게 개념적 기능, 인간적 기능, 기술적 기능으로 나누기도 한다. 개념적인 기능(conceptual skill)은 조직 전체

그림 1-3 경영자의 계층에 따른 기능의 중요도

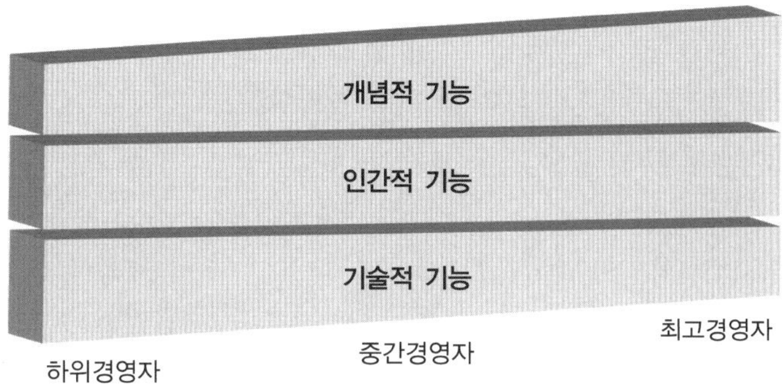

와 환경여건과의 상호관계성에 대해 분석적으로 사고하고 종합적인 문제해결을 수행하는 기능을 뜻한다. 인간적인 기능(human skill)은 조직구성원들과의 인간관계 및 커뮤니케이션을 원활히 유지하여 조직을 효과적으로 이끌어 가는 기능이다. 그리고 기술적 기능(technical skill)은 전문지식을 통해 숙달된 전문적 업무를 효율적으로 수행하는 기능이다. 〈그림 1-3〉과 같이, 최고경영자에게는 개념적 기능이 중요한 반면, 하위경영자는 기술적 기능이 상대적으로 중요하다.

1.3 경영프로세스

경영프로세스, 즉 경영과정은 성과를 이루기 위하여 자원의 사용을 계획하고(planning), 조직화하고(organizing), 지휘하고(leading), 통제하는(controlling) 기능으로 구성된다고 할 수 있다. 계획은 기업경영의 첫 번째 과정이며, 기업의 목표(objective)를 성취하기 위해 의도되는 수단을 사전에 결정하는 과정이라고 할 수 있다. 조직화는 수립된 계획을 실행하기 위하여 기업 구성원 각각의 직무와 직무간 상호관계를 설정하는 것이며, 지휘는 구성원 각자가 주어진 직무를 실행할 수 있도록 업무에 열중하도록 격려하고 선도하는 과정이다. 그리고 통제는 단위 조직, 기능, 개인 등의 성과를 측정하고, 원하는 결과를 확보하기 위해 행동을 취하는 과정을 의미한다.

그림 1-4 | 기업경영 프로세스의 4가지 기능

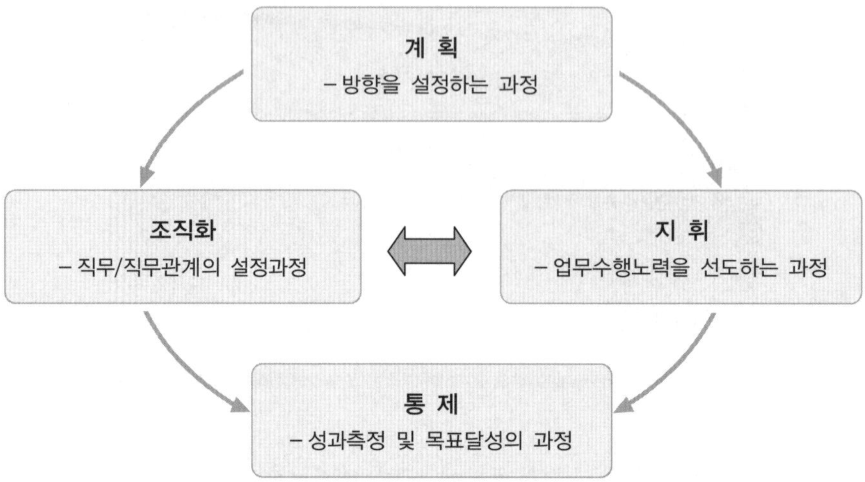

1.4 경영기능 요소

기업의 형태나 업종에 따라서 전략의 실행을 위해 다양한 기능들이 필요하다. 전통적으로 재무, 생산, 회계, 마케팅, 인적자원관리 등의 기능들이 경영기능의 주요 요소들이며, 보통 경영학 각론으로 다루고 있다. 경영정보, e-비즈니스, 글로벌 경영 등도 기업경영의 정보화와 국제화와 더불어 중요한 경영기능으로 강조되고 있다.

제2절 기업경영에 대한 접근방식

본 절에서는 기업경영에 대해 가능한 접근방식들을 변천과정에 따라 고전적인 접근방식, 행위론적 접근방식, 계량적 접근방식, 현대의 접근방식 등으로 나누어 다음과 같이 살펴보기로 한다.

2.1 고전적 접근방식

기업경영을 어떻게 수행할 수 있는가에 대한 접근방식 중에서 가장 오래된 방식으로 볼 수 있는 고전적인 접근방식은 사람의 행동이 이성적(rational)으로 이루어진다는 기본 가정 하에 시도되었다고 할 수 있다. 고전적 접근방식은 크게 과학적 경영(scientific management)과 대량생산방식, 관리적 원리(administrative principles), 관료적 조직(bureaucratic organization) 등의 3가지 방식으로 요약된다.

(1) 과학적 경영(scientific management)과 대량생산방식

과학적 경영은 미국 경영이론의 시조 또는 과학적 경영의 아버지로 불리는 Taylor의 1911년 출간된 『과학적 경영의 원리(*The Principles of Scientific Management*)』라는 서적을 통해 정리된 방식이다. Taylor는 종업원들이 명확하고 정해진 규격 없이 자신만의 방식으로 업무를 수행하며, 이는 결국은 실제 역량(capacity)보다 낮은 성과 및 효율성을 초래한다고 생각하였다. 이를 해결하기 위해 Taylor는 생산성(productivity)을 향상시킬 방법으로 '시간연구(time study)'의 개념을 사용하였는데, 그 목적은 어떤 직무(job)에서도 필요로 하는 기본적인 동작(motions)과 과업(tasks)을 분석하고 그것들을 수행하기 위한 가장 효율적인 방법을 개발하고자 하는 것이었다. 이러한 동작과 과업으로 구성되는 직무별 요구사항(job requirement)은 적절한 업무지시, 작업지원, 금전적 보상 등의 형태로 직원의 훈련 및 감독자의 지원과 연계되었다. 이러한 접근방식이 Taylor의 과학적 경영으로 알려져 있으며, 다음의 4가지 실행원칙을 포함한다.

① 모든 직무(job)에 대해 동작규칙(rules of motion), 표준화된 작업방식, 적절한 작업조건 등을 포함하는 과학적 표준의 개발
② 직무별로 적합한 재능을 갖춘 직원을 선발
③ 직무수행을 위한 세심한 직원훈련 및 과학적 표준의 수행에 대한 적절한 보상
④ 세심한 작업설계와 작업수행에 열중할 수 있도록 감독 및 지원

첫 번째 원칙에 포함되는 '동작연구(motion study)'는 직무나 과업의 수행에서 기본적인 육체적 동작들을 선정하여 낭비적인 동작을 제거하고자 하는 것이다. Taylor와 동시대의 인물인 Gilbreth 부부는 동작연구 분야를 경영도구로써 개척하였으며, Gilbreth 부부의 성과는 직무단순화, 작업표준, 성과급 계획 등과 같이 현대 작업관리의 기초를 마련하였다.

Taylor의 과학적 경영에 의한 접근방식(Taylorism)을 바탕으로 Henry Ford는 동시관리에 의한 대량생산시스템의 특징을 가지는 Ford 시스템(Fordism)으로 발전시킨다. Taylor의 과학적 관리법이 개별 작업의 능률을 향상시키기 위하여 작업자 개개인의 과업관리를 시도한 데 반하여, Ford 시스템은 Ford 자동차 공장에서 기계화된 컨베이어 시스템에 의해 전체 작업조직을 합리화하여 대량생산을 가능케 한 획기적 방법이었다. 이는 작업장 전체가 동시에 작업을 시작하고 관리되며 동시에 정지하는 동시관리의 시작이었다. 또한 Ford 시스템은 컨베이어 벨트 등을 포함한 대규모 투자, 작업의 세분화와 분업화, 작업장 전체를 관리하는 간접부문의 탄생 등을 가져왔다. 급격한 생산성의 증대를 가져온 대량생산시스템의 특징을 가지는 Ford 시스템은 비록 형태가 많이 달라지고 변형되었지만 오늘날 세계적 대기업들과 수많은 체인 사업들의 근간에 자리 잡고 있다.

Ford의 대량생산방식으로 인해 거대해진 사업규모를 체계적으로 조직화할 수 있는 사업부제라는 경영체제 방식이 GM(General Motors)의 Alfred P. Sloan에 의해 구축되었는데, 이는 대량생산방식에 필요한 많은 수의 사업체를 전문적으로 관리할 수 있는 효율적인 방법이었다. Ford가 만든 대량생산방식을 Sloan이 발전시켜 오늘날의 대량생산방식이라고 부르는 모습을 갖추게 된 것이다.

(2) 관리적 원리(administrative principles)

성공한 경영자의 경험을 정리하고 이해하는데 기초한 방식으로서, 이 분야를 정립한 대표적인 인물로 Henri Fayol과 Mary Parker Follett를 들 수 있다. 특히 Fayol은 경영이 학습된다고 보고, 경영의 질(quality of management)을 향상 또는 경영활동의 지도를 위한 여러 원리들을 제안하였다. Fayol은 1916년 그의 저서(Administration Industrielle et Générale)를 통해 경영의 5가지 규칙

(rule) 또는 의무(duty) 사항을 다음과 같이 열거하였는데, 이는 오늘날 경영프로세스를 구성하는 요소인 계획(planning), 조직화(organizing), 지휘(leading), 통제(controlling) 등과 유사하다.

① 계획(foresight) : 미래의 실행계획을 수립
② 조직(organization) : 계획을 구현할 수 있는 자원을 제공 또는 조달
③ 지휘(command) : 계획에 적절한 업무수행을 위해 종업원을 리드(lead), 선택(select), 평가(evaluate)
④ 조정(coordination) : 다양한 업무수행의 결합, 정보공유와 문제해결에 필요
⑤ 통제(control) : 계획의 실행에 필요한 적절한 조치를 실행

Fayol이 제안한 내용들과 같은 맥락에서 1937년 Luther Gulick이 POSDCORB(planning, organizing, staffing, directing, coordinating, reporting, budgeting)라는 관리과정을 제안하기도 하였으며, 1950년대 H. D. Koontz와 C. O'Donnel이 경영프로세스를 계획, 조직, 충원, 제시, 통제의 다섯 가지 기능으로 제시하였다. 경영관리의 프로세스는 경영의 제반 활동에 필요한 결정을 계획으로써 실체화하고 이를 실행하며, 실행의 결과와 계획을 비교함으로써 이를 통제할 수 있을 때 그 효과가 기대된다. 다시 말해서 경영프로세스는 가장 간단하게는 계획(plan)과 집행(do), 평가(see)의 과정이라고 말할 수 있다.

Mary Parker Follett는 기업조직을 경영자(manager)와 종업원(employee)이 조화롭게 일하는 공동체이며, 어느 일방이 상대방을 지배하는 것이 아니라 자유롭게 대화하고 갈등과 차이점을 조정하는 것으로 보았다. 경영자의 임무는 조직구성원들이 서로 협동하고 이해를 통합할 수 있도록 도와주는 것이며, 모든 종업원이 가지는 기업에 대한 주인의식은 집단의무감(collective responsibility)으로 발전한다고 한다. 이는 오늘날 기업에서 다루는 주요 대상인 종업원의 주인의식, 이익분배 등과 동일한 문제들이다. 그리고 Follett는 기업경영에 있어서 나타나는 여러 문제들은 광범위한 요인들과 상관관계를 가지고 있으며, 이러한 관계에서 문제들이 고려되어야 한다고 주장하였다. 이는 오늘날의 '시스템(system)'이라는 용어와 동일한 의미를 가진다고 할 수 있다.

(3) 관료적 조직(bureaucratic organization)

19C 후반, 경영과 조직사회론 분야에 영향을 끼친 Max Weber는 조직의 비효율을 초래하는 요소와 그에 대한 처방의 개발에 관심을 두었다. 그는 사람들이 직업과 관련한 능력 때문이 아니라 그들의 사회적 위치 또는 특권적 신분으로 인해 권력층에 위치하고 있는 것으로 생각하였다. 따라서 사람들이 성과를 이루는데 한계가 있고, 이와 같은 문제점의 해결을 위해 Weber가 생각한 관료적 조직에 관한 특성은 다음과 같다.

① **노동의 분명한 분할**: 분할된 범위대로 각각의 직업이 잘 정의되어야 하고, 근로자는 이를 수행하기 위한 기능을 갖추어야 함.
② **권한의 분명한 계층**: 권한과 의무는 각각의 직급수준에 따라 정의되고, 각 직급수준에서는 상위의 직급수준에 보고함.
③ **구체적인 규칙과 절차**: 일처리와 의사결정과정을 문서화하여 기록으로 보관함.
④ **비인격성**: 규칙이나 절차는 누구에게나 공평하고 일정하게 적용함.
⑤ **장점에 의한 경력관리**: 능력과 성과에 따라 선택되어 승진하고, 관리자는 경력을 갖춘 종업원으로부터 선발함.

Weber는 조직이 관료제로 이루어진다고 생각하였는데, 관료제는 자원의 활용에 있어서 효율성과 공정성을 가지고 종업원이나 고객의 입장에서도 형평성을 가진다고 믿었다. 한편, 관료제 또는 관료(bureaucrat)라는 용어가 오늘날에는 다소 부정적인 의미를 가지고 있기도 하다. 관료제의 단점으로는 사무업무의 과다, 절차에 얽매이거나 늦은 일처리, 고객응대의 경직성, 변화에 대한 저항 등이며, 이와 같은 단점들은 오늘날 급변하는 경영환경에 유연하게 대처하는 데 문제가 된다.

2.2 행위론적 접근방식

기업경영에 있어서 인간적인 측면을 중요시하는 행위론적 접근방식(behavioral approach)이 1920년대에 중요하게 다루어지기 시작하였는데, 이 방식은 인적자원접근방식(human resource approach)으로 불리기도 한다. 유명한 호오손(Hawthorne) 연구와 매슬로우(Maslow)의 인간욕구이론을 포함한다.

(1) 호오손 연구와 인간관계(human relation)

1924년 웨스턴전기회사(Western Electric Company, 현재의 Lucent Technologies)의 시카고 소재 호오손(Hawthorne) 공장에서 과학적 경영의 관점에서 경제적 인센티브와 작업장의 물리적 조건이 작업자의 개인생산성에 미치는 영향을 판단하기 위하여 호오손 연구(Hawthorne study)를 시작하게 된다. 상식과는 달리 작업장의 조명수준이 작업성과와 상관관계가 크지 않고 오히려 심리적 요인이 영향이 큰 것으로 판단되어, 인간의 상호작용이 궁극적으로 경영현장의 성과에 중요한 영향을 미치는 것으로 결론을 내렸다.

다른 사례로 1927년의 Elton Mayo가 수행한 계전기조립을 통한 연구를 들 수 있는데, 심리적 효과를 고려하지 않은 경우 근로자의 육체적 피로와 작업성과간의 관계규명을 위한 과학적 실험에서는 둘 사이의 관련성을 발견하기 어려웠다. 오히려 작업자가 처한 사회적 환경이 생산성의 증감을 설명한다고 결론을 내리게 된다. 작업자의 사회적 환경에는 작업자들이 동료들과 조성하는 사회적 관계인 구성원 간의 원만한 분위기, 작업자가 느끼는 자신의 중요성이나 제공되는 정보 등에 의해 느끼는 참여적 관리(participative supervision) 등을 포함한다. Mayo의 추가적인 연구에서 작업환경이나 급여 등의 조건이 같아도 근로자에 따라 만족 또는 불만족의 원인이 되기도 하며, 어떤 경우에는 그룹분위기를 위해서 성과를 통한 급여향상을 희생하는 경우도 발견하였다. 즉, 그룹분위기가 개개인의 생산성에 긍정적 또는 부정적 영향을 미친다는 것이다.

당시의 연구설계 또는 결론도출과정이 미흡하거나 발견사항을 과도하게 일반화하는 경향에 대해 비판이 있으나, 지난 시간 동안 다루어지지 않았던 중요성을 지적하여 경영분야의 발전에 중요한 계기를 마련하였다. 즉, 기업생산성의 주요요소로서 기술적이고 구조적인 접근방식으로부터 사회적이고 인간적인 관점으로 시야를 넓히는 계기를 호오손 실험들이 제공하였다고 할 수 있었다. 또한 작업자가 수행성과에 대해 특별한 관심을 받고 있을 때 나타나는 성과향상의 경향인 호오손 효과(Hawthorne effect)를 명확히 하였다.

표 1-1 Maslow의 인간욕구수준의 5단계

욕 구	설 명
자아실현의 욕구	완전하고 가장 창조적으로 능력을 성장시키고 활용하고자 하는 자아달성에 대한 욕구
자존의 욕구	타인에게서 존중받고자 하는 욕구 존중, 위신, 인정, 자아존중, 권능, 우월 등에 대한 욕구
사회적 욕구	타인과의 관계에서 애정, 호의, 소속감 등에 대한 욕구
안전의 욕구	일상생활의 가능한 사고로부터 안전, 보호, 안정에 대한 욕구
생리적 욕구	음식, 물, 신체적 안위 등의 생물학적 지속에 대한 욕구

(2) Maslow의 인간욕구이론

인간의 욕구(human needs)는 인간이 강제에 의해서라도 만족시키고자 하는 생리적 또는 심리적 결핍이라고 할 수 있다. 이러한 욕구는 작업자 근무의 태도나 행위에 영향을 미치므로 경영자에게는 중요하게 다루어진다. Maslow는 인간의 욕구를 5수준으로 나누었는데, 낮은 수준으로부터 열거하면 생리적(physiological) 욕구, 안전(safety)의 욕구, 사회적(social) 욕구, 자존(esteem)의 욕구, 자아실현(self-actualization)의 욕구이다.

Maslow의 이론은 '결핍(deficit)의 원리'와 '진보(progression)의 원리'라는 2가지 원리를 기초하고 있다. 결핍이 원리는 만족된 욕구는 행위의 동기가 되지 않으며, 사람들은 박탈된 욕구를 만족시키기 위하여 행동하게 된다는 것이다. 진보의 원리가 의미하는 것은 다섯 욕구가 순서적인 계층을 가지고서 특정 수준의 욕구가 활성화되는 점은 바로 낮은 수준의 욕구가 만족되는 시점이라는 것이다. 욕구가 더 많이 만족될수록 두 원리는 점점 강하게 되며, 자아실현의 수준에서 결핍과 진보의 원리가 진행을 멈추게 된다.

Maslow의 이론을 기업에서의 인간관계를 고려하는 입장에서 본다면, 종업원에게 중요한 욕구가 만족될 수 있도록 도와주는 관리자가 보다 나은 성과를 성취할 수 있다는 것을 의미한다. 실제로 많은 이론과 상황이 복잡하더라도 동기부여와 보상 등을 포함하는 경영관리의 방식은 Maslow의 이론과 맥락을 같이한다고 볼 수 있다.

(3) McGregor의 X이론과 Y이론

Douglas McGregor는 호오손연구와 Maslow이론을 배경으로 그의 저서인 『기업의 인간적인 측면(*The Human Side of Enterprise*)』에서 경영자는 종업원의 사회적 또는 자아실현의 욕구에 보다 많은 관심이 필요하다고 지적하고 있다. 또한, 인간본성에 대한 경영자의 관점이 X이론에 속하는 여러 가정들로부터 Y이론에 포함되는 가정들로 변환되어야 한다고 주장한다. McGregor는 경영자가 X이론에 치우치는 경우 종업원들의 근무태도나 의욕이 나빠지고, 의무감이 저하되며, 변화에 저항적이고, 수동적인 경향을 보인다고 한다. McGregor는 Y이론이 경영자의 종업원에 대한 바람직한 시각으로 보았는데, Y이론의 경영자는 X이론에서와는 반대로 종업원의 근무태도가 기본적으로 좋으며 자율적 · 자발적이고, 의무감이 높으며, 의욕적 · 창조적이라는 견해를 가진다.

McGregor의 접근방식에서는 경영자가 취하는 방식에 따라 종업원들의 근무행위가 기대되는 방식으로 나타난다는 것이다. 즉, X이론을 따르는 경영자는 직접적인 명령과 통제(command and control)의 감독형태로 행동하며, 이는 종종 수동적 · 의존적이고 비자발적인 근무형태를 초래하고, 종업원은 지시 또는 요구에 의한 사항만을 수행하려는 경향을 보인다. 반면, Y이론의 관점을 가진 경영자는 참여적인 방식으로 행동하는데, 종업원이 자유스런 분위기에서 의무감을 가지고 업무에 보다 몰두하게 된다. 이는 자존과 자아실현의 욕구를 만족시킬 기회와 함께 종업원들이 주도적으로 기대만큼의 성과를 내도록 한다. Y이론적인 사고는 오늘날의 종업원참여, 몰입, 권한위양(empowerment), 자기관리 등의 방식이 가지는 개념의 중심이 된다.

(4) Argyris의 성숙-미성숙 이론

Chris Argyris는 그의 『인격과 조직(*Personality and Organization*)』이란 저서에서, 성숙한 개인들(mature adults)의 욕구와 능력을 가지는 조직에서는 종래의 고전적인 경영방식에 의한 조직운영이 성숙한 개인과 일치하지 않는다는 것을 지적하였다. 몇 가지 사례에 대한 Argyris의 견해는 다음과 같다.

① 과학적 경영의 전문화의 원리(principle of specialization)에서 업무내용에

대한 정의가 업무의 효율성을 가져온다고 하지만, 이것이 종업원의 자아실현을 막는다고 판단하였다.

② Weber의 관료제에서, 낮은 계층에 대한 지휘 · 통제의 구조는 종업원을 의존적이고 수동적으로 근무하게 한다.

③ Fayol의 관리적 원리에 의하면, 종업원 개개인들이 감독자의 지시에 의해 계획되고 효율적으로 행동하게 된다고 하지만, 종업원의 심리적 실패를 야기한다고 지적하였다. (심리적 성공이란 사람들이 스스로 자신의 목표를 정의할 수 있을 때 발생한다고 한다.)

경영자는 종업원의 미성숙한 특성(수동적, 의존적, 단순한 행동방식, 변덕스러움, 단기적 시야, 종속적 자세, 부족한 자아의식 등)보다는 성숙한 특성(능동적, 독립적, 다양한 행동방식, 흥미로움, 장기적 시야, 동참 또는 적극적 자세, 자아의식 및 자아통제)의 관점에서 종업원을 관리해야 한다는 Argyris의 이론은 기업조직의 운영을 인간 중심적 또는 민주적 가치체제의 문제로 귀결시키고 있다.

Argyris이론의 중심은 종업원을 긍정적이고 책임감 있는 성숙한 개인(adult)으로 보는 입장에서 관리하는 경영자가 보다 나은 성과를 이룰 수 있다는 것인데, 이는 McGregor가 주장한 바와 유사하다고 볼 수 있다. 경영자의 관리스타일을 업무의 의무사항 확대, 업무의 다양성 허용, 보다 많은 참여의 허용 등의 방향으로 조절해가고 보다 나은 인간관계를 조성하도록 조언하고 있다. 종업원의 고의적인 결근, 이직, 무관심 등은 종업원의 성숙도와 고루한 경영관행 간의 불일치의 신호일 가능성이 크다고 한다. 즉, 조직구성원의 업무에 대한 나태와 무관심 등은 구성원 개인보다는 조직의 운영방식에 더 문제가 있다는 것이다.

2.3 계량적인 접근방식

인적자원(human resource)적 접근에 의한 경영의 연구가 진행되는 동안 한편으로 기업경영에서 이루어지는 의사결정(decision making)의 향상을 위한 계량적 방법론(quantitative methodologies)의 탐구가 이루어졌다. 기업경영에 대한 계량적 접근의 기본은 수학적 기법이 경영의사결정과 문제해결을 향상시킬 수 있다는 가정이다. 오늘날 계량적 접근방식의 응용기법들은 컴퓨터기술과 소프트웨어에 의해 그 활용이 증가되고 있다.

(1) 경영과학(management science)

경영과학과 운영과학(또는 운영연구, operations research)은 동일한 의미이며, 기업경영상의 제반 문제를 수학적 기법의 과학적 응용을 통해 해결하고자 하는 방식이다. 경영과학의 전형적인 문제해결 과정은 다음과 같다.

① 문제가 발생하면 체계적인 방법으로 분석
② 적절한 수학적 모델과 계산과정을 적용
③ 최적 방안(optimal solution)을 도출

이러한 문제해결 과정 속에는 수많은 경영과학의 응용기법들이 일반적으로 사용되는데, 기본적인 기법을 사례로 들면 다음과 같다.

① **수리적 예측**(mathematical forecasting) : 경영계획과정에서 필요한 미래의 예측을 지원
② **재고모델**(inventory model) : 주문량과 주문시점을 결정하는데 수학적인 해결방안을 제공
③ **선형계획**(linear programming) : 양적 제한이 있는 자원들과 자원의 사용목적이 서로 상충하는 상황에서 가장 최적의 자원할당방안을 결정하는데 사용
④ **대기이론**(queuing theory) : 고객의 대기시간(waiting time)이나 서비스비용을 최소화할 수 있도록 서비스인력 또는 작업능력을 할당하는 의사결정을 지원
⑤ **네트워크모델**(network model) : 대형 업무를 여러 작은 요소로 세분화하여, 복잡한 프로젝트를 분석, 계획, 통제하는데 사용
⑥ **모의실험**(simulation) : 해결대상 문제에 대하여 여러 가정을 통해 현실을 모사한 모델을 만들고 여러 가능한 대안을 분석하도록 지원

사용하는 기법의 특수성과 관계없이 계량경영의 핵심은 몇 가지 특성을 포함한다. 첫 번째는 경영활동에 있어서 명확한 의미로써 표현되는 의사결정 문제에 집중한다. 두 번째로는 사용되는 기법들이 일반적으로 비용, 수익, 투자회수 등 경제적 의사결정기준을 시용한다는 것이다. 세 번째로는 정리된 규칙이나 수식을 따르는 수리적 모델이 문제해결 기법에 포함된다는 것이다.

(2) 현대의 계량분석(quantitative analysis)

계량경영의 기초를 이루는 분야는 경영과학, 운영과학, 계량경영분석 등이며, 운영관리(operations management) 분야에서는 이러한 것들을 실제 상품의 생산이나 서비스에 적용한다. 많은 기법들이 보다 정교해지고 복잡해지는 경우가 많으며, 이의 활용을 위해서는 전문가의 도움이 필요한 경우가 많다.

오늘날에는 컴퓨터기술을 통해 구현되고 지원되는 경우가 많아 보다 용이하게 활용되어지고 있다. 따라서 경영자들은 여러 기법들을 이해하는 것이 보다 중요하게 되고 있다. 거의 모든 경우에 경영문제에 대한 계량적 해법들은 경영상의 제반 판단이나 인간적 요소의 평가에 의해 보완되는 경우가 많다.

2.4 현대의 기업경영 접근방식

오늘날 기업경영의 제반 문제를 해결하기 위한 접근방식은 앞서 열거한 고전적인 접근방식, 행위론적 접근방식, 계량적인 접근방식 등을 기초로 하여 성장하였다. 중요한 점은 어느 한 모델이나 이론도 모든 상황에 적용되지 않으며, 또는 여러 모델이나 이론이 동시에 적용되어야 한다. 현대적 접근방식에서는 사람들이 복잡하고 변화하며, 시간에 따라 변화하는 다양한 욕구를 가진다고 가정한다. 종업원은 개발가능하고 고정되지 않은 재능과 능력의 범위를 가지고 있다. 따라서 조직과 경영자는 폭넓은 경영전략과 업무의 기회를 통해 개인의 차이점을 관리해야 한다. 기업경영에 대한 현대적 접근방식의 열쇠가 되는 기초는 조직에 대한 시스템적 시각과 상황에 따른 접근방식을 포함한다.

(1) 시스템적 사고

시스템(system)의 의미는 '공동의 목적을 달성하기 위하여 서로 함께 기능을 수행하는 서로 관련되는 부품(components)들의 집합체'이다. 하부시스템(subsystem)은 보다 큰 시스템을 이루는 작은 부품이다. 초기 기업경영에 관한 저술가인 Chester Barnard는 1938년 시스템적 관점을 고려한 『중역의 기능(Functions of the Executive)』이라는 저서에서 '조직이란 공동의 목적을 위하여 개인들의 기여가 통합되는 협동적인 시스템'이라고 서술하였다. 그는 이 협동이 이성적이고 사려 깊고 목적적이라고 여겼으며, 기업의 중역이나 경영자의 업무는 의사소통을 통해 이 협동이 발생하도록 하는 것이라고 보았다.

시스템적 사고는 지속적으로 경영접근방식에 대한 이론과 오늘날의 실제 기업경영에 영향을 끼치고 있다. 〈그림 1-5〉는 시스템적 사고에 기반하여 기업경영 전반을 도식화한 사례로서 공급자(supplier)로부터의 투입요소에서 시작하여 고객을 위한 산출요소로 변환하는 지속적 과정에서 외부의 환경과 상호작용하는 개방된 시스템인 기업조직을 나타내었다.

조직전체 성과의 우수성은 각 하부시스템(subsystem)별로 스스로의 기능을 잘 수행할 뿐만 아니라 타 하부시스템과의 협동이 잘 이루어져야 나타난다. 이와 같은 특성은 각 하부시스템 간에 적절한 조정(coordination)을 이루도록

그림 1-5 | 여러 하부시스템으로 구성되어 외부와 상호작용하는 조직

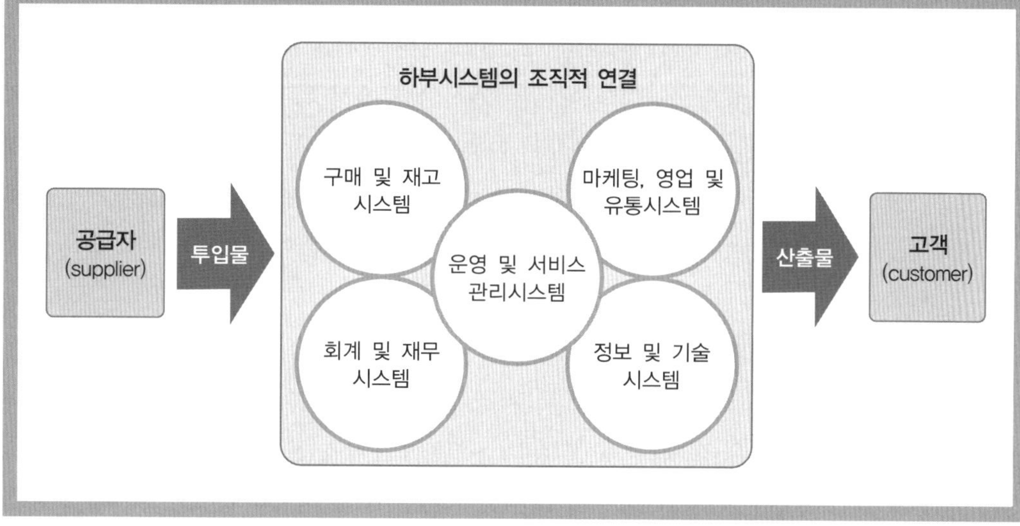

하여 조직전체의 성과를 이루도록 하는 것이 경영자의 임무임을 의미한다.

(2) 상황에 따른 접근방식

현대경영에서 조직의 성과를 위해서는 보편적인 경영 법칙에 얽매이기 보다는 직면한 환경이나 상황 등에 적절히 적응하여야 하는 점이 더 중요하게 다루어진다. 예를 들어, 조직이 처한 환경이나 기술여건 그리고 시장규모 등의 상황 요인과 조직 특성간 적합도가 조직의 성과에 중요한 영향을 미친다는 것이다. 즉, 모든 여건에서 기업경영을 하는 가장 좋은 한 가지 방식을 발견하는 것을 기대하기 어렵다. 오히려 우발적 상황에 대한 적응의 관점을 가지고 경영자가 상황에 따른 차이점을 이해하고 적절한 방식으로 대응하는 것이 필요한 것이다.

이와 같이 기업경영에서 상황 또는 상황적응을 고려하는 접근방식은 다양한 경영환경의 여건에 따라 계획과 통제, 각각의 경영환경과 전략을 위한 내부자원의 조직화, 서로 다른 성과를 보이는 경영자의 리더십 등 모든 경영기능에 대해 적용된다는 것이다. 예를 들어 Weber가 이상적인 조직의 형태로 생각한 경직된 관료적 형태는 우발적 상황적응의 관점에서는 조직구성의 한 가지 대안일 뿐이다.

주어진 상황에서 가장 훌륭한 구조를 가진 것으로 판단되는 기업경영 형태는 조직을 불확실한 경영환경이나 조직의 보유기술, 추구전략 등 여러 요인에 의존한다. 경영환경이 안정적이고 기업운영의 성과가 예측가능한 경우에는 관료제가 가장 적절할 것이나, 그 외의 상황에서는 대안적 접근방식이 필요하다. 상황에 따른 접근방식에서는 특정 상황에서 특정 기업이나 조직에 적절한 것으로 인식되는 경영방식이 다른 기업이나 조직에는 같은 결과로써 운영되지 않는다는 점을 인정하는 것이다. 그리고 한순간 잘 운영되는 기업도 미래의 상황변화에 따라 보완되고 변화되어야 함을 의미한다.

2.5 최근의 기업경영 방식

기업경영의 실행에 대해 Taylor 이후 계속되어 온 접근방식은 오늘날 기업경영 발전의 방향과 경향에 대해 중요한 기초를 제공하고 있다. 현대의 역동적이고 지속되는 기업환경의 변화는 순간순간 특이하고 지속되는 경쟁의 압력 속에서 기업조직이 존속 · 발전해야 한다는 것이다. 최근의 기업경영의 환경변화와 접근방식으로 품질 및 성과, 글로벌 경영, 정보화시대의 리더십, 지식근로자, 경쟁적 기업환경 등을 들 수 있다.

(1) 품질 및 성과우월성

발전적인 기업에서는 경영자와 종업원이 품질(quality)에 대한 인식이 강조되고 있으며, 고객이 만족하는 품질의 상품과 서비스를 제공할 수 있는 능력과 경쟁우위(competitive advantage) 간의 관계에 유의하여야 한다. 우량기업(excellent company)이 가지는 조직문화 중에는 품질을 핵심가치로 인식하는 것과 근무환경의 모든 측면에서 품질에 대한 몰입을 들 수 있다. 이와 같은 품질에 대한 모든 노력은 전사적 품질경영(TQM: Total Quality Management)에서 실행된다고 볼 수 있는데, TQM은 원재료의 확보로부터 가공 · 처리과정과 근무체계를 통하여, 고객이나 거래 파트너에 궁극적으로 상품을 납품할 때까지 모든 운영측면에서 품질을 지켜나가는 것이다.

〈그림 1-6〉에서는 원재료로부터 완성품 또는 고객서비스까지의 변환과정의 순서를 보여주는 가치사슬(value chain)의 입장에서 TQM의 체계적 구성을 엿볼 수 있다. 품질은 가치사슬을 구성하는 각 부분에서 유지되어야 하며, 기업내부에서 직접 수행하거나 공급자 또는 외부 파트너와의 협력에 의해 부분적으로 수행되기도 한다.

품질의 추구와 긴밀하게 연계되는 것이 성과우월성(performance excellence)이다. Tom Peters와 Robert Waterman이 성공을 이루는 우량기업의 사례

그림 1-6 | 가치사슬 조직

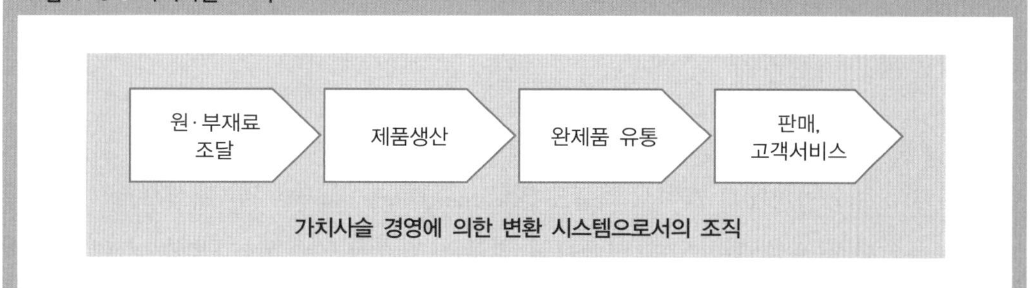

조사를 통해 우수한 성과를 이루는 기업의 속성들을 정리하기도 하였다. 고객중시, 기업가정신, 핵심사업의 집중, 관료주의 타파 등과 같이 우수한 경영성과를 위한 기업경영의 속성들은 현대 기업경영의 접근방식에 대한 방향이 되고 있다. 품질이나 성과우수성 등은 오늘날 프로세스 리엔지니어링(process reengineering), 가상조직(virtual organization), 민첩생산(agile manufacturing), 네트워크기업(network company) 등 새로운 개념으로 발전하고 있다.

(2) 글로벌 경영

품질이나 성과우월성을 비롯한 최근의 여러 기업경영 이슈들은 글로벌경제(global economy)의 고도화된 경쟁적 환경에서 추구해야 하는 요소들이다. 이러한 도전은 전 세계에서 기업활동을 추구하는 기업에게는 지속적인 추구대상이다. 성과우월성과 유사하게 글로벌 경영의 경향과 방향은 1980년대에 나타나게 되는데, 그 당시는 일본이 이룬 제조산업에서의 성공이 세계적인 관심을 모았고 연구나 컨설팅 분야에서 일본의 경영사례가 연구되기 시작한 때이다.

William Ouchi의 저서 『Z이론(*Theory Z*)』 및 Richard Tanner Pascale 등에 의한 『일본경영의 기법(*The Art of Japanese Management*)』은 독특한 일본경영의 성공사례와 일반적인 기업경영 간의 가능한 연계에 대해 정리한 것이다. Ouchi의 Z이론은 북미기업의 경영사례를 일본의 모델에서 발견되는 원리를 통해 경영방식을 제안해본 것으로, Z이론에 의한 경영방식의 우월성은 장기고용, 늦은 승진, 유사분야로의 근무이동, 경력계획과 개발에 대한 관심 등이다. 또한 합의(consensus)에 의한 의사결정을 활용하고 팀워크(teamwork) 및 종업원의 참여를 강조한다. 일본의 경제와 경영체계가 오늘날에는 예전과 같이 활성화되어 있지는 않으나 일본기업의 이러한 경험에 의한 의견은 현대 기업경영을 이해하고 글로벌 경영을 추진하는데 도움이 된다.

(3) 학습조직

기업경영에 있어서 학습조직(learning organization)이란 경험으로부터 습득한 교훈을 기반으로 지속적인 변화와 발전을 가져오는 가치(value)와 체계

(system)를 가지고 운영되는 조직을 의미한다. 또한 학습조직의 성공을 위해서는 정보, 팀워크, 권한위양(empowerment), 참여, 리더십 등을 강조하는 가치주도적인(value-driven) 기업문화를 필요로 한다. 학습조직에는 더욱이 특별한 리더십이 필요한데, 이는 동기부여, 보상, 의사소통, 갈등과 협상, 팀워크, 변화의 리더십 등의 관리를 포함한다. 특히 리더십은 신경제(new economy)의 관점에서 다루어지는 기업경영이 있어서 여러 다른 접근방식보다 중요한 항목으로 인식된다.

드러커(Peter Drucker)는 지식(knowledge)이 경쟁력의 원천이라고 주장하였으며, 또한 지식은 스스로 진부화된다고 하였다. 따라서 지식노동자가 점차적으로 중요성을 더하는 현대 사회에서 기업 구성원에게 적절한 교육은 중요하며, 자신의 모든 경력과정에서 교육이 지속되어야 한다. 불확실한 시대에서 성공은 지속적인 향상, 즉 학습을 통한 지식의 고도화를 통해서 가능성은 높아진다고 할 수 있다. 신경제(new economy) 시대에서 기업 구성원은 자신의 직업과 관련한 기술이나 경쟁력을 스스로 개발하고 고도화할 수 있도록 노력해야 하며, 기업은 이를 유도하고 기업경영에 공헌할 수 있는 체계의 구성이 중요하게 다루어진다.

요 약

(1) 기업경영의 구성요소는 **기업의 형태와 환경적응**, **경영자의 유형과 역할**, **경영 프로세스**, **경영 기능요소** 등의 분야로 나눌 수 있다.

(2) 기업경영에 대한 고전적인 접근방식으로 Taylor의 **과학적 경영**, Fayol 등의 **일반관리적 원리**, Weber의 **관료적 조직** 등에 의한 접근방법이 있다.

(3) 기업경영에 대한 행위론적 접근방식으로 호오손연구에 의한 **인간관계이론**, Maslow의 **인간욕구이론**, McGregor의 **X이론/Y이론** 등이 있다.

(4) 계량적인 접근방식에 의한 경영문제의 해결은 현대의 **컴퓨터 기술**에 의존하는 바가 크다.

(5) 기업경영에 대한 최근의 접근방식으로 **품질 및 성과우월성**, **글로벌 경영**, **지식관리** 등이 강조되고 있다.

연습문제

(1) 기업경영에 대한 고전적 접근방식의 종류와 내용을 요약하시오.

(2) 행위론적 접근방식이 기업경영에 도입한 개념에는 어떠한 것들이 있는가?

(3) 계량적 접근방식의 종류와 기업에서 활용하는 방식을 설명하시오.

(4) 최근의 기업경영방식 사례로서 교재의 내용 이외에 2가지 정도를 더 조사해 보시오.

사례 1 "인생은 머리 아닌 발로 뛴다"

삐삐 벨소리에서 출발해 주류회사 CEO로 성공신화를 쓰고 있는 맥키스社 조웅래 회장이 자신의 경영철학을 담은 자서전을 펴냈다. 『첫술에 행복하랴』란 제목의 이 책에서 조 회장은 독특하고 괴짜스런 인생 경험을 통해 젊은 세대들에게 색다른 성공담을 전달한다. 조 회장은 "회사를 경영하기 전까지의 삶과 한 회사의 책임자로의 삶, 회사 밖과 안의 일생 등에 대해 소개하고 그 과정에서 있었던 수많은 고민과 결정을 가감없이 들려주고 싶었다"며 "이 책을 통해 미래를 준비하면서 하루하루 수많은 갈등과 결정의 순간에 놓인 젊은이들에게 도움을 줬으면 한다"고 발간이유를 설명했다.

지역의 힐링공간으로 탈바꿈시킨 계족산과 계족산 맨발체험 행사, 지역민을 위한 무료 음악회 등 이 책에는 '삶에서 타인을 위하는 것만큼 즐거운 것은 없다'는 조 회장의 경영철학이 고스란히 담겨 있고 특히 좌충우돌이라 불릴 정도의 다양한 도전 및 시행착오를 진솔하게 들려줘 생생함이 깊다. 조 회장은 무선호출기(삐삐)세대라면 누구나 한 번쯤 이용했을 '칠공공오사이오(700-5425)'를 설립한 벤처 1세대 기업인이다. 이후 2004년 주류기업인 맥키스社(옛 선양)를 인수, 지난해에는 국내 최초 믹싱주를 선보였다. 이 깻잎 담은 믹싱주 맥키스는 출시 10달 만에 60만 병 판매를 돌파하며 국내 믹싱주라는 새로운 주류 문화를 이끌고 있다는 평을 받고 있다.

컬러링회사에서 주류회사, 믹싱주 도전 등의 과정서 조 회장이 겪었던 굴곡의 코스가 책에 녹아 있다. 이를 통해 회사 설립과 인수, 지역환원 사업의 일환인 계족산 황톳길 사업, 장학재단, 음악봉사활동 등 조 회장의 나눔 경영에 대한 경영철학과 삶에 대한 가치관을 읽을 수 있다. 조 회장은 이 책에서 "세상에 없는 것을 만들고 그곳에서 유쾌하고 행복하게 출발하라"며 "잘 만들어진 성공 각본이 꼭 행복으로 이어지진 않는다. 인생은 머리가 아닌 발로 뛰는 것"이라고 강조한다. 그는 또 "소리와 술도 결국 흥(興)을 콘텐츠화 시킨 것"이라며 "즐길 수 있는 콘텐츠로 만드는데 주력해야 한다"고 미래 일꾼들에게 충고한다. 『첫술에 행복하랴』를 통해 저자는 "욕망으로 이끌리는 부의 축적은 밑 빠진 독에 물 붓기와 같이 끝이 없기 때문에 거저 받았으면 거저 준다는 정신이 필요하다"면서 "이 정신이 오늘도 나눔과 배려의 원칙을 지키며 소외계층을 찾아가는 음악회, 자원봉사, 장학재단 설립, 민간외교 등을 할 수 있는 근원"이라고 나눔의 경영을 강조하고 있다.

(뉴시스, http://newsis.com, 2014년 6월 2일)

토의

1. 서로 다른 산업분야에서 공통적인 최고경영자의 역할에 대하여 경영자의 역할(role)과 기능의 입장에서 위 사례를 통해 설명해 보시오.

사례 2 "조직 내 프렌드십(Workplace Friendship)"을 관리하라!

조직 내 프렌드십은 '직장에서 함께 일하는 동료들과의 신뢰와 헌신, 애정의 바탕 위에 관심사와 가치를 공유하는 비배타적인 관계' 라고 정의할 수 있다. 여기에는 동료에 대한 단순한 친절이나 호의적인 행동 이상의 의미가 있다. 같은 직장에 다니면서 인적 네트워크 관리 차원에서 만나는 점심 파트너나 오래된 친구와는 다른 특별한 관계이다. 조직 내 프렌드십은 서로의 성공을 진심으로 바래주고 정신적인 위로와 업무적인 도움을 주고받는 절친한 친구 관계이며, 직장 생활의 즐거움과 나아가 인생의 행복을 느끼게 해주는 가장 중요한 원천이라 할 수 있다.

Tom Rath의 연구 결과에 따르면 직장인들이 서로 모여 대화할 수 있는 공간을 둔 회사가 그렇지 않은 경우에 비해 사내 절친한 친구를 가지는 비율이 두 배나 높다고 한다. 1990년대 말 미국 소매업계에서 급속하게 성장한 베스트바이는 워터쿨러 효과를 염두에 두고 새로운 본사 건물을 설계하였다. 본사가 있던 미니애폴리스의 14개 지역에 흩어져 있던 7,500명의 직원을 수용할 새 사옥을 지을 때, 조직 내 대화와 팀워크를 활성화할 수 있도록 사옥 한가운데 거대한 공간을 두어 노천 까페와 같은 분위기를 만들었다. 이곳은 회사 내에서 커피를 사 먹을 수 있는 유일한 곳으로 푹신한 소파, 작은 회의실들이 마련되어 있다고 한다. 다양한 부서의 사람들이 회의나 개인적 만남을 위해 자연스럽게 모이고 더 많은 상호 관계가 이루어지도록 설계된 것이다.

(LG경제연구원 웹진 게시자료 "강한 조직을 만드는 프랜드십 경영, 강진구, 2007)

토의

1. 위 사례의 조직 내 프렌드십을 행위론적 접근방식의 입장에서 평가해 보시오.
2. 우리 근처의 기업, 은행, 공공기관 등에서 볼 수 있는 유사한 응용사례와 기대효과를 토의해 보시오.

02

전략 및 전략경영

오늘날 급변하는 글로벌 경영환경에서 기업전략의 중요성은 기업의 생존과 발전을 위한 제반 경영활동의 기본 방향을 설정하는데 있다. 본 장에서는 이와 같은 기업전략의 의미와 종류, 전략을 통한 기업경영 과정 등에 대해 정리하기로 한다.

제1절 전략의 의미와 종류

1.1 기업에서 전략의 의미

기업의 경영활동에서 전략 또는 경영전략이란 지속가능한 경쟁우위로써 목적을 달성할 수 있도록 자원의 활용을 유도하고, 기업운영의 장기적 방향(long-term direction)을 명확히 하기 위한 포괄적인 경영계획을 의미한다. 기업에서의 전략은 경쟁적 환경에 초점을 맞추며, 경쟁자 또는 환경변화에 직면하여 미래의 성공을 확실히 하기 위해 수행되어야 하는 것에 대한 가장 적절한 추측(best guessing)이기도 하다. 전략적 의도에 의해 자원을 할당하고 사용하도록 계획하게 되는데, 이는 기업조직의 모든 에너지가 목적이나 목표로 결집된 방향으로 향하게 한다. 세계화와 기술의 빠른 변화 속에서 장기적 전략의 유효기간이 짧아지고 있다.

1.2 전략의 구성

전략의 구성에 있어서 일반적인 고려사항으로는 전략의 수준(level)이나 범위(scope), 경쟁(competition), 경쟁우위(competitive advantage), 사업의 구성 등이 있다. 이러한 사항에 대하여 정리한 아래의 전략의 구성방식들은 사업의 특성이나 시장구조에 따라 다양하게 응용될 수 있는 기본적인 내용들이다.

(1) 전략의 수준

기업의 규모가 커지고 사업을 운영하는 기능이 다양해짐에 따라 기업의

그림 2-1 | 수준에 따른 기업의 전략

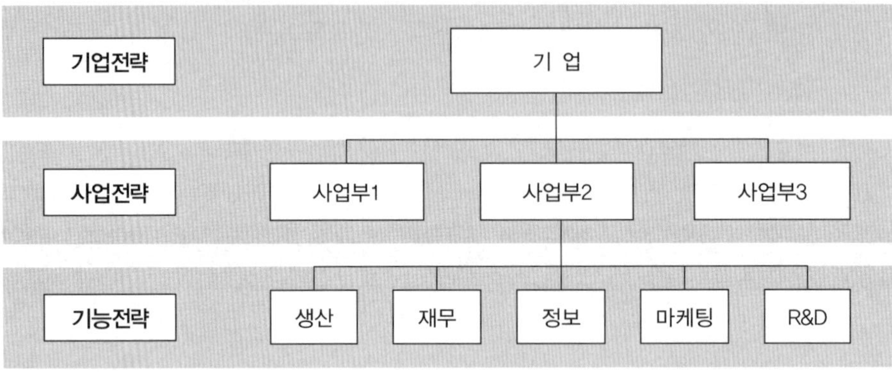

전략도 계층적인 수준으로 구성되는 경우가 많다. 수준에 따른 전략도 다양하게 구성이 가능하지만, 개념적으로 〈그림 2-1〉과 같이 기업수준, 사업수준, 기능수준의 전략으로 이루어진다.

① 기업전략(corporate strategy)

기업 전체의 전략, 또는 기업 전체의 사업구조에 관한 것으로 사업의 구성, 신규사업의 개발, 사업별 자원할당 등에 관한 전략들이다.

② 사업전략(business strategy)

기업의 단일 사업부(division) 또는 제품단위별로 수립하는 전략으로 특정 산업분야 또는 시장별로 경쟁을 위한 전략방향을 설정하는 것이다. 사업부는 전략적 사업단위(SBU, strategic business unit)와 같은 의미로 사용된다. 사업전략에 일반적으로 포함되는 내용으로서는 제품 또는 서비스의 구성(mix), 시설의 입지나 확장, 신제품개발, 제품 또는 사업의 시장 포지셔닝(positioning) 등에 관한 선택들이다.

③ 기능전략(functional strategy)

기능전략은 특정한 기능영역(functional area) 내에서의 경영활동(activity)에 집중하는 전략으로서 생산, 재무, 마케팅, 정보 등 각각의 전문 기능분야의 운영방향을 결정하는 전략이다. 상위수준의 전략인 기업전략 및 사업전략과 일관성이 있어야 하고, 사업전략을 수행하는 수단이 된다. 사례로서 운영효율 개선전략, 제품의 품질전략, 고객서비스 전략 등이 될 수 있다.

(2) Porter의 경쟁구조

전반적으로 기업의 외부환경이 보다 안정적이고 예측가능할수록 비교적 오랜 기간 동안 전략이 성공적으로 구현될 기능성이 크다. 이러한 외부환경은 불확실성을 만드는 여러 동적인 요소로 구성되는데, 환경의 분석에 적절한 방안으로 〈그림 2-2〉와 같이 조직화된 Michael Porter의 5 Forces Model이 있다. Model을 구성하는 다섯 가지의 요인들은 다음과 같으며, 〈그림 2-2〉에서 나타난 경쟁구도에서 기업이 처한 상황의 유 · 불리 상태는 기업의 수익성과 연계된다.

① **산업내 경쟁자(industry competitors)** : 자사가 속한 동일한 산업 내의 기업간에 존재하는 경쟁(rivalry)의 강도

② **신규 진입자(new entrants)** : 현재 시장에 새롭게 진입할 잠재적 경쟁기업의 위협

③ **대체품(substitutes)** : 기존 시장의 제품과 서비스에 대한 대체품의 위협

④ **공급자(suppliers)** : 공급자의 교섭력(bargaining power)

그림 2-2 | M. Porter의 5 Forces Model

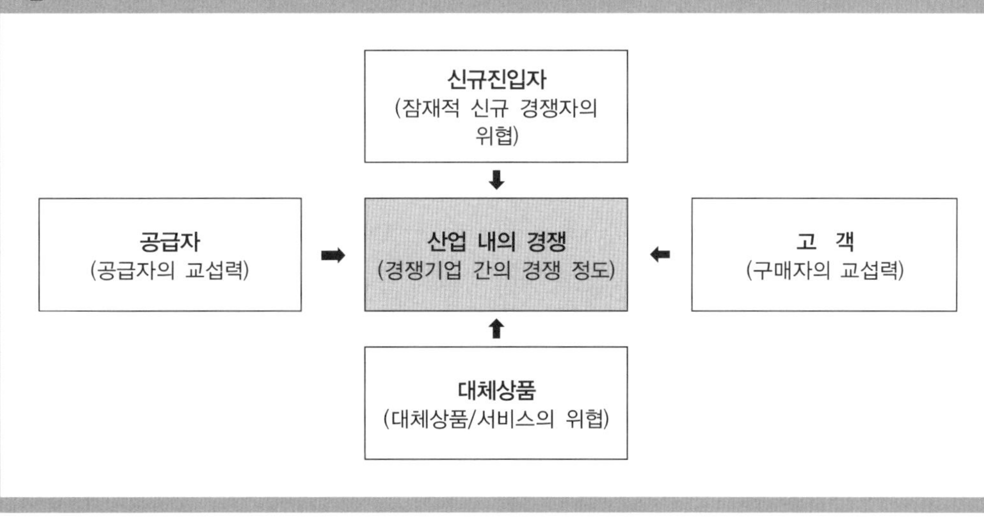

⑤ 고객(customers) : 구매자(buyers)의 교섭력(bargaining power)

(3) Porter의 본원적 전략

특정산업의 경쟁적인 환경에서 〈그림 2-2〉와 같은 모델을 통해 자사의 산업내 경쟁구도를 분석함으로써 현재 기업의 사업이 매력적인지를 판단할 수 있다. 또한 산업 내에서 경쟁을 잘 수행할 수 있는 방안을 찾기 위해 고민할 것이다. Porter에 의하면 사업전략의 결정은 '경쟁우위 요소' 및 적용할 전략의 '시장범위'에 의해 좌우되는데, 〈그림 2-3〉과 같이 4가지 전략은 다음과 같다.

① **원가우위전략** : 경쟁기업의 제품과 비교하여 품질수준은 유사하나 운영 효율성을 통하여 가격을 최소화하는 전략

② **차별화전략** : 자사의 제품이나 서비스가 경쟁 제품에 비하여 독특한 특성을 가지도록 하는 전략

③ **집중화된 차별화전략** : 특정 세분시장(segment)에 집중하여 독특한 제품을 제공하는 전략

④ **집중화된 원가우위전략** : 특정 세분시장(segment)에 집중하여 가장 낮은 가격의 제품을 제공하는 전략

그림 2-3 | M. Porter의 본원적 전략구조

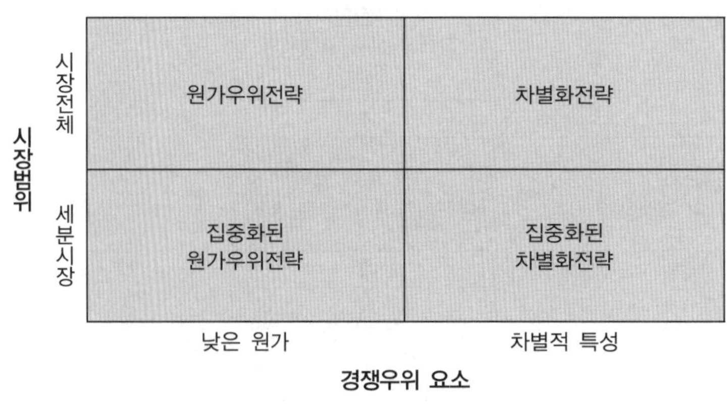

(4) 사업 포트폴리오 전략

단일상품 또는 단일사업의 범위(SBU)에서 기업의 자원활용은 시장이나 경쟁우위요소에 따라 결정할 수 있으나, 여러 제품이나 서비스를 시장에 공급하는 경우와 같이 여러 SBU를 운영하는 경우 기업의 자원할당이 보다 복잡해지고 보다 전략적인 관리가 필요하다. 이와 같이 다수 사업의 경우에 필요한 전략의 구성에는 포트폴리오 전략(portfolio strategy)의 개념이 필요하다. 포트폴리오 전략은 다수의 제품 또는 사업의 구성, 선택, 우선순위의 결정을 지원하며, 전략구성을 위해 잘 알려진 방법으로 BCG 매트릭스(matrix) 방식과 GE 매트릭스 방식이 있다.

BCG 매트릭스 방식은 보스톤컨설팅그룹(Boston Consulting Group)이 제안한 방식으로, 자사의 제품 또는 사업의 기회를 해당 산업분야에서 평가되는 시장성장성(market growth rate)과 현재의 상대적 시장점유율(market share)로써 전략구성의 기본체계를 정리하는 방식이다. 〈그림 2-4〉는 자사의 사업(A, B, C 등)에 대해 BCG 매트릭스로 분석한 사례이며, 각 사업이 속한 원의 크기는 매출액을 의미한다. 매트릭스 형태의 각 사분면이 의미하는 바는 다음과 같다.

그림 2-4 | BCG 매트릭스를 통한 사업분석 사례

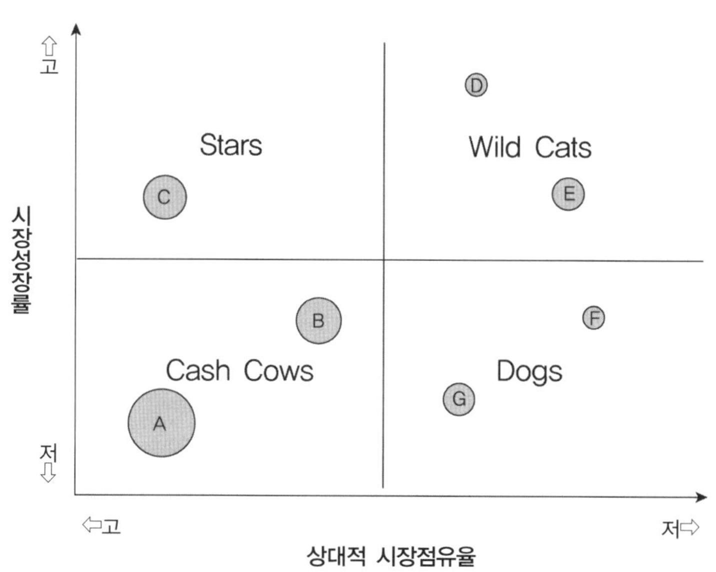

① 물음표(question mark) 또는 야생고양이(wild cat)

성장률은 높으나 시장점유율은 낮은 경우이며, 일반적으로 신규사업들이 위치하게 된다. 해당 사업에 대해 취할 수 있는 전략으로는 자원투입을 통해 'star'사업으로 키우기 위한 성장전략 또는 그 반대의 축소전략이다.

② 별(star)

시장성장률과 점유율이 모두 높은 사업으로, 성장하는 산업분야에서 경쟁력을 확보한 사업의 경우에 해당된다. 산업 성장률이 포화상태에 이르면 'cash cow'에 속해질 가능성이 높다. 취할 수 있는 전략으로는 예측되는 시장성장률을 근거하여 성장전략을 취할 수 있다.

③ 자금젖소(cash cow)

시장성장률은 낮으나, 시장지배적이며 점유율은 높은 사업으로 기업의 자금유입에 크게 기여한다. 취할 수 있는 전략으로는 안정전략으로, 높은 수익과 자금확보를 유지하고 투자자원을 최소화한다.

④ 개(dog)

시장성장률과 점유율이 모두 낮은 사업으로, 수익이 낮거나 손실이 발생하는 경우이다. 축소전략이 바람직하며, 사업의 청산 또는 매도 등을 취할 수 있다.

GE 매트릭스 방식은 BCG 매트릭스의 시장 점유율/성장률 이외의 많은 변수를 고려하는 산업매력도(industry attractiveness)와 사업의 시장경쟁력을 의미하는 비즈니스 강점을 바탕으로 〈그림 2-5〉와 같이 9개의 영역으로 사업 포트폴리오를 구분하는 것이다. 여기서 산업매력도는 고려하는 여러 요인(시장규모, 시장성장성, 가격규제, 지역요구 등)들에 대하여 전문가들의 평가점수 및 가중치에 의하여 주로 계산된다. 〈그림 2-5〉의 우측 상위의 3영역에 대해서는 성장전략을 취할 수 있으며, 대각선에 위치한 영역은 모두 적절한 전략을 선택하여야 한다. 위로부터 각각 야생고양이에 해당하는 전략, 유지여부의 판단이 필요, 유지를 위한 안정전략 등을 선택할 수 있다. 좌측 하위의 3영역은 축소전략이 필요한 사업분야이다.

그림 2-5 GE 매트릭스를 통한 사업분석 사례

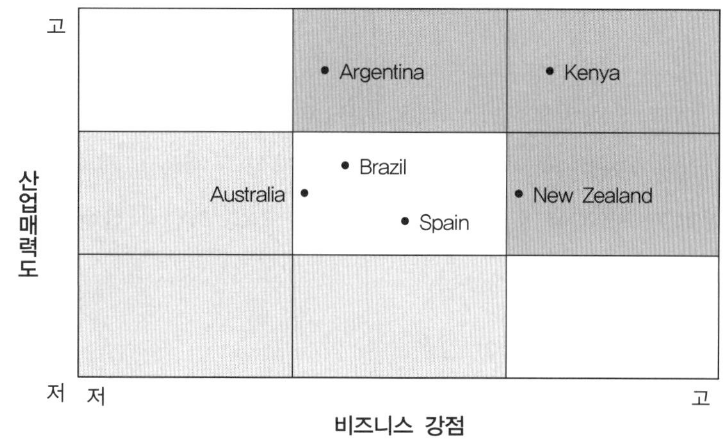

1.3 사업규모의 전략

기업이 시간을 두고 사업을 전개해 가는데 있어서 사업규모에 대한 전략은 사업이 시장환경에 처한 위기 또는 기회, 또는 그러한 환경에 대응할 수 있는 강점 또는 약점에 따라 다양할 수 있으며, 성과의 평가 또는 내부조직의 운영 효율성 등을 평가하여 한 가지의 특정 전략을 적용하는 것이 아니라 여러 전략을 절충하여 복합적으로 활용할 수 있다.

(1) 성장전략

기업이나 사업의 운영에서 가장 보편적인 전략인 성장전략(growth strategy)은 장기적인 생존을 위해 기업의 규모나 매출액, 시장점유율 등을 확대하는 전략이다. 성장전략은 구현방식에 따라 집중, 다각화, 수직통합 등의 성장전략이 있다.

① 집중(concentration) 성장전략

기존의 사업 영역에서 사업확대를 통해 성장을 추구하는 전략이다. 기존 시장에서 기존 제품으로 시장점유율을 증대하는 시장침투(market penetration), 기존 제품으로써 신규 시장을 개척하는 시장개발(market development), 기존 시장에서 신규 제품의 개발을 통해 매출을 증가시키는 제품개발(product development) 등의 세부 전략이 있다.

② 다각화(diversification) 성장전략

기존의 사업분야와는 다른 새로운 사업분야에 합병이나 투자 등을 통해 성장을 추구하는 전략으로서, 기존 시장이나 제품의 경쟁력을 활용하는 것과 같이 기존사업과 관련성이 있는 경우와 기존 사업과 전혀 관련이 없는 경우가 있다.

③ 통합(integration) 성장전략

다각화 성장전략의 한 가지 형태로서 수직통합(vertical integration)과 수평통합(horizontal integration)이 있다. 수직통합에는 사업이 속한 산업분야의 공급사슬(supply chain) 또는 가치사슬(value chain) 상에서 이전 단계에 있는 공급자(suppliers)와 통합하는 경우(후방통합, backward integration)와 이후 단계에 있는 유통상이나 고객기업을 통합하는 경우(전방통합, forward integration)가 있다. 수평통합은 가치사슬 상에서 같은 단계에 있는 기업을 통합하는 경우이다.

(2) 안정전략

안정전략(stability strategy)은 기업의 매출, 자산, 시장점유율 등의 규모를 그대로 유지하는 현상유지 전략이거나 완만한 성장을 원하고자 취하는 전략으로서, 해당 사업이 공격적 강점이나 우려되는 약점을 가지지 않고 기회나 위협의 요인이 변화가 적은 경영환경의 경우에 적절하다. 오늘날과 같이 급변하는 경영환경에서는 적절하지 못한 경우가 많다.

(3) 축소 및 재구성 전략

기업이나 사업의 운영성과에 나타난 문제점의 해결을 위해 사업 규모나 구성에 조치가 필요한 경우가 있다. 이때 취할 수 있는 전략으로 축소전략(retrenchment strategy)과 재구성전략(restructuring strategy)을 들 수 있다. 축소전략은 해당 사업의 규모를 줄이거나, 극단적으로 해당 사업의 운영을 멈추거나 파산 등의 청산(liquidation)을 하는 것이다.

재구성전략은 사업운영의 효율성 및 성과의 회복을 위해 근본적으로 급격한 사업운영의 규모나 구성을 변화시키는 전략이다. 재구성전략으로 다운사이징(downsizing, 규모의 축소) 전략은 비용절감과 영업효율성의 개선을 기대하고 간결한 형태로 조직규모를 줄이는 전략이다. 또 다른 재구성전략인 영업양도(divesture) 전략은 비용을 절감하고 영업효율성을 개선하며 핵심사업(core competency 또는 core business)에 집중할 목적으로 사업의 일부를 매각하는 방식이다.

제2절 전략경영

2.1 전략경영의 개념

어떤 기업의 전략이 '고객의 원하는 바에 대해 만족스러운 가격 · 서비스를 제공한다.'일 때, 이러한 전략이 아주 단순하고 쉽게 이해되기도 하다. 그러나 불확실하고 경쟁적인 기업환경에서 이러한 전략을 개발하고 기업활동으로 구현해가는 것은 쉽지 않은 과정이다. 경쟁기업도 마찬가지 의도를 가지는 경쟁적 상황에서 전략적 우위의 확보에 있어서, 전략의 수립과 실행은 대담하고, 과감하고, 빠르게 전개되어야 하며, 혁신적이어야 한다. 또한 전략은 항상 성공적으로 진행되는 것이 아니며, 적절하게 수립되어 구현되어야 한다.

전략경영(strategic management)은 장기적인 목적을 실행하고 경쟁우위를 유지하기 위해 전략을 구성하고 구현하는 과정이다. 전략경영의 핵심은 미래를 예견하고, 처한 환경과 기업조직을 충분히 이해하며, 시간이 변하더라도 경쟁우위를 위해 기업의 적절한 포지셔닝(positioning)을 하는 것이다. 최고경영자는 새로운 시대의 시장에 회사의 위치를 정하는 전략적인 판단을 하게 되는데, 예를 들어 새로운 기술의 도입여부, 글로벌 경제의 활용, 고객요구의 정확한 판단 등이다.

2.2 전략경영의 목적

"적절한 전략(right strategy)은 적절한 목적(right goal)에서 시작한다"고 언급한 마이클 포터(Michael Porter)에 따르면, 모든 기업의 궁극적인 목적은 보다 나은 수익성(profitability)이라고 한다. 즉, 보다 나은 또는 평균 이상의 수익을 창출하는 것은 기업경쟁의 본질을 이루는 부분이며, 전략경영의 목적이라고 할 수 있다. 성공적인 전략은 모방되기도 하고 오래 유지되기도 하지만, 일반적으로 경쟁우위의 새로운 원천을 구하기 위해서는 변화하는 환경에 적절히 대응할 수 있는 새로운 전략을 지속적으로 찾아나가야 한다.

2.3 전략경영의 과정

전략경영이 성공적인 평가를 받기 위한 기본적인 조건으로, 첫째 기업간 경쟁이 치열하더라도 기업의 전략적 우위를 유지해야 하고, 둘째 평균 이상의 수익성을 실현해야 한다. 성공적인 전략은 경쟁적인 여건에 대한 이해뿐만

그림 2-6 | 전략경영의 과정

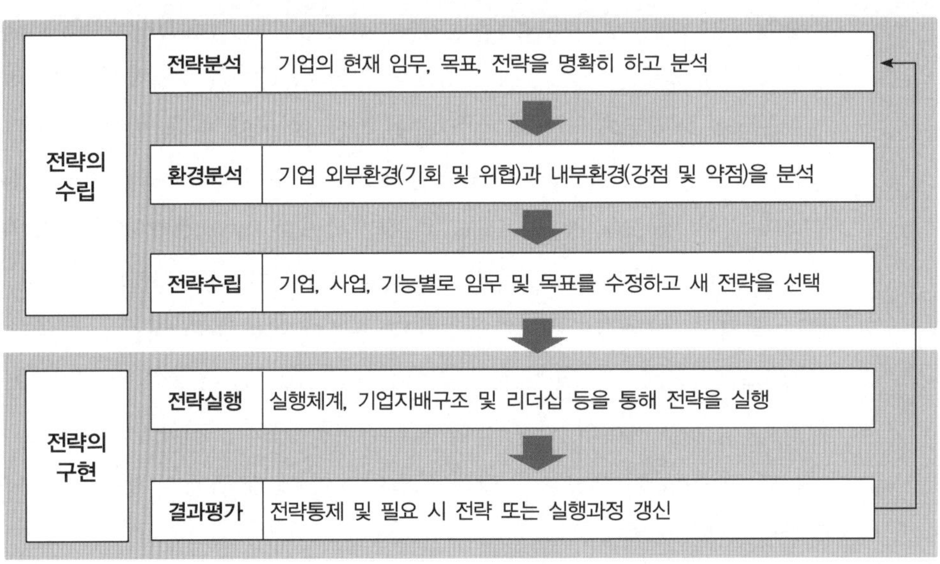

아니라 기업의 내부조직에 대한 지식으로부터 수립될 수 있다. 또한 구성원의 확고한 참여와 추진력에 의해 구현된다. 전략경영의 과정은 〈그림 2-6〉과 같이 전략의 구성과 전략의 구현으로 구성된다.

(1) 전략의 수립

전략의 구성은 전략을 고안 또는 창조해내는 과정으로 기존 전략, 조직, 환경을 평가하고 향후 수행할 새로운 전략과 전략적 계획을 개발하는 것을 포함한다. 그리고 사업 또는 기업의 사명(mission)과 고객의 실체를 파악하고, 고객이 생각하는 가치(value), 이루어진 성과와 향후 계획 등을 구체화하여야 한다.

① 기업의 사명, 핵심가치 및 목표

기업의 사명(mission) 또는 임무는 기업의 목적, 즉 기업의 존재이유를 의미하며, 기업 또는 사업분야가 장기적으로 진행할 목표, 원하는 바, 성취해야 할 차별화의 형태 등과 관련된다. 기업의 사명은 원하는 전략 또는 기본적인 비즈니스모델이 성취하고자 하는 바를 나타낸 것이라고 할 수 있다. 기업의 사명은 명확한 의미로써 사명의 수행에 관한 전략적 의지가 표현되어야 한다. 예를 들어, 커피판매점인 스타벅스(Starbucks)의 사명은 “성장의 원칙을 견지하는, 세상에서 가장 좋은 커피의 최고의 제공자”로 표현되고, 자동차제조사인 포드(Ford)의 사명은 “미국가정이 소유할 수 있는 가장 믿음직한 자동차를 만드는 것”으로 알려져 있다.

이와 같은 기업사명의 표현은 기업의 목적을 공식적으로 외부에 공표하는 것이며, 기업이 의도하는 운영분야, 즉 기업의 고객, 상품이나 서비스, 입지 등의 의미를 명료하게 표현할 필요가 있다. 또한 기업의 사명은 기업구성원들에게 업무목표 또는 의사결정의 지침이 되며, 명시적 또는 암묵적으로 공유된 목표가 된다. 내부 구성원인 종업원 이외에 주주, 지역사회, 고객, 공급자 등의 이해관계에 관한 의미도 기업의 사명에 함축되는 것이 적절하다.

기업에서의 핵심가치(core value)는 조직구성원이 가지는 가치관이며, 이는 핵심 기업문화라고 할 수 있다. 핵심 기업문화 및 이것이 외부로 표현되는 기업의 역사, 행사, 상징물, 구성원의 특성 등을 모두 포함하여 우리는 특정

기업의 기업문화라고 한다. 전략경영에서 확고한 핵심가치 또는 핵심 기업문화의 존재는 경영활동에 있어서 일관된 정체성을 제공하며, 내부 종업원과 외부 이해관계자에게 보여주는 기업의 특성이 된다. 공유하는 핵심가치는 기업사명의 표현을 뒷받침하고 조직구성원의 행동이 일관된 의미를 가지도록 하는 지침이 된다.

기업의 목표(objective) 또는 운영목표(operating objective)는 기업의 사명을 구체화한 것이라고 볼 수 있다. 목표는 기본적이고 세부적인 성과의 결과를 구체적으로 가리키는 의미로서 단기적인 경영활동의 타깃(target)이 된다. 목표의 예로서, "원가절감 10% 달성", "사회봉사 최우수 기업으로!" 등이 있다.

② 기업의 자원과 역량의 분석

전략경영의 과정에 중요한 2가지 분석대상은 기업내부와 기업외부인 환경이 된다. 이 2가지 분석대상에 대해 조직의 강점(strength)과 약점(weakness)에 대한 내부분석과 경영환경의 기회(opportunity)와 위협(threat)에 대한 외부분석으로 이루어지는데, SWOT분석에 의해 실행되는 경우가 많다. 〈그림 2-7〉과

그림 2-7 I SWOT 분석의 체계

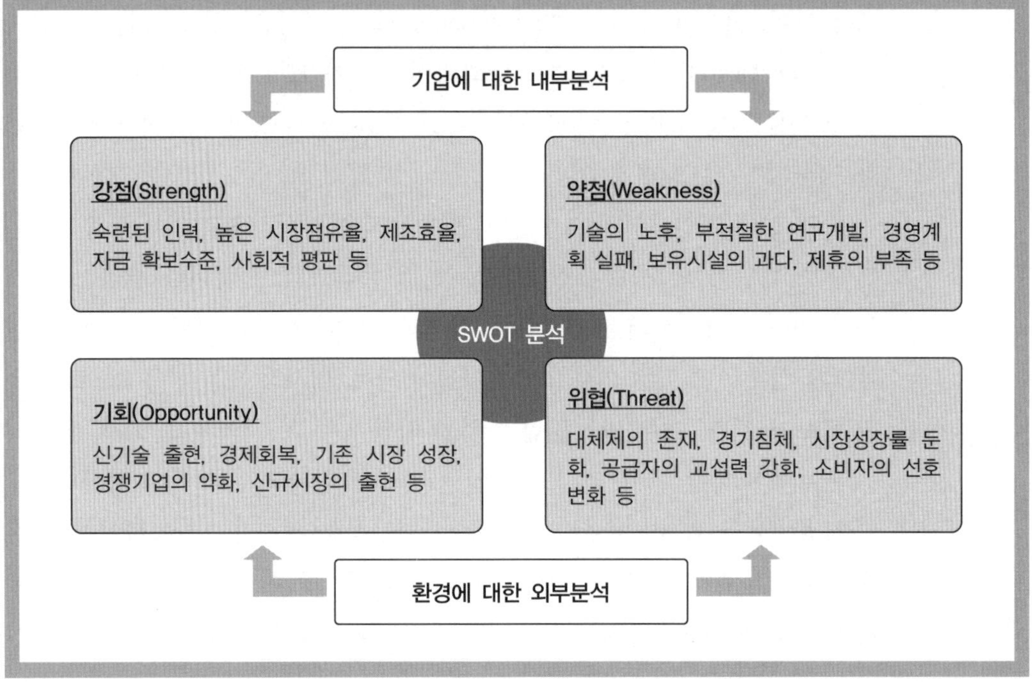

같이 SWOT분석은 내부분석으로서 기업의 자원(resources)과 역량(capabilities)에 대해 먼저 체계적인 평가를 하는데, 기본목적은 경쟁기업과 비교하여 특별히 우수한 강점인 핵심역량(core competency)을 확인하고자 하는 것이다.

③ 산업 및 환경의 분석

SWOT분석에서 기회와 위협의 요인을 확인하기 위해 기업이 처한 외부 환경에 대한 분석을 통해 기회와 위협의 요인을 찾는다. 기업에 영향을 줄 수 있는 기술변화, 정부정책, 사회구조, 인구분포, 경제동향, 기후변화 등의 환경 요인과 고객, 경쟁기업, 공급자 등의 산업환경 등이 분석대상이 된다. 외부환경에 대한 분석의 정확성과 예측력이 높을수록 우수한 전략이 성공적으로 구현될 가능성이 높다.

산업 및 환경의 외부분석에 활용할 수 있는 방법중의 하나인 〈그림 2-2〉의 5 forces model에 대하여, 전략경영에서는 특정 산업 또는 시장의 5 forces를 파악하여 기업의 전략적 위치를 결정할 수 있다. 경쟁의 강도, 대체산업의 위협, 공급자와 고객의 협상력 등이 강하고 약함에 따라 해당 산업은 비매력적인 산업(unattractive industry) 또는 매력적인 산업이 된다.

④ 전략의 수립

명확하게 표현되는 기업의 사명, 핵심가치, 목표를 바탕으로 내 · 외부 환경을 분석한 SWOT 분석결과 등을 고려하여 〈그림 2-1〉과 같이 기업수준, 사업수준, 기능수준의 전략을 수립한다. 상위수준의 전략에 따라 하위수준의 전략을 수립하는 top-down 방식, 그 반대의 순서대로 하위 전략을 정리하여 상위 전략을 수립하는 buttom-up 방식 또는 적절히 절충한 방식으로 기업의 전략을 수립할 수 있다. 전략의 형태는 앞 절에서 나열한 Michael Porter의 경쟁구조, 사업 포트폴리오 등을 포함하는 여러 구성방식에 의해 성장전략, 안정전략, 축소전략 등이 된다.

(2) 전략의 구현

전략의 구현은 필요한 자원을 할당하고 전략을 실행에 옮기는 과정이다. 아무리 훌륭하게 수립된 전략이라도 적절하게 실행되지 않으면 어떤 전략도 성공을 거둘 수 없다. 결과의 평가를 통하여 변화하는 환경에 따라 필요한 수정 및 보완도 이루어져야 한다.

① 전략의 실행체계

전략의 실행을 위해서는 기업의 전 조직과 자원이 계획 및 통제는 물론 필요한 전 경영과정을 통해 활성화되어야 한다. 전략의 수립과 선택이 적절하여도 적절한 기술, 업무의 할당과 워크플로우(workflow) 설계, 모든 운영분야 적절한 인력의 배치 등과 같이 전략수행을 지원하는 요소가 필요하다. 종업원의 동기부여 및 성과확인 등과 적절한 조직의 구성 등이 필요하다. 이와 같이 기업 전체가 시스템적으로 운영되는 체계에서 전략의 실행은 변화하고 혁신적인 경영환경에서 성공적으로 실행될 수 있다.

② 기업지배구조에 의한 전략이행 평가

오늘날 기업의 최고경영진은 이사회(board of directors) 또는 주요 이해관계자에 의해 경영성과의 모니터링이나 필요한 통제를 받게 되는데, 이와 같은 체계가 기업지배구조(corporate governance)이다. 기업에 있어서 기업지배구조는 이사회, 기관 투자자, 기타 소유관계 등에 의해 규정되며, 이에 따라 기업 경영진의 책임사항도 명시된다. 사내이사(inside directors)와 사외이사(outside directors)로 구성되는 이사회는 투자자의 이익을 위해 기업이 운영되는지에 대해 공식적인 책임이 있으며, 최고경영진이 제시하는 경영전략에 대한 승인을 포함하여 점차적으로 경영전략의 성공을 위한 적극적인 역할을 수행하고 있다. 기업지배구조에 대한 의무사항이 강조되고 있는 최근의 경향에 비추어, 이사회 및 이해관계자 집단에 대해 최고경영자는 재무적 영업성과는 물론 사회적 의무에 이르기까지 경영성과에 대한 책임은 커지고 있다.

③ 결과의 평가 및 보완

수립된 전략의 실행에 대하여 수시 또는 정기적으로 중간평가를 통해 환경의 변화사항이나 실행과정의 효율성을 확인하고 필요한 통제과정을 조정·신설하거나 전략을 보완할 수 있다. 최종평가에서는 전략경영의 최종결과를 통해 사업의 확대 또는 축소 등을 결정하게 된다.

요 약

(1) 기업에서 수립하는 전략은 수준에 따라 기업수준, 사업수준, 기능수준으로 나눌 수 있다.

(2) 포터(Porter)의 경쟁구조는 산업내 경쟁자, 신규 진입자, 대체품, 공급자, 고객 등으로 구성된다.

(3) 경쟁우위 요소와 시장범위에 따라 기업의 전략은 원가우위전략, 차별화전략, 집중화된 차별화전략, 집중화된 원가우위전략 등으로 분류된다.

(4) 사업 포트폴리오 전략으로서 BCG 매트릭스에 의한 사업의 분석 및 분류는 야생고양이, 별, 자금젖소, 개 등 4가지이다.

(5) 사업규모에 대한 전략으로는 성장전략, 안정전략, 축소 및 재구성 전략 등이 있다.

(6) 전략경영은 장기적인 목적을 실행하고 경쟁우위를 유지하기 위해 전략을 구성하고 구현하는 과정이다.

연습문제

(1) 수준에 따른 전략의 수립을 설명하고, 각각의 사례를 들어보시오.

(2) 관심을 가지는 기업에 대해 경쟁구조를 5 Forces Model을 통해 작성하여 보시오.

(3) 국내 기업의 SWOT분석 사례를 찾아보고 토의하시오.

(4) 본인의 학업성적관리를 위한 전략경영과정을 기술해 보시오.

사례 1 황창규 KT 회장 "융합형 기가토피아 열겠다"

2014년 초 취임한 뒤 혹독한 신고식을 치른 황창규 KT 회장이 장기 목표로 내세웠던 '1등 KT'를 위한 로드맵을 내놨다. 20일 서울 광화문 KT사옥에서 취임 후 첫 기자간담회를 연 황 회장은 "속도와 용량, 연결이 폭발하는 융합형 기가 시대 선도와 5대 미래 융합서비스 육성, 고객 최우선 경영을 통해 '기가(GiGA)토피아'를 실현하겠다"고 강조했다. '기가토피아'는 인간과 모든 사물이 기가 인프라로 연결되고, 융합서비스를 통한 정보통신기술(ICT) 생태계 활성화로 고객과 산업, 국가 모두에 새로운 무대를 제공하는 세상이다.

황 회장은 인사말을 통해 "판도라의 상자를 열어보니 많은 고난들이 쏟아져 나왔고, 불면의 밤을 보냈다"면서도 "하지만 마지막엔 1등 DNA도 확인할 수 있었다"고 말했다. 이처럼 숨겨진 KT의 역량을 극대화한다는 것이 황 회장의 장기 플랜이다. 그가 '1등 KT'를 위해 찾은 KT의 핵심역량과 해법은 '기가'와 '융합'이다. KT는 우선 향후 3년 동안 4조 5,000억원을 투입해 유무선이 통합된 기가 인프라를 구축할 계획이다. 지금보다 10배 빠른 인터넷, 빅데이터와 클라우드 등을 기반으로 5대 미래 융합서비스를 선정해 집중 육성한다는 방침이다. 황 회장이 제시한 5대 융합서비스는 '스마트 에너지'와 '통합 보안', '차세대 미디어', '헬스케어', '지능형 교통관제'다. 통신과 이종 산업 간의 시너지 창출을 차세대 성장 동력으로 삼는다는 것이다.

이번 간담회에선 KT의 추락한 기업 이미지와 실적 회복에도 관심이 모아졌다. KT는 최근 개인정보 유출 등으로 곤혹을 치렀고, 실적도 좋지 않았다. 황 회장은 "1분기 실적이 썩 좋지 않았지만 기존에 있었던 문제를 전문가와 내부조직에 의해 바꿔나가고 있다. 이미 상당히 많이 진척됐다"며 "하반기엔 좀 더 나은 실적을 보일 수 있을 것"이라고 전망했다. 현재 가장 시급한 과제로는 '통신 경쟁력 강화'를 꼽았다. 황 회장은 "통신시장이 포화됐다고 말하지만 차별화된 서비스를 통해 아직도 충분히 성장할 수 있는 여력이 많다"고 말했다.

그는 직원들의 사기 진작을 위해 추가 구조조정이 없을 것임을 시사하기도 했다. 황 회장은 "이번 대규모 명예퇴직은 뼈를 깎는 노력이었다. 고통스러운 결정을 해준 분들에게 감사할 따름"이라며 "다시는 이런 일이 없도록 노력할 것"이라고 다짐했다.

하지만 브랜드 전략은 바꾸지 않을 방침이다. 황 회장은 이와 관련해 "과거에 KT가 잘못한 면이 있었지만 '올레'라는 브랜드 인지도는 높았다"며 "과거의 것을 좀 더 빛나게 하는 것도 나 자신의 임무로, 과거의 브랜드를 계승, 발전시켜 더욱 좋은 브랜드로 만들겠다"고 말했다.

(스포츠동아, http://sports.donga.com, 2014년 5월 21일)

토 의

1. KT가 처한 환경 및 내부역량을 대해 관련 산업분야의 자료를 참고하여 SWOT분석표를 작성해 보시오.
2. 위 사례의 내용만으로 전략경영과정(〈그림 2-6〉)을 도식화해 보시오.

사례 2 "3대 전략으로 위기 넘자" 삼성전자 비상경영

삼성전자 '3대 위기돌파' 전략

환율하락에 따른 수익성 악화 방어:
달러결제 최소화, 현지통화 결제 또는 원화결제 장려

인건비·여비·물품구매 등 추가적 절감:
비용 지출 과정 철저하게 통제

사업전략 수정:
스마트폰 판매량 조정·적자사업 구조조정 등

※지난달 25~27일 열린 '하반기 글로벌 경영전략회의' 결정 사항

삼성전자 분기별 영업이익 추이
(단위:억원)

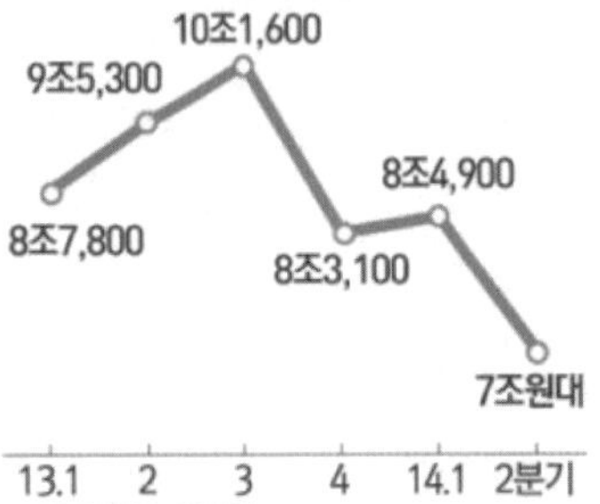

※14.2분기는 예상치

삼성전자가 하반기 비상경영을 선언하고 '환율 방어, 비용절감, 사업전략 수정'이라는 3대 위기돌파 전략을 적극 추진하기로 했다. 글로벌 경기침체에 따른 실적부진 우려에 대해 선제적으로 대응하겠다는 최고경영진의 판단에서다.

7일 삼성전자와 관련 업계에 따르면 삼성전자는 지난달 25일부터 27일까지 사흘간 경기도 수원과 기흥 사업장에서 권오현 부회장과 윤부근 소비자가전(CE) 부문 사장, 신종균 IT모바일(IM) 부문 사장 등 사장단과 주요 임원, 해외법인장 등 500여명이 참석한 가운데 사업 부문별 '하반기 글로벌 경영전략회의'를 개최했다. 이 자리에서 권 부회장 등은 비상경영 체제를 선언하고 그에 따른 3대 위기돌파 전략을 추진하기로 방향을 잡았다. 위기돌파 전략은 사업 부문별 개별계획을 수립한 후 7월 중순부터 해외를 포함한 삼성전자 전 사업장에서 전사적으로 추진해나가게 된다.

삼성의 한 관계자는 "(경영전략회의에서는) 상반기 실적이 글로벌 시장의 부진으로 연초 수립한 계획보다 저조할 것으로 판단했고 이에 따른 극복 방안과 수익성 제고 전략 등에 대해 논의했다"면서 "원화강세에 따른 수익성 악화 극복 방안과 추가적인 비용절감 방법, 사업전략 수정을 통한 경쟁력 강화 방안 등을 사업 부문별로 추진해나가기로 했다"고 전했다. 이 같은 위기돌파 전략 실행에 전사적 역량을 집중함으로써 올해 경영목표로 세운 250조원 매출목표를 달성할 수 있을 것으로 기대한다.

최우선 위기돌파 전략으로는 환율하락에 따른 수익성 방어를 꼽았다. 지난해도 환율하락(원화강세)으로 수익이 7,000억원 이상 감소한 경험이 있고 올해 역시 상황이 여의치 않기 때문이다. 글로벌 경기침체의 여파로 가뜩이나 어려운 상황에서 환율이 하락하면서 수익성이 또다시 대폭 감소할 위기에 처했다. 최근 환율이 수익성 제고를 위한 적정선인 1,070원을 밑돌면서 2·4분기 실적에도 악영향을 미칠 것으로 보인다. 여기다 3·4분기 이후에도 원화강세가 이어질 가능성이 높아 자칫 1조원 이상의 수익을 날릴 수 있는 불안한 상황이다. 이 때문에 환율하락에 대한 대비책이 시급한 실정이다. 삼성전자는 가장 큰 수익을 담당하는 IM 부문을 중심으로 글로벌 거래에서 현지통화로 결제하거나 원화결제

를 유도하는 등 다각도로 방어책을 마련할 방침이다.

추가적인 비용절감에도 나선다. 연초에 이미 전년 대비 상당 부분을 깎았지만 추가로 비용삭감을 검토하고 있다. 우선 인건비를 포함해 여비와 각종 물품구매 비용 등을 추가로 줄이는 것을 목표로 비용 지출과정을 철저히 통제할 계획이다.

비용절감과 동시에 사업전략 수정을 통한 경쟁력 강화도 추진한다. IM 부문의 스마트폰 5억대, 태블릿 1억대 판매 등 매출목표는 낮추지만 수익성은 지난해보다 한 단계 높이는 방안 등을 추진하고 있다. CE 부문에서도 경쟁사를 의식한 마케팅비는 대폭 줄이고 경쟁력이 높은 제품을 통해 시장점유율을 높이면서 자연스럽게 매출을 끌어올린다는 구상이다. 부품(DS) 부문은 투자 대비 경쟁력과 수익성이 떨어지는 사업에 대한 구조조정을 통해 수익성을 높여나갈 방침이다.

업계의 한 관계자는 "당장 2·4분기 실적이 발표되면 삼성전자가 위기에 몰렸다는 시장의 분석이 나오겠지만 삼성전자는 이미 내부적으로 하반기 위기경영을 선언하고 선제적 대응방안을 수립했다"며 "하반기에는 최우선적으로 환율하락에 따른 수익성 악화 방어에 집중하면서 비용절감과 사업전략 수정 등의 전략을 전사적 차원에서 추진하면서 실적 부진의 돌파구를 마련해나갈 것"이라고 예상했다.

(서울경제, http://economy.hankooki.com, 2014년 7월 8일)

토의

1. 삼성전자의 사업전략 수정이 이루어진 이유를 전략적 관점에서 설명해 보시오.

03

경영계획과 통제

기업이 정해진 목표를 이루기 위해 전략을 세우면 그 전략을 효율적으로 달성하기 위하여 필요한 과정을 수행하여야 한다. 필요한 과정이란 경영프로세스를 의미하며, 경영프로세스의 구성은 일반적으로 계획, 조직화, 지휘, 통제의 요소로 이루어진다. 이러한 경영 프로세스의 구성요소 중에서 경영계획 및 통제에 대해서 정리하기로 한다.

제1절 경영계획

기업경영에서 경영계획(managerial planning)은 계획 또는 기획으로 불리기도 하며, 기업의 목표를 설정하고 설정된 목표에 대한 최선의 수행방안을 결정하는 것이라고 할 수 있다. 이와 같은 경영계획은 〈그림 3-1〉에 나타난 바와 같이 경영프로세스의 시작단계이다.

그림 3-1 | 기업경영 프로세스에서의 경영기능

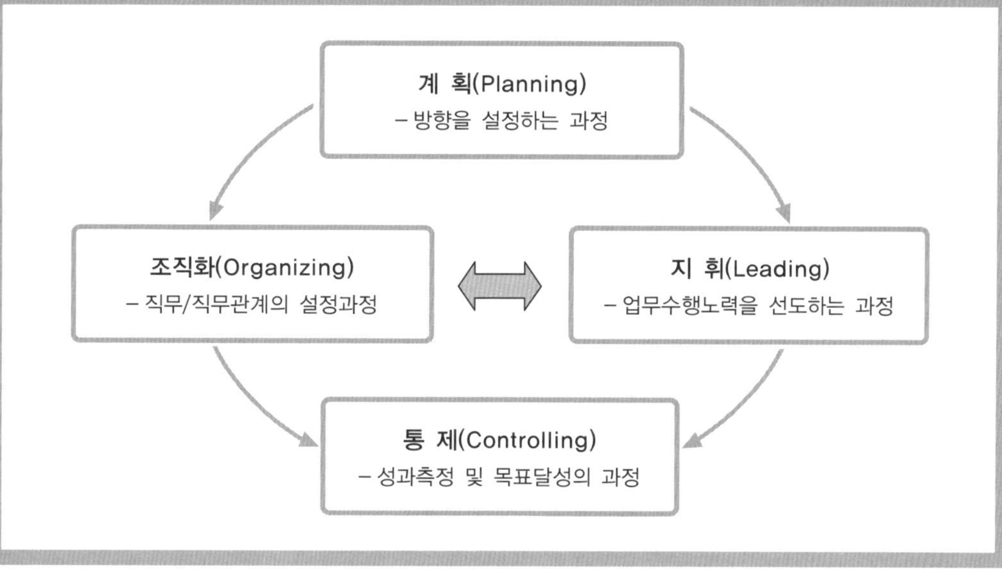

1.1 계획의 중요성

계획(planning)은 기업경영을 수행하는 경영프로세스의 첫 단계이며, 〈그림 3-1〉에 나타난 바와 같이 다음 단계에 속하는 조직화, 지휘, 통제의 기반이 되는 중요한 단계이다. 기업은 목표의 달성을 위하여, 주어진 외부적 환경과 내부적 자원과 역량의 범위에서 기업의 제반 경영활동이 효율적으로 수행되도록 해야 한다. 또한 기업의 구성원이 기업의 목표와 목표의 달성을 위한 수행방안 및 각자의 역할에 대해 이해하고 있도록 해야 한다. 계획은 이와 같이 기업 전체 또는 사업부, 나아가 개인에 이르기까지 경영활동의 목표와 목표를 달성하기 위한 수행방안을 사전에 결정하는 것이다.

1.2 계획의 수립과 실행

계획을 수립하고 실행하는 과정에서 목표(objective)를 명확히 설정하는 것이 중요하다. 목표는 성취하고자 하는 특정 결과 또는 원하는 성과를 명확히 한 것이다. 이에 따른 계획(plan)은 목표를 달성하기 위하여 수행해야 할 실행단계를 서술한 것이라고 할 수 있다. 체계적인 계획의 수립 및 실행과정은 다음과 같이 5단계로 정리할 수 있다.

① **목표설정**: 원하는 성과 또는 결과를 구체적으로 정하는 단계이다.
② **목표와 현실 간 차이의 확인**: 현재의 성과 또는 위치를 원하는 결과인 목표와 비교하여 평가하고, 목표달성을 위한 강점 또는 약점을 확인한다.
③ **미래 경영여건을 전망**: 향후 경영환경의 변화에 대한 여러 가능한 시나리오를 작성하고 시나리오 별로 목표의 달성에 촉진요인과 장애요인을 명확히 한다.
④ **대안의 분석 및 선택**: 추진이 가능한 대안을 나열하고 분석하여 목표의 달성에 가장 유리한 대안을 선택하고, 대안의 추진을 위한 실행사항을 단계적으로 서술한다.
⑤ **계획의 실행 및 결과평가**: 계획을 실행하고 진행경과를 평가한다. 필요시 계획과 실행사항을 수정 또는 보완한다.

오늘날 복잡하고 변동이 심한 환경에서, 계획을 수립하고 실행하는 것이 계획대로 일정하게 사무실에서 이루어지기 보다는 일상의 업무에서 지속적으로 수행하는 경우가 대부분이다. 일반적으로 계획의 수립과 실행, 그리고 이를 통한 목표의 성공여부에는 구성원의 적극적인 참여와 관심이 중요하다.

1.3 계획의 효과

기업의 경영계획은 직면하는 내 · 외부의 여러 압력에 대응하는 효과를 가진다. 기업에 대한 외부 압력으로서는 정부의 규제, 급속한 기술의 변화, 글로벌 경제의 불확실성, 높은 금융비용 등이 있으며, 내부 압력에는 운영효율, 새로운 조직구조나 기술 및 새로운 업무설계 등의 추구, 사업장의 변화, 경영문제 등이 있다.

(1) 집중과 신축성

기업조직은 구성원과 조직전체의 성과에 중요한 요소인 집중(focus)과 신축성(flexibility)을 통해 경영계획을 향상시킬 수 있다. 기업은 보유한 강점과 고객의 니즈(needs)를 파악하여 최적의 고객서비스 방식으로 집중할 수 있도록 하고, 변화하는 환경에 스스로 변화하거나 적응하는 신축성이 필요하다. 또한 기업의 구성원은 목표에 따라 개인의 경력 또는 지위에 적절한 업무방향을 파악하거나 적절한 경력계획을 가지는 것이 필요하다.

기업이 경영계획의 수립 및 실행을 고려할 때 다음의 요인들은 조직과 구성원의 경영활동에 있어서 집중(focus)과 신축성(flexibility)을 가지게 한다.

① 성과지향적 계획과 실행
② 수행업무의 우선순위 부여
③ 경쟁력 제고에 효과적인 자원활용
④ 미래지향적 문제파악 및 대응

(2) 조직·기능간 조정의 향상

기업조직은 여러 이질적인 성격의 기능을 각각 수행하는 여러 다른 개인,

그림 3-2 | 전사적 품질경영을 위한 계층적 목표의 사례

기업의 품질목표	고객만족을 위해 항시 불량률 없는 상품 제공
사업부의 품질목표	적시 납품을 100% 달성하는 경쟁력을 갖춘 공급자
생산부서 품질목표	현재의 품질 반품률을 금년 내 20% 감소
현장감독 품질목표	설비 기술자의 평가 및 교육을 통한 상위수준 달성

그룹, 하부시스템 등으로 구성된다. 기업의 경영계획은 이러한 조직을 조정(coordination)하는 효과를 가진다. 비록 각각의 조직 구성단위가 그들 각각의 목표와 업무를 추구하더라도, 계획을 통해 모든 개인 또는 단위조직 업무들이 상호간 조정을 이루어 전체적으로 조직에 기여하도록 한다. 조직전체의 계획이 잘 수립되고 실행되기 위해서는 목표의 계층구조(hierarchy of objectives)가 필요한데, 상위수준의 목표는 하위수준의 목표의 목적이 되는 목적-수단의 관계로 여러 업무수준의 목표들이 서로 연결되는 것이다. 〈그림 3-2〉는 전사적 품질경영을 위해 수립된 계층적 목표의 사례이다.

(3) 시간관리의 효율성

기업 구성원의 근무시간 중에 다른 구성원이나 중요하지 않은 일에 의해 시간의 낭비를 초래하게 된다. 계획은 조직이나 개인의 업무수행에 대한 시간의 할당, 일정, 운선순위 등을 포함함으로써 보다 나은 시간관리(time management)를 유도하게 된다.

(4) 통제의 향상

계획의 수립과 실행이 효율적인 경우, 실행결과를 평가하고 필요한 개선조치를 취하는 통제(control)의 실행이 용이하게 된다. 계획은 목표와 목표를 달

성할 수행업무를 명확히 함으로써 통제를 가능하게 하는 근거가 된다. 또한 실행결과가 계획보다 저조한 경우에는 이미 수립한 목표와 수행업무를 평가하여 보완하는 것도 통제의 역할이다. 이와 같이, 경영프로세스에서 계획과 통제는 밀접한 보완관계를 가진다.

제2절 계획의 유형

기업의 경영자는 경영계획의 수립과 실행에 여러 상황을 고려하여야 한다. 안정적이고 예측이 가능한 경우는 물론, 변화하며 불확실한 경우에도 여러 유형의 계획과 활용하여야 한다.

2.1 장기계획 및 단기계획

계획이 고려하는 기간에 따른 분류로서, 일반적으로 장기계획(long-range plan)은 3년 이상, 중기계획(medium-range plan)은 1~2년, 단기계획(short-range)은 1년 미만의 기간을 고려하는 계획이다.

2.2 전략계획 및 운영계획

전략계획(strategic plan)과 운영계획(operational plan)의 구분은 계획이 가지는 조직적 계층(level) 또는 범위(scope)에 따른 구분이다. 전략계획은 기업 또는 사업부 전체의 장기적인 방향을 포괄적으로 다루는 계획으로서 주로 최고경영층 수준에서 수립되는 계획이다. 전략계획은 최고경영층의 입장에서 전체 조직의 목표, 실행 사항, 자원할당 등의 결정을 포함하며, 전략계획의 수립과 실행은 제2장의 2절인 전략경영에 나타난 바와 같다. 운영계획은 실행계획 또는 업무계획으로도 불리며, 전략계획을 구현하기 위한 특정 경영활동에 대해 중간경영층이나 하위경영층에서 수립하는 계획이다. 운영계획의 전형적인 사례로서, 범위에 따라서는 생산계획, 재무계획, 마케팅계획, 인력계

표 3-1 기간과 계층에 따른 계획과 관련성

관련되는 계획		고려 기간	관리책임자
기간에 따른 분류	계층에 따른 분류		
장기계획	전략계획	3~5년	최고경영자
중기계획	전술계획	1~2년	중간경영자
단기계획	운영계획	1년 이하	하위경영자

획 등이 있으며 기간에 따라서는 월간계획, 주간계획 등이 있다.

한편 전략계획과 운영계획의 중간에 위치하는 것으로 전술계획(tactical planning)을 따로 구분하여 3개의 계층적인 계획으로 구분하기도 있다. 계층 또는 고려기간에 따라 구분되는 계획들간의 상대적인 관련성과 책임자는 〈표 3-1〉과 같다.

2.3 일회성 계획 및 지속적 계획

계획을 세우는 것에 있어서 그 계획의 사용 목적에 따라 계획의 기간 또는 빈도가 달라진다. 다리를 건설하려는 계획은 한 번 건설하면 끝나는 계획인 반면 도시를 지속적으로 발전시키는 도시발전계획은 장기적이고 지속적인 계획이다. 이처럼 기간이나 빈도에 따라 계획은 일회성 계획과 지속적 계획으로 나눌 수 있는데, 일회성 계획이란 다리나 건물 등과 같은 주로 하나의 정해진 목적에 주로 단기간에 사용된다. 하지만 지속적 계획은 도시발전 계획, 국가 운영정책 등의 장기적인 시간이 걸리는 곳에 사용된다.

2.4 기타 계획

계획의 구체화 정도에 따라 지침적 계획(directional plan)과 구체적 계획(specific plan)이 있다. 지침적 계획은 방향이 되는 지침에 관한 계획으로서 구체적인 목표나 구현방식은 제시하지 않는다. 반면 구체적 계획은 목표와 구현방식이 구체적으로 정해져 있다. 예를 들어 지침적 계획이 10~20%의 매출향상인 경우에, 구체적 계획은 15%의 매출향상과 업무내용 · 예산, 일정 등을 제시해야 한다.

계획수립방식의 조직 내 방향성에 따라 하향식 계획(top-down plan)과 상향식 계획(buttom-up plan)이 있다. 하향식 계획은 최고경영층에 의한 전략계획 또는 장기계획이 먼저 수립된 후, 이에 기초하여 운영계획 또는 단기계획을 수립하는 것이다. 상향식의 경우에는 하위계층의 계획을 종합하여 최고경영층 또는 전사의 계획을 수립하는 것이다.

제3절 계획수립의 수단 및 기법

계획은 기업의 장·단기 전략과 일관되도록 수립하여야 한다. 계획수립에는 다양한 방법이 사용되는데, 예측이나 벤치마킹, 상황대처, 시나리오 등을 단독 또는 복합적으로 활용할 수 있다.

3.1 예측(forecasting)

예측(forecasting)이란 미래를 예측하여 계획을 수립하는 것이다. 이 예측은 주로 시(時)계열 분석 통계조사를 사용하여 미래의 결과에 대해 예견하는 것으로서, 미래에 어떤 일이 일어날 것인지에 대해서 미리 가정하는 과정이라 할 수 있다. 예를 들면, 기업의 가치를 나타내는 주가 예측, 지역이나 계절별로 기상 상태를 알려주는 일기예보, 한해 경제의 성장 정도를 알려주는 지표인 경제성장률 등이 있다.

3.2 상황대처 계획(contingency plan)

기업 경영을 위한 여러 경영활동의 유형에 있어서, 여러 가지 변수로 인하여 문제점들이 우발적으로 발생할 수 있다. 이러한 상황을 예방하고 그에 적절하게 대처해 나가는 방안을 제시하는 것이 바로 상황대처계획이다.

3.3 시나리오 계획(scenarios)

시나리오 계획에서 시나리오란 불확실한 미래에 기업경영 상의 여러 분야에서 발생 가능한 다양한 성향들을 의미한다. 시나리오 계획도 이러한 시나리오가 발생한 경우에 일어날 수 있는 변화를 분석하고 그에 대한 효과적인 대응방안을 계획으로 수립하는 것이다. 이러한 시나리오 계획의 예로서, 전쟁에서 적군의 상태를 파악하여 작전계획을 세우는 군사작전계획, 석유의 생산량이 세계 경제에 미치는 영향을 예상하는 OPEC 기구에서 행하는 계획 등이 있다.

3.4 벤치마킹(benchmarking)

벤치마킹이란 단순히 다른 기업의 경영 기법을 그대로 가져오는 것이 아니다. 동일한 업종 내에서 특정 위치에 있는 다른 기업의 우수한 계획안을 체계적으로 배우고 종합적으로 비교·분석하여 자신의 기업에 맞는 혁신적이고 창조적인 계획을 수립하는 방법이다. 이러한 벤치마킹을 하는 순서는 다음 〈그림 3-3〉과 같다.

그림 3-3 | 벤치마킹 과정

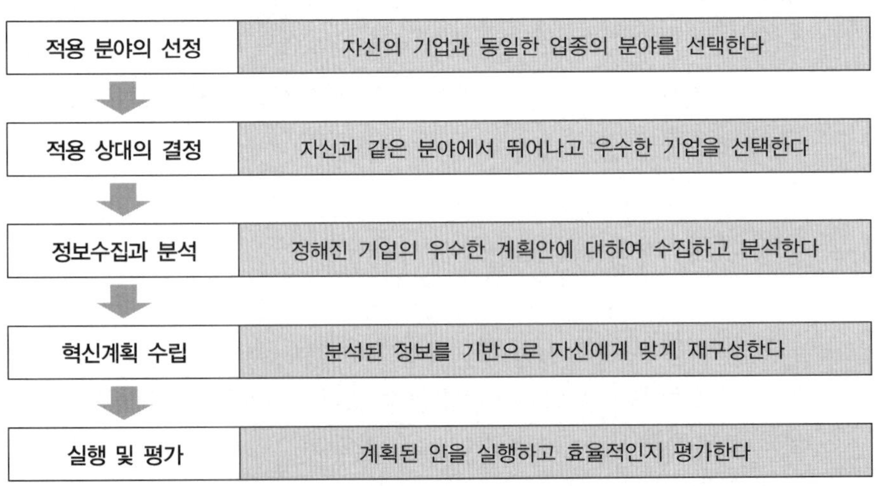

3.5 전문기획인력

계획수립을 하기 위하여 정보를 비교, 분석하고 계획내용을 타 부서나 다른 사람에게 알리고, 또한 현재의 계획에 대한 변경의 필요성을 제시하기 위해서 경영자는 전문기획인력을 두어 계획을 수립한다.

3.6 참여적 계획(participation and involvement)

참여적 계획이란 말 그대로 종업원들을 계획에 참여시키는 것이다. 일반적으로 계획을 수립하는 단계는 주로 경영자의 임무였다. 하지만 경영자와 종업원은 같은 목표달성을 위해서 조직 내에 존재한다. 효율적인 임무수행을 위해 경영자는 종업원들의 이해와 관심을 증대시킬 필요가 있다. 따라서 참여적 계획은 종업원들을 계획에 참여시킴으로써 이해와 관심을 증대시키고 그들로부터 창의성과 정보 이용성을 증대시키는 계획이다.

제4절 통제과정

조직이 효율적인 목표수행을 위해서는 적절한 통제가 필요하다. 통제란 정해진 목표를 향하여 조직원에게 주어진 업무를 적절히 수행하는지 여부와 업무를 수행함에 있어서 발생한 문제점들을 해결하는 과정이다

4.1 통제의 중요성

통제는 각 기능들이 계획했던 대로 정해진 방법으로 실행되었는가를 결과적으로 살피는 것이다. 적절한 통제는 경영자로 하여금 구성원들에게 필요한 활동이 무엇이며, 언제 그것이 필요하며 그리고 바람직한 방법으로 행하여지는가를 명확하게 의미를 부여해 주는 기능을 수행한다. 이러한 통제가 필요한 이유에는 다음과 같은 원인들이 있다.

(1) 조직의 다양성

조직을 구성하고 있는 조직원들은 다양한 분야에서 경험을 쌓은 구성원들이다. 다양한 분야를 경험한 구성원들이 모인 만큼 조직원들이 가지는 생각과 사고방식이 다를 수밖에 없다. 이 경우에 어떤 정해진 목표를 가지고 업무를 수행한다면 다양성이 단점으로 작용될 수가 있다.

(2) 환경의 불확실성

기업경영에서는 항상 정해진 시나리오처럼 계획된 일들만 발생하지는 않는다. 예측할 수 없는 천재나 기업 활동에 영향을 미치는 물적자원들의 물가 상승이나 인적자원들의 파업 등 불확실한 환경이 항상 존재하고 있다.

(3) 역할의 분리

조직을 구성하는 여러 하부조직들은 서로의 역할에 맞게 분리되어 있다. 나누어진 부서에서는 각자의 맡은 업무만을 중시하기 때문에 다른 부서의 업무상 실수를 알면서도 넘어가는 경우가 발생할 수 있다.

4.2 통제의 실행단계

조직을 관리하기 위하여 행해지는 통제는 문제를 예방하고, 발생된 문제를 해결, 수정하고 새로운 계획을 기획하기 위하여 만들어진 시스템이다. 이러한 통제의 과정은 〈그림 3-4〉와 같이 표준의 설정, 성과의 측정, 성과와 표준의 비교, 평가 및 수정의 4단계로 분류해 볼 수 있다.

(1) 표준의 설정

통제과정의 첫 번째는 표준의 설정이다. 표준을 설정하지 않고 목표를 달성한다는 것은 거의 불가능하다. 표준이란 조직의 목표를 설정하고 설정된 목표를 달성하기 위한 수단을 개발하는 과정으로 계획을 세우는 의미와 비슷하다고 하겠다. 이때의 표준은 실제과업을 수행해야 할 목표로서 성과측정의 표준이 되는 것이라 할 수 있다.

그림 3-4 | 통제의 과정

표준의 설정	통제가 가능한 기업의 표준을 설정
성과의 측정	실제 기업의 성과를 지속적으로 측정, 감시
성과와 표준 비교	성과와 표준을 비교, 분석
평가 및 수정	비교, 분석한 결과를 토대로 시정조치

(2) 성과의 측정

통제과정의 두 번째는 실행이 되고 있는 경영활동의 성과를 측정하는 방법이다. 성과란 특정한 활동의 결과를 말하는 것인데, 여기서는 경영활동의 결과를 말하는 것이다. 이것은 표준의 설정과 비교되어 통제의 대상이 되기 때문에 표준이 어느 정도 달성이 되고 있는지를 지속적으로 측정하여야 한다.

(3) 성과와 표준의 비교

통제과정의 세 번째는 측정된 결과인 성과와 이미 설정된 표준을 비교하여 분석하는 것이다. 효과적인 통제가 이루어지기 위해서는 표준과 성과의 차이에 대한 허용범위를 정해야 한다. 그리고 차이가 너무 커지지 않도록 허용범위를 벗어나면 적절한 방법을 통하여 조치를 취해야 하며, 지속적인 비교를 통한 분석이 필요하다.

(4) 평가 및 수행

통계의 마지막 단계는 표준과 성과를 비교하여 분석한 결과를 두고 판단여부에 따라서 적절한 조치를 취할 것인가를 결정하는 것이다. 표준과 성과의 차이가 허용범위를 벗어나면 그 원인이 무엇인지를 분석하고 그에 따른 수정조치를 취해야 한다. 그 허용범위가 좋은 쪽이더라 하더라도 표준의 설정이 잘못되어 있는지를 살펴보고 원인을 찾는데 중점을 두어야 할 것이다.

4.3 통제의 종류

기업을 운영하면서 문제점이 발생하면, 그것을 해결하고 수정을 해야 한다. 기업이 잘못된 방향으로 운영을 하는데도 그것을 바로 잡지 않는다면 기업의 목표는 이루어지지 않기 때문이다. 문제점을 해결하고 수정하는 것을 통제라 하는데, 이러한 통제에는 시점에 따라서 사전통제, 실행 동시 통제, 그리고 사후통제가 있다.

(1) 사전통제

조직이 목적달성을 위하여 서비스, 제품의 생산이나 활동 등 통제의 대상이 실행되기 전에 이루어지는 통제이다. 즉, 사전에 통제를 함으로써 투입요소의 문제점들을 예방할 수 있다. 또한 미래의 대한 잠재적인 문제를 예측할 수 있고 발생할 수 있는 문제점에 대한 예방조치를 취하는데 도움을 준다.

(2) 실행 동시 통제

조직의 목적달성을 위한 통제의 대상이 되는 서비스, 제품의 생산이나 서비스 활동 등이 이루어지는 동시에 이루어지는 통제이다. 실행과 동시에 관리를 하기 때문에 사후에 문제점이 발생되기 전에 지속적으로 관리함으로써 중간에 문제점들을 고쳐나갈 수 있다. 이 시스템은 사전에 미리 예측된 문제점들의 해결이 아닌 예측하지 못했던 문제점들이 중간단계에서 발생하는 것을 즉각 해결하는 것이다.

(3) 사후통제

사전통제와 실행 동시 통제에서 발생하지 않았던 문제점들이 사후에 발견되는 경우가 종종 있다. 이러한 작업이 완료된 후에 발생하는 문제점에 대하여 통제하는 시스템을 사후통제라고 한다. 이 시스템은 피드백(feedback)이라고도 하며 문제점을 해결하고 다시 수정하기가 어렵다. 즉, 사후통제는 이미 완성된 제품에 손실이 발생했기 때문에 비용이 많이 들어가는 단점이 있다.

4.4 내부적 · 외부적 통제

내부적 통제란 기업에서 발생되는 문제점을 통제하기 위하여 내부적으로 행하여지는 시스템이다. 기업의 분식회계로 인하여 투명경영의 확보를 위해서 내부적 통제체계를 갖추는 것인데 내부적 통제에는 기업 내부에서 자체적으로 부적절한 업무처리 등을 가리는 내부 회계감사와 내부 감사, 그리고 좋은 성과를 내거나 타의 모범이 되는 조직원들에게 주는 성과급제도 등이 있다.

반대로, 외부적 통제란 기업에서 발생되는 문제점을 내부가 아닌 외부에서 적절하게 통제하는 시스템을 말한다. 내부 통제와는 달리 객관적이고 공정하게 기업에 대해 평가 할 수 있다는 특징을 가지고 있다. 외부적 통제에는 기업의 주주들이 경영자의 기업 경영에 대해서 평가하는 주주총회, 정부 차원에서 올바른 기업활동을 위한 국가기관의 회계감사 등이 바로 여기에 속한다.

제5절 조직적 통제체계

기업에서 적용되는 일반적인 통제방안을 살펴보기로 한다. 종업원 관리 및 기업운영 관리 측면에서 이루어지는 통제방안을 나열하였다.

5.1 보상과 혜택

보상과 혜택은 종업원들이 노동력을 제공하고 받는 일종의 반대급부이다. 따라서 보상과 혜택의 차이에 따라서 종업원들이 미치는 기업의 성과에도 많은 차이가 발생할 수 있다. 이러한 보상과 혜택에는 금전적 기준과 비금전적 기준으로 구분할 수 있다.

그림 3-5 | 보상의 분류

보 상			
금전적		비금전적	
직접	간접	직무	직무환경
임금 봉급 상여금	보험계획 사회지원복지 유급결근	도전, 책임 인식, 기회 발전기회	건전한 정책 유능한 감독 직무 분담

5.2 종업원 훈련체계

종업원이란 조직의 목표를 달성하기 위하여 기업이 보유한 인적자원이다. 이러한 인적자원을 통제하여 기업의 생산성과 효율성을 증대시키는 것을 목적으로 종업원들은 훈련을 받게 된다. 또한 직무와 관련된 능력과 기술을 습득하고 지속적으로 향상, 개발시킴으로써 효율성을 증가시킬 수 있다. 종업원의 훈련은 대상이나 목적에 따라 여러 가지 방법이 이용된다.

(1) 도제훈련

기업이 종업원들을 교육시키기 위해서 가장 많이 행해지는 시스템이다. 이 시스템은 교육장소에서 훈련생과 교육 담당자가 일대일로 훈련을 받는 방법이다. 일대일 수업은 효율성이 높고 훈련생의 이해도 측면에서 효율적으로 평가된다. 이 방법은 병원이나 기업 같은 곳에서 훈련을 받는 인턴들의 경우가 여기에 속한다.

(2) 실습장 훈련

일정한 기간과 장소에서 직무환경에 사용되는 여러 가지 상황들을 모의상황 속에서 훈련하는 방법이다. 실무에 바로 투입이 가능하다는 장점이 있으나 실무와 다름없기 때문에 훈련비용이 많이 든다는 단점이 있다.

(3) OJT(현장 경험 학습)

OJT(On the Job Training)는 기업의 직장 내 훈련 중에 하나이다. 종업원이 실제 직무현장에서 상사나 동료들의 작업 수행 모습을 관찰하고 실습을 통하여 경험하고 학습하는 시스템이다. 이 경우 현장체험이 현실적이기 때문에 피드백의 효과로 이해도가 높다. 또한 모의훈련에서는 볼 수 없는 조직의 문화나 관행을 경험할 수 있어서 가장 효과적인 훈련학습 방법이다.

(4) OFF-JT

OFF-JT(OFF the Job Training)는 앞에서 언급한 OJT와는 상반된 시스템으로써, 실제 현장에서 벗어나 직무에 필요한 최소한의 예절과 지식, 기술 등에 중점을 두어 교육하는 것이다. 이 경우 최소한의 필요조건을 위주로 하기 때문에 OJT보다 실용적인 측면에서 많이 떨어지며 주로 OJT의 전 단계로 활용되기도 한다. 이 시스템에는 인터넷이나 시뮬레이션 학습 등이 포함된다.

5.3 운영관리 및 통제

기업이나 조직을 운영하기 위해서는 인적자원뿐만 아니라 물적자원도 들어가게 된다. 물적자원 중에 대표적인 것이 바로 자금이라고 할 수 있는데, 이 자금(fund)의 흐름과 관계된 것을 관리하는 것이 바로 운영통제이다. 운영통제는 기업의 운영에 필요한 예산이나 수익의 운영에 관한 관리 및 통제로써, 운영통제에는 돈으로 환산을 해서 계산하는 예산통제와 현금으로 계산되지 않지만 내부 회계감사와 같은 비예산통제가 있다.

(1) 예산통제

예산통제는 기업을 운영함에 있어서 발생하는 모든 과정을 돈으로 환산하여 수치화함으로써 계산하는 통제이다. 쉽게 말해서 기업의 초기 예산의 금액과 기말의 예산의 금액을 비교하여 원인을 분석하여 경영효과를 높이는 통제시스템이다. 이 예산통제 시스템에는 다음과 같은 특징들이 있다.

① 예산의 편성과 집행, 그리고 예산차이분석으로 나누어 계산함으로써

쉽게 볼 수 있다.

② 구체적인 물리적 수치를 제시함에 따라 명확한 기준을 설정하여 통제가 가능하다.

③ 수치가 구체적이기 때문에 경영관리를 과학적으로 접근할 수 있다.

④ 예산통제가 효과적이지 못한 경우 여러 부분에서 갈등과 번잡성이 발생한다.

⑤ 예산으로 통제하기 때문에 미래에 대한 경영활동에서 융통성이 떨어질 가능성이 크다.

(2) 비예산통제

비예산통제는 앞에서 말한 예산과 관계된 것을 제외한 나머지 부분의 통제를 말한다. 이 통제는 예산으로 수치화된 통제가 아니라 예산을 집행하는 부분을 감시, 감독하거나 분석하는 부분의 통제로 많이 사용된다. 특히, 손익분기점 분석이나 내부감사가 이에 속하는 대표적 방식이다.

손익분기점 분석에서는 보통 비용을 고정비와 변동비로 분해하여 매출액과의 관계를 검토한다. 매출액은 매출수량과 매출단가의 관계로 대치되므로 판매계획의 입안에 있어서 이 분석방법은 중요한 실마리가 된다. 또한 그들 상호 간의 인과관계를 추구하는 것에 의하여 생산계획 · 조업도 정책 · 제품결정 등 각 분야에 걸쳐 다각적으로 이용된다.

내부감사는 기업의 내부에 있는 사람에 의하여 이루어지는 경영활동 감사를 말한다. 여러 통제수단이 적극적으로 발휘되거나 이용되고 있는지의 여부, 각 조직단위가 그들의 직무를 확실히 수행하고 있는지의 여부를 조사하고 경영관리에 이바지하는 동시에 내부통제의 일환이 되도록 하는 데 목적을 두고 있다.

요 약

(1) 기업경영의 계획은 목표설정, 목표와 현실간 차이의 확인, 미래 경영여건을 전망, 대안의 분석 및 선택, 계획의 실행 및 결과평가의 5단계로 나눌 수 있다.

(2) 경영계획을 설정하면 집중과 신축성, 조직·기능간 조정의 향상, 시간관리의 효율성, 통제의 향상의 효과가 나타난다.

(3) 전략의 유형에는 장기적 계획과 단기적 계획, 지속적 계획과 일회성 계획, 전략적 계획과 운영계획으로 분류된다.

(4) 계획을 수립하는 방법에는 예측, 상황대처 계획, 시나리오 계획, 벤치마킹, 전문인력계획, 참여적 계획 등이 있다.

(5) 통제는 각 기능들이 계획했던 대로 정해진 방법으로 실행되었는가를 결과적으로 살피는 것이다.

(6) 조직적 통제체계에는 종업원 훈련체계, 보상과 혜택이 대표적이다.

연습문제

(1) 벤치마킹의 성공사례를 찾아보고 토의하시오.

(2) 본인의 학업이나 사업계획을 계획수립단계에 따라서 기술해 보시오.

(3) 국내에서 기업이 사용하는 통제체계를 찾아 토의하시오.

사례 1 삼성 2014 키워드 '마하경영' 신경영 21년의 정신을 담아 새롭게 도약!

2014년 4월 22일 삼성전자 이건희 회장이 96일간의 해외 일정을 마치고 귀국하자, 삼성의 '마하경영'이 다시금 화두로 떠올랐다. 올해 신년사를 통해 이 회장이 강조했던 '마하경영'이 가속화될 것이라는 전망 때문이다. '초일류 도약의 한계 돌파를 위해 모든 것을 바꾼다'는 마하경영은 이건희 회장이 강조하고 있는 경영철학 중 하나. 그리고 그 핵심에는 지난 20년간 삼성을 글로벌 기업으로 도약시킨 이 회장의 '신경영' 철학이 녹아 있다. 올해 삼성의 키워드로 떠오른 '마하경영'과 그 핵심정신인 '신경영'을 이해하기 위해 삼성의 지난 20년을 되짚어봤다.

'자만심' 위기를 부르다

1990년대 초반 삼성은 실질보다 외형 중시의 관습에 빠져 있었다. 일선 경영진의 관심은 오직 '전년에 비해 얼마나 많이 생산하고 판매했는가'에만 집중돼 있어 눈앞의 양적 목표달성에 급급했다. 자연히 부가가치, 시너지, 장기적 생존전략과 같은 질적 요인들에는 소홀해졌다. 해외 평가는 이러한 삼성의 현실을 여실히 보여줬다. 국내에서는 최고로 손꼽히는 삼성 제품들이 동남아 등 일부 시장에서 부분적으로 성공을 거두고 있을 뿐 미국, 일본 등 선진국 시장에서는 싸구려 취급을 받고 있었던 것이다. '국내 제일'이라는 자만에 빠져 있던 삼성의 현주소였다. 이건희 회장은 이러한 상황에 대해 "우리는 자만심에 눈이 가려져 위기를 진정 위기라고 생각하지 않는다. 자기 자신의 못난 점을 알지 못하고 있다. 이대로 가다간 망할지도 모른다는 위기를 온몸으로 느끼고 있다. 내가 등허리에 식은땀이 난다"고 지적했다. 이런 수준으로는 세계 초일류기업은 고사하고 글로벌 시장에서 살아남을 수조차 없겠다는 우려를 떨칠 수 없었던 것이다. 이 회장은 1993년 2월 미국 LA에서 전자 관계사 주요 임원들이 참석한 전자부문 수출상품 현지비교 평가회의를 주재했다. 삼성이 최고라 자부하는 제품들이 세계 최대 시장인 미국에서 어떤 대우를 받고 있는지 두 눈으로 직접 확인해 보자는 취지였다.

현지 매장에 직접 가본 이 회장과 임직원은 고객으로부터 외면받아 한쪽 구석에서 먼지를 뒤집어쓴 삼성 제품을 보게 됐다. 이 회장은 임원들과 함께 이를 둘러보며 "삼성이란 이름을 반환해야 한다. 한쪽 구석 먼지 구덩이에 처박힌 것에다 왜 삼성이란 이름을 쓰는가? 그나마 진열대에 놓여 있는 제품 중에는 뚜껑이 깨져 있거나 작동이 안 되는 것도 있지 않나? 이는 주주, 종업원, 국민, 나라를 기만하는 행위"라며 통탄했다는 후문이다. 삼성전자는 1994년 6월 9일 신경영 1주년을 기념하며 고객을 위한 "작은약속, 큰실천"을 다짐했다.

"양보다 질" 프랑크푸르트 선언

1993년 6월 4일 이 회장은 일본 도쿄에서 삼성의 경영 현장을 지도해 온 일본인 고문들과 삼성의 문제점에 대한 회의를 가졌다. 새벽까지 이어진 회의에서 이 회장은 삼성뿐만 아니라 국내의 디자인 수준을 어떻게 올려야 할지에 대한 고민을 털어놓았다. 삼성전자 정보통신부문 디자인 부서를 지도했던 후쿠다(福田) 고문은 이 회장에게 삼성전자에서 4년간 근무하면서 보고 느낀 점을 숨김없이 말했다. '일류상품은 디자인만으로는 안 되고 상품기획과 생산기술 등이 일체화되어야 하는데, 삼성은 상품기획이 약하다. 개발을 해도 시간이 오래 걸리고, 시장에 물건을 내놓는 타이밍도 놓치고 있다'는 내용이었다. 이는 그동안 이 회장이 숱하게 지적하며 고치기를 강조해 온 고질적 업무의 관행이기도 했다. 1993년 6월 7일 이 회장은 임원과 해외주재원 등 200여 명을 프랑크푸르트 캠핀스키 호텔로 불러 모아 '새로운 삼성을 여는 회의'를 주재했다. 사장단 회의를 갖고 여러 선진국을 둘러보면서 이 회장은 '국가도, 기업도, 개인도 변하지 않으면 살아남지 못한다'는 결론에 도달했다. 이 회장은 1993년 6월 7일 프랑크푸르트에서 "삼성은 이제 양 위주의 의식, 체질, 제도, 관행에서 벗어나 질 위주로 철저히 변해야 한다"고 강조하며 '삼성 신경영'을 선언했다. 마누라와 자식을 빼고는 다 바꾸라는 유명한 이야기도 여기서 나왔다. 삼성 신경영의 핵심은 '질 위주의 경영'이다. 이제까지 지속되었던 양 위주 경영에서 초래한 악순환의 고리를 끊고 질 중심에 양이 조화를 이루는 선순환의 경영구조를 실현하겠다는 의미를 담고 있다. 이 회장은 양 위주 경영의 한계를 절감하고, 양적 사고의 결과로 생기는 불량을 고질적인 병폐라고 지적했다. 불량은 '암'이라는 표현을 써가며, 회사를 망하게 할 수 있는 불량의 폐해를 강조했다.

"나는 20년이 넘도록 '불량은 암'이라고 말해왔다. 위궤양은 회복되지만 암은 진화한다. 초기에 잘라내지 않으면 3~5년 뒤에는 온몸으로 전이되어 사람을 죽인다. 삼성은 자칫 잘못하면 암 말기에 들어갈 가능성이 있다. 암은 초기에 수술하면 나을 수 있으나 3기에 들어가면 누구도 못 고친다." 삼성에 만연한 양적 사고에 대한 이 회장의 경고였다. 또한 이 회장은 "양과 질의 비중을 5:5나 3:7 정도로 가자는 것이 아니다. 아예 0:10으로 가자는 것이다. 질을 위해서라면 양을 희생시켜도 좋다. 제품과 서비스, 사람과 경영의 질을 끌어올리기 위해 필요하다면 공장이나 라인의 생산을 중단해도 좋다"라며 질적 상승을 최우선으로 생각했다.

불량품 제로에 도전

삼성은 불량을 없애며 제품의 질에 대한 혁신을 시작했다. 생산라인을 중단시키더라도 불량을 선진 수준으로 낮추도록 했으며, 한 품목이라도 좋으니 세계 제일의 제품을 만들기로 했다. 실제로 프랑크푸르트 선언 이후 품질을 최우선으로 하기 위해 불량을 뿌리

뽑기 위한 조치들이 잇달아 취해졌는데, 그 대표적인 사례 중 하나가 '라인스톱 제도'다. 라인스톱제란 생산현장에서 불량이 발생할 경우, 즉시 해당 생산라인의 가동을 중단하고 제조과정의 문제점을 완전히 해결한 다음 재가동함으로써 문제 재발을 방지하는 혁신적인 제도다. 신경영 이후 라인스톱제를 가장 먼저 도입한 곳은 삼성전자 수원사업장 세탁기 생산라인. 세탁기 생산라인은 프랑크푸르트 선언 후 곧바로 라인을 스톱하여 불량 원인을 파악하고 문제점을 해결한 후 다시 가동에 들어갔다. 세탁기 라인에서 시작한 라인스톱제는 전자 관계사의 모든 사업장으로 확산되었다. 생산물량이 밀려 있는데도 불구하고 라인을 세워야 하는 부담이 있었지만 효과는 컸다. 전자제품의 경우 1993년의 불량률이 전년도에 비해 적게는 30%, 많게는 50%까지 줄어든 것이다. 1995년 3월에 있었던 '불량 무선전화기 화형식'도 질 위주로 가기 위한 삼성의 의지를 보여준 사례로 손꼽힌다. 당시 삼성전자의 무선전화기 사업부는 품질이 제대로 갖춰지지 않은 상태에서 무리하게 완제품 생산을 추진하다 제품 불량률이 무려 11.8%까지 올라가는 심각한 문제를 드러냈다. 불량은 암이고, 양을 버리고 질로 가기 위해 모두 변할 것을 다짐한 지 1년이 지났음에도 여전히 불량품이 나오는 것에 대해 여기저기서 원성이 높았다. 이 회장은 "신경영 이후에도 이런 나쁜 물건을 만들고, 엉터리 물건을 파는 정신은 무엇인가? 적자 내고 고객으로부터 인심 잃고 악평을 받으면서 이런 사업을 왜 하는가? 삼성에서 수준 미달의 제품을 만드는 것은 죄악이다. 회사 문을 닫는 한이 있더라도 반드시 시정해야 한다"며 문제의 심각성을 강하게 질타했다. 1995년 1월 이 회장은 품질사고 대책과 향후 계획을 점검하면서 고객들에게 사죄하는 마음으로 무조건 새 제품으로 교환해 주는 특단의 조치를 취하도록 했다. 이와 함께 수거된 제품을 소각함으로써 임직원들의 불량의식도 함께 불태울 것을 제안했다. 15만대, 150여억원어치의 제품이 수거되었고 화형식을 통해 전량 폐기 처분되었다. 자기 손으로 힘들게 만든 제품이 불타는 것을 보면서, 임직원들은 눈시울을 붉혔다. 하지만 불량품 화형식은 전 임직원의 마음을 하나로 뭉치는 계기가 되었다. 이러한 가시적 조치와 노력을 통해 '불량은 암'이라는 인식이 삼성인들 가슴 속에 자리 잡아갔고, 현장 구석구석에 숨어 있는 부실 요인을 찾아 고치는 풍토가 그룹 전체에 확산될 수 있었다.

초일류 도약을 위한 '마하경영' 등장

삼성은 지난 20여 년간 이러한 신경영의 실천으로 국내 최고기업에서 글로벌 일류기업으로 성장할 수 있었다. 그리고 삼성은 다시금 새로운 도약을 준비하고 있다. 올해 삼성은 창업 75주년을 맞았다. '100년 삼성'을 향해 새로운 각오로 또 다른 25년을 출발하는 해인 것. 남의 길을 뒤따르던 'Fast Follower'에서 스스로의 길을 개척하는 'First Mover'로 새롭게 전환해야 할 시점이다. 이 회장은 2014년 신년사를 통해 "다시 한 번 바꿔야 한다.

변화의 주도권을 잡기 위해서는 시장과 기술의 한계를 돌파해야 한다"며 초일류 도약의 한계 돌파를 위해 신경영 정신으로 모든 것을 바꾸는 마하경영을 선언했다. 마하경영(마하란 소리의 속도를 나타내는 단위)은 지난 2002년 이 회장이 "제트기가 음속의 2배로 날려고 하면 엔진의 힘만 배로 있다고 되는가? 재료공학부터 기초 물리, 모든 재질, 소재가 바뀌어야 초(超)음속으로 넘어갈 수 있다"고 말한 데서 유래했다. 제트기가 음속을 돌파하려면 엔진뿐만 아니라 모든 것이 바뀌어야 하듯, 삼성이 기존 환경에서 전혀 다른 환경으로 성공적으로 진입하기 위해서는 필요한 모든 것을 바꾸어 나아가야 한다는 것을 의미한다. 이를 위해 이 회장은 전 임직원들에게 끊임없는 도전을 촉구했다. '질을 넘어 사업의 품격과 가치를 높여나가는 기업', '혁신을 넘어 자율과 창의가 살아 있는 창조적 기업', '경쟁을 넘어 이웃, 지역사회와 상생하는 기업' 등 삼성이 그리는 진정한 초일류 기업 모습으로 나아가자는 것이다. 삼성은 이러한 마하경영을 전 직원에게 전파하기 위해 노력 중이다. 지난 20여 년간 이 회장이 강조한 '신경영'이 삼성을 글로벌 일류기업으로 만들었듯 '마하경영'을 통해 또 한 번 새로운 도약을 하겠다는 경영전략이다.

(한국경제매거진, http://magazine.hankyung.com, 2014년 5월 29일)

토의

1. 삼성이 위기 극복을 위해 사용한 "신경영"전략을 시대에 따라 설명해 보시오.
2. 라인스톱제가 무엇인지 설명해 보시오.

사례 2 은행들, 내부통제 강화 '분주'

주요 시중은행의 내부통제 강화조치

◆국민은행
- 해외점포 관리 태스크포스(TF)에서 내부통제 강화 지점장 전결권을 기존 대비 35~50% 정도 줄임
- 금융사고 발생시 지점장 등의 연대책임제도 도입

◆신한은행
- 영업점 경영평가기준(KTI) 내 '내부통제' 평가 항목 비중 강화 현 5%에서 늘리는 방안 검토중
- 국외점포 내규의 제·개정 사항에 대해 본점 유관부서 협업 및 사전 승인
- 국외점포가 일정규모 이상 예산 및 집행시 본점의 사전승인 절차
- 분기별 테마 설정해 국외 점포 특별점검 실시

◆우리은행
- IT기술을 이용한 직원간-직원·고객간 금전거래 상시감시체제
- KPI 내 IT보안 항목 신설, 기존 윤리경영 항목 배점 강화
- 국외점포의 여신전결권 한도 조정 검토
- 순환근무제·명령휴가제 철저 시행
- 국외점포자의 품성평가 도입 검토
- 고객신뢰회복을 위한 윤리실천 결의대회 개최

◆하나은행
- 개인정보파일 외부반출시 중앙통제, 출력물에서 고객정보 자동 마스킹 처리
- 주민번호 암호화 TF팀 운영
- 격월로 '내부통제의 날' 지정 실시
- 해외 영업점 취급 신청 여신에 대해 본부심사 가능 강화
- 영업점 경영평가기준(KPI)내에 '내부통제' 평가 항목 비중 강화

시중은행들이 내부통제 강화에 분주하다. 잇따른 금융사고로 신뢰를 잃은 데다 금융감독당국의 서릿발 같은 경고로 은행권 발등에 불이 붙었다. '비리 점포' 오명을 뒤집어쓴 도쿄지점 등 해외점포의 지점장 전결권 축소는 물론, 각 영업점들의 성과평가에서 내부통제 부문 비중을 대폭 상향했다.

그러나 최근 금융사고의 근본 원인으로 지적되고 있는 금융권 낙하산으로 왜곡된 지배구조, 최신 트렌드에 맞지 않는 내부통제시스템 등에 대한 개선책이 보이지 않아 금융사고 예방 효과는 제한적일 것으로 예상된다.

직원들 감시체제 상시화

시중은행들이 거의 공통적으로 내놓은 내부통제 강화책은 영업점 경영평가지표(KPI)의 조정이다. 기존에 내부통제 항목이 있는 경우 배점을 강화하거나 신설하고 있다. 신한은행은 KPI 내 '내부통제' 평가 항목 비중을 기존 5%에서 강화하는 안을 검토중이다. 우리은행은 IT보안 KPI를 신설하고 윤리경영 KPI 항목 배점을 높였다. 고객정보 유출사태 등을 방지하기 위한 조치다. 하나은행은 1,300점 만점에 130점이었던 기존의 내부통제 감점구간을 지난해 180점으로 상향 조정한 데 이어 올해는 총점을 1,000점으로 줄여 내부통제 비중을 더욱 높였다.

직원들에 대한 상시감시체제도 강화한다. 도쿄지점 부당대출과 관련해 전 지점장이 자살하기도 했던 우리은행은 직원간 돈거래 실시간 감시체제를 좀 더 강화할 계획이다. 기존에는 1천만원 이상 금액이 드나들 경우 감시체계가 가동됐다면 이번 사건을 계기로 그 이하로 낮추는 안을 검토중이다. 자살한 도쿄지점 전 지점장이 국내로 돈을 송금할 때 직원들 계좌로 보낸 정황이 드러났기 때문이다.

해외점포의 내부통제는 더욱 강화된다. 이미 해외점포 지점장의 전결권을 기존 대비 35~50% 이상 줄인 국민은행은 해외점포의 내부통제 강화책을 태스크포스(TF)팀에서 연

구중이다. 또 지점장 등 관리자의 책임성을 강화하기 위해 금융사고 발생시 지점장 등의 연대책임제도도 도입한다. 신한은행은 해외점포의 내규 제개정과 예산집행시 본점의 사전승인 절차를 받도록 했다. 또 분기별 테마를 정해 국외 점포 특별점검도 실시할 계획이다.

하나은행은 해외점포장의 여신전결권이 기존에도 없었지만 해외지점에서 취급하는 여신에 대한 본부심사 기능을 강화할 계획이다. 고객정보 관련해서는 주민번호 암호화 TF팀을 운영중이다.

왜곡된 지배구조·기업문화 고쳐야

은행들의 분주한 움직임에도 불구하고 금융사고가 줄어들리라는 기대감이 그리 크지 않다는 점은 아이러니하다. 꼬리를 물고 이어지는 금융사고의 뿌리에는 KPI를 손보는 정도로는 치유할 수 없는 근본적 문제가 있다는 게 전문가들의 지적이다. 가장 대표적인 것이 금융권 낙하산으로 인해 왜곡되고 있는 지배구조, 그리고 기업문화다. 금융지주 회장과 은행장 선임 때마다 끊이지 않는 낙하산 논란은 필연적으로 은행 내 줄대기 문화를 만들었다. 능력보다는 '연줄'에 따라 평가받는 분위기가 퍼지면서 금융인으로서 자부심이나 직업윤리보다는 보신주의나 한탕주의를 꿈꾸는 직원들이 늘었다. 은행직원들의 비리가 늘 수밖에 없는 구조라는 것이다.

금융권의 한 관계자는 "은행권의 회장이나 행장이 외부에서 오다보니 임직원들이 일은 안 하고 바깥에 로비할 사람을 찾아다닌다"면서 낙하산 문제가 핵심임을 지적했다. 국내 금융사들의 내부통제시스템이 최신 트렌드에 맞지 않다는 점도 문제점으로 지적된다. 금융기법은 날로 선진화되는데 위험을 막을 수 있는 내부통제시스템 등에 대한 개선책이 보이지 않는다는 이야기다. 윤창현 금융연구원장은 "금융권이 위험수위까지 왔다"면서 "내부통제 강화와 직원들의 긴장도를 강화할 필요가 있다"고 말했다.

(내일신문, http://www.naeil.com, 2014년 4월 16일)

토 의

1. 은행들이 할 수 있는 내부통제에는 어떤 것들이 있는지 설명해 보시오.

04

경영조직 및 지휘

조직은 경영계획을 수립하고 계획에 수행할 수 있도록 자원을 조직화하는 단계로 볼 수 있다. 정해진 목표를 계획에 따라 효율적으로 달성하기 위해서는 경영조직을 효율적으로 구성하여야 하며, 조직을 구성원의 참여와 함께 통합적으로 이끌어 갈 수 있는 지휘가 필요하다.

제1절 경영조직의 개념

조직이란 우리가 생활하는 어느 곳에서나 존재하는 보편적인 구성체이지만, 조직을 바라보는 시각도 사람마다 차이가 있다. 경제학자 사이몬(Simon)은 '의사결정시스템'으로 보았고 사회심리학자 리커트(Likert)는 '결합된 집단'으로 보았다. 이 절에서는 많은 조직 중에서 특히 기업에 관련된 경영조직에 대해서 다루겠다.

1.1 경영조직(business organization)의 의의

정해진 기업의 목표를 달성하기 위해서는 계획된 목표를 체계적으로 집행하여 전략적으로 수행할 수 있는 조직구성원들의 참여가 있어야 한다. 이 구성원들이 효율적인 활동과 업무를 분담하기 위해서는 조직의 구조를 체계화할 필요가 있다. 즉, 기업의 목표를 달성하기 위하여 조직구성원들의 업무와 역할에 따라서 효율적으로 구조화된 것을 의미한다.

1.2 경영조직의 중요성

현재 많은 기업들이 경영조직을 갖추고 기업의 목표를 달성하기 위하여 조직적으로 수행하고 있다. 과거에 비해 기업의 수가 늘어나고 그 크기가 대형화됨에 따라서 기업들이 경쟁력을 가질 필요가 있다. 기업들의 경쟁과 환경변화 속에서 보다 효율적이고 보다 나은 기업의 경쟁력을 갖기 위하여 경영구조를 조직화하는 것에 대한 중요도가 점점 커지고 있다.

1.3 경영조직의 특징

우리 주변에는 목표를 이루기 위하여 조직적이고 체계적으로 일을 하는 많은 수의 다양한 형태의 조직이 있다. 이러한 목표를 달성하기 위한 조직은 다음과 같은 특징들이 있다.

(1) 계획된 목표

오늘날 많은 수의 조직이 있지만 그 각각의 조직마다 목표가 다르다. 각 조직마다 목표가 다르지만 목표의 수행이 효율적으로 이루어져야 한다는 것은 동일한 사항이다. 예를 들어, 기업이라는 조직의 경우 기업은 목표를 이윤 창출이나 신기술의 개발, 생산량의 증가, 그리고 시장 점유율의 증가와 같은 것으로 목표를 잡을 수 있는 것이다. 즉, 조직을 갖추면 하나의 목표가 생기는 것이다.

(2) 인적자원과 물적자원의 상호 의존 작용

과거 대량생산 시절에 대다수의 조직이 물적자원을 추구했던 것이 점점 그것을 관리하는 인적자원도 중요하다는 인식을 가지게 되었다. 하지만 인적 자원과 물적자원은 효율적으로 상호 의존적인 관계가 있다고 볼 수 있다. 노동력이 필요한 많은 영역을 설비로써 대체할 수 있으나, 주어진 조건에 따라 그렇지 않은 경우도 있다.

(3) 상위계층과 하위계층의 분화

기업이 목표를 이루기 위해서 경영조직을 나누면 그 경영조직은 효율적인 정보전달과 업무의 실행을 위해서 마케팅, 판매, 경영, 기획, 생산 등의 업무를 나누어 역할을 분담한다. 나누어진 업무는 동일한 목적을 향해서 나아가되 다른 방법을 선택할 수가 있다. 이러한 방법을 하나로 통일하고 조율하고 전체적인 계획과 진행을 위해서 구성원들보다 더 높은 위치에 경영자가 생겨나게 된다. 즉, 조직이 목적을 달성하고 효율적인 수행을 위해서는 계층의 분화는 필연적인 것이다.

제2절 경영구조의 조직화와 형태

기업이나 조직이 계획된 목적을 달성하기 위해서는 많은 방안이 있을 수 있다. 하지만 주어진 최소한의 자원으로 최대한의 성과를 내는 것, 즉 효율적인 측면에서 더 좋은 방안이 있다면 대부분 그것을 택할 것이다. 이 절에서 다루게 될 조직화는 목적을 달성하기 위한 효율적인 방안 중에 하나이다.

2.1 조직화(organizing)의 의미

조직화란 이미 계획된 업무를 보다 효율적으로 실행할 수 있도록 하기 위하여 가장 적합한 조직구조를 설계하여 업무가 효과적으로 배분되도록 하여 효율성을 증대시키기 위한 과정을 의미한다. 구조의 형태는 조직구조의 구성요소와 구성요소 간 상호작용을 통해서 나타나게 된다.

2.2 조직화의 고려사항

조직구조를 조직화하기 위해서는 복잡성, 공식화, 집중화 및 분권화의 요소들을 고려해야 한다.

(1) 복잡성(Complexity)

조직 내의 분화의 정도를 의미하며, 이러한 분화형태로 수평적 분화, 수직적 분화 등을 들 수 있다. 조직의 목표달성을 효율적으로 하기 위해 의사소통과 조정 및 통제 메커니즘을 가져야 하는데 복잡성에 따라 이들의 메커니즘이 달라지기 때문이다. 조직의 복잡성 정도가 증대 될수록 조직은 의사소통과 조정 및 통제 메커니즘에 대한 요구는 더욱 커지게 된다. 복잡성이 낮은 조직은 의사소통의 조정이나 통제의 필요성이 적기 때문에 위원회나 자동화된 정보시스템이나 공식적 정책지침서 등이 필요가 없다. 이에 비해서 종업원, 공장이 많이 분산되어 있는 복잡성이 높은 조직은 의사소통 기구나 조정기구가 필수적이다.

(2) 공식화(Formalization)

공식화란 조직이 어떤 일을 수행함에 있어서 방법이나 절차 등을 공식적으로 규정해 놓은 것을 의미한다. 조직에 따라서 공식화된 규정의 특징이 다르며, 그 규정은 조직의 특징을 반영하고 있다고 볼 수 있다. 이러한 공식화가 필요한 이유는 조직의 구성원들이 개인적인 경험이나 지식 등에 의해서 나타날 수 있는 업무의 차이를 최소화하는 것에 있다. 이렇게 함으로써, 그에 따른 업무의 일관성을 높이고 업무의 효율성을 증대시키는 것이다. 이러한 공식화는 업종이나 업무에 따라서도 달리 적용이 될 수 있다.

(3) 집중화와 분권화

집중화와 분권화는 서로 상반되는 개념으로 볼 수 있다. 집중화는 조직의 상위계층에게 의사결정권이 집중되어 있는 정도를 의미한다. 일반적으로 조직의 상위계층은 하위계층에게 업무를 지시하거나 통제하는데, 이런 집중화가 높으면 고도의 집중화가 이루어진다고 말한다. 집중화가 높으면 조직의 의사결정이나 의사소통이 빨라지므로 결정된 사항에 대하여 하위계층을 빠르게 움직이게 하는 추진력을 가지게 된다. 또한 하위계층에서 발생할 수 있는 갈등이나 마찰 등에서 빠른 해결을 하기도 한다.

분권화는 집중화와는 반대로 상위계층에 있던 의사결정권이 하위계층으로 대폭 넘어가는 경우이다. 상위계층에서는 실무와 관계없는 전반적인 의사결정 만을 하고 실무와 관계된 업무는 하위계층에서 의사결정을 하는 것이다. 이 경우에 의사결정권과 그에 따른 책임을 동시에 넘김으로써 하위 관리자의 업무능력을 객관적으로 평가할 수 있고, 하위계층의 긍정적이고 창의적인 생각을 이끌어냄으로써 업무의 효율성을 증대할 수 있다.

2.3 조직화의 과정

조직은 조직의 효율성을 높이기 위하여 자신에게 알맞은 형태로 조직의 구조를 변화시키는데 이를 구조화라고 한다. 구조화는 업무활동의 인식, 업무의 분할, 부서화, 권한의 배분, 조정, 조직계층의 설계의 단계로 나누어볼 수 있다. 조직화의 과정을 〈그림 4-1〉로 나타낼 수 있다.

그림 4-1 | 조직화의 과정

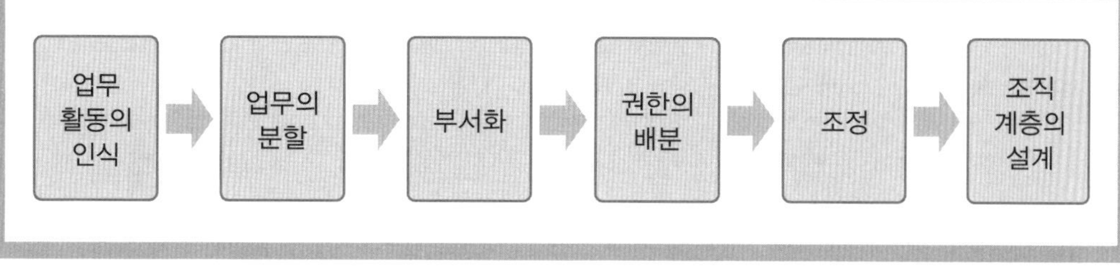

(1) 업무활동의 인식

조직화를 하기 위한 목표와 계획을 세우고 그 목적을 명확히 할 필요가 있다. 목표를 실현하기 위해서 인적자원과 물적자원의 효율적인 배분으로 계획을 세워야 하기 때문에 조직화를 하기 전에 반드시 숙고해야 될 부분이다.

(2) 업무의 분할

조직이 목표를 실현하기 위해서 명확한 이해와 함께 계획을 세웠다면 업무를 조직구성원들이 실현할 수 있도록 세분화하여 분할하여야 한다. 즉, 기업에서 특정한 목표를 정하고 그 목표에 따라 여러 가지 활동들을 구분하여 전문화의 원칙에 따라서 분류해야 하는 것이다.

(3) 부서화

업무가 여러 활동들로 분류가 되었다면 다음 단계는 많은 수의 활동은 공통성이나 유사성에 의해서 비슷한 활동끼리는 묶어줄 필요가 있다. 너무 많은 활동으로 분류하면 효율적인 면이 떨어지기 때문에 어느 정도의 기준을 통하여 구분하고 집단화 하여야 한다. 〈그림 4-2〉는 업무의 분할과 부서화의 모습을 표현한 것이다.

(4) 권한의 배분

부서화에 의하여 통합된 조직원들에게 그에 맞는 각 구성원들에게 업무를 배분하고 그에 따른 권한을 위임해야 한다. 이때 권한이란 목표달성을 위하여 다른 사람에게 명령을 내리는 합법적인 힘을 말한다.

그림 4-2 | 업무의 분할과 부서화의 사례

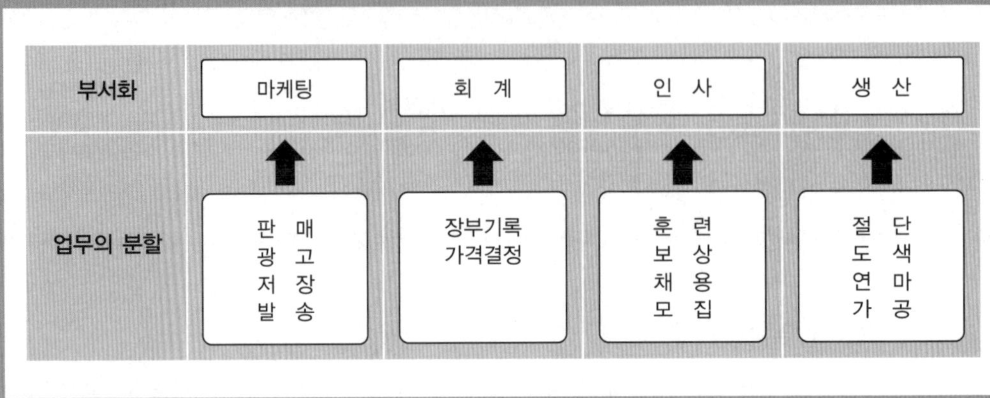

(5) 조 정

효율적인 업무를 수행하기 위하여 세분화하고 전문화된 각 부서에서는 또 다른 소규모의 조직이라고 볼 수 있다. 이는 큰 목표를 달성하기 위한 수단으로써 분류된 부서가 하나의 조직이 됨으로써 그에 따른 작은 목표가 생겨나게 된다. 각 부서는 서로 다른 목표를 가지고 있기 때문에 서로 간의 이질화 현상이 나타날 수 있으며, 이는 조직전체의 입장에서 부정적이므로 조정이 필요하다. 이와 같은 조직 내의 부서 간 마찰의 해소에 필요한 조정을 위해 공식화된 어떤 절차나 규칙을 활용할 수 있다.

(6) 조직계층의 설계

조직의 목표를 달성하는 데 가장 적합한 조직계층의 형태를 설계하는 것으로, 조직계층 설계의 궁극적인 목적은 조직의 목표를 달성하는 데 있으므로, 조직계층 설계를 조직의 목표를 달성하기 위한 조직의 분화과정과 통합과정으로 이해해야 한다.

제3절 경영조직의 구조

3.1 조직구조의 형태

효율적인 업무수행을 위한 경영조직을 구성하기 위해서는 그 조직에 맞게 조직화하여야 한다. 조직의 목적에 따라 업무수행의 효율성을 최대한으로 이끌어내기 위한 조직구조의 형태는 다르다. 예를 들면, 아이디어를 창출하기 위한 목적으로 만들어진 기획부서의 경우 다른 부서에 비하여 개인의 독창성이나 창의성이 중요시되는 부서이다. 이 부서의 조직구조가 수직적 구조가 된다면 발생된 상위계층으로 인하여 하위계층은 자신의 의견을 적극적으로 표현하기가 어렵게 된다. 즉, 조직구조의 형태는 업무에 목적에 따라서 다르게 설정되어야 한다.

3.2 조직구조의 결정요인과 형태

조직구조를 결정하기 위해서는 다양한 요인을 고려해야 한다. 조직의 목적이 무엇인지 현재의 기술이나 환경, 기업의 전략 등이 어떻게 되는 것인지를

그림 4-3 | 조직구조의 요인과 형태

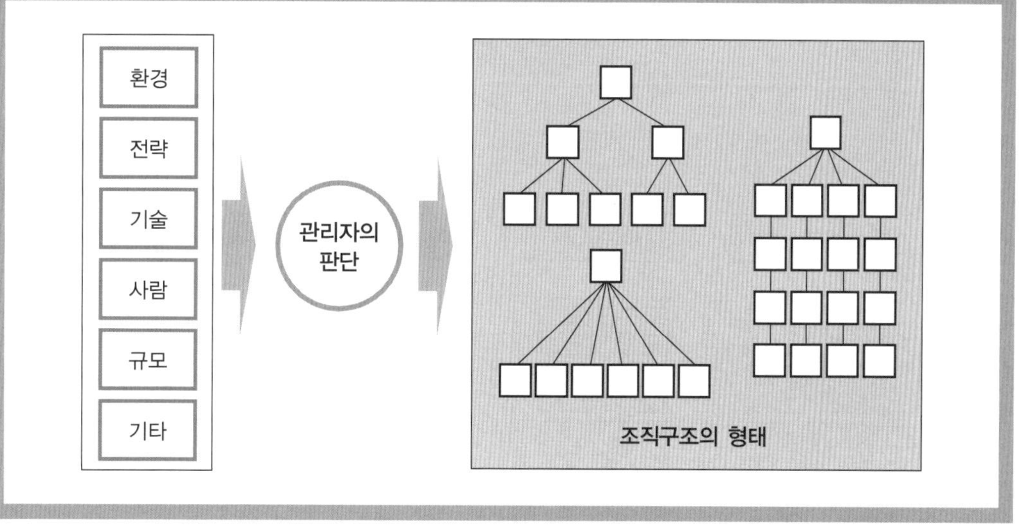

정확히 인지할 필요성이 있다. 이러한 조직구조의 형태를 결정짓는 요인에는 기업의 기술, 환경, 사람, 규모, 전체적인 기업전략에 따라 관리자가 판단하여 결정된다. 〈그림 4-3〉은 조직구조의 형태를 결정짓는 요인과 구조의 형태가 어떤 것이 있는지를 보여준다.

3.3 조직의 기본형태

앞부분에서 언급한 조직의 결정 요인에 따라 다양한 형태의 구조가 발생할 수 있다. 이러한 구조들에는 기본적인 몇 가지의 구조가 있는데 대표적인 것이 기능적 구조, 사업적 구조, 매트릭스 구조이다.

(1) 기능적 구조

기능적 구조(functional organization)란 각 기능별로 전문화된 구조를 의미한다. 전문적인 능력을 지닌 상위 관리자가 자기가 담당하는 기능에 관해서는 자기부서 직원에게 직접적으로 명령할 수 있는 권한을 가지는 것이다. 직원의 입장에서는 전문적인 기능을 가진 전문가가 명령과 지시를 내리고 도움을 주기 때문에 업무에 전문성을 높일 수 있는데, 〈그림 4-4〉와 같이 나타낼

그림 4-4 | 기능별 조직구조

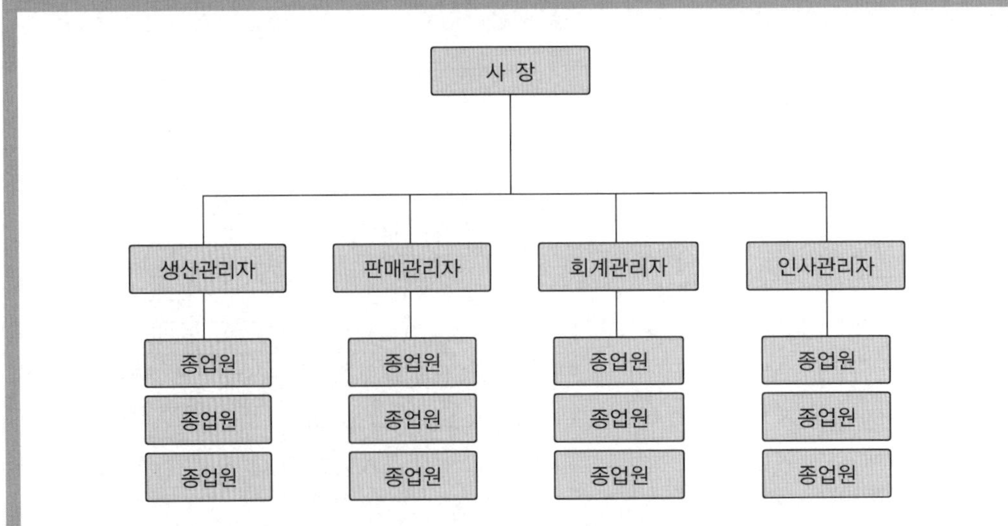

수 있다. 기능적 구조는 전문적인 능력을 지닌 상위관리자가 기능별로 배치되어 있어서 전문화를 극대화할 수 있고 전문가로부터 조언을 얻을 수 있기 때문에 직원의 양성기간을 줄일 수 있는 장점이 있다. 반면, 한 분야에 전문적이라서 다른 부분들을 잘 모른다거나 또는 한 업무에 높은 비중을 두어 전체적인 효율성이 다소 떨어지는 측면이 있다.

(2) 사업부 구조

사업부 구조(divisional organization)란 제품, 고객, 공정 등의 단위로 구분하여 각 하부조직에 권한과 책임을 위임하여 독립적인 조직처럼 운영하는 조직구조이다. 이러한 조직구조는 현재 대기업에서 많이 사용되고 있다. 그 이유는 거대한 규모의 조직을 현재와 같은 다양하고 빠른 변화에 능동적으로 대처하기 위한 것이다.

이러한 사업부 조직은 각 사업부별로 계획을 수립할 수 있어서 유연하고 빠른 능동적인 대처가 가능하며, 적은 수의 직원과 상위관리자 사이의 관계가 향상되어 능률이 좋아진다. 그리고 책임이 명확히 구분되기 때문에 기업 입장으로 볼 때 평가를 확실히 할 수 있다. 반면, 각 사업부가 명확하기 때문에 여러 자원들이 중복이 될 수 있고 각 사업부 경영자의 통제력이 최고경영자의 통제력을 위협할 수 있다. 사업부 구조의 형태는 〈그림 4-5〉와 같은 구조와 같이 표현된다.

그림 4-5 | 사업부 조직구조

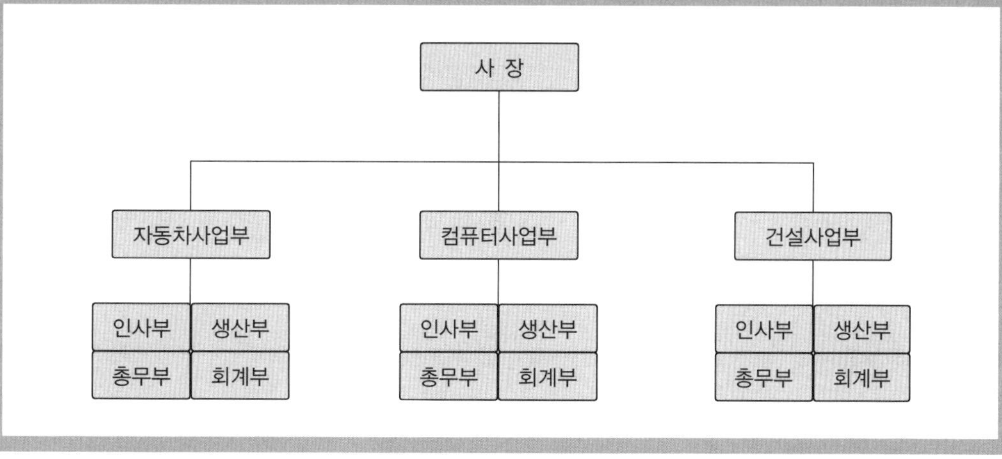

(3) 매트릭스 구조

매트릭스 구조(matrix organization)는 조직활동을 수직적으로는 기능별로 그룹화하고 수평적으로는 프로젝트별로 그룹화하여 결합된 조직구조이다. 이 조직구조는 기능별 구조와 사업부 구조의 장점들을 얻기 위해 만들어진 조직이다. 또한 매트릭스 구조는 항공우주산업과 같은 첨단기술을 다루는 기술분야에 주로 사용이 되고 있다.

매트릭스 구조는 전문가들이 서로 원활한 협력이 가능하도록 구성되어 있어서 직원들이 다양한 기능들을 배울 수 있다. 그리고 사업부 형태로 운영이 되기 때문에 그에 따른 책임의식과 업무에 대한 능률을 높일 수 있다. 그리고 각 부서별로 운영이 되기 때문에 융통성이 발휘된다. 반면, 기능적 구조보다는 적지만 두 명의 관리자가 존재하기 때문에 명령의 중복이 일어날 수 있으며, 사업부별로 존재하기 때문에 효율성이 떨어질 수 있다. 즉, 매트릭스 구조는 경쟁적 환경에 신속하게 대응하기 위해 필요한 유연성을 제공한다는 측면에서 유용하지만 기업규모가 지나치게 커지면 매트릭스 구조를 운영하기 어려워져 사업부 구조가 더 효과적이다. 매트릭스 구조는 〈그림 4-6〉과 같은 구조를 가지고 있다.

그림 4-6 | 매트릭스 조직구조

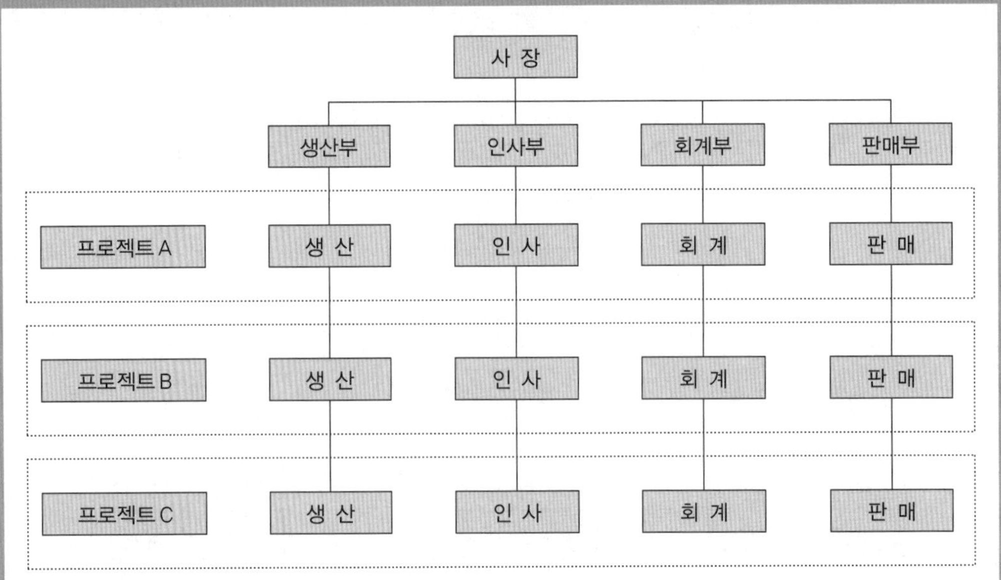

제4절 경영지휘

조직이 목표를 이루기 위해서는 여러 가지가 필요하겠지만 근래에 들어서 가장 주목받고 있는 것 중에 하나가 바로 경영지휘로 볼 수 있다. 지휘란 간단히 말해서 조직을 이끌어간다는 것이다. 조직을 이끌기 위해서는 경영자의 여러 능력이 필요한데, 그 중에서 대표적인 것이 리더십(leadership), 의사소통(communication), 동기부여(motivation)이다.

4.1 경영지휘(leading)의 의의

조직이 어떤 목표를 설정하면 먼저 그 목표에 대한 계획을 세우게 된다. 그 계획에 따라 경영조직을 효율적으로 나누고 조직이 보유한 물적자원과 인적자원을 나누어진 조직에 효율적으로 배분하게 된다. 그리고 세분화된 조직과 배분된 자원을 독립적으로 움직이는 것이 아니라 통합적으로 움직일 수 있게 하는 경영자의 지휘능력이 필요하다.

지휘란 경영자가 다른 하위 구성원들에게 영향력을 행사하여 감독하고 조직의 목표를 위하여 조직구성원들이 효율적인 수행을 할 수 있도록 의사소통이나 동기유발을 하는 과정이라고 할 수 있다. 경영자가 지휘를 통하여 구성원들을 목표로 이끌기 위해서는 여러 방법이 있으며, 효율적인 방법으로 3가지 기본적인 구성요소가 있다. 조직구성원들을 이끌 수 있는 리더십, 구성원들이 적극적인 자세를 취할 수 있게 하는 동기유발, 그리고 구성원을 이끌 때 도구 역할을 하는 의사소통 등이 그것이다.

4.2 리더십(leadership)

현대사회에서는 영리를 목적으로 하거나 봉사를 목적으로 하거나 목적은 다르지만 이런 조직들은 과거에 비하여 많이 늘어났다. 그리고 이 많은 조직들은 목적을 달성하기 위하여 서로 경쟁하며, 조직간 경쟁에서 이기기 위해서는 다른 조직과는 다른 차별성이 있어야 한다. 이와 같은 차별성의 중요요소로 부각된 것 중의 하나가 리더십이다.

(1) 리더십의 정의

조직의 목적달성을 위해서는 구성원들의 적극적인 참여가 필요하다. 이러한 참여를 이끌어 내기 위해서는 경영자의 리더십이 필요하다. 리더십이란 조직의 목표를 달성하기 위해서 경영자가 구성원들로부터 적극적인 자발적 참여를 이끌어 낼 수 있는 영향력 있는 행동이라고 할 수 있다.

(2) 리더십의 변천과정

리더십은 20세기 초부터 연구되었으며 리더십의 행동유형에는 특성이론과 행동이론, 상황이론으로 나눌 수 있다. 아래 〈그림 4-7〉은 리더십 이론의 변천과정을 보여주고 있다.

① 특성이론

특성이론은 사람의 특성(소질, 능력, 인격 등)에 관한 것으로 성공한 리더들은 어떤 특성을 가지고 있다는 전제하에 1930~1950년대에 걸쳐 연구되었다. 이 이론은 사람의 특성에 따라서 리더로써의 자질을 평가하는 이론이다. 리더는 선천적이거나 후천적이거나 관계없이 리더의 특성에 맞으면 훌륭한 리더가 될 수 있다는 것이다. 리더의 특성에는 다음과 같은 것들이 있다.

그림 4-7 | 리더십이론의 변천도

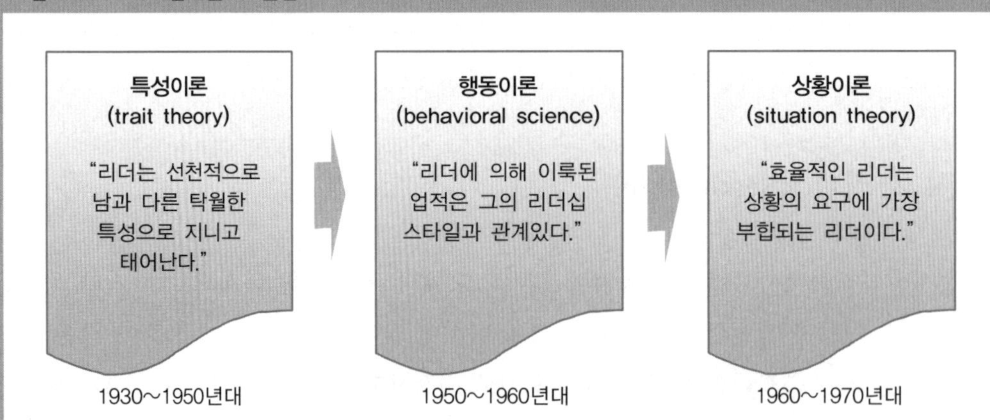

- 개인의 연령, 신장, 체중, 외모 등에 해당되는 신체적 특성이 있다.
- 뛰어난 판단력과 결단력, 그리고 지적 수준 등이 포함되는 지능적 특성이 있다.
- 자신감과 창의성, 민첩성 등이 포함되는 성격과 감성적 특성이 있다.

이러한 특성이론들의 특성들을 보면 개인적인 특성이 뛰어난 사람이 리더십에 적합하다는 판단은 맞는 것 같으나 그것을 리더십을 결정짓는 모든 요소로 제한해 버린 것은 문제점을 가지고 있다.

② 행동이론

행동이론은 특성이론과는 다른 입장을 취하는 이론이다. 특성이론이 어떤 특성의 사람이 리더로써 적합한가를 찾는다면 행동이론은 리더는 어떤 행동을 하는가에 초점을 맞춘 것이라 하겠다. 즉, 사람의 행동을 보고 리더로써의 유형을 판단하는 것이다. 이 이론은 1950년 이전에도 있었지만 특성이론에 가려져 이후부터 주목을 받은 연구이론이다. 이 이론의 행동은 과업지향적 리더십과 종업원지향적 리더십으로 나눌 수 있다.

- 과업지향적 리더십의 행동은 조직의 목표를 달성하기 위해서는 목적을 분명히 하고 각 부서나 구성원들에게 업무와 그 책임을 분명히 하는 것이다. 그리고 목적에 필요한 역할을 구성원들이 반드시 수행하도록 감독과 관리를 하는 것이다.
- 종업원지향적 리더십은 종업원들과의 관계를 더 중시하는 것이다. 종업원들을 존중하여 그들과의 신뢰를 쌓아서 업무의 능률을 올리는 것으로 감성적 관리 방법이다.

③ 상황이론

1960년대부터 1970년대까지 연구된 상황이론은 개인적인 특성이나 행동에 상관없이 상황이 리더를 만든다는 것이다. 조직구성원이나 조직이 처해 있는 상황이 리더를 만드는 것이기 때문에 어떠한 상황에 처하더라도 최고 일수 있는 리더란 없으며, 그 상황에 따라서 리더는 바뀔 수 있다고 한다. 때문에 교육으로 충분히 리더로서의 역할을 해낼 수 있다고 판단하는 것이다.

이 이론은 피들러가 최초로 주장을 하였다. 피들러는 또한 상황이론을 제기한 학자로서, '효율적인 리더는 상황의 요구에 가장 부합되는 리더이다.'라고 언급하였다. 리더십의 적합성과 효율성은 리더와 조직의 구성원, 조직이 처해있는 상황에 따라 결정되는 된다고 보았다. 즉, 리더의 적합성 여부는 리더와 조직의 구성원, 그리고 상황에 따라서 변한다고 보았다.

4.3 동기부여(motivation)

사람은 어떤 목적을 이루기 위해서 살아가며, 목적은 기본적인 욕구로부터 고차원적인 욕구에 이르기까지 다양하게 나타난다. 하지만 사람들은 항상 목적을 의식하며 활동하지는 않으며, 대부분은 목적의식을 가지지 않고 지내는 경우가 많다. 이때 필요한 것이 동기부여라고 할 수 있다.

(1) 동기부여의 정의

동기부여란 사람을 자극시키고 움직여서 목표에 대한 호기심을 유발하는 요소이다. 사람들은 가족에 대한 책임의식이나 업무를 통한 자아성취와 같은 개인적인 목표가 있을 것이다. 이러한 목표를 이루기 위해서는 많은 노력이 필요하다. 이 노력이 효과적으로 성취되려면 무엇보다 동기부여가 필요하다. 기업이 목표를 세우고 그것을 이루기 위해서 기업 구성원들은 많은 노력을 한다. 구성원들은 능력을 가지고 있으며 그 능력을 발휘하여 업무를 수행하게 된다. 업무를 수행하기 위해서 구성원들이 의욕을 가지고 적극적으로 노력할 필요가 있다.

(2) 동기부여 방법

목적달성을 위해 종업원의 노력과 효율성을 극대화하기 위한 동기부여에는 다양한 방법들이 있다. 이러한 동기부여 방법에는 동료들과의 관계, 흥미유발, 인정과 칭찬, 건전한 경쟁장려, 보상과 처벌 등이 여기에 속한다. 예를 들어, 구성원들은 직원들의 장점에 대해서 서로 칭찬하고, 일의 성과에 대해 격려함으로써 직원 사기를 높이고 동기부여를 할 수 있다. 사소한 일에는 그것에 대한 지적을 피하고 작은 성과에 대한 부분은 칭찬함으로써 직장에 대한 관심을 높일 수 있다. 또한 동료들 간에는 서로 존중하는 말투와 친근감이 있는 호칭을 사용하는 것도 효과적인 방법이다.

(3) 동기부여 이론

동기부여 이론에는 내용이론과 과정이론으로 나눌 수 있다. 내용이론은 어떠한 요인에 따라서 사람의 행동을 유발할 수 있는지에 대한 것을 설명해주는 이론으로서 매슬로우의 욕구계층이론, 허즈버그의 2요인 이론, 맥클리랜드의 성취동기이론, 알퍼더의 ERG이론이 대표적이다. 과정이론은 요인에 따른 것이 아닌 사람의 심리 상태에서부터 행동에 이르기까지의 과정을 분석하는 이론이다. 이 이론에는 브룸의 기대이론, 아담스의 공정성 이론이 있다. 이 중에서 매슬로우의 욕구계층이론과 허즈버그의 2요인 이론, 그리고 브룸의 기대이론에 대해서 간단히 보자.

① 매슬로우의 욕구계층이론(Maslow's need Hierarchy)

매슬로우는 인간의 욕구를 〈그림 4-8〉에서와 같이 생리적 욕구, 안전의 욕구, 사회적 욕구, 존경 욕구, 자아실현 욕구의 5단계가 있다고 하였다. 그리고 인간은 끝이 없는 욕구를 가지고 있고 욕구 충족을 위해 노력한다고 한다.

② 허즈버그의 2요인 이론(motivation-maintenance approach)

허즈버그(Herzgerg)의 2요인 이론은 직무에 만족을 주는 동기부여요인과 불만을 주는 위생요인으로 구분하여 이론을 정립했다. 직무에 만족을 주는

그림 4-8 | 계층적 욕구 5단계

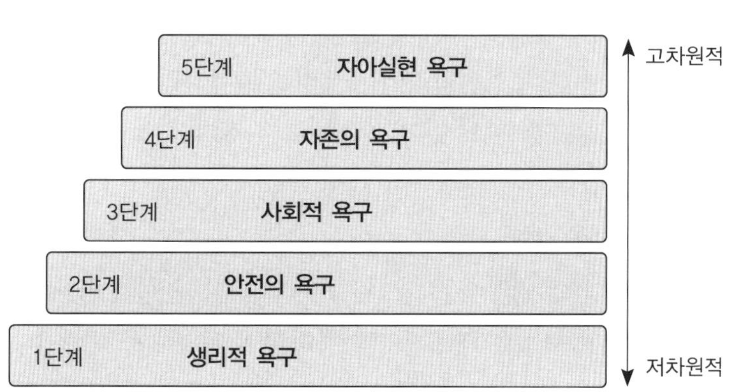

동기부여 요인에는 성취, 인정, 책임감, 승진 등이 있으며, 조직구성원들이 개인의 성취와 타인으로부터 인정을 받아 승진을 하는 것이 만족을 주고 그로 인하여 업무의 능력의 효율성을 증가시킬 수 있다는 결론이다. 반면, 직무의 불만요인에는 임금, 작업조건, 회사의 감독 등의 환경적 요인이 포함되는 것으로 나타났다. 이는 임금을 포함한 작업환경이 불만족스러운 가운데는 절대 작업능률이 오를 수 없다는 것이다. 즉, 허즈버그는 위생요인이 적절한가를 판단하고 적절하다면 동기부여 요인을 위해서 노력해야 한다고 말하고 있다.

③ 브룸의 기대이론(expectancy theory of Vroom)

브룸의 기대이론은 개인이 어떠한 방식으로 행동할 가능성은 그 행동을 했을 때의 결과의 가치와 그 행동이 가지는 힘이 가장 큰 쪽으로 이루어진다는 것이다. 즉, 결과의 가치를 자신이 부여하고 여러 변수들이 작용했을 때 값이 가장 큰 것을 선택을 하게 되는 것이다. 이렇게 선택을 했을 경우에 개인들은 노력에 따른 특별한 보상을 기대하게 되는데 이것이 바로 브룸의 기대이론이라고 한다.

4.4 의사소통(communication)

조직의 목표달성을 위한 중요한 요소인 지휘에서 경영자와 구성원 간의 정보전달을 하는 것이 의사소통이다. 경영자가 효율적인 지휘를 하기 위해서는 의사소통이 필요하다. 경영규모의 확대로 인한 관리의 복잡화는 조직의 능률성을 향상하기 위해서 조직 커뮤니케이션의 확보가 필요하다. 노동조합의 발달로 인해 경영의 현실을 바르게 전달하여 노사관계를 개선하는 것이 중요하다. 이러한 종업원들과의 관계와 서로에 대한 이해도를 높이기 위해서 의사소통의 개선은 반드시 필요하다고 하겠다.

(1) 의사소통의 과정

의사소통의 과정은 다음 〈그림 4-9〉와 같이 송신자가 메시지를 부호화하고 부호화된 메시지를 매체경로를 통하여 수신자에게 보내진다. 메시지를 받은 수신자는 메시지를 해독하고 그것을 이해한다. 그리고 수신자는 이해한

그림 4-9 | 의사소통과정

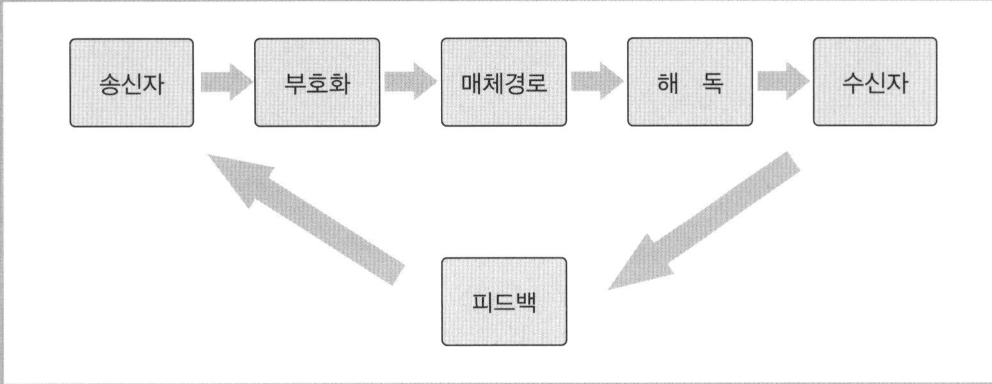

메시지에 대한 응답을 피드백으로써 돌려주게 되는 것이다.

의사소통 과정에서 송신자는 상대방의 입장을 충분히 고려하여, 수신자가 그 내용을 이해할 수 있도록 전달하고자 하는 내용을 정확하게 전달하여야 한다. 그리고 수신자는 송신자가 하는 내용을 이해하려고 노력해야 하고 주관적인 관점이 아니라 객관적인 관점에서 송신자의 메시지를 받아들여야 한다. 만약 송신자가 상대방에 유리한 입장으로 바꾸어 전달하거나 추상적인 단어를 사용하여 구심점이 없는 내용을 전달한다면 수신자에게 정확한 전달이 되지 않을 확률이 높고, 수신자가 판단을 주관적인 입장에서 자기에게 유리한 메시지만 이해한다면 의사소통이 어렵기 때문이다.

(2) 의사소통의 유형

의사소통은 송신자와 수신자의 조직 내의 위치나 다른 요인에 의해서 여러 형태로 나누어 볼 수 있다. 기업의 입장에서 경영자가 구성원에게 전달하는 하향적 방식, 구성원이 경영자에게 전달하는 상향식, 그리고 구성원들 간에 정보전달이 이루어지는 수평적 방식이 있다.

① 하향적 방식

하향적 방식은 조직의 상위계층인 경영자가 하위계층의 구성원에게 정보를 전달하는 것이다. 주로 명령이나 직무에 대한 지시를 내리는 것이 대부분이나, 경영자가 목적달성을 위한 전략을 수립하더라도 경영자의 의사가 구성원들에 제대로 전달되지 않는다면 구성원들의 업무의 효율은 상당히 떨어질 것이다.

② 상향적 방식

하향적 방식과는 반대로 조직의 하위계층이 상위계층인 경영자에게 정보를 전달하는 것이다. 업무에 대한 성과보고, 업무에 따른 문제점 발생 시 개선을 위한 제안, 그리고 불평과 불만을 전달하는 것이 여기에 속한다. 업무의 실행에 있어서 문제점을 제시해 줌으로써 경영자는 대안을 제시해서 해결해 나갈 수 있어서 상당히 효율적인 측면이 있다.

③ 수평적 방식

수평적 방식은 같은 계층 내에서 이루어지는 정보전달을 말하며 구성원들 간의 일상적인 대화나 구성원의 조언, 부서간의 집단토의 등이 여기에 속한다. 이 방식은 구성원들 간의 단결심이나 업무에 있어서 신중성을 기할 수 있고 구성원들 간의 업무를 상호조정을 할 수 있다.

요 약

(1) 경영조직이란 기업이 목표를 달성하기 위하여 조직구성원들의 업무와 역할을 효율적으로 구조화한 것을 의미한다.

(2) 조직화란 이미 계획된 업무를 보다 효율적으로 실행할 수 있도록 하기 위하여 가장 적합한 조직구조를 설계하여 효율성을 증대시키는 것이다.

(3) 지휘에는 리더십, 동기부여, 의사소통이 가장 중요한 구성요인이다.

(4) 의사소통에는 하향식, 상향식, 수평적 방식의 구조가 있다.

(5) 의사소통에는 송신자, 부호화, 전송매체, 해독, 수신자, 피드백의 구성요소가 있다.

연습문제

(1) 현재 자신이 속해있는 조직을 조직화 과정에 맞게 조직화를 해보자.

(2) 기업에서는 어떤 형태의 경영구조를 가지고 있는지 토의해 보자.

(3) 자신의 목표를 이루기 위해서 어떠한 동기유발이 있었는지 목표와 동기유발에 대해서 기술해 보자.

사례 변화무쌍한 세계…팀 끊임없이 만들고 해체하라

시몬스 침대를 잘 아는 사람들에게는 수수께끼 같았다. 1990년대 극심한 부진에서 회사를 구한 시몬스의 탁월한 팀워크가 더 이상 힘을 발휘하지 못하는 이유를 이해하기 힘들었다. 사실 변한 것도 없었다. 1990년대에 조직 개편을 단행해 신설한 3개의 팀, 즉 조직의 비효율을 줄이는 팀, 판매를 신장시키는 팀, 딜러와의 관계를 개선하는 팀은 여전히 각자 뛰어난 팀워크를 자랑하며 자기 역할에 최선을 다했다. 그러나 이들 팀이 왕년에 달성했던 2,100만 달러의 영업비용 축소, 날개를 단 판매 실적, 높아진 딜러들의 만족도 등은 다시 보기는 힘들 것 같았다. 3개 팀은 그대로인데 그 위력은 점점 축소된 것이다. 100년이 넘는 오랜 전통에 자신의 역할을 명확히 인식하고 있는 '좋은 팀들'을 보유한 시몬스 침대는 왜 다시금 경쟁업체에 밀리는 상황을 맞이했을까? 시몬스 침대는 명확한 목표와 과제를 갖고 이에 매진하는 팀을 효율적으로 운용하면서 1990년대의 침체에서 벗어났다.

그런데 아이러니하게도 1990년대 위기 타개의 원동력이 된 '최고의 팀 전략'이 2000년대 이후엔 오히려 독이 됐다. 세계적인 조직 행동·리더십 전문가인 에이미 에드먼슨(Amy Edmondson) 하버드대 경영대학원 교수는 시몬스 침대를 일어서게 한 것도, 다시 비틀거리게 한 것도 모두 '팀워크' 때문이라고 말했다. 왜일까? 이에 대해 에드먼슨 교수는 매일경제 MBA팀과의 인터뷰에서 "시몬스 침대의 '좋은 팀 전략'은 1990년대와 2000년대 초반까지만 해도 통했지만 점점 다양해지는 고객의 욕구, 전혀 예상치 못한 문제들의 동시다발적 발생이라는 현재 상황 속에선 오히려 독이 됐다"고 분석했다. 대신 그는 "시몬스 침대는 시대 변화에 따라 팀도 바꿨어야 했다. 기존 팀을 해체하고 변화하는 상황에 맞춰 그때그때에 어울리는 효율적 '팀 구성(Teaming)'을 통해 협동성을 강화해야 했다"고 말했다. 시몬스 침대가 2000년대 이후에도 계속 승승장구하기 위해서는 기존 팀에 기대지 말았어야 했다는 이야기다. 실제로 21세기 들어 글로벌 영업망 구축이 중요해졌고, 그 어느 때보다도 빠르게 의사결정을 해야 하는 상황에서 시몬스의 기존 팀은 위력을 잃었다. 이해관계의 상충과 우선순위를 정하는 문제에서 이견을 보이면서 팀끼리 마찰은 심해졌고, 이는 결국 경쟁자들에게 뒤처지는 결과를 낳았다.

에드먼슨 교수는 "과거에는 팀워크를 강조했다면 이제는 시시각각으로 변화에 걸맞게 팀 구성을 할 때"라고 말했다. 그가 말하는 팀 구성의 핵심은 팀을 고정시키지 않고 상황에 맞춰 언제든지 바꾸면서도 협동성을 극대화하는 것이다. 그 누구와도 협조할 수 있고, 자유자재로 분야와 부서를 넘나든다. 그것도 시시각각 매번 다르게 과거 직무에 따라 팀을 나눠 그 테두리 안에서만 일하게 하거나 소위 '만능팀' 하나를 두고 그 팀에 모든 과제를 부여하는 식은 더 이상 통하지 않는다. 다른 팀과 일하려면 협조전을 보내는 복잡한 절차를 거치는 것도 모두 과거에 생각하던 폐쇄적 '팀워크'의 산물이라는 것이 에드먼슨 교수의 주장이다. 에드먼슨 교수는 "공통의 '목표'를 가지고 있는지가 협업의 핵심이며, 그 목표가 달성되면 팀은 해체되고, 다른 목표가 세워지면 그에 걸맞은 새로운 팀이 출범하는 것이 현대사회에서 가장 바람직한 방식"이라고 제시했다. 다음은 에드먼슨 교수와의 일문일답.

-기존 팀워크를 부정하고 즉흥적 팀 구성이 새로운 대안이 되어야 한다고 주장했다.

▶ 지금까지 조직은 지나치게 팀에 의존해 일을 처리하려고 했다. 하지만 지난 20여 년간 직장 내 팀에 대한 연구를 한 결과, 역동적이면서도 끊임없이 변화하는 오늘날의 조직에선 지나치게 특정 팀과 팀워크에 기대는 것이 효율적이지 못하다는 생각을 하게 됐다. 갑작스러운 변화가 닥칠 때, 누구도 예측하지 못한 변수가 생길 때, 이미 '존재하고' 있는 팀은 취약점을 드러낸다. 같이 일하는 사람 간에 좋은 무드 자체가 나쁘다는 말이 아니다. 폐쇄적이고 고정적인 기존의 팀워크가 문제라는 것이다. 나는 새로운 대안으로 팀 구성과 이에 따른 협동성 강화를 제시한다. 그리고 이를 'Teamwork on the fly(즉석에서 나오는 팀워크)'라고 정의한다.

-이미 기업이나 브랜드 간 '협업(Collaboration)'은 일상적인 것이 됐다. 좋은 팀 구성을 통한 협동성 강화와는 어떻게 다른가?

▶ 기업이나 브랜드 간 협업도 중요하다. 그러나 팀 단위의 작은 조직 간에도 기존과는 비교할 수 없이 빠르고, 즉각적인 협동성이 발휘돼야 한다는 것이 나의 주장이다. 기존처럼 리더가 신중하게 팀원 한 사람 한 사람을 고르고 '안정적인 팀'으로 유지하는 방식은 앞으로는 먹히지 않을 것이다. 팀은 수시로 계속해서 바뀔 것이고, 팀워크도 끊임없이 변화하고 팀원들은 계속 변화에 적응해 나가야 할 것이다.

-좋은 팀 구성을 통해 협동성을 강화하기 위한 구체적인 실천방안이 있다면.

▶ 나는 좋은 팀 구성을 위한 5단계를 제시한다. △목표를 높게 잡고(Aim High) △팀을 구성하고(Team Up) △잘 실패하고(Fail Well) △빠르게 대처하고(Learn Fast) △반복하라(Repeat)는 5단계다. 내가 수많은 조직을 연구하고 관찰해오면서 공통적으로 발견한 좋은 팀 구성을 위한 5단계다. '목표를 높게 잡는 것'은 목표달성을 위해 반드시 필요한 것이다. 높은 수준의 목표를 잡아야 동기부여가 돼 더 높은 수준으로 한 단계 올라갈 수 있다. 하지만 리더 한 명이 이 같은 원대한 목표를 달성할 만한 능력이나 기술을 가진다는 것은 불가능하다. 이 때문에 자연스럽게 '팀 구성' 단계로 넘어가게 된다. 높은 목표를 설정했기 때문에 필연적으로 팀을 구성해야 하는 것이다. 이를 통해 리더가 가지지 못한 능력을

메울 수 있고, 빠뜨린 퍼즐 조각을 맞출 수 있는 실마리를 발견하게 된다. 하지만 좋은 팀을 구성했다고 모두 성공하는 것은 아니다. 누구나 실패를 한다. 그래서 다음 단계는 '잘 실패하는' 것이다. 실패를 했을 때 왜 실패했는지에 대한 정보를 최대한 끌어내고, 이를 팀과 공유해야 한다. 이를 통해 다음번엔 뻔히 예측되는 실패를 하지 않을 수 있고, 또 몇 번 더 실패할 수 있다는 데 대한 마음의 준비도 할 수 있다. 아울러 실패를 하더라도 실험적 시도를 위한 발판이 됐다면 잘 실패하는 것이다. 기업의 혁신은 보통 이런 실패에서 나온다. 이 과정에서 자연스럽게 배움을 얻을 수 있는데 나는 이 배움을 최대한 '빠르게' 얻으라고 조언한다. 치열한 경쟁에서 앞서나가려면 또 새로운 제품이나 서비스, 비즈니스 모델을 도입하려면 이 모든 배움을 '빠르게' 진행해야 한다. 그리고 비즈니스 사이클은 결코 멈추지 않기에 이 과정을 수백 번이고 '반복'해야 한다.

–5단계를 잘 따라 좋은 팀을 구성해 성공한 대표적인 사례를 제시한다면.

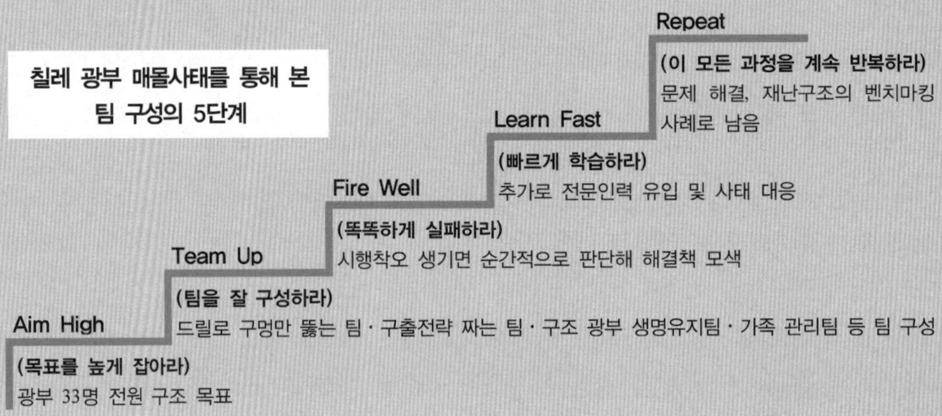

▶ 2010년 칠레 광산이 붕괴됐을 때 구조 작업은 유명한 사례다. 기존에 강조되던 팀워크가 아닌 '즉각적 팀 구성과 협동성'을 최대한 발휘한 대표적인 모델이다. 칠레 광산 붕괴는 전무후무한 사고였으며 벤치마킹할 만한 참고 사례가 전혀 없는 상태였다. 그러나 광업부 장관이었던 라우렌세 골보르네는 이 같은 사태가 자신 앞에 놓이자 광부 33명의 '전원 구조'라는 도전적인 목표를 설정했다. 이후 이 목표를 달성하기 위한 팀을 빠르게 구성했다. 자신과 기존에 함께 일하던 사람뿐 아니라 외부 전문가들을 적극적으로 끌어들였다. 당시 상황에 최적이라고 판단되는 방식으로 즉석에서 팀을 꾸렸다는 뜻이다. (팀은 구조를 위해 드릴로 구멍만 뚫는 팀, 구출 방법과 전략을 짜는 팀, 광부들이 구조된 후 이들의 생명을 유지시킬 팀, 광부들의 가족문제만을 담당하는 팀 등으로 나뉘었다.) 명확한 목표를 갖고 최적화된 팀을 꾸린 골보르네의 팀도 중간중간 시행착오도 겪었고, 위기의 순간도 맞이했지만 이를 빠르게 분석해 방해요소를 제거함으로써 결과적으로는 전원

구조의 목표를 달성했다. 앞으로도 언제 어디서 칠레 광산사태와 같은 일이 튀어나올지 모른다. 이에 가장 효과적으로 대처할 수 있는 방법은 기존 팀의 팀워크를 믿는 것이 아니라 그 상황에 적합한 최고의 팀을 즉각적으로 구성해 협동성을 끌어내는 것이다. 기존의 팀으로 새로운 문제를 해결하려는 시도는 어리석은 것이다.

-좋은 팀 구성은 언제나 핵심이다. 하지만 기존의 팀 구성을 비판해왔는데?

▶ 사람들은 팀 구성을 '나누는(Divide)' 과정으로, 팀은 리더가 '지배하는 대상'으로 생각한다. 잘못된 생각이다. 각기 다른 분야의, 동등한 위치의 전문가들과 함께 서로 생각과 통찰을 '공유하는(Share)' 것이야말로 진정한 팀 구성이다. 그러니 기존처럼 직무에 따라 재무팀, 마케팅팀, 영업팀 등으로 팀을 구성하고 방치하는 시도는 무기력하다. 팀끼리 생각을 공유할 수 없기 때문이다. 팀 구성 과정에서 반드시 알아야 할 중요한 3가지 포인트가 있다. 첫 번째는 우리가 이루고자 하는 공통된 목표를 명확하게 설명하고 이를 공유하는 것이다. 두 번째는 그 목표를 실천하기 위해 각 구성원이 어떤 기술과 경험을 가져올 수 있는지를 모두가 아는 것이다. 세 번째는 과제 수행에 방해가 되는 장애물을 모두 인지해야 한다. 이 세 가지 포인트를 전 구성원이 명확하게 알고 있다면 팀 구성이 잘된 것이다. 그 팀은 성공할 것이다. 특히 장애물 부분이 더욱 그렇다. 내가 미처 보지 못했던 장애물을 다른 사람이 발견할 수 있고, 내가 인지하고 있었지만 나의 능력으로 해결이 불가능한 장애물을 다른 사람의 능력으로 제거할 수 있기 때문이다.

-일에 있어서 속도감을 강조했는데, 사실 리더와 폴로어의 바람직한 관계는 빠르게 형성되기 어렵다. 많은 시간이 걸리는 일이 아닌가?

▶ 사실이다. 대부분의 사람은 무언가를 설명하고, 자신의 의견을 관철하고, 묻고, 듣는데 많은 시간을 할애한다. 이것이 사람과 사람의 관계도 만들어준다. 하지만 그 와중에서 빠르게 효과를 볼 수 있는 조언을 하나 한다면 에드 셰인 박사의 '겸손한 요청(Humble Inquiry)'을 들고 싶다. 한 번도 접하지 못한 어려운 과제를 해결해야 하는 상황에서는 즉각적이고 직선적으로 '요청(Inquiry)'을 하는 것이 효과적이고 빠르다. 하지만 그 방식이 '겸손(Humble)'하지 않으면 안 된다. 리더에겐 시간이 없기 때문에 대놓고 '요청'을 해야 할 때가 많다. 그러나 이를 '겸손한' 방식으로 한다면 팀원들을 존중하고 팀을 아낀다는 인상을 주면서 시간도 아낄 수 있다. 물론 어려운 일이다. 하지만 지금과 같은 치열한 경쟁 속에서 미처 접하지 못한 황당한 과제를 해결하려면 리더는 이 방식을 체득해야 한다.

(매일경제, http://news.mk.co.kr, 2014년 6월 27일)

토의

1. 시몬스 침대의 사례를 통해 기업이 지속적 성장 발전을 위해서는 어떠한 조직의 변화가 필요한지 설명해 보시오.
2. 좋은 팀을 구성해 성공한 대표적인 사례에 대해서 설명해 보시오.

05

e-비즈니스

제1절 e-비즈니스의 정의

제2절 e-비즈니스 모델의 유형

제3절 e-비즈니스발전단계 및 전략 프레임워크

인터넷과 정보통신기술의 발전으로 인한 e-비즈니스의 확산은 전통적 사업환경을 e-비즈니스 환경으로 탈바꿈하고 있으며, e-비즈니스가 세계 경제시장의 성장에 가장 중요한 역할을 담당하게 만들고 있다. 따라서 본 장에서는 e-비즈니스에 대한 기본적 내용에 대해서 살펴보기로 한다.

제1절 e-비즈니스의 정의

e-비즈니스의 정의는 연구자들마다 조금씩 다른 관점에서 다양한 정의를 내리고 있다. e-비즈니스라는 용어는 1997년에 IBM에 의해서 최초로 소개되었다. IBM(1997)에 의하면 e-비즈니스는 "인터넷 기술의 사용을 통한 핵심적인 비즈니스 프로세스의 전환(transformation)이다"라고 정의하였다. 그에 덧붙여 가트너 그룹(1999)은 e-비즈니스를 정의하기를 "디지털 기술을 통한 기업 비즈니스 행위(activities)의 최적화(optimization)"라고 하였다.

또한 Kalakota와 Robinson(1999)에 따르면 "e-비즈니스는 최상의 비즈니스 모델을 실현하기 위한 비즈니스 프로세스, 기업 애플리케이션, 그리고 조직구조의 복잡한 통합(complex fusion)"이라고 정의하였다. 또한 Evans(2001), Fang(2001), Krell & Gale(2005) 등은 기업환경을 둘러싸고 있는 모든 이해당사자들인 고객, 공급자 또는 비즈니스 파트너 및 직원 등을 인터넷 기술 및 디지털정보기술 또는 e-비즈니스 관련 애플리케이션을 활용하여 전자적으로 비즈니스를 수행한다는 것을 e-비즈니스의 정의로 간주하고 있다.

따라서 본 교재에서는 e-비즈니스를 "인터넷과 같은 정보통신기술을 기반으로 조직 내·외부의 모든 이해당사자들(고객, 공급자, 파트너, 직원 등)을 전자적으로 연결하기 위해 e-비즈니스관련 애플리케이션을 활용하여 수행하는 비즈니스 활동"으로 정의한다. 즉, e-비즈니스는 인터넷과 같은 정보통신기술에 기반하여 조직전반의 업무처리 시간 단축, 생산성 향상, 공급사슬관리, 고객지향적 서비스 제공 등 경영활동의 효율성을 추구한다.

그에 덧붙여 제품이나 서비스의 판매와 구매에 연관된 비즈니스 정보의 신속한 교환과 기업내, 기업간, 기업과 소비자간, 그리고 기업과 공공조직간의 가치 극대화를 꾀하는 경영전략이다. 그러므로 e-비즈니스는 전통적인 비즈니스의 제약 요인이었던 시간과 공간의 제한을 뛰어넘어 거래기업과 모든 이해당사자들(고객, 공급자, 파트너, 직원 등)에게 새로운 부가가치의 제공과 경영활동의 효율성을 추구하는 디지털 경영활동이다.

제2절 e-비즈니스 모델의 유형

e-비즈니스는 가치 활동이 이루어지는 주체에 따라 즉, 거래 대상에 따라 기업과 소비자간 e-비즈니스(B2C: Business to Customer), 기업간 e-비즈니스(B2B: Business to Business), 기업과 정부간(B2G: Business to Government), 정부와 소비자간(G2C: Government to Customer), 소비자간(C2C: Customer to Customer) 등의 유형으로 나눌 수 있다.

그림 5-1 | e-비즈니스의 유형

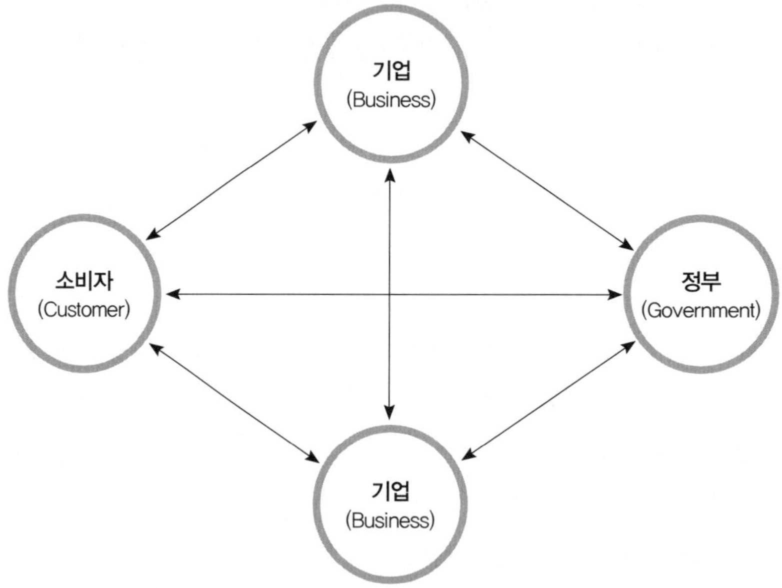

2.1 기업과 소비자간 e-비즈니스(B2C: Business to Customer)

기업과 소비자간(B2C: Business to Customer) e-비즈니스는 인터넷을 통해 소비자인 개인이 공급자인 기업의 제품과 서비스를 이용 · 구매하는 e-비즈니스를 의미한다. 서적, 음반, 전자제품, 컴퓨터, 자동차, 은행거래, 보험거래, 증권, 광고 등 오프라인에서 거래되는 대부분의 제품 및 서비스의 거래가 인터넷을 통해 이루어지고 있다.

2.2 기업간 e-비즈니스(B2B: Business to Business)

기업간(B2B: Business to Business) e-비즈니스는 가치창출이 이루어지는 기업간 거래를 의미하며, 각종 e-비즈니스와 관련된 업무처리, 즉 전자문서교환(EDI)부터 원재료의 구매, 판매, 제품의 개발 및 생산 그리고 금융결제 등과 같은 거래활동이 중심을 이루고 있다.

2.3 기업과 정부간(B2G: Business to Government)

기업과 정부간(B2G: Business to Government) e-비즈니스는 정부조달 업무를 중심으로 공급자인 기업과 수요자인 정부간에 이루어지는 e-비즈니스를 의미한다. 즉, 정부의 공공물자와 행정물품의 조달을 책임지고 있는 조달청에서는 전자입찰시스템(www.g2b.go.kr)을 도입하여 정부가 조달상품에 대한 세부 정보를 공시하면 기업들이 이를 확인하고 입찰 · 거래를 성사시키는 전자입찰시스템 등이 대표적인 예가 된다.

2.4 정부와 소비자간(G2C: Government to Customer)

정부와 소비자간(G2C: Government to Customer) e-비즈니스는 정부 행정기관과 개인 소비자간의 거래 혹은 이와 관련한 정부간의 전자매체를 통한 e-비즈니스를 의미하는데, 각종 주민생활 관련 서류 및 면허 등의 발급 · 갱신, 각종 세금의 부과 · 징수, 민원과 관련된 각종 행정서비스 등이 인터넷을 통해 제공되고 있다.

2.5 소비자간(C2C: Customer to Customer)

소비자간(C2C: Customer to Customer) e-비즈니스는 공개적인 매체를 통해 소비자간 거래가 이루어지는 e-비즈니스를 의미한다. 즉, 소비자가 공급의 주체가 되고 또한 소비자가 수요의 주체가 된다. 대표적인 예로 오픈 마켓인 G-마켓, 인터파크 등과 같은 사이트에서부터 Peer to Peer 방식으로 제공되는 내국의 냅스터와 같은 사이트를 사례로 들 수 있다.

제3절 e-비즈니스발전단계 및 전략 프레임워크

Levi & Powell(2003)과 Lin & Lee(2005)의 연구를 토대로 e-비즈니스 발전단계를 살펴보면 크게 4단계로 구분되어진다.

1단계(진입)에서는 보통 단순한 이메일 사용이 이루어지며, 웹 사이트를 통해 잠재적인 사용자에게 주로 단방향으로 기업의 제품 및 서비스 정보가 제공된다. 또한 마케팅 활동을 위해 고객정보를 웹 사이트를 통해 수집하는 단계이다.

2단계(확산)는 온라인 매체를 통해 기업 및 제품/서비스 정보를 제공할 뿐만 아니라 온라인 매체를 통해 공급자 및 고객의 정보를 수집하는 등 공급자 및 고객과의 전자적 자료교환(EDI)이 이루어지며, 인트라넷과 엑스트라넷을 기반으로 기업 내부뿐만 아니라 기업외부 조직간에 온라인 상호작용이 가능하며, 웹 사이트를 통해 제품 또는 서비스 주문이 가능한 단계이다.

3단계(통합)는 비즈니스 거래가 온라인으로 이루어지며, 내부 비즈니스 프로세스와 통합되는 시기로서 ERP(전사적 자원관리), CRM(고객관계관리), SCM(공급망관리)과 같은 애플리케이션들이 부분적으로 도입되어 이해당사자간(고객, 공급자, 파트너, 직원 등)에 부분적인 상호작용이 이루어지는 단계이다.

4단계(변형)는 ERP(전사적 자원관리), CRM(고객관계관리), SCM(공급망관리)

그림 5-2 | e-비즈니스 발전모델

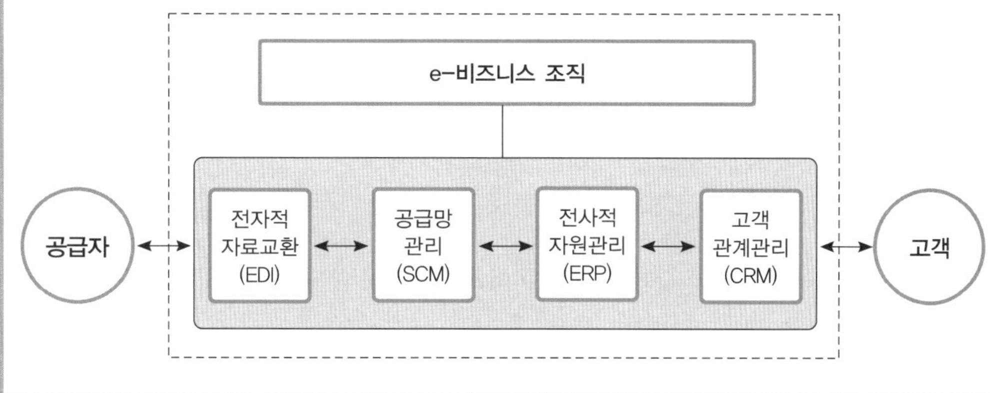

과 같은 시스템이 완전히 도입되어 이해당사자간(고객, 공급자, 파트너, 직원 등)에 통합된 상호작용이 이루어지며, 다양하게 분산된 조직 내·외부의 지식을 통합하고 조직의 비즈니스 모델 변형과 새로운 비즈니스 기회의 모색이 이루어지는 단계이다.

따라서 e-비즈니스는 특정 제품 및 서비스가 생산되어 고객에 전달되기까지의 일련의 과정을 정보통신기술에 기반하여 통합한 새로운 형태의 비즈니스라고 할 수 있다. 인터넷 사용의 급속한 확산과 통신망을 고속화하고자 하는 활발한 노력, e-비즈니스 체계를 성공적으로 구축하기 위한 기업의 노력, 그리고 지불과 보안문제를 해결할 수 있는 기술의 개발 등으로 인하여 e-비즈니스는 21세기 글로벌 디지털경제의 새로운 패러다임으로 자리 잡고 있다.

e-비즈니스 전략실행과 관련한 복잡한 문제를 해결하기 위해 Cote et al.(2005)은 e-비즈니스 전략관리 프로세스에 관한 프레임워크를 〈그림 5-3〉과 같이 제시하고 e-비즈니스에서의 효율적인 전략 과정 및 절차를 소개하고 있다.

전략관리 프로세스의 첫 번째 단계에서는 e-비즈니스의 채택 요인과 장애요인이 무엇인지 알기 위해 조직의 내부 환경과 외부 환경 분석이 선행되어야 함을 설명하고 있다. 두 번째 단계에서는 e-비즈니스의 경제적 가치를 어떻게 창출할 것인지와 관련된 e-비즈니스 전략의 선택이 이루어져야 하며, 세 번째 단계에서는 가장 적합한 솔루션이 무엇인지에 대한 분석을 통해 e-비즈니스

그림 5-3 | e-비즈니스 전략 관리 프로세스(Cote et al., 2005)

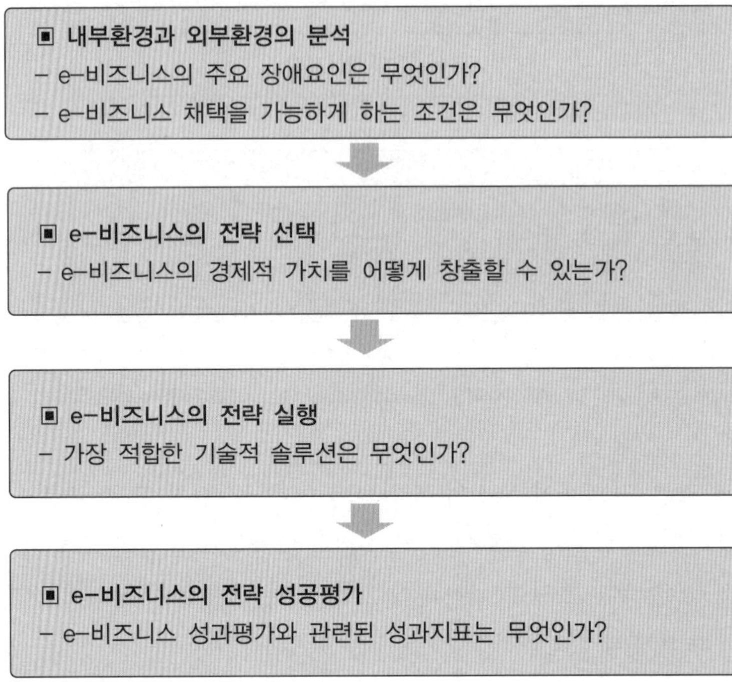

전략이 실행된다. 마지막 단계에서는 e-비즈니스 전략 실행을 통해 e-비즈니스의 전략이 성공했는지에 대한 평가가 이루어져야 함을 설명하고 있으며, e-비즈니스에서의 성과 평가를 기업성과를 측정하는데 최근에 많이 사용되고 있는 균형성과표(BSC)에 의한 방법론을 제시하고 있다.

요 약

(1) 인터넷 기술은 새로운 비즈니스 기회라던가 경쟁우위를 확보하기 위하여 광범위하게 이용되고 있다.

(2) e-비즈니스는 전통적인 비즈니스의 제약요인이었던 시간과 공간의 제한을 뛰어넘어 거래기업과 모든 이해당사자들(고객, 공급자, 파트너, 직원 등)에게 새로운 부가가치의 제공과 경영활동의 효율성을 추구하는 디지털 경영활동이다.

(3) e-비즈니스 발전단계는 1단계(진입), 2단계(확산), 3단계(통합), 4단계(변형)의 단계로 구분되어진다.

연습문제

(1) e-비즈니스에 있어서 인터넷 기술은 어떤 의미를 지니고 있는가?

(2) e-비즈니스의 개념적 정의에 대해서 설명하시오.

(3) e-비즈니스의 발전단계에 대해서 설명하시오.

(4) e-비즈니스 전략프로세스에 대해서 설명하시오.

사례 1 PwC, "사물인터넷 기술, 2020년에는 수 조 달러 규모로 성장"

사물 인터넷(IoT) 기술은 현재 점진적으로 여러 산업에 도입되고 있지만, 멀지 않아 그 가치가 수 조 달러에 육박하는 거대한 규모로 성장할 전망이다. IT 컨설팅 업체 PwC가 4일 공개한 설문조사에 따르면 사물 인터넷은 무선인터넷, 소프트웨어 및 하드웨어 산업을 아우르지만 그 중에서도 가장 핵심적인 것은 "각종 기기나 환경으로부터 사용자의 정보를 수집하는 센서"다. 해당 설문조사는 1,500여 개의 업체 경영진들을 대상으로 이뤄졌다. PwC는 설문조사에서 "냉장고, 주차장부터 시작해 집안 구석구석까지 사물 인터넷은 2020년 즈음에는 수 조 달러에 달하는 규모의 산업으로 성장할 것"이라고 설명했다. 이어, "IT업체들의 20%가 사물 인터넷 센서에 투자하고 있으며, 이는 지난해보다 3% 포인트 더 성장한 것이다. 응답자의 14%가 센서를 회사의 3~5년 미래를 좌우할 핵심 기술로 꼽았다"고 설명했다.

사물 인터넷은 현재 다방면에 걸쳐 적용되고 있다. 예를 들어, AT&T의 연구진들은 '스마트 러기지(smart luggage)'라는 이름의 LTE 및 GPS 칩을 개발하고 있다. 이 칩을 통해 사용자는 스마트폰이나 태블릿으로 자신의 짐을 실시간으로 추적할 수 있다. 또한, 미국 캘리포니아주 산 호세에는 교통 통제, 그리고 대기 및 소음 측정에 사용될 수 있는 센서들이 도시 전반에 설치되고 있다. 이러한 센서들은 각종 데이터를 제공하는 것으로 사용자가 공급망 관리(SCM), 고객 관계 관리(CRM)과 같은 비즈니스 프로세스에 있어 더 빠르고, 더 현명한 결정을 내릴 수 있게 한다. PwC는 "즉, 향후 '비즈니스 인텔리전스(BI)'에 매우 중요한 역할을 한다"고 강조했다. 또한, 센서들은 에너지 및 탄광 산업에서 이산화탄소 포화 정도를 측정하는 데에도 활용될 수 있기 때문에 근로자 안전 향상에도 기여할 수 있다. 이 외에도 사물 인터넷 센서들은 현재 전력 산업에서도 활발하게 적용되고 있는데, 특히 전력 소비 양상을 측정하는 스마트 미터기가 대표적인 예다. 업체들은 센서가 수집한 정보를 바탕으로 전력 설정을 변화에 맞게 조정할 수 있으며 전력 소비 트렌드 등을 예측할 수도 있다. PwC는 "자동차 업계도 예외는 아니다. 센서들은 무인 운전 및 운전자 안전 관련 기능에 쓰인다. 제조 산업에서도 센서들은 공장에서 로봇들을 점검하고 최적화하는데 응용된다. 유통 산업의 경우, 센서들은 각종 공급망 데이터를 수집해 예측 분석 작업의 토대를 제공한다"고 설명했다.

퀄컴과 인텔과 같은 칩 제조업체들은 현재 다양한 센서 제품 패키지를 제공하고 있다. 또한, 퀄컴과 마이크로소프트가 이끄는 '올신 얼라이언스(AllSeen Alliance)', 그리고 인텔, 삼성, 델을 필두로 하는 '오픈 인터커넥트 컨소시엄(Open Interconnect Consortium)'과 같은 단체에 의해 사물 인터넷에 대한 기준 또한 정립되고 있는 상황이다.

(ITWORLD, http://www.itworld.co.kr, 2014년 8월 5일)

토의

1. 사물인터넷 기술이 높은 성장세를 갖는 이유가 무엇인지 설명해 보시오.

사례 2 사물인터넷 '삼성-애플-구글' 삼각경쟁 격돌… M&A·합종연횡 봇물

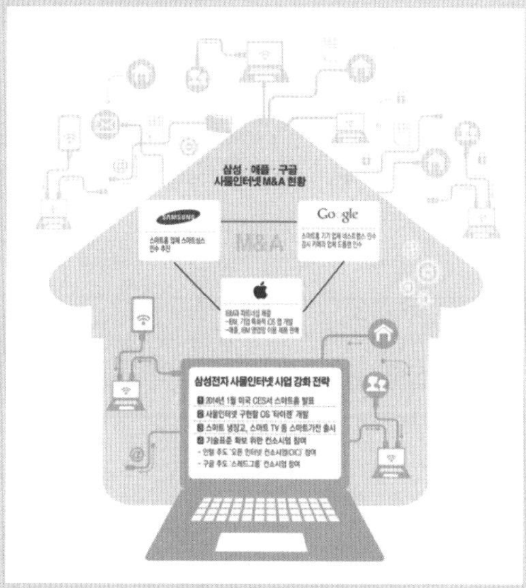

사물인터넷(IoT) 시대를 준비하고 있는 삼성, 애플, 구글이 시장 선점을 위한 발걸음을 재촉하고 있다. 이들은 자체적으로 부족한 역량은 협약, 인수·합병(M&A)을 통해 채우는가 하면, 경쟁 관계인 상대 기업과 손을 잡는데도 주저하지 않는다.

삼성전자는 최근 인텔과 구글이 각각 주도하는 사물인터넷 컨소시엄(OIC, 스레드그룹)에 참여하겠다는 의사를 밝혔다. 인텔이 이끄는 오픈 인터커넥트 컨소시엄(OIC)에는 아트멜, 브로드컴, 델, 윈드 리버 등 글로벌 기업들이 참여한다. 이 조직은 IoT 시대를 대비해 운영체제와 서비스 공급자가 달라도 기기간의 정보 관리, 무선 공유가 가능토록 업계 표준 기술에 기반을 둔 공통 운영체계를 규정할 계획이다. 삼성전자와 인텔 등 OIC 참여업체들은 사물인터넷의 발전에 필요한 기기간 통신 규격과 오픈소스, 인증 프로그램의 개발을 목표로 다양한 기술 자원을 투입할 예정이다. 삼성전자는 인텔에 이어 구글이 주도하는 컨소시엄 스레드그룹에도 참여한다. 스레드그룹은 새로운 인터넷규약(IP)을 기반으로 한 무선통신망 프로토콜을 통해 상호호환이 가능한 사물인터넷을 구현하기 위해 설립됐다. 여기에는 네스트랩스, 실리콘랩스, 프리스케일, ARM, 예일시큐리티가 함께하는 것으로 알려졌다. 앞서 삼성전자는 올해 초 사물인터넷 관련 특허에서 경쟁력을 갖춘 40여 개 기업을 인수한 미국의 시스코시스템즈와 특허공유를 맺었다. 이번 계약으로 삼성전자와 시스코는 기존 보유 특허는 물론 향후 10년간 출원되는 특허까지 공유키로 했다. 삼성은 동종업계 기업들과 협력하는데 그치지 않고 해외 유수 기업들을 인수하는데도 열을 올리고 있다. 현재 삼성전자는 미국 스마트홈업체 스마트싱스를 인수하기 위해 협상 중이다. 삼성

전자가 스마트싱스에 제시한 인수 금액은 2억 달러(약 2,000억원)다. 스마트싱스가 스마트폰으로 가전 제품을 조작할 수 있는 서비스를 개발하고 있는 것을 고려할 때 삼성전자의 IoT 사업에 핵심 역할을 할 것으로 보인다 .

자체 운영체제(OS)를 운영 중인 구글과 애플 역시 IoT 사업에 열을 올리고 있다. 구글은 최근 네스트랩스를 32억 달러(약 3조 2,000억원)에 인수했다. 네스트랩스는 가정용 디지털 온도조절기에서 기술력을 갖춰 사물인터넷 관련 대표 제조기업으로 실리콘밸리에서 주목 받은 기업이다. 애플은 IBM과 아이폰과 아이패드를 사용하는 헬스케어, 여행, 금융, 통신 분야 기업을 대상으로 모바일 애플리케이션을 공동 개발하는 파트너십 협약을 맺었다. 애플은 지난달에 열린 'WWDC 2014'에서 스마트 센서를 이용해 네트워크 원격 제어 및 모니터링 기능을 갖춘 '홈킷(HomeKit)' 플랫폼을 발표하기도 했다.

(이투데이, http://www.etoday.co.kr, 2014년 7월 18일)

토의

1. 사물 인터넷기술의 성공요인에 대해서 설명해 보시오.

06

e-CRM

지금까지 고객들은 기업이 일방적으로 제공하는 제품, 서비스, 정보, 메시지 등을 수동적으로 받아들이는 존재였으며, 자신들의 의사를 표현하는 방식에 있어서도 간접적인 경로를 이용할 수밖에 없었다.

그런데 기술의 획기적인 발전으로 인해 인터넷을 활용한 쌍방향적인 커뮤니케이션이 가능해지고, 구매과정 전반에 걸쳐 소비자의 영향력이 강화되는 양상을 보이고 있다. 또한 기업의 경쟁 환경은 국경의 구분 없이 한층 더 심화되고 기술의 보편화로 인해 제품 자체로는 경쟁사와 차별하기가 점차 어렵게 되었으며, 기업은 기본 제품 외에 서비스에 의한 차별화를 적극적으로 모색할 수밖에 없는 상황에 직면해 있다. 따라서 기업은 효율적인 고객관리를 위해서 고객과의 좋은 '관계(relation)'를 유지할 수 있도록 기업의 모든 역량을 쏟아 부어야 할 것이다.

이처럼 기업은 기존 고객과의 관계를 강화하고, 개별 고객의 수익성을 극대화하기 위한 방법을 모색하였고, 여기에서 등장하게 된 것이 고객관계관리 즉, CRM(Customer Relationship Management)이다. CRM(Customer Relationship Management)은 고객관계관리를 나타내는 말로서, 기존 고객과의 관계를 강화하기 위한 목적을 가진 일종의 경영전략이라 볼 수 있다.

한편, CRM의 개념이 소개된 이후 많은 기업들이 이의 중요성을 인식하고 다양한 방향으로 CRM의 도입을 추진하여 왔으며, 이와 때를 같이하여 인터넷 및 e-business가 폭발적으로 성장하게 되었다. 특히 인터넷은 온라인상에서 고객과의 거래채널 및 마케팅 커뮤니케이션 툴로서 그 위치를 점점 확대해 나가기 시작하였으며, 이에 따라 인터넷상에서의 고객관리가 기업 경영의 중요한 이슈가 되었다. 이때 등장한 개념이 e-CRM이다. 따라서 본 장에서는 CRM(Customer Relationship Management)과 e-CRM(Customer Relationship Management)이 무엇인지에 대해서 살펴보도록 하겠다.

제1절 CRM 개념의 발전과정

CRM은 고객과의 관계에 중점을 둔 것으로, 고객관련 데이터를 분석하여 고객특성에 기초한 마케팅활동을 계획 · 실행 · 평가하는 것으로 가치 있는 고객을 파악 · 획득 · 유지하여 한 번 고객은 평생고객이 될 수 있도록 하여 고객평생가치를 극대화하는 것이다. 즉, 기업가치는 '고객'으로부터 나온다는 개념에서 출발한 것이다.

CRM은 기업의 모든 경영 전반을 기업에서부터 출발하는 공급자중심에서 고객중심으로 바꾸어나가는 과정이라 할 수 있다. 따라서 CRM은 고객에 대한 정확한 이해를 바탕으로 고객이 원하는 제품과 서비스를 지속적으로 제공함으로써 고객을 오래 유지시키고 결과적으로 고객의 평생가치를 극대화하여 수익성을 높일 수 있는 통합적 고객관리시스템으로 정의내릴 수 있다. CRM 개념의 발전과정을 살펴보면 다음과 같다. 아래의 〈표 6-1〉에서 보는 바와 같이 1970년대의 단순 영업에서, 1980년대 고객만족, 1990년대 데이터베이스 마케팅, 1990년대 후반 고객관계관리, 그리고 2000년 이후부터 e-CRM으로 변화하여 왔음을 알 수 있다.

1.1 1970년대

1970년대 기업은 소비자를 수동적으로 구매만 하는 존재로 여기고, 고객에 대한 관리 역시 관리라고는 할 수 없을 정도로 공급자중심의 매스 마케팅

표 6-1 고객관리의 시대적 변화

구 분	판 매 (1970년대)	고객만족 (1980년대)	DB 마케팅 (1990년대)	고객관계관리 (90년대 후반)	e-CRM (2000년 이후)
대고객 관점	수동적 구매자	선택적 구매자	개성화, 다양화된 소비자	능동적 파트너	고객지향적 e-비즈니스
고객과의 관계	전체 시장에 일방적 공급	고객 만족도 측정, 일방적 관계	그룹화된 고객과의 일방적 관계	개별고객과 쌍방향 의사소통	실시간 일대일 관계
고객 관리	단순 영업 위주	영업과 판매 위주 서비스	IT 기술팀 위주	전사적 관리	온라인 고객관리

(mass marketing)을 통한 영업 관리를 주로 하고 있었다. 즉, 소비자들은 제품이 별로 없었던 시절이었기 때문에 선택의 여지가 없이 일반적 공급에 의존할 수밖에 없는 상황이었다. 특히 매스 마케팅(mass marketing)은 수익원천이 상품이며 매출위주로 단기적 성과를 중시하는 영업점 중심의 마케팅이라는 점에서 CRM과 차이를 가지고 있다.

1.2 1980년대

1980년대 기업은 기업들이 생산하는 제품의 공급이 소비자의 수요보다 많아지고, 품질관리경쟁으로 인해 제품을 품질로 구분하기 어려워졌다. 따라서 기업은 품질의 차별화보다는 제품의 차별화를 위해 소비자들의 욕구에 맞는 다양한 고객서비스 제공을 통해, 고객만족의 중요성을 강조하는 영업과 판매위주의 서비스 제공을 통한 고객관리를 하고 있었다. 특히 고객만족경영에 있어서 고객은 모두 똑같은 최상의 대우를 받아야 하는 존재이지만 CRM에 있어서는 고객이 모두 일정하게 기업에 동일한 가치를 가져다주지 않는다는 것이 밝혀지게 되었다.

1.3 1990년대

1990년대 기업은 고객만족영업과 판매위주의 서비스만으로는 고객의 욕구를 완전히 충족할 수 없다는 것을 인식하게 되었다. 따라서 기업은 새로운 형태의 고객관리를 위해서 고객과 관련된 기업내부자료와 고객자료를 수집하고 축적하여 이 데이터를 바탕으로 고객을 집단으로 나누고 그에 따른 데이터베이스 마케팅을 실시하게 되었다. 이처럼 데이터베이스 마케팅은 기업의 내외부 자료를 통합하여 이용한다는 측면에서는 CRM과 비슷하나 한정된 고객접점에서 그리고 단기적인 관점에서 고객에 대한 데이터를 수집하여 활용한다는 점에서 CRM과 차이가 있다.

1.4 1990년대 후반 이후

1990년대 후반 기업은 상위 20%의 고객이 전체수익의 80%를 차지하는 20 대 80의 법칙을 통해 기존고객의 가치가 매우 중요하다는 사실을 인지함으로써 고객관리에 기업의 생존여부가 달려 있음을 파악하였다. 따라서 기업의 마케팅은 제품판매중심에서 기존의 우수고객을 유지하고 이탈고객을 최소화하는 관계마케팅으로 마케팅 패러다임이 변화하게 되었다. 특히 기업은 고객과의 관계가 일방적이 아닌 쌍방향적 관계를 맺는 동반자임을 인식하게 됨으로써, 마케팅 부서만이 아닌 전사적인 차원에서 고객관리를 실시하게 되었다. 이와 같은 기업의 패러다임 전환은 CRM이 기존의 고객만족, 데이터베이스 마케팅, 관계마케팅에서 변화되어진 개념이라고 할 수 있다.

1.5 2000년 이후

인터넷의 발달로 인해 전통적 고객관계의 관리방법의 변화는 사람의 간섭을 최소화하면서 다수의 고객에 대한 정확한 정보를 획득할 수 있게 되어 일대일 마케팅이나 개인화된 마케팅이 가능하게 되었다. 고객의 과거경험이나 분석된 정보를 중심으로 하는 고객관계관리(Customer Relationship Management: CRM)는 2000년 이후 고객 개개인의 행동 특성과 상황 등을 실시간으로 접할 수 있을 뿐만 아니라 복합적인 상황 처리가 가능한 e-CRM으로 진화하게 된 것이다. e-CRM은 전자상거래(electronic commerce)에서의 CRM을 말하는데 전자상거래에서 웹은 상거래를 위한 매체와 시장으로 사용되며, 이를 통해 공급업체와 고객간의 물리적인 시간과 거리의 장벽이 최소화되었다.

제2절 e-CRM의 배경 및 의의

CRM의 개념이 소개된 이후 많은 기업들이 이의 중요성을 인식하고 다양한 방향으로 CRM의 도입을 추진하여 왔으며, 이와 때를 같이하여 인터넷 및 e-비즈니스가 폭발적으로 성장하게 되었다.

특히 인터넷은 온라인상에서 고객과의 거래채널 및 마케팅 커뮤니케이션 툴로서 그 위치를 점점 확대해 나가기 시작하였으며, 이에 따라 인터넷상에서의 고객관리가 기업 경영의 중요한 이슈가 되었다. 이때 등장한 개념이 e-CRM이다. 인터넷의 성장과 이에 따른 e-비즈니스의 발전은 B2C 전자상거래를 중심으로 한 다양한 유형의 인터넷 비즈니스를 창출하였다. 많은 업체들이 인터넷을 기본 인프라로 사용하는 비즈니스를 수행하면서, 초기에는 보다 많은 신규 고객을 확보하여 시장을 선점하는데 중점을 두었다.

그러나 인터넷 비즈니스의 속성상 새로운 기업의 진출과 모방이 쉽다는 점과 인터넷은 새로운 거래채널로서 무한한 매력을 가져다준다는 점 등에 기인하여 오프라인 비즈니스보다도 치열한 경쟁상황이 도래하였다. 이러한 상황에서는 단순히 잠재고객 및 신규고객을 확보하는 것보다 로열티에 기반한 고객 유지가 중요한 이슈로 부각되었다. 전통적인 오프라인 기업들도 인터넷이라는 새로운 채널을 초기의 단순한 기업홍보용 홈페이지 수준에서 벗어나, 보다 적극적인 관점에서 고객과 커뮤니케이션을 수행하는 중요한 고객접점으로 활용하게 되었다. 이러한 기업들은 인터넷의 전략적 활용을 통해, 오프라인에서 수행하는 고객관리를 보충할 뿐 아니라, 인터넷을 거래 채널로 하는 새로운 비즈니스도 수행하여 그 시너지 효과를 높이려고 하였다.

이와 같이 e-CRM의 등장배경을 종합해 보면, 기업의 외적요인으로는 기업간 경쟁의 심화와 고객의 중요성 증가, 그리고 인터넷 마케팅 채널의 확산으로 요약할 수 있을 것이다. 또한 기업의 내적요인으로는 수익의 창출과 고객에 대한 이해로 정리되어질 수 있다.

따라서 이처럼 인터넷의 성장에 따른 e-비즈니스의 발전과 기존 기업들의 온라인 채널의 전략적 활용이라는 관점에서 등장한 개념이 e-CRM이며, 이는 인터넷을 중심으로 한 고객관계 관리를 의미한다. e-CRM은 기업의 입장에서 가장 중요하고 효율적인 채널을 보다 적극적으로 활용할 수 있다는 데 그 의의가 있을 것이다. 인터넷을 이용하여 고객을 관리하는 것은 기하급수적으로 늘어나고 있는 인터넷상의 고객을 응대해야 한다는 필연적인 이유도 있지만 인터넷이 가지는 특성상, 저렴한 비용으로 효율적인 고객관리를 수행할 수 있다는 장점도 있다. 즉, 인터넷을 이용한 고객관리는 다른 마케팅 커뮤니케이션 채널(우편, 전화, 대인접촉 등)에 비해 훨씬 저렴한 비용으로 운영이 가능하다. 또 인터넷 환경 및 기반 기술은 짧은 시간에 더 많은 고객들에 대한 다양한 분석을 가능하게 하여 고객정보에 기반한 맞춤 서비스를 제공할 수 있고, 이는 고객만족도의 증가와 매출증대로 이어질 수 있는 것이다.

따라서 이제 기업은 e-CRM을 하나의 유행으로 받아들이기보다는 필수적인 경영 패러다임으로 인식하여 기업의 생존 및 성장을 위한 활동으로 적극적으로 추진하여야 할 것이다.

제3절 e-CRM의 정의 및 종류

3.1 e-CRM의 정의

e-CRM을 간단히 정의한다면 '인터넷 환경에서 수행되는 CRM'으로 정의할 수 있다. 즉, e-CRM은 인터넷 환경 속에서 고객에 대한 정확한 이해를 바탕으로 고객이 원하는 제품과 서비스를 지속적으로 제공함으로써 고객을 오래 유지시키고 결과적으로 고객의 평생가치를 극대화하여 수익성을 높일 수 있는 통합적 고객관리시스템으로 정의내릴 수 있다.

많은 사람들이 e-CRM을 CRM과 구분하여 이야기하고 있지만, 그 근본 목표인 '고객과의 관계구축 및 강화를 통한 기업의 성장'이라는 명제는 결코 다르지 않다. 다만 기존의 CRM 개념에 비해 인터넷 환경을 강조함으로써 새로이 고려해야 하는 요소들이 e-CRM 개념에 포함되어 있기 때문에 e-CRM은 전체 CRM 전략의 일부로서 기능하는 인터넷 중심의 CRM으로 파악하는 것이 타당할 것이다.

이처럼 e-CRM은 고객접점의 축을 인터넷 중심으로 발전시켜 감으로써 시간적, 공간적 제약성을 탈피하게 됨으로서, 고객의 접근을 쉽게 함과 동시에 고객에게 일관된 서비스를 신속하게 제공할 수 있게 되었다. 또한 상호작용적이고 양방향적 커뮤니케이션이 가능하여 고객의 행동패턴에 대한 분석을 통해 고객의 특성에 맞는 일대일 마케팅을 전개할 수 있게 한다. 또한 e-CRM은 고객분석과 마케팅커뮤니케이션 캠페인 실행의 프로세스가 기존의 오프라인의 CRM에서 보다 빨리 진행되어, 고객의 반응에 따라 실시간으로 고객에 맞는 마케팅활동을 구현할 수 있게 되었다.

따라서 e-CRM은 온라인상에서 고객과 계속적인 커뮤니케이션을 통해 고객을 이해하고, 고객의 확보, 유지 및 수익성 향상을 위해 노력하는 것으로 고객과의 접점을 오프라인만이 아닌 온라인까지 확장하였다. 이렇게 시스템을 고객접점까지 확장하기 위해서는 ERP(전사적 자원관리시스템)와 같은 기업 전체의 경영정보시스템을 회사가 이미 보유하고 있거나 혹은 ERP의 기능 및 개념이 마케팅정보시스템에 추가되어야 한다. 특히 e-CRM시스템의 구축에는 많은 비용이 들기 때문에 비용과 대비하여 만족할 만한 경영성과를 이루기 위해서는 최고경영자의 의지가 필수적이라 할 수 있다.

3.2. e-CRM의 종류

고객관계관리(e-CRM)는 각 학문분야 및 접근방법에 따라서 그 내용 및 관심분야가 달라질 수 있다. 예를 들어, 마케팅측면에서는 e-CRM을 고객이나 기존의 전통적인 마케팅의 관점에서 e-CRM을 이해하고 접근하려고 할 것이며 정보기술 측면에서는 고객 접촉채널, 시스템 기능(functionality)의 효율성 및 시스템 통합과 같은 측면에서 e-CRM에 대해 관심을 가질 수 있다. 또한 데이터마이닝이나 데이터베이스 전문가들은 고객정보나 분석적인 e-CRM 측면을 강조하려 할 것이다.

결국 고객관계관리를 보다 잘 이해하기 위한 통일된 학문적인 구분법은 존재하지 않고 있다. 일반적으로 e-CRM은 웹에 기반하여 고객의 정보를 수집하고, 수집된 정보를 분석한 다음, 이를 효과적으로 활용하여 고객을 적극적으로 관리하고 유지하며 고객의 가치를 극대화하기 위한 경영기법이다. 이러한 e-CRM은 크게 전략기반의 e-CRM, 데이터베이스 기반의 e-CRM, 그리고 분석기반의 e-CRM의 세 가지로 구분할 수 있다.

(1) 전략기반의 e-CRM

전략기반의 e-CRM은 명확한 목적을 설정하고, 목표고객을 명확화한 다음 실행될 때 비로소 효과를 발휘한다는 입장을 취한다. 또, e-CRM은 반드시 전사적 전략과 적합성을 지녀야 한다는 것을 강조한다. 즉, 먼저 기업의 핵심 역량이 무엇이며, 핵심 역량을 중심으로 사업을 전개하는데 필요한 요소들은 무엇인지를 분명히 한 후, 그 속에서 e-CRM의 위상을 찾는다. 그 다음, e-CRM의 목적을 분명히 하고, 그 목적 달성을 위한 실행 프로그램과 정보기술시스템의 요건을 결정하는 순서로 진행된다. 따라서 전략기반의 e-CRM은 다른 유형의 e-CRM을 도입하기 이전에 반드시 수립되어야 한다. 그리고 e-CRM전략은 e-CRM을 도입하는 기업이 직접 수립하거나, e-CRM시스템 공급업체와 관련 없는 컨설팅업체에 의뢰하여 수립해야 한다. 그러나 현실에서는 e-CRM 시스템 공급업체 또는 시스템 공급업체와 제휴를 맺고 있는 컨설팅업체가 e-CRM전략을 수립하는 일이 많다. 이럴 경우 해당 기업의 상황에 적합한 전략이 아니라, 공급업체의 e-CRM시스템 패키지가 지원하는 기능 위주의 전략이 수립되는 경우가 많다.

(2) 데이터베이스 기반의 e-CRM

데이터베이스 기반의 e-CRM은 기술적 기반을 강조하는 접근법으로 데이터베이스가 반드시 필요하다는 입장에서 출발한다. 이러한 주장은 데이터웨어하우스의 등장과 함께 그 강도가 높아졌다. 데이터웨어하우스란 분석용 데이터를 모아놓은 정보 창고를 의미한다. 이는 기존의 데이터베이스를 효과적으로 현장업무요구에 분석적으로 대응시키기 위해 등장한 개념이다.

e-CRM은 고객에 대한 정보를 바탕으로 하는 것이므로 데이터베이스는 당연한 필수 조건이다. 즉, 데이터베이스를 기반으로 업무요구에 적합한 다양한 분석이 필요하며 그 분석의 형태는 미리 예측하기 어렵기 때문에 분석의 필요성이 조금이라도 있는 정보는 포괄적으로 데이터베이스에 적재하여 미래의

정보 수요에 대응해야 한다고 주장한다. 물론 이런 막강한 데이터베이스를 갖추면 좋지만 구축의 비용과 노력의 경제적 문제도 고려할 필요가 있다. 또, 데이터웨어하우스는 분석의 기반이 되는 가치중립적 수단일 뿐, 그 자체로는 아무런 해답도 제공하지 않는다. 따라서 명확한 목적과 분석 기술 없이 데이터웨어하우스를 구축한다면 현실적으로 아무런 의미가 없게 된다.

(3) 분석기반의 e-CRM

분석기반의 e-CRM은 데이터마이닝이라는 데이터분석을 통하여 무엇인가 숨겨진 비밀을 발견할 수 있다는 것이다. 데이터마이닝이란 쌓여 있는 데이터 속에서 유용한 정보를 꺼내는 것이다. 이때 효과적으로 정보를 분석하기 위해 통계적인 기법이나 신경망(Neural Network)기법이 활용된다.

데이터 분석의 유용성을 주장하는 사례 중 대표적인 것은 "기저귀와 맥주의 관계"이다. 수퍼마켓의 데이터 분석을 통해 기저귀를 산 사람이 맥주도 사는 확률이 높게 나왔다는 것을 발견한 사례가 대표적이다. 맥주는 대부분 남자가, 기저귀는 당연히 여자가 사는 것으로 알고 있었던 사람들은 이러한 분석이 나오자 큰 놀라움을 보였으며, 이 사례는 데이터마이닝의 전설이 되었다. 그러나 기저귀-맥주 상관관계의 발견은 단지 오후 5시부터 7시까지 발생할 뿐 나머지 시간대에는 거의 발견되지 않기 때문에 실제 마케팅에서는 섣부른 진열대 재배치로 점포 내의 질서를 어지럽게 하거나, 고객들을 혼란스럽게 만들 우려도 있다.

이처럼 분석 중심의 e-CRM은 실제 활용 가능한 의미 있는 사실을 발견하기가 쉽지 않다는 한계를 지닌다. 또 데이터 분석 소프트웨어들은 겉으로 보기에는 이용하기 쉽게 보이지만, 그 이면에서는 여러 종류의 가정과 복잡한 관계를 거치게 된다. 따라서 통계학 등 관련 지식이 없는 사람이 함부로 사용한다면, 효과보다 부작용이 더 클 수도 있다.

제4절 e-CRM의 영역

그동안 고객관계관리를 보다 잘 이해하기 위한 통일된 학문적인 구분법은 존재하지 않았기 때문에 본 절에서는 e-CRM을 업무프로세스의 관점에서 크게 e-CRM 전략, e-CRM 영업, e-CRM 서비스의 세 가지 측면의 영역으로 나누어 그 개념을 알아보도록 한다.

4.1 e-CRM 전략

e-CRM 전략은 기업이 확보하고 있는 고객들에 대한 기본 정보에 인터넷을 통해 파악할 수 있는 추가적인 정보(고객의 구매행동 등)에 대한 정보를 통합하여 이에 대한 체계적인 분석을 통해 전략을 수립하는 활동이다. CRM과 마찬가지로 e-CRM도 그 첫 출발은 이러한 고객정보를 분석하는 것으로 출발하였다. 인터넷이 가지는 특성 때문에 기업들은 이러한 고객 분석을 보다 쉽고 빠른 시간에 수행할 수 있게 되었으며, 분석 결과를 기반으로 고객 세분화, 맞춤상품 및 서비스설계, 온라인 캠페인 기획 등의 전략적 업무를 수행할 수 있다.

e-CRM 전략를 수행하기 위한 인프라로 가장 중요한 것은 통합 고객 데이터베이스이다. 여기에는 고객의 기본 정보뿐 아니라 분석을 위해 필요한 추가적인 정보들이 통합적으로 저장되어 관리되어야 하며, 가장 중요한 것은 데이터의 정확성과 시의적절성을 유지하는 것이다. 이러한 통합 데이터베이스를 기반으로 고급수준의 분석을 수행하기 위해 추가적으로 데이터마이닝이나 OLAP(On-Line Analytical Processing) 시스템을 구축할 수 있는 분석 툴이 필요하다. 앞에서 살펴본 바와 같이 e-CRM 전략은 e-CRM 실행의 중심에 위치하며, 경쟁사와의 차별적인 성과를 유발할 수 있는 가장 핵심적인 분야라고 할 수 있다.

4.2 e-CRM 영업

e-CRM 영업은 인터넷을 통하여 제품이나 서비스를 판매하는 것이다. 여기에는 e-비즈니스 하에서 인터넷을 통해 직접 상거래를 수행하는 활동뿐 아니라 전체 판매 프로세스의 일부를 지원하는 내용을 포함한다. 예를 들어 제품 정보의 제공이나 각종 문의 사항은 인터넷을 통해 수행하고, 실제의 판매활동은 콜 센터나 다른 오프라인 채널에서 발생한다 하더라도, 인터넷이 전체 세일즈 프로세스의 한 중요한 부분을 담당하고 있다면 e-CRM 영업의 영역에 포함되는 것이다.

e-비즈니스를 통한 전자상거래 기업은 물론이고, 기존의 오프라인 기업도 이제는 인터넷을 통하여 세일즈 프로세스의 일부를 지원하거나, 아예 결제 및 지불 프로세스도 포함하여 오프라인 상거래와 온라인 상거래를 동시에 수행하고 있다. 따라서 효율적인 e-CRM 영업을 수행하기 위해서는 결제 및 지불시스템을 포함하여, 세일즈 프로세스 상에서 백 오피스의 다른 시스템과의 연동이 중요하며 다른 채널(콜 센터, 인적판매, 오프라인 매장 등)에서 수행하는 판매활동과 제품, 가격, 프로모션 등의 일관성은 물론 시스템적인 연계 및 통합이 중요하다.

4.3 e-CRM 서비스

e-CRM 서비스는 고객서비스를 인터넷을 이용하여 수행하는 것이다. 가장 간단한 형태로는 잘 구성한 웹 사이트를 통해, 제품 및 서비스 정보를 체계적으로 전달하는 것이고, 그 밖의 고객 문의 사항을 FAQ의 형태로 잘 정리하여 고객이 스스로 해결하거나 고객의 이메일 문의를 유도하여 그에 대한 응답을 빠른 시간에 성실히 수행하는 것을 포함한다.

특히 고객의 불만 접수 및 처리에 있어서는 이메일을 이용한 응대가 가장 효율적이며, 효과적이다. 또한 어떤 경우에는 기업의 내부 시스템과 웹 사이트를 연결하여 고객이 원하는 정보를 스스로 조회할 수 있게 하는 경우도 많이 있는데, 전자상거래 사이트의 '배송조회' 기능이나, 통신사 홈페이지에 있는 '사이버 고객센터' 메뉴를 통하여 요금이나 사용시간 등을 조회할 수 있게 하는 것 등이 이에 해당한다.

하지만 기존에 대면접촉이나 전화를 통해 주로 수행하던 고객서비스를 인터넷으로 수행하는 것은 어렵고도 한계가 있다. 그러나 인터넷상의 고객들은 정보탐색 능력을 가지고 있고, 빠른 시간 내의 문제해결을 원하는 특성이 있다. 기업의 입장에서는 이 같은 점을 이용하여 잘 구성된 웹 사이트나 체계적인 이메일 처리 프로세스를 가지고 고객 서비스의 많은 부분을 감당할 수 있으며, 이에 따라 고객만족과 비용절감을 동시에 달성할 수 있을 뿐만 아니라 e-CRM 서비스의 질을 더욱 높일 수 있을 것이다.

제5절 e-CRM을 위한 분석방법

새로운 고객을 유치하고자 할 때 기존 고객을 이탈시키지 않고 유지하기를 원할 때, 그리고 기존의 고객을 보다 활성화시켜서 더 많은 매출을 올리고자 할 때, 다시 말해서 e-CRM을 활용하고자 할 때, 기업이 사용할 수 있는 대표적인 분석방법에는 마케팅 모델링, 데이터마이닝, OLAP 등이 있다.

5.1 마케팅 모델링

마케팅 모델링은 1970년대부터 마케팅학자들에 의해서 마케팅현상을 수리적으로 분석하고 예측하기 위해서 연구되어진 분야인데, 1980년대 후반부터는 실무적으로도 많이 활용되고 있다.

마케팅모델의 대표적인 것으로는 신제품의 수요를 예측하는 확산모형(diffusion model), 소비자들이 구매할 상표를 예측해주는 선택모형(choice model), 광고의 효과를 예측하는 광고효과모형(advertising response model) 등이 있다. 마케팅 모델링을 보다 효과적으로 개발·활용하기 위해서는 수리경제학이나 통계학적인 지식을 필요로 한다.

일반적으로 마케팅모델링의 경우에는 요구되는 자료의 양은 적지만 충실하게 채워져 있어야 하며, 분석의 결과가 나오는 데까지 시간이 오래 걸리지만 분석결과가 비교적 정확한 편이다. 따라서 인터넷 마케팅에 적용할 때에는 실시간의 분석보다는 한 달 정도 자료를 모아서 분석을 한 후에 그 결과를 다음 분석할 때까지 계속 사용하게 된다.

5.2 데이터마이닝

데이터마이닝(data mining)이란 지식발견, 정보발견, 정보수확 등으로 알려진 자동화되고 지능을 갖춘 데이터 분석기법이다. 데이터마이닝은 자료라는 뜻의 data와 광산에서 채굴을 의미하는 mining이 합쳐진 단어이다. 즉, 무수히 많은 자료들 중에서 정보를 캐내는 것을 의미한다. 특히 인터넷 웹상의 데이터를 마이닝하는 웹마이닝, 웹로그분석 등의 방법은 e-비즈니스에서 대표적인 방법들로 거론되고 있다.

이처럼 데이터마이닝(data mining)의 정의는 자동화 혹은 반자동화 수단을 이용하여 방대한 양의 데이터들로부터 의미 있는 패턴이나 규칙을 찾아내기 위한 탐색과 분석과정을 의미한다. 따라서 데이터마이닝(data mining)은 특정한 하나의 분석기법을 의미하는 것이 아니라 많은 자료에서 쉽게 정보를 찾아주는 기법들을 통칭하는 말이다.

데이터마이닝(data mining)의 가장 큰 특징은 기존의 통계분석에서 중요하게 여기는 이론이나 통계적 유의도와 같은 것에 얽매이지 않고 상식적인 근거에 의해서 자료를 분석하여 실무자가 필요로 하는 것을 제공하는 데 있다. 자료 분석에 있어서 데이터마이닝(data mining)의 역할은 크게 세 가지로 나누어 볼 수 있다.

첫째는 데이터베이스에 있는 고객이나 제품들을 비슷한 것끼리 묶어주는 군집화(clustering)이다. 즉 시장세분화나 제품세분화분석이라고 할 수 있다. 이러한 분석은 데이터마이닝(data mining)의 가장 대표적인 역할이라고 할 수 있다.

두 번째는 데이터에서 유사한 성향을 가진 것들을 찾아내어서 어떤 규칙을 이끌어내는 연관규칙(association rule)을 찾는 것이다. 예를 들면, 고객의 구매자료를 분석해서 매번 식품매장을 방문하는 고객은 일정하게 특정제품을 구매한다는 규칙을 발견할 수 있다. 이러한 결과는 추후에 고객이 어떤 구매행동을 하는지에 대해서 알 수 있으므로, 매출액을 예상하는데 도움을 준다.

세 번째는 이미 집단화가 되어 있는 고객이나 제품들의 차별적인 특성을 파악하고 새로운 고객이 데이터베이스에 들어오면, 그들의 특성을 바탕으로 이미 나누어져 있는 집단에 할당하는 역할이다. 예를 들어, 우수고객과 불량고객 집단이 구분되었으면, 우수고객과 불량고객을 가장 잘 구분해주는 기준을 찾아내고 이 기준에 맞추어 새로운 고객에 대해서 앞으로 우수고객이 될지 불량고객이 될지를 예측하는 것을 말한다.

이러한 데이터마이닝(data mining)의 대표적인 기법으로는 동시발생분석, K-평균군집분석, 의사결정나무분석, 신경망 분석 등이 있다. 특히 데이터마이닝(data mining)의 경우 CRM을 위해서 요구되는 자료의 양은 매우 많지만 그 자료가 해당되는 변수 모두가 충실하게 채워져 있지 않아도 분석할 수 있다는 장점을 지니고 있다. 하지만 분석에 요구되는 시간은 마케팅모델링보다는 짧지만 OLAP보다는 오래 걸리고, 완전 자동화된 분석을 하기는 어렵고, 분석결과도 마케팅모델보다는 정교성이 떨어지는 편이다.

한편 데이터마이닝의 응용 가능성에 대해서 살펴보면 크게 네 가지 측면에서 살펴볼 수 있다.

첫 번째는 공동체지식의 구축이 가능하다. 여기에서 공동체지식이란 것은 데이터를 일반화함으로써 얻어진 정보를 의미하는데, 예를 들어 음악 전문사이트에서 자사 회원들에게 음악에 관한 등급을 매기도록 한 후 각 회원들이 선호집단과 비선호집단으로 군집화하여, 이 데이터에 근거하여 신규 멤버가 새로이 등록될 때마다 선호집단과 비선호집단으로 자동적으로 분류되게 만들 수 있다. 따라서 이렇게 분류할 수 있게 함으로써 유사한 소비자집단의 행위를 예측할 수 있기 때문에 데이터를 일반화하여 공동체지식의 구축이 가능하게 된다.

두 번째는 교차판매를 가능하게 한다. 교차판매(cross-selling)란 기업이 어떤 한 제품에 관심을 보이는 고객을 대상으로 지속적인 마케팅 기법을 구사하는 과정에서 집적된 데이터 웨어하우스를 탐색하여 다른 제품에도 관심을 가질 만한 고객을 예측하여 판매하는 방식을 말한다. 즉, 데이터마이닝은 특정 제품이나 서비스의 어떤 속성이 고객의 교차판매에 영향을 줄 수 있는지 그리고 고객의 충성도를 어떻게 높였는지에 대한 원인을 분석할 수 있기 때문에 장기적인 관점에서 고객유지에 기여한다고 볼 수 있다.

세 번째는 고객의 유지 및 이탈을 방지한다. 산업분야를 불문하고 소비자들은 거의 아무런 비용을 들이지 않고도 언제든지 경쟁사 제품을 대체 구입할 수 있거나 또한 경쟁사들도 그러한 소비자들을 끌어들이려는 경쟁이 치열해지고 있다. 이와 같은 상황에서 데이터마이닝은 고객의 유지와 이탈을 방지하기 위해 고객이 원하는 것이 무엇인지를 밝혀내어 문제를 사전에 해결함으로써 고객의 유지와 이탈을 방지할 수 있으며, 불필요한 광고나 판촉비용 등도 절감할 수 있다.

네 번째는 표적마케팅이 가능하다. 표적마케팅이란 시장을 세분화하여 각 세분시장별로 가장 적절한 제품이나 서비스를 제공하거나 어느 한 표적집단에 차별화된 제품을 제공하는 것을 말한다. 데이터마이닝은 고객의 축적된 정보 등을 이용하여 표적집단에 대해 차별화된 제품 혹은 서비스를 사전에 제공함으로써 고객과의 지속적인 관계를 유지함과 동시에 새로운 신규고객을 개발할 수 있다.

5.3 OLAP(On-Line Analytical Processing)

OLAP(On-Line Analytical Processing)은 1993년에 데이터베이스 모델링의 전문가인 코드가 처음 사용한 것으로 사용자가 정형화된 보고서를 단순히 받는 것이 아니라 최종사용자가 다차원 정보에 접근하여 대화식으로 정보를 분석하고 의사결정에 활용하는 과정으로 정의할 수 있다.

OLAP(On-Line Analytical Processing)은 처음부터 데이터마이닝과 같이 자료를 분석해서 보다 축약된 정보를 생성하려는 의도에서 출발한 것이 아니라 데이터베이스에 있는 정보를 찾아보는 데 있어서 보다 편리하게, 또 여러 가지 자료를 혼합해서 특정 조건에 맞는 자료만을 선별해서 보기 위한 의도에서 출발하였다. 넓게 보면 동일한 의도라고 볼 수 있지만 실제 구현되는 것을 보면 OLAP(On-Line Analytical Processing)은 있는 자료를 그대로 보여주는 것이고, 데이터마이닝은 가공된 자료의 상태를 보여준다. 그리고 OLAP(On-Line Analytical Processing)을 통한 자료 그 자체가 정보가 되기도 하지만 다시 통계적 분석이나 데이터마이닝을 통해서 정보를 추출하는데 활용되기도 한다.

OLAP(On-Line Analytical Processing)에 대한 정의를 토대로 OLAP(On-Line Analytical Processing)의 주요특성을 살펴보면, 첫째, OLAP(On-Line Analytical Processing)에서 활용되는 정보의 형태는 2차원 이상의 다차원적인 정보를 제공한다. 둘째, 사용자는 OLAP(On-Line Analytical Processing)을 통해서 대화식으로 원하는 정보를 얻을 수 있다. 예를 들면, 올해 매출액 목표의 달성여부를 알기 위해 매출목표와 실제매출액 자료를 OLAP(On-Line Analytical Processing)을 통해서 요구하면, OLAP(On-Line Analytical Processing)은 올해 매출목표와 실제매출 혹은 사업부별 매출목표와 실제매출을 요구해서 계속적으로 확인할 수 있다.

한편, OLAP(On-Line Analytical Processing)의 경우 분석에 필요한 자료의 양은 마케팅모델링과 데이터마이닝의 중간 정도라고 할 수 있다. OLAP(On-Line Analytical Processing)의 가장 큰 장점은 분석시간이 거의 걸리지 않아서 실시간으로 분석을 하고 그 결과를 즉각적으로 응용할 수 있다는 장점이 있으며, 분석결과라는 것이 자료 그 자체이기 때문에 정교성 등은 자료가 얼마만큼 충실하게 채워져 있는지에 따라서 결정된다.

제6절 e-CRM의 성공요인

e-CRM이 성공하기 위한 요인은 크게 세 가지 측면에서 살펴볼 수 있다.

첫째는 고객의 관점에서 출발이다. 먼저 기업의 업종과 특성에 맞는 e-CRM을 도입하기 위해서 해당 기업은 고객이 어떤 특성을 가지고 있는가를 파악하는 것이 가장 중요하다. 이는 고객과의 관계를 통해 구축한 고객데이터를 기반으로 각종 전략을 고객의 관점에서 설계해 나아가며 새로운 고객을 찾아내는 것뿐만 아니라 기존고객을 유지하고 그 고객의 생애가치를 극대화해 나가야 하기 때문이다. 특히 고객과 직접 대면하지 않는다고 생각해오던 제조업체들도 개발과 생산단계에서 고객을 참여시켜 제품의 디자인과 제품기획에 고객의 의사를 반영하도록 하여 고객과의 관계를 강화시키고 있는 추세이다. 따라서 고객이 지속적으로 기업과 관계를 맺기 위해서 기업의 입장에서는 일대일 맞춤화나 온오프라인 상의 커뮤니티를 활성화시킴으로써 제품기획 및 생산에 고객의 욕구를 미리 반영할 수 있을 것이고 지속적인 관계를 강화시킬 수 있는 좋은 밑거름이 될 수 있을 것이다.

둘째는 전사적 차원에서의 접근이다. e-CRM은 전사적 차원에서의 접근이 필요하다. 즉 기업은 전사적인 관점에서 전략을 수립하고, 특히 마케팅부서에서는 구체적인 과제를 제시할 수 있어야 하며, 정보기술 부서에서는 이를 실제로 구현할 전략과 비용 상의 효과를 고려해야 한다. 또한 기타 업무영역들과의 유기적인 통합을 통해 e-CRM을 통한 성과의 극대화를 이룰 수 있어야 한다. 만일 e-CRM에 대한 정확한 이해나 전사적인 접근이 이루어지지 않을 경우에는 단기간 내에 중단될 가능성이 매우 높기 때문에, 반드시 다른 업무영역과의 업무프로세스의 통합과 내부고객의 적극적인 호응과 참여 그리고 최고경영자의 관심과 지원이 뒷받침되어야 할 것이다.

셋째는 온-오프라인의 유기적 통합이다. 이는 온라인에서 축적된 고객데이터를 오프라인의 거래데이터와 연계하여 통합함으로써 고객에게 최신의 데이터를 온라인과 오프라인 간에 상호 전달할 수 있도록 하여 e-CRM을 통한 기업의 성과를 극대화할 수 있어야 한다.

요 약

(1) CRM의 개념의 발전과정은 1970년대의 단순 영업에서, 1980년대 고객만족, 1990년대 데이터베이스 마케팅, 1990년대 후반 고객관계관리, 그리고 2000년 이후부터 e-CRM으로 변화하여 왔다.

(2) e-CRM은 기업의 입장에서 가장 중요하고 효율적인 채널을 보다 적극적으로 활용할 수 있다.

(3) e-CRM은 전략기반의 e-CRM, 데이터베이스 기반의 e-CRM, 그리고 분석기반의 e-CRM의 세 가지로 구분할 수 있다.

(4) e-CRM은 업무프로세스 관점에서 e-CRM 전략, e-CRM 영업, e-CRM 서비스의 세 가지 영역으로 구분할 수 있다.

(5) e-CRM의 분석방법에는 마케팅 모델링, 데이터마이닝, OLAP 등이 있다.

(6) e-CRM이 성공하기 위한 세 가지 요인은 고객의 관점에서 출발, 전사적 차원에서의 접근, 온-오프라인의 유기적 통합이다.

연습문제

(1) CRM 개념의 발전과정에 대해서 설명하시오.

(2) e-CRM의 중요성에 대해서 설명하시오.

(3) e-CRM의 개념에 대해서 설명하시오

(4) e-CRM의 종류에는 어떠한 것이 있는지 설명하시오.

(5) e-CRM의 업무프로세스 세 가지 영역에 대해서 설명하시오.

(6) e-CRM의 분석방법에는 어떠한 것이 있는지 설명하시오.

(7) e-CRM의 성공요인에 대해서 설명하시오.

사례 기업들 빅데이터 활용한 CRM에 주목

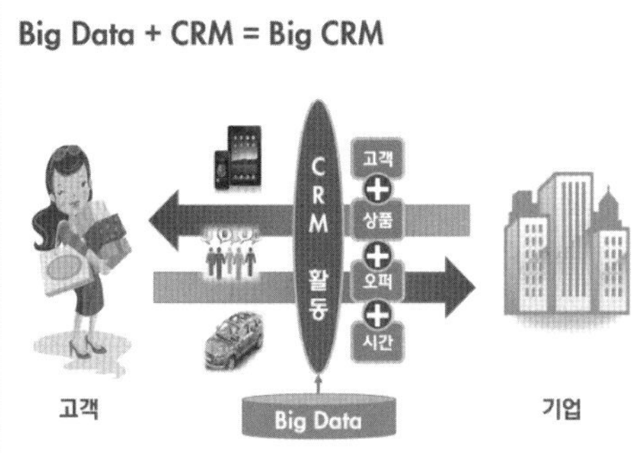

◇ 기업들이 빅데이터를 기반으로 CRM 활동을 강화해 나가고 있다.[사진=한국테라데이타]

전통적인 마케팅 기법인 CRM(고객관계관리)이 빅데이터를 등에 업고 점차 똑똑해지고 있다. 빅데이터를 CRM에 활용할 경우, 정확한 타깃 고객에 맞는 상품을 정확한 타이밍, 고객이 받아들일 수 있는 조건을 제시하는 것이 가능해진다. 한국테라데이타 구태훈 이사는 "빅데이터를 통해 기업들이 고객과 가까워지고 있으며 특히 모바일, 인터넷쇼핑, 제조업체의 텔레매틱스 같은 수단들이 기업과 고객의 거리를 좁혀 나가는 데 도움을 주고 있다"고 말했다. 빅데이터를 활용한 CRM, 이른바 '빅CRM'에 가장 큰 관심을 보이고 있는 업종은 유통업과 금융업이다. 특히 이들이 관심을 가지는 분야는 지능형 상품추천 기능이다. 구태훈 이사는 "상품 추천을 하려면 정확한 분석과 고객으로 연결되는 과정이 필요한데 고객 중심의 세부적인 마케팅 활동의 효과는 지금까지 했던 다발성 CRM 활동보다 최소 5배에서 최대 10배까지 효과가 향상된 것으로 나타났다"고 말했다. 자동차 업계를 비롯, KT와 삼성전자 등 제조업종, 통신업종에서도 최근 빅데이터를 활용한 CRM 프로젝트를 진행하고 있다. 국내외 자동차업계에서 진행중인 CRM 프로젝트는 자동차 판매 후 사후관리에 활용되고 있다. 개별 차량 및 고객별로 맞춤형 분석을 진행하게 되면 수리에 사용된 부품의 연관 관계가 발견되고 이를 유사한 차량이나 고객, 유사한 운행정보를 기반으로 분석해 상황별로 필요한 부품을 구비할 수 있게 된다. 예를 들어 외부 조명이 고장난 고객의 경우 브레이크 시스템, 좌석, 인포테인먼트 시스템이 함께 고장난 경우가 많았다는 사실을 빅데이터 분석을 통해 파악할 수 있다. 미국 통신기업인 AT&T는 빅데이터 분석을 통해 마케팅을 통한 고객의 전환율을 5% 높이고 보조금 지급 사기 비용도 감소하는 효과를 거뒀다. 다채널 마케팅 효과가 극대화되면서 월 신규가입자는 2만 명 가까이 늘어났다.

IT벤더들, CRM 애플리케이션 투자 나서

IT벤더들도 앞다퉈 CRM과 빅데이터를 연계시킨 제품 개발과 투자에 나섰다. 데이터웨어하우징(DW) 업체인 테라데이타는 2010년 마케팅 관리 소프트웨어 업체 아프리모(Aprimo)를 인수한 데 이어 지난 2012년에는 다시 클라우드 기반 디지털 마케팅 기업인 e서클을 인수했다. 테라데이타는 기존 통합 데이터웨어하우스에 아프리모의 마케팅 전략과 예산, 비용을 조율하고 다채널 캠페인을 진행할 수 있는 통합 마케팅 관리 소프트웨어, 빅데이터 분석 플랫폼인 '테라데이타 애스터' 등을 결합해 기업들의 마케팅 활동을 지원한다는 계획이다. 국내에서도 지난 2월 통신서비스 제공업체를 대상으로 '테라데이타 CSP 차세대 분석 프레임워크'를 출시하는 등 업종별 특화에 나섰다. 네트워크망에 장애가 발생할 경우 시스템 상에서 이를 감지해 아프리모의 마케팅 툴로 장애 지역 근방에 있는 고객들에게 관련 안내를 할 수 있다. 또 캠페인 설계시 특정 고객군을 저장해서 추출하는 것이 가능하고 고객군별로 차별화해 단계별 마케팅 캠페인을 진행할 수 있다. 시장조사기관인 가트너는 지난 9월 발표한 보고서를 통해 IBM 글로벌비즈니스서비스(GBS)와 액센츄어를 CRM 서비스 공급자 중에서 가장 많은 매출을 거두고 있는 벤더로 꼽았다. 가트너에 따르면, 액센츄어는 CRM 서비스 부문에서 2012년 연간 매출의 7%에 달하는 약 20~22억 달러를 벌어들였으며 IBM GBS 역시 GBS 매출의 11%에 달하는 20~22억 달러의 성과를 거뒀다. 그동안 IBM은 SPSS, 유니카(Unica), 코어메트릭스(Coremetrics), 티리프(Tealeaf), 엑스티파이(Xtify) 등 CRM 관련 소프트웨어 기업을 다수 인수해, 이를 IBM의 CRM 분석 능력과 CRM 마케팅 서비스의 일부로 통합했다. IBM이 이들 기업 인수에 투자한 금액만 30억 달러를 넘어섰다. 액센츄어 또한 CRM 서비스 부문에만 세계 1만6천 명의 정규직 직원을 채용하는 등 컨설팅 서비스를 제공하는 기업의 특성을 살려 CRM 부문의 새로운 수요 패턴을 파악해 나가고 있다. 액센츄어는 이를 위해 대규모 시장 조사 또한 실시하고 있다.

기업들이 CRM을 통해 매출 증대와 고객 만족도 향상 등을 꾀하면서 CRM 또한 대규모로 메세지를 전달하는 형태가 아니라 고객과 관련된 정보를 기업 경영 전략에 반영할 수 있는 시스템을 구축하는 쪽으로 발전되고 있다. 가트너는 "2013년 CRM 서비스 시장의 전체 규모는 340억 달러(한화 약 35조원)에 이를 것"이라며 "2015년까지 기업용 CRM 애플리케이션 서비스 시장은 연평균 7%의 성장률을 나타내는 등 다른 애플리케이션 서비스에 비해 훨씬 더 빠른 속도로 성장할 것"이라고 전망했다.

(아이뉴스24, http://news.inews24.com, 2013년 12월 11일)

토의

1. 빅데이터와 CRM을 비교 설명해 보시오.

2. CRM에서 빅데이터의 활용가치가 높이 평가되는 이유를 설명해 보시오.

07

e-SCM

전통적인 기업환경에서는 대체로 고객보다는 공급자가 시장에서 주도권을 행사하였다. 규모의 경제원리 하에서 제조업의 경우 대량생산체제로 표준화된 제품을 생산한 후 전통적인 마케팅기법을 사용하여 고객에게 제시하고, 물류회사는 생산된 제품을 물류채널을 통해 저렴하고 신속하게 고객에게 전달하는 것이 임무였다.

그러나 현재 기업은 국가와 대륙을 초월한 세계무대에서 치열한 경쟁을 전개하고 있다. 또한 고객의 요구는 사회의 발전과 함께 점점 개성화 다양화되어가고 있으며, 글로벌 시장은 다양한 가치관, 문화, 전통을 바탕으로 지역적인 개성을 추구한다. 즉 고객들은 그들이 원하는 제품과 서비스를 스스로 결정하고 자신에게 알맞은 제품과 서비스를 기업으로부터 제공받기를 원하는 욕구가 증대하여 시장주도권이 기업에서 고객으로 이동하게 되었다. 따라서 고객에게 일방적으로 제품을 전달하는 푸시(push)방식이 고객의 욕구에 의해 제품이 생산되는 풀(pull)방식으로 전환된 것이다.

한편 정보기술의 발전으로 전 세계는 그물처럼 엮어진 인터넷망을 활용하여 시공의 제약을 없애게 되었고, 날렵하고 민첩한 조직의 유연성은 스피드 경영을 창출했으며, 기업의 가치사슬 측면의 유입물류(inbound logistics) 및 유출물류(outbound logistics)는 수요발생원과 공급원의 연결을 통한 경영효율화를 도모하고 있다. 따라서 본 장에서는 고객만족을 도모하고 경영효율화를 도모하는 중요한 경영혁신 기법인 공급사슬관리(SCM: Supply Chain Management)의 개념에 대해서 이해하고, 인터넷 및 디지털 기술을 이용하는 전자상거래 시대에 성공적인 e-SCM에 대해 살펴보고자 한다.

제1절 SCM의 개념

공급사슬관리(SCM: Supply Chain Management)란 제품의 생산단계에서부터 소비자에게 최종 판매될 때까지의 모든 과정을 연결시켜 관리하는 것을 말한다.

원재료를 납품받아 제조활동을 통한 제품을 도소매업체에 넘겨주는 일련의 과정인 공급사슬에서 전통적으로는 제조업체와 도매상과 소비자들이 특

그림 7-1 | 수요정보의 전달 왜곡현상

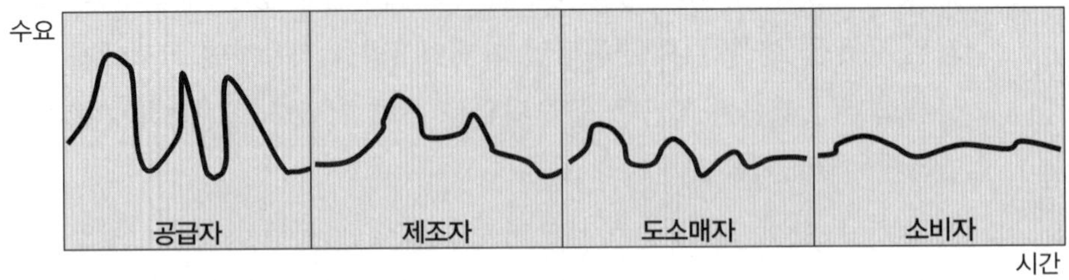

별한 연관성을 갖지 않는 경우가 대부분이었다. 예를 들어 제조업, 도매상, 소매상의 프로세스로 제품이 흐를 경우는 제조업체에서 소매상의 영업상태를 알 수가 없다. 이는 실제 생산에서 소비자의 정확한 수요를 알지 못하고 생산계획을 세우게 됨으로써 재고비용의 증가 혹은 수요에 부응하지 못하는 이유로 매출감소를 가져오게 되어 손실을 발생시키게 될 것이다. 가장 보편적인 예는 채찍효과(Bull Whip Effect)로 소비자의 수요에 기반한 소매상의 수요치와 중도매상의 수요를 거친 최종 생산지의 수요치가 다르다는 것인데, 이는 채찍을 휘두를 때 끝부분의 진폭이 커지는 모양을 의미한다. 즉 고객의 주문에서 소매점 주문, 도매점의 주문이 제조업체의 생산계획과 일치하지 못한다는 것으로 정보의 왜곡현상을 공급사슬의 비효율성을 설명하는 가장 기본적인 사례로 제시하는 것이 일반적이다.

그렇다면 생산자가 최종 소비자의 수요를 정확히 알아서 정확한 공급을 할 수 있다면, 관리적 측면에서의 재고비용은 줄어들게 될 것이고, 결국 상품의 가격에 영향을 주게 되어 가격하락을 유도하여 경쟁력을 키울 수 있을 것 이라는 추측이 가능하다. 이 경우 생산자는 정확한 생산계획에 의해 시설투자 및 재고 정책이 가능하며 도 · 소매상의 경우도 정확한 재고 유지 및 소비자의 수요에 정확한 공급이 가능하게 되어 소비자의 신뢰도와 만족도 증가를 가져온다.

이와 같이 공급사슬상의 이해관계자들의 종합적인 이익을 위한 관리가 필요하다는 개념이 공급사슬관리(SCM)이며 최근 인터넷의 발달로 그 중요성이 더욱 커지고 있다. 즉, 공급자에서 고객까지 공급사슬 전반에 걸쳐 물자 및 현금, 정보 등의 연계를 원활하게 통합관리하여 경영상의 효율화를 꾀하는 기법이 SCM이다.

1.1 SCM의 정의

SCM은 제품과 서비스의 설계, 판매, 예측, 구매 및 재고관리, 제조, 생산, 주문, 물류 및 고객만족에 이르기까지 통합된 전 과정에 대한 최적화를 의미하는 전략적인 경영혁신 기법이다. 지금까지의 경영혁신 기법은 주로 기업 내의 전략, 구조, 기능 등의 개선 및 혁신에 중점을 두었다. 그 결과 정보시스템 및 기업 내의 한정된 시스템 구축에 관심을 가진 반면, 공급사슬관리는 기업 내뿐만 아니라 기업간 부문까지를 관심 영역으로 두고 있다. 즉, 공급자에서 고객까지를 통합한 전략적 개념이라 하겠다. 이렇게 하여 생산성의 향상은 물론 원가절감, 조달기간의 단축 등 현금흐름의 활성화를 통한 경영혁신의 도구가 되었다.

SCM의 정의는 다양하여 자재조달에서부터 소비에 이르기까지 상품과 관련된 정보를 유기적으로 관리하여 고객관계를 강화하고 경제적인 가치를 높이는 활동 또는, 원자재의 조달 및 생산에 의해 고객에게 제품과 서비스를 제공하기 위한 공정지향적이고 통합적인 접근방법이라고 정의하고 있다.

또 다른 정의로는 고객의 수주로부터 대금지불에 이르기까지 설비, 부품, 완제품을 포함하여 물류를 취급하는 전 프로세스에 걸쳐 공급, 제조, 판매, 분배기능과 고객과 관련 있는 활동 모두를 의미하는 것으로 정의하고 있다. 과거에는 SCM을 정보기술적인 차원에서 접근하는 경향이 강하였다면 최근에는 정보기술과 경영철학의 조화를 이루려는 경영전략차원에서 정의를 내리고 있다.

또한, 생산관리부문에서는 SCM이 MRP(Material Requirements Planning)에서 시작하여 ERP(Enterprise Resource Planning) 그리고 SCM으로 발전하였다고 주장하고 있다. 정보기술관점에서는 1980년대 경영정보시스템에서 1980년 후반 전문가시스템, 기업정보시스템, 전략정보시스템으로 발전되어 왔으며, 정보기술의 발전에 따라서 새로운 정보시스템, 즉 SCM이 필요하게 되었다고 주장하고 있다.

또한 기술적인 측면에서는 1970년의 EDI에서 1980년대의 CALS, 그리고 1990년대 이후에는 전자상거래(EC)의 핵심추진전략으로 SCM이 등장하게 되었다는 주장이 있는데 어쨌든 최근 기업의 경쟁력은 SCM혁신에 있는 것은 사실이다.

1.2 SCM의 필요성

공급사슬관리의 발단은 제조업체의 기업 내의 생산성 향상, 리드타임 단축, 원가절감, 품질제고를 위한 합리화 및 리엔지니어링, 기업통합 및 정보화, 자동화 및 컴퓨터통합생산(CIM: Computer Integrated Manufacturing) 구축 등의 노력으로부터 출발한다.

그러나 최근에는 제조단계 이후의 가치사슬 또는 공급사슬관리를 더 중요하게 인식하게 되는 경향이 있다. 그 이유는 부가가치의 60~70%가 제조과정 외부의 공급사슬상에서 발생하기 때문이다. 미국의 경우 제조업의 물류비용은 업종에 따라 10~15%에 이른다. 일반적으로 고객의 주문에서 납품까지의 주문 사이클 타임 중에서 순수 제조 소요기간보다 공급사슬상에서 소요되는 시간이 훨씬 길다. 제조업체의 경우 공장자동화나 CIM구축을 위해 막대한 투자를 하고 있으나 고객만족 효과는 주문처리, 물류관리, 구매 및 조달 등에서 개선의 여지가 더욱 크며 적은 규모의 투자로도 개선이 가능하다. 또한, 부품 및 기자재 공급의 납기 및 품질의 불확실성과 수요 및 주문의 납기, 수량 등의 불확실성을 제조업체 내에서 수동적으로 흡수하여, 생산계획을 편성하고 재고를 관리하여 리드타임을 단축하거나 재고 및 재공품 재고를 감축하는 데에는 한계가 있다.

따라서, 최근 이러한 외부로부터의 변동을 감소시키고자 하는 적극적인 방안의 마련이 필요하게 되었다. 일반적으로 채찍(Bullwhip)효과로 알려져 있는 정보전달의 지연 및 왜곡 확대현상으로 공급사슬의 가장 마지막 단계인 소매단계의 고객으로부터의 주문 및 수요 행태의 변동에 관한 정보가 도매상, 지역 물류센터 등의 공급사슬을 거슬러 전달되는 과정에서 정보의 지연 및 왜곡이 누적되고, 그 결과 납기지연, 결품, 과잉 재고 등의 문제가 발생하게 된다.

특히, 시장 및 제품 정보가 확산되어 경쟁이 격화되고 가격할인 및 판촉활동 등의 공격적인 마케팅 전략이 구사됨에 따라 고객 및 물류업체들의 행태가 종래보다 더욱 다이내믹하여 불확실성 전파 및 정보왜곡 효과가 더 증폭되고 있다. 따라서, 공급사슬상의 정보공유 및 전달, 상호협력 및 조정이 중요한 과제로 부각되고 있는 것이다.

그리고 생산, 부품조달 및 구매, 보관 및 물류, 운송, 판매 등의 기업활동이 글로벌화됨에 따라 공급사슬상의 리드타임이 길어지고 불확실해졌다. 또한, 부품조달 비용, 인건비, 금융비용, 생산성, 운송 및 물류비용 등의 국가별 지역별 편차, 관세 및 환율과 수출입관련 법규의 국가별 차이, 지역별 제품사양의 차이 등을 감안해야 하는 등 물류 문제는 훨씬 복잡하게 되었다. 이에 따라 글로벌한 공급사슬 및 물류의 합리적인 계획 및 관리와 조정 통제가 중요하게 되었다. 어떤 주문을 언제 어디서 어떻게 얼마나 만들고 어떻게 물류, 운송하고 부품조달을 어떻게 할 것인가에 대한 계획 및 의사결정, 실행 및 추적의 문제가 부각되고 있다. 〈표 7-1〉은 글로벌 공급사슬의 특성을 보여준다.

과거와 달리, 제조환경은 표준화된 제품을 대량 생산하여 고객에게 밀어내던 방식에서 탈피하여 고객의 다양한 요구에 맞추어 제조, 납품해야 하는 대량고객화(Mass Customization)가 보편화되고 있다. 특히, 글로벌화에 따라 지

표 7-1 글로벌 공급사슬의 특징

글로벌 공급사슬의 특징	중요 차이점	관리이슈
지역적 시간적 장벽 존재	• 운송 및 협력 중요성 부각 • 주문납기 시간이 길어짐 • 대화의 어려움 • 지역 정보 및 대화기술 가치	• 언어 및 문화의 차이 • 환율, 관세, 보조금, 쿼터 등
다중 국가 시장 관리의 필요	• 복잡한 공급 네트워크 • 제품 디자인에 있어 지연 및 공통성 추구 • 복수 시장에서의 경쟁	• 상호 장벽의 존재 • 규제·취향·언어의 차이 • 환율, 정보정책, 거시정책의 영향
다중화된 운영설비	• 복잡한 공급 네트워크	• 전 세계에 걸친 탐색 • 여러 지역 간의 작업 공유 • 운영상의 어려움 극복
다양한 수요·공급조건의 존재	• 공동작업을 위한 정보기술 • 학습의 필요	• 다국적 지역 수요의 글로벌 공급 문제 • 공급생산 위치 선정 문제

역별 국가별로 서로 다른 제품사양, 즉 전압이나 문자 폰트 등과 같은 고려항목이 더욱 다양하게 되었다. 이러한 매스 커스터마이제이션 추세에 따라 로지스틱스의 대상 품목이 더욱 많아지고 재고 및 물류관리가 더욱 복잡해지며 주문관리, 생산계획, 정보관리 및 추적관리가 더욱 복잡해진 것이다. 동시에 리드타임이 길어지고 불확실해지며 재고가 증가하고 주문충족도가 악화되는 등 공급사슬의 효율이 급속히 저하되는 현상이 발생하게 되었다.

이에 따라 공급사슬관리의 중요성은 더욱 부각되고 있다. 일반적으로 오늘날은 기업간의 경쟁은 더욱 치열해지고, 코스트 및 납기의 개선을 통한 경쟁력 확보가 공통의 관심사이다. 특히, 고객지향, 고객만족, 시장요구에 대한 적응을 위해 공급사슬의 혁신 요구가 증대되고 있으며, 휴렛패커드(HP), 델(Dell) 컴퓨터, 월마트(Walmart) 등을 비롯하여, 미국의 경우 섬유산업, 식료품업계, 의료제품업계, 자동차업계 등에서의 최근의 공급사슬관리 성공 사례들이 공급사슬관리 기법의 확산을 촉진하고 있다.

그리고 ERP(Enterprise Resource Planning)를 통한 기업 내 프로세스의 정보화 및 통합화와 더불어 EDI(Electronic Data Interchange), Internet 및 웹, 그리고 전자상거래 등의 급속한 기술발전으로 공급사슬 간의 정보공유 및 전달과정을 혁신하고 공급사슬 간의 프로세스를 적극적으로 통합할 수 있게 됨에 따라 SCM에 대한 관련 개념 및 기법의 개발보급이 확산되고 있는 것이다.

공급사슬관리를 위해서는 공급사슬 관련 프로세스 및 제품설계를 혁신하는 공급사슬 리엔지니어링, 공급사슬상 업체 간의 전략적 제휴, 공급사슬관리를 위한 조직의 개선, 공급사슬 간의 정보 공유 및 프로세스의 통합, 공급사슬 네트워크의 전략적 설계, 공급사슬 계획 및 관리 시스템 구축 등의 방안이 있다. 이들 각 방안들은 대개 공급사슬상의 부서 및 업체 간의 정확한 정보를 신속하게 전달, 공유하고, 구매조달, 운송 및 보관, 물류 및 판매 등의 업무 프로세스를 네트워크 및 정보기술에 의해 통합하는 작업을 수반한다.

1.3 SCM의 진화단계

SCM의 발전을 LaLonde(1998)의 진화단계로 구분하면 제1단계는 SCM의 출현기인 1960년에서 1975년 사이로 완성품의 물적 물류에 초점을 맞춘 재고

그림 7-2 | 푸시 & 풀 방식의 생산-재고 관리

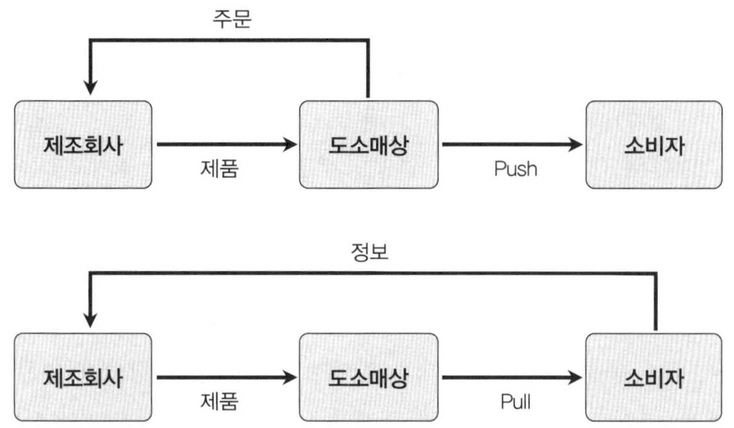

푸시(push)시대이다. 원자재와 공정중 자재를 별도로 취급하여 공정별 산출물이 완제품 쪽으로 단계별로 이동하는 것을 관리하여 산출물과 고객요구의 균형을 맞추는 것이 관리의 초점이었다. 주로 대량생산 체제하에서 재고의 부담을 덜어서 경영효율화를 도모하기 위한 방법으로 SCM이 활용되어야 한다고 주장하던 시대이다. 당시는 정확한 소비자의 수요예측은 직접적인 데이터의 수집이 어렵고 단지 공급사슬상의 각 업체, 즉 도소매업체를 통한 예측에 의한 생산에 주력하던 시대였기 때문에 재고의 관리가 경영에서 매우 중요한 비용절감의 요인이었다. 즉, 규모의 경제로부터 이익을 얻기 위해 원자재 확보와 물류의 개선에 노력하여 보다 낮은 가격의 제품 및 서비스를 제공하고, 재고를 줄이며, 운송원가를 절감하고 불필요한 정규직원의 감소가 이 단계에서 이루어졌다.

그 후 계속적인 정보기술의 발전으로 기업 정보화가 진행되어 기업의 경영정보시스템의 적극적인 활용단계인 1975년에서 1990년 사이는 기업 내의 업무통합의 중요성을 인식하는 단계이다. 통합관리를 위해 대용량의 컴퓨터가 등장하기 시작했고 기업 내의 정보시스템의 대상이 재무로부터 자재관리로 이동하기 시작했으며, 고객의 중요성이 인식되면서 생산, 재고 중심의 푸시(push)방식으로부터 고객중심의 풀(pull)방식으로 전환이 시작되었다. 정보기

표 7-2 SCM의 발전단계

구 분	1단계	2단계	3단계
태동개념	물류	로지스틱	SCM
관리대상	운송, 보관, 포장, 하역	생산, 물류, 판매	공급자, 제조사, 도소매상, 고객
관리범위	물류기능, 비용	개별 가치관리	통합관리
관리목적	물류부문 내의 효율화	기업 내의 유통 효율화	통합공급사슬의 효율화
적용주기	단기	단기, 중기	중기, 장기
대상시스템	유통부문 내의 시스템	기업 내 정보시스템	기업 간 정보시스템

술, 특히 통신기술의 발전으로 판매현장의 소비자 정보를 생산현장에서 확인할 수 있게 되고 공급사슬의 관련업체들 간의 네트워크가 형성되어 부분 최적화가 아닌 통합에 의한 전체최적화를 이루기 시작하였다.

SCM은 계속적인 진화를 통해 1990년대 이후에야 SCM의 개념이 정립되기 시작한 단계이다. 이 시기가 제3단계로 구매로부터 소비자에 이르기까지의 물자와 관련정보의 동기화된 관리를 통해 경제적 가치가 고객에게 전달되는 단계로 혁신적인 생산성 향상은 파트너십, 정보 및 자재의 통합관리로 가능하다고 인식하는 단계이다.

특히 인터넷을 기반한 웹 정보시스템의 도입으로 경영정보의 공유가 가능하고 공급사슬관계에 있는 업체들은 정보의 공유와 공개를 통한 자재조달에 의한 생산에서 마케팅에 의한 소비자들의 만족도까지 시스템의 내부에 축적이 되기 시작하여, 이런 정보에 의해 시스템 전체의 총괄적인 최적화를 통한 경영체제가 구축되기 시작하였다. 현재 선진 외국의 경우는 대부분 3단계인 통합 SCM의 단계에 이른 것으로 보이나 국내의 경우는 아직까지는 2단계와 3단계의 중간쯤으로 판단되며 최근에는 ERP의 도입에 이어 SCM의 도입이 활성화되기 시작하였다고 보여진다. 이 시기는 SCM이 보편화된 개념으로 고객중심의 관점에서 도입되기 시작한다.

제2절 SCM의 기능 활동

전통적 SCM의 목적은 국소적으로는 물류의 흐름을 관리하여 재고를 통제하는 것인데, 재고란 고객의 수요를 충족키위한 제품의 생산에 소요되는 재료를 말한다. 재고는 원자재의 재고와 가공중인 재고로 분류되는데, 이들 재고의 감소를 위해서는 공급사슬상의 정보 및 물자의 흐름이 원활하여야 한다. 물자의 흐름은 물류(Logistics)라고 하며 생산단계에서부터 소비자에 이르기까지 상품의 이동 및 취급을 관리하는 것으로 정의된다.

원자재의 조달에서부터 제품의 생산을 거쳐 최종 소비자에 이르기까지 일련의 과정에서 물리적 재화 및 관련정보가 효과적으로 흐르도록 계획, 수행, 통제하는 행위가 SCM인 것이다. 즉, 물류의 기본적 기능은 생산과 소비의 장소, 시간, 수량, 품질, 가격 등을 조정하는 역할을 한다.

제조업의 경우 원자재의 조달 및 생산을 통해 소비자에게 전달되는 전 과정으로 크게 조달물류, 생산물류, 판매물류로 나누어 볼 수 있다. 조달물류는 원자재의 조달에서부터 자재창고에서의 보관 및 관리업무를 말하며, 생산물류란 자재창고의 출고에서 생산공정을 거쳐서 완성품이 되어 보관되는 과정이다. 이들 상품이 창고에서 출하되어 소비자에게 전달되는데 관련되는 제반 활동들이 판매물류이다.

SCM을 완성된 물자의 흐름으로 볼 때 물류는 매우 중요한 역할을 하며 요즈음의 전자상거래 환경에서 택배는 활황을 이루고 있는 물류현상이다. 한편, 완성품을 만들기 위한 재료의 확보란 관점에서 SCM은 공급자와의 관계를 효과적으로 관리하여야 하는 구매활동을 말한다. 구매는 생산계획을 차질 없이 진행시키기 위해 필요한 자재를 양호한 거래선으로부터 최적의 조건으로 확보하는 활동이다. 구매, 생산, 배송의 활동은 내적 SCM으로 분류하며, 외부의 공급자와 소비자(고객)집단을 연결하여 고려할 때를 외적 SCM이라고 한다. 외적 SCM에서는 제품이나 서비스수준의 관점에서 고객만족이라는 관점으로 관리점을 변경시켜야 한다. 즉, 자신의 사업 영역에서 고객만족을 위한 제품특성, 문화, 시장특성을 잘 파악하여야 하며, 단지 고객의 수요에 반응하는 것이 아니라 자재와 서비스 흐름에 대한 이점을 확보하여 경쟁력을 갖기 위해 공급사의 생산능력, 강 · 약점 등도 잘 파악하고 있어야 한다. 따라서 이번 절에서는 공급사슬의 구매와 배송에 관련된 의사결정의 사안들을 간략히 살펴보기로 한다.

2.1 SCM의 구매활동

구매활동은 내적 SCM분야로 생산을 위한 자재의 조달과정이다. 이 과정에서 관리자는 자체 생산할 것인지 외부조달할 것인지를 결정해야 하며, 또한 외부 공급자로부터 구매를 하고자 할 때도 공급선이 다수공급자인지 단일공급자인지에 따라 달리 의사결정을 해야 하는 관리문제가 있다.

일반적으로 생산계획을 만족시키기 위한 적정품질, 적정수량, 적정비용의 요건을 고려한 의사결정을 요하는데 조달관리(Procurement)라고도 불린다. 구매기능은 제품이나 서비스가 외부로부터 잘 확보되도록 하는 기능으로 구매활동의 주비용 요소이다. 또한 완제품의 품질에 지대한 영향을 미치는 중요성을 갖는다. 구매활동에서 대부분 전략적 관점에서 저가의 구매를 선호하며, 필요에 따라 빠른 구매(QR: Quick Reponse) 전략을 펼치거나, 회사의 입장에 따라 적당한 차별화전략을 펼친다. 일반적으로 공급사슬관리에서의 운영전략은 저가전략과 빠른 응답전략 및 차별화전략을 혼용한다.

자재조달과정을 단계별로 나누어 보면, 요구의 인식단계, 공급자의 선택, 주문단계, 추문의 추적 및 주문의 입고단계로 볼 수 있다. 요구의 인식이란 생산계획 하에서 외부로부터 물자(자재 및 서비스)를 구매해야 할 요구의 발생을 파악 하는 것이다. 구매요청은 구매품에 대한 명세와 수량 및 품질, 그리고 배송완료일 등을 포함한다. 만약 제조업이라면 생산부서에서 자체생산 또는 외부구매의 의사결정이 필요하다. 구매가 결정되면 구매부서를 통해 구매처리를 하게 되는데 만약 서비스업종이나 소매점이라면 구매품은 곧 그들이 팔아야 할 상품이 될 것이다.

전자상거래 환경의 경우도 전통적인 구매활동을 기반으로 의사결정이 이루어진다. 이렇게 구매결정이 되고 나면 공급자를 선택해야 할 것이다. 공급자의 능력이나 신용, 장기 공급계약 등 고려해야 할 요소가 많다. 이 과정에서 공급자를 선택하는 방법은 경영과학의 의사결정방법론들을 사용하기도 한다. 특히 전자상거래 환경에서의 의사결정은 더욱 중요한 요소로 판단되며, 단일공급자를 택할 것이냐 다수공급자를 택할 것이냐에 따라 장단점이 존재한다. 만약 단일공급자로부터 납품을 받는다면 규모의 경제를 실현할 수 있고 품질의 균일성을 기대할 수 있지만 문제발생시 공급자 교체의 어려움과 가격 협상의 어려움이 있을 것이다. 다수공급자와의 계약에 의한 공급을 받을 때는 경쟁에 의한 가격이 저렴하여 원가절감의 효과를 기대할 수 있으며, 협상의 주도권을 쥘 수가 있다. 그러나 공급자가 규모의 경제를 실현하지 못하고 균일한 품질을 공급받기가 힘들다는 단점이 존재한다. 만약 재래식(오프라인) 사업장이 전국적으로 분산되어 있는 대기업이라면 자재 구매시 본사가 일괄 구입할 것인지 현지 분산구매할 것인지에 대한 방침도 세울 필요가 있다.

그리고 구매활동에 있어 구매계약도 중요한 의사결정 요소이다. 재래식 환경의 SCM을 이해한다면 e-비즈니스나 전자상거래에서의 SCM을 이해하는 것은 관련지어 매체가 정보시스템이 추가된 환경을 생각하면 쉽게 이해할 수 있다. 구매계약은 원칙적으로 공급자명단으로부터 선택한 업자의 구입자재의 품질, 납기, 수량 및 가격에 대한 교섭에 따라 계약이 이루어지는 것이지만 공정한 구입을 위해 여러 가지 방법을 사용한다. 예를 들어, 일반경쟁 계약방법은 공평한 자유경쟁으로 저가의 업체와 계약할 수 있어서 좋지만 품질이 떨어지기 쉬운 단점을 가지며 부정 업자의 개입도 가능하다는 문제점을 가지고 있다. 적정업자를 미리 정해놓는 지명경쟁계약은 부정업자의 개입을 방지할 수 있지만 가격담합이 가능한 방법이다. 일반적으로 수의계약이란 구매담당자가 임의로 계약하는 방법으로 보통 희소품의 경우에 많이 사용하는 방법이다. 그러나 보통은 견적 비교에 의한 입찰방식의 계약을 많이 사용한다. 지명한 2개 이상의 업자로부터 견적서를 받아 검토하여 유리한 조건에 구매계약을 하는 것이다.

그리고 요즈음 e-비즈니스 환경에서 공동구매방식은 매우 중요한 구매방식으로 자리를 잡았다. 보통 소모성 자재의 공동구매가 많다. 그러나 가장 중요한 것은 SCM 관점에서 공급자와의 관계형성 및 유지가 매우 중요한 관리요소이다. 공급자와의 관계는 곧 제품이나 서비스의 품질, 가격, 납기 등에 지대한 영향을 끼치기 때문이다.

2.2 SCM의 물류활동

내적 SCM의 기능 중 구매 및 생산을 통한 물자의 배송은 소비자에게 전달되어야 할 핵심활동이다. 일반적으로 배송활동은 원료가 생산지로의 이동흐름과 생산품의 소비자에게로 흐름으로 구분하여 유입물류(Inbound Logistics)와 유출물류(Outbound Logistics)로 나누어진다. 유입물류는 내적 물류, 유출물류는 외적 물류라고도 하며 조달물류, 생산물류, 판매물류로 구분하기도 한다.

그러나 이 외에도 판매품의 재활용 수거를 위한 회수물류, 배송상품의 반송을 위한 반품물류, 그리고 폐기물류 등으로 구분이 되는 물류활동을 통틀어 정상적인 물류에 반하는 역물류라고도 한다.

물류관리의 목표는 보다 적은 비용으로 고객에게 서비스를 제공하여 매출이익을 증대화하는 데 있다. 물류의 기능은 수송 및 운송활동, 보관, 하역, 포장 등의 활동을 포괄적으로 일컫는데 전통적인 물류에서의 문제점으로는 과잉재고의 보유, 긴급주문에 대한 늦은 반응 및 비효율적인 배달체계 등의 문제점을 안고 있다. 그리하여 물류분야의 정보기술 발달은 물류의 발달을 촉진시키는 요인이 되었다.

물류관리는 현재 통합물류를 구현하는 추세로 진전되어 가고 있다. 즉, 기업 내의 조달물류, 생산물류, 판매물류를 하나로 통합하는 것에서 납품사, 고객, 물류관련 제3자와의 전략적 제휴를 통해 물류의 효율성을 실현하는 과정으로 전개되어, 고객서비스 향상과 물류비용 최소화를 주된 목표로 하고 있는데 이를 위해 물류정보시스템을 도입 활용한다.

물류정보시스템은 정보주체 간 수·배송, 포장, 하역, 보관 등을 유기적으로 결합하여 정보관리차원에서 물류의 효율화를 도모하도록 지원하는 시스템이라고 할 수 있다. 이는 종합적인 물류활동의 원활화를 위해 생산에서 소비에 이르기까지 물류활동을 유기적으로 결합하여 전체적인 물류관리를 효율적으로 수행하게 하는 정보시스템으로 각 물류활동의 기능관계를 조정하여 전체적인 시스템으로서 목적에 맞게 통합적인 관리 운영을 지원함을 목적으로 한다. 예를 들어 기업간의 거래내용이나 관련정보를 표준화된 형식과 코드체계를 이용하여 전송하고 처리하는 시스템인 EDI(Electronic Data Interchange)

는 쌍방향의 정보교환, 배달시간의 단축, 재고비용의 절감, 기존 경쟁자와의 차별화 및 진입장벽의 효과를 가져다준다. 다만 시설구축의 필요성이나 부서간의 협조체제구축, 정보보안 등의 문제점을 수반한다.

그 외에도 상품정보의 신속한 입력에 획기적인 바코드, 판매점 관리를 가능하게 해준 POS(Point of Sale) 등의 기술이 혁신을 불러온 것이 사실이다. POS시스템은 제품에 바코드나 기타 각종 인식코드(Identification Code)를 부착하여 소매점에서 고객이 구매하는 제품을 인식하는 간단한 시스템이다. POS가 작동하려면 제품에 바코드(Bar-Code), 보통 13자리로 되어 있는 제품인식코드가 부착되어 적외선 완드로 읽어서 판독을 한다. 최근에는 RFID(Radio Frequency Identification Device)가 개발되어 물류창고의 재고상황도 사무실에서 파악 가능할 정도의 수준에 와 있다. 즉, Bar-Code를 일일이 스캐너를 통해서 인식하지 않더라도 원거리에서 자동으로 인식할 수 있게 된 것이다.

이런 혁명적인 물류환경이 유비쿼터스 환경에 의해 현실화되고 있다. 물류활동에 있어서 수송과 배송에 관련한 가장 중추적인 역할은 택배의 역할이라고 할 수 있다. 특히 전자상거래가 활성화됨에 따라 물질의 이동은 극복해야 할 가장 중요한 관리분야이며, 소비자에게 도착하는 상품의 최종 가격을 결정하는 중요한 요소인 것이다.

세계적인 택배회사인 패덱스(Fedex)는 2000년 기준으로 650대의 항공기와 15만 명에 이르는 직원을 동원하여 매일 300만 개 이상의 화물을 전 세계 211개국 13만 개 도시에 배달을 한다. 세계 어느 지역이라도 화물접수 후 48시간 내에 전달함은 물론, 99% 이상의 정확한 배달로 명성을 얻고 있는데 여기에는 첨단의 정보기술의 도움이 있기 때문에 가능하다. 화물추적시스템, 휴대용 컴퓨터, 위성통신 등의 첨단장비를 활용하고 있다.

국내 물류업체들의 시스템과 영업활동은 아직까지 선진국에 매우 뒤지는 수준이지만 전자상거래의 활성화로 늘어나는 물류시장에 대처하기 위해 각자 첨단의 장비도입 등의 노력을 하고 있다. 예를 들어 대한통운은 스팟츠라는 전산시스템을 개발하여 고객의 발송처와 도착지 정보를 포함한 자동관리를 해오고 있다. 특히 물류회사의 업무가 단지 물건의 전달수준이 아니라 고객과의 접점이 되어 반품, A/S, 설치 등 판매 화사의 업무의 일부를 대신 수행하는 경향이 커가는 추세이다.

2.3 SCM의 외주

일반적으로 외주(아웃소싱)란 기업경영에서 필요한 기능을 자체적으로 수행하지 않고 외부에 위탁하여 조달하는 업무처리방식을 말한다. 외주관리는 기업의 목적을 효율적이고 효과적으로 달성하기 위하여 자신의 능력을 핵심부문에 치중하고 조직 내부활동 또는 기능의 일부를 외부의 조직 또는 외부기업체의 전문용역을 활용하여 처리하는 경영기법이다.

외주관리는 구매관리와 구분되며, 구매는 기업 외부로부터 기업에 필요한 원·부자재를 도입하는 것을 의미하지만 외주는 공수나 용역을 조달한다는 점에서 차이가 있다. 외주관리라는 용어는 외부 위탁, 외부조달 및 하청, 아웃소싱 등의 동의어로 사용되고 있다. 특히 SCM에 있어서 기업이 아웃소싱을 고려하는 이유는 비용절감과 위험분산, 그리고 경영의 유연성과 효율성을 극대화하여 기업의 경쟁우위를 확보하기 위한 것이다.

기업활동을 생산과 거래활동으로 구분한다면 기업경영은 곧 생산과 거래비용의 관점에서 이루어질 것이다. 만약 기업 내의 생산비용이 시장의 구입비용보다 많다면 당연히 시장에서 구입하게 된다. 이는 기업의 구조와 형태에도 적용되어 특정부서를 소유하는 것보다 외부 전문업체를 이용하는 것이 훨씬 효율적이라면 외부에서 서비스 받는 것을 택할 것이다.

이러한 비용우위에 의한 비용절감 효과는 기업들이 아웃소싱을 하는 가장 큰 이유이다. 또한 전략적 목적으로 일상 업무의 외주는 핵심업무에 치중할 시간적·자원적 융통성을 발휘하게 해준다. 예를 들어 사내의 청소부원들의 유지는 노조활동이나 인건비 부담이 들지만 외주로 조달하는 경우는 노조문제에서 해방될 수가 있다. 물론 경제적으로도 가격계약을 통한 유연성을 발휘할 수 있으며, 나아가 자사에 부족한 신기술을 확보하는 창구로도 활용될 수가 있다. 다음의 〈표 7-3〉은 SCM 측면에서 자체 생산시와 외주의 경우를 비교해 본 정리표이다.

아웃소싱의 중요한 포인트는 계약관계가 거래중심이 아니라 관계중심이어야 한다는 것이다. 관계중심의 계약이란 거래중심과는 달리 비용계산의 방법으로 총액기준의 단일가격 계약보다는 변동비용에 의한 계산방법을 도입한다. 또한 동반자적 위치에서 아웃소싱을 함으로써 노출될 수 있는 보안의

표 7-3 SCM측면의 자체생산과 아웃소싱

자체생산	아웃소싱
핵심경쟁력 유지 및 종업원해고 방지	핵심 비즈니스에 주력
낮은 생산비용	취득비용의 저렴
부적합한 공급자 회피	공급자의 책임 보전
적합한 공급보장	기술적 관리적 능력의 획득
잉여노동의 활용 및 한계이익에 기여	불충분한 수용능력 해소
물량의 확보	재고비 감소
공급자의 담합 등 공모 방지	유연성확보 및 공급선교체 가능
균일품질 유지가능	관리적 기술적 자원의 부족 해소
독점적 설계나 품질 보호	상호이익
회사규모의 증가 및 유지	특허 등의 보호품일 때 활용

문제도 서로간의 책임 하에 감소시킬 수 있게 된다.

최근의 추세는 단지 비용절감을 위한 아웃소싱이 아니라 경쟁력 확보를 위한 아웃소싱으로의 추세를 보인다. 예를 들어 전자상거래의 택배 물류사와의 계약을 보면 단지 배송비용을 절감하기 위한 계약보다는 쇼핑몰 업체의 이미지 제고를 위한 택배회사를 선택한다는 것이다. 만약 전자상거래 환경에서 아웃소싱을 할 때는 서비스 수준에 대한 협의가 필요하다. 서비스 수준 협의란 계약서상에 명확하게 서비스내용, 서비스의 정의, 서비스목표, 고객사의 책임, 공급사의 책임, 책임자 등에 대한 명시를 통해 분쟁에 대비한 명확한 계약서의 작성을 뜻한다.

제3절 SCM의 기반 기술

SCM 발전의 근본 원인은 정보기술의 발전에 의한 결과라고 볼 수 있다. 공급사슬상의 업체간에 정보공유 및 전달을 위해서는 전자적 자료교환(EDI) 기술이 큰 역할을 하였다. 그러나 EDI는 VAN(Value Added Network)과 같은 전용 통신망을 필요로 하고 영세 납품업체나 판매상, 제조업체 등에서는 이러한 통신망의 구비가 어렵고 비용부담도 크다. 어떤 경우는 FAX전송을 EDI로 재입력하는 일도 있으며, 입력에 드는 비용이나, 오류발생의 문제가 존재하기도 한다.

최근에는 인터넷을 이용하여 공급사슬 업체간의 정보전달 및 공유를 하는 방식이 각광을 받고 있다. 예를 들어 잘 알고 있는 델 컴퓨터를 비롯한 PC조립업체, 군수조달 업무, 자동차조립업체, 전력회사 및 항공업체 등에 걸쳐 인터넷의 웹을 이용하여 공급사슬을 통합한 많은 사례들이 있다. 인터넷의 안정성, 속도, 보안 등의 문제점의 개선과 더불어 활용도가 커지는 추세이다. 이 절에서는 전통적 SCM이 경영혁신 기법에 근거하여 정보기술과 접목되어 혁신적인 발전을 초래한 핵심 개념들에 대한 검토를 하고자 한다.

3.1 SCM의 핵심기술

공급사슬 혁신의 핵심은 물류를 단순화할 수 있도록 제품설계 및 프로세스를 개선하는 것이다. 이에 사용되는 혁신방안으로는 제품설계의 모듈화와 제품차별화지연, 프로세스의 병렬화, 로지스틱스 채널 분리와 직접주문배송시스템의 구축, 배송의 Cross-Docking, 통합 배송(Consolidation), 빠른 응답(QR) 및 JIT구매 등의 다양한 기법이 있다.

제품설계의 모듈화는 유입물류에서 모듈조합에 의해 다양한 최종 제품을 필요한 만큼 적절히 조립하도록 모듈방식으로 제품을 설계하고 모듈단위로 물류관리를 하는 기법이다. 제품차별화 지연전략은 유출물류에서 가급적 공용 부품을 사용하여 모듈화, 표준화된 반제품 상태로 생산, 보관, 운송하여 현지에 공급하고 최종 조립 및 제품의 차별화는 최종 소비자가 있는 현지에서 하도록 차별화 시점을 지연시켜 로지스틱스를 단순화시키는 방법이다. 예를 들어 HP에서 잉크젯프린터를 전 세계에 판매하기 위해서는 미국 공장에서는 폰트를 설치하지 않고 제조, 배송하여 주문자가 있는 현지 국가에서 그 나라의 폰트를 설치함으로써 물류비용을 절감하고 안전 재고를 감축하며 납품기간의 단축과 주문 충족도를 개선할 수 있었다. 더욱이, 부품을 표준화 또는 공용 부품화하거나 모듈화하면 지연전략에 의해 매스커스터마이제이션(Mass Customization)도 가능하다.

모듈화나 차별화 지연기법을 적용하기 위해서는 프로세스의 개선뿐 아니라 제품설계도 물류전략을 감안하여 합리화해야 한다. 지연전략은 제조업체 측에서 푸시(Push)에서 풀(Pull)로 전환되는 접점을 가급적 지연하는 Pull Postponement, 고객화 시점을 고객과 가까운 단계에서 하도록 미루는 Logistic Postponement, 부품 또는 사양을 표준화하거나 프로세스 순서를 변경함으로써 물류 및 제품이 차별화되는 단계를 지연하는 Form Postponement 등 다양한 기법이 있다.

모듈화와 지연전략들은 공급사슬상의 물류관리를 단순화할 뿐만 아니라 관련 정보전달이나 정보처리비용을 절감할 수 있게 한다. 주문 및 물류 관리 정보시스템이 구축되는 경우 이들 기법을 적용하면 그 효과가 증대된다. 로지스틱스 채널 분리 또는 직접주문배송방식은 GE의 가전제품 물류 등의 예에서 보듯이 영업 및 판매 채널과 물류 및 배달의 채널을 분리하여 판매점에서는 재고를 유지하지 않고 주문접수만 받고 배달은 물류센터에서 구매자에게 직배송하는 방식이다. 경우에 따라서는 주문을 물류센터 또는 제조업체에서 직접 받는 경우도 있다. 이를 위해서는 주문관리와 물류 및 운송관리에 완벽한 정보시스템이 요구된다.

Cross Docking방식의 배송은 중간집하단계에서 불필요한 중간 재고를 없애고 배송 리드타임을 단축하기 위하여 주문물품이 집하장에 도착하면 최종 배송지로 운송할 트럭이 스케줄에 맞추어 대기하여 바로 환적함으로써 집하장에서의 하역, 보관 및 재고, 불출, 적재과정을 생략하는 방식이다. 이 방식은 주문, 배송, 운송 정보의 통합관리 없이는 불가능하다.

그리고 공급사슬상 판매점에서 필요한 만큼만 필요한 시점에 주문하거나 고객이 주문을 낼 때마다 즉각 직배송하여 중간 재고를 감축하고 주문 리드타임을 단축하여 고객에 대한 응답성을 개선하기 위해서는 주문 및 배송관리를 위한 정보시스템이 필수적이다. 이러한 응답지향적인 주문관리 및 배송체계 또는 직배송시스템에서는 배송물류단위가 작게 분할되는 경향이 있다. 즉, 물류비용을 감축하고 배달의 신뢰성을 높이기 위해서는 배송물류를 배달지역별 배달일자별로 분류하여 좀 더 큰 단위로 통합(Consolidation)하거나 외부의 물류전문업체(3PL)에 위탁하여 통합하도록 하는 것이 합리적이다. 이 경우 정확한 주문관리 및 배송, 운송, 배달을 위해서는 관련 정보의 통합적 관리가

그림 7-3 | SCM과 기반 기술

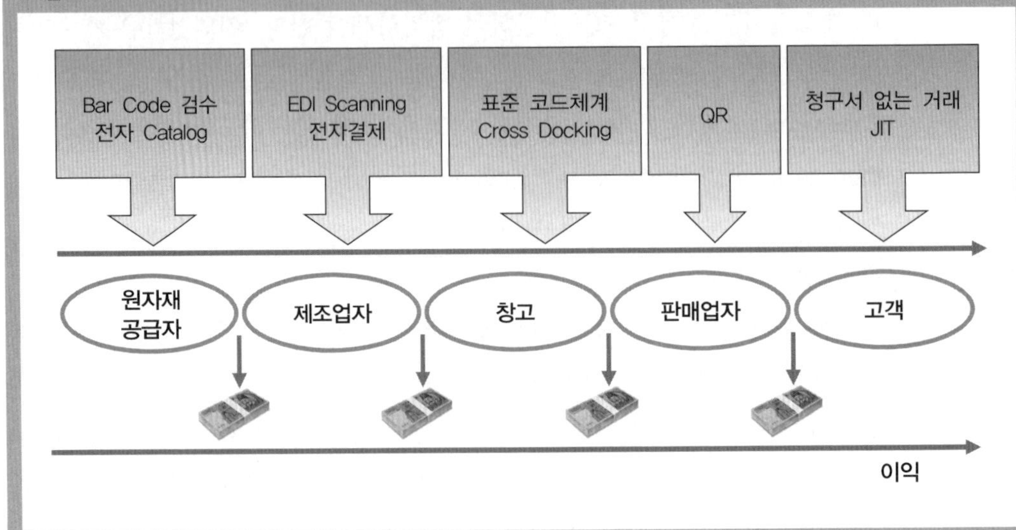

매우 중요하다.

공급사슬관리를 위해서는 종래의 공급업체와 조달업체간의 적대적, 경쟁적 기업관계에서 전략적 협력관계로의 변화가 필수적이며 업체간의 통합이 가상기업(Extended Enterprise 또는 Virtual Enterprise) 형태로 확장, 발전할 수도 있다. 고객, 조립 및 제조업체, 부품 및 재료 공급업체, 물류 및 운송 서비스 업체, 판매 및 물류업체 간에 판매, 생산계획, 재고, 물류정보를 공유하게 되며 심지어는 인적자원까지도 공유하게 된다. 예를 들면 자동차조립업체의 생산계획 및 재고관리에 부품업체의 직원을 상주시켜 부품공급을 원만히 하려는 경우나, 델 컴퓨터의 경우 일본현지 소니의 디스플레이 제조라인에 부품구매 담당직원을 상주시키는데, 이러한 직원파견의 주목적은 부품 및 자재조달에 관련한 정보의 조정 및 공유에 있다.

적합한 정보시스템을 활용하는 경우 더욱 효과적일 뿐더러 요즘의 공급사슬이 통합관리되어야 하는 당위성을 제공한다고 보여진다. 그리고 업체간의 전략적인 제휴에 의한 JIT구매 및 물류의 전형적인 기법으로 VMI(Vendor Managed Inventory)가 있다. VMI는 주문자와 공급자간에 전략적인 제휴를 통해 주문자는 판매정보 또는 생산 및 조립의 스케줄 및 진도와 재고현황 등의 정보를 공급자에게 제공하고 제품 또는 부품 재고의 주문 및 관리를 공급자에게 일임하는 방식이다.

이에 따라, 전통적인 주문과정을 생략하고 공급자 자율에 의해 최적으로 공급 스케줄 및 재고를 관리하여 공급 리드타임 단축, 재고감축, 결품방지 등을 추구한다. 이를 위해서는 공급자와 주문자간에 판매, 재고, 주문, 물류, 운송 등의 정보가 공유되고 관련 프로세스가 통합되어야 한다.

1980년대 초반 미국 섬유산업의 경쟁력을 혁신하기 위하여 QR(Quick Response: 신속반응물류)이라는 혁신 프로그램을 추진하여 큰 성공을 거두었다. QR의 핵심은 매장에서의 판매정보를 EDI를 통해 제조업체에 실시간으로 전달하여 매장의 재고를 감축하고 결품을 방지하며 공급 리드타임을 단축하는 것이다. 물론, 정보공유뿐 아니라 업체간의 조정 및 자원 공유, 조직관계의 개선 등의 노력도 함께 추진하였다. EDI를 기반으로 한 유사 QR기법인 ECR(Efficient Consumer Response), EFR(Efficient Food Response), EHCCR(Efficient Health Care Consumer Response) 등의 예와 같이 타 업종, 타 산업에도 QR기법이 급속히 확산되고 있다.

최근, EDI가 구축되지 않은 영세업체를 위해 웹을 통해 EDI로 접속할 수 있게 하는 WEB-EDI, 판매시점정보(POS) 시스템 등에 기반한 QR개념의 정보시스템 구축도 활발하다. 물류 및 배송계획을 합리화하기 위해서 종래의 생산소요계획(MRP)과 유사하게 물류단계별로 기간별 소요수량 및 재고를 체계적으로 계획하고 관리하는 DRP(Distribution Requirement Planning)기법 구현에도 계획 및 관리를 위한 정보시스템이 필수적이다.

또한 기업활동이 전국 또는 전 세계적으로 전개됨에 따라 시장 및 영업망, 공장, 창고 및 물류센터 등이 지역적으로 분산되어 각 지역에서의 주문과 재고 및 배송, 물류를 통합관리할 필요가 증대되고 있다. 예를 들어 북미지역에서 특정 제품에 대한 주문이 발생했을 때, 멕시코 현지 공장 또는 물류센터에 해당 제품의 재고가 충분히 있음에도 불구하고 한국 본사 공장에서 긴급하게 생산하여 배송하는 경우가 생길 수가 있다. 이는 각지의 주문 및 재고정보가 통합관리되지 못하거나 조직 간의 장벽 때문에 생기는 비효율의 예라고 할 수 있다. 따라서, 재고는 통합하기보다는 지역적 수요, 주문 배달 리드타임, 물류비용을 감안하여 지역별로 적절히 분산하는 것이 바람직하다. 대신에 주문 및 재고 정보는 통합적으로 관리해야 한다. 이를 위해서는 주문처리, 재고

관리, 배송관리의 프로세스 및 정보를 전 지역에 걸쳐 통합관리하는 시스템이 필요하다.

그 외에 성공적인 SCM을 위해서 공급사슬의 통합적 최적화를 이룰 수 있는 기반으로 미국 Supply Chain Council이라는 컨소시움에서는 SCOR(Supply Chain Operations Reference) Model이라는 공급사슬 프로세스 통합을 위한 프로세스 참조모델을 개발, 보급하고 있어 공급사슬 통합 애플리케이션 개발에 활용할 수 있다. 한편, 마이크로소프트사의 경우도 SCM의 통합 및 전자상거래에서 NT관련 솔루션의 주도권을 확보하기 위해 VCI(Value Chain Initiatives)라는 컨소시움을 구성하였다. VCI에서는 관련 데이터 및 정보 표준, 관련 애플리케이션을 개발하고 있으며 애플리케이션 개발업체에게 관련 표준 및 기술을 제공하고 있다. American Express도 OBI(Open Buying Initiative)라는 컨소시움을 구성하여 공급사슬 통합 및 전자상거래 관련 데이타와 정보에 대한 표준을 개발하고 있다. 그리고 최근에는 고객관계관리의 개념을 도입한 공급자관계관리가 SCM의 새로운 관심사로 주목받고 있다.

3.2 SRM의 등장

SRM(Supplier Relationship Management)이란 말 그대로 제품을 공급하는 회사들의 관계를 관리하는 시스템이다. 즉 공급사의 납품시기와 품질, 비용 정보를 수집하고 이를 분석함으로써 기업간(B2B) 전자상거래 회사들에 포괄적인 정보를 제공한다는 것이 SRM의 기본 개념이다.

고객관계관리(CRM)가 금융권에서 제조업종으로 확산되면서 서비스 대상이 일반 고객 위주에서 공급업체로 확대되고 있음을 나타내는 것이기도 하다. SRM은 공급자와의 업무관계를 더욱 긴밀히 하여 업무의 내용을 정확히 파악하고 이를 바탕으로 공급업체의 선정 및 협상과정에서 전략적인 조달을 할 수 있도록 하고자 하는 것이다.

기업에서 SRM을 사용할 경우 자사에 제품을 공급하는 모든 업체별 비용과 만족도에 대한 순위를 책정할 수 있다. 또 과다한 공급물품이 무엇이고, 수량은 얼마나 되는지 파악할 수 있기 때문에 불필요한 지출을 줄이고 공급업체들과도 협상에서 유리한 자료로 활용할 수 있다. 이외 공급사들이 납기일을 지키지 못할 경우 SRM을 활용해서 역경매를 시도할 수도 있어 경영합리화의 중요한 수단으로 사용될 전망이다.

이 같은 효과 때문에 벌써부터 많은 정보기술 회사들이 이 분야 선점을 노리고 있다. i2테크놀로지를 비롯해 SAP, 오라클 등 외국의 굵직굵직한 회사들이 관련 제품을 내놓고 있는 상황이다. 즉, SRM은 곧 SCM을 확대 발전시킨 것이라 할 수 있다. 하지만 SCM은 조달물품 단가나 물류비의 적절한 조정에 주안점을 두는 데 비해 SRM은 공급자와의 관계를 전반적으로 최적화하는 데 주안점을 둔다는 점에서 SCM과 구별된다.

그러나 SRM은 복잡한 업무처리 과정, 응용프로그램, 활동 등을 망라하는 개념이다. 기업의 SRM을 지원하는 응용프로그램은 전사적 자원관리(ERP: Enterprise Resources Planning)와 공급망 계획(SCP: Supply Chain Planning), 공급망 시행(SCE: Supply Chain Execution) 및 제품수명주기 관리(PLM: product life-cycle management) 등과 같은 공급망 관리(SCM: Supply Chain Management) 컴포넌트 등을 바탕으로 하여 설치해야 한다.

SRM시스템은 이처럼 많은 응용프로그램에 바탕을 두기 때문에 기업체들이 SRM 관련 기술과 프로그램을 설치하려고 할 때 혼란을 일으키기 쉽다. 따라서 기업이 SRM 시스템을 구축하려면 다음 세 가지 점에 유의해야 한다.

첫째, SRM은 제품의 설계, 엔지니어링, 외부로부터 자원조달, 구매, 생산, 물류, 판매, 자금관리 등 광범위한 기업활동에 영향을 주기 때문에 기업은 SRM 체제를 구축시 기업의 해당 부서의 필요사항을 충분히 고려해야 한다. 다음으로 기업은 각종 구입물품과 서비스관련 시장상황, 구입업체와 공급업체 사이의 권한의 안배에 기반한 여러 가지 SRM 원칙과 기법 기준을 마련해야 한다. 끝으로 기업과 기업, 그리고 기업 내 각 부서에 따라 업무처리과정 및 방식, 물품 구매절차 등이 서로 다른데 SRM 시스템을 구축할 때 각기 다른 이들 부서와 업무처리과정을 서로 연계시켜야 한다.

또 SRM 체제를 구축, 지원하려면 광범위한 기업의 정보, 전문성 등을 알아야 한다. 즉, 공급자 관계관리는 공급자의 가치를 극대화시키는 데 필요한 총체적인 접근 방식이다. SRM은 기존 공급망 관리 기능을 확대해 SCM과 관련된 업무를 강화할 수 있게 해준다. SRM은 기업이 수익성을 올리는 데 중요한 요인이 되는 공급업체와 협력관계를 유지하기 위한 원칙을 정하고 이를 성공적으로 이행할 수 있게 해준다.

기업들은 부품이나 자재 등 물품과 서비스를 구매하는 데 지출하는 비용이 계속 늘어나고 있어서 제조업체는 매출의 45% 이상, 서비스업체는 매출의 15% 이상을 지출하는 것으로 나타나고 있다. 이런 추세는 제조업체들이 부품 대신 하위 조립품(sub-assembly)을 더 많이 조달하는 등 기업 업무의 아웃소싱(외주) 의존도가 증가하는 추세라는 뜻이 된다.

SRM시스템은 물품과 서비스의 구매비용을 낮추고 공급업체를 효율적으로 관리할 뿐 아니라 수익성을 향상시킴으로써 기업의 경쟁력을 높여줄 수 있다. SRM환경을 효과적으로 구축하기 위해서는 물품과 서비스 공급업체는 물론 기업자체 내 구매부서와 다른 부서 사이의 체계적이고 긴밀한 연계가 이루어져야 한다. 이것이 이루어지면 기업은 비용과 공급망의 낭비적 요소를 줄이고 구매업체와 공급업체 사이의 새로운 업무처리과정을 재구축할 수 있는 환경을 조성할 뿐 아니라 혁신적인 제품을 더욱 짧은 기간에 출시하고, 제품이나 서비스의 품질을 향상시키며 낮은 비용으로 재고품을 관리할 수 있게 해주는 등의 효과를 거둘 수 있다.

지난 몇 십 년 동안 해온 업무추진 방식과 달리 최근 기업체들은 수익성과 효율성을 높이고 시장변화에 신속하게 대응하기 위해 물품 및 서비스 제공업체에 대한 의존도를 점차 높이는 한편 가치를 창출하는 핵심부분만 직접 운영하는 추세를 보이고 있다. 이처럼 기업이 핵심부분만 직접 운영함에 따라 사업에 덜 중요한 부분은 아웃소싱하기 때문에 공급업체로부터 구입하던 물품의 양이 줄고 있다. 이와 함께 세계화와 수익감소 추세에 따라 기업체들은 공급업체들과 업무를 긴밀하게 연계하고 있다. 특히 제품수명주기를 연장하기 위한 계약을 맺음으로써 기업들은 물품 및 서비스 공급업체들을 경쟁력 강화와 혁신의 원천으로 활용하고 있다.

SRM은 수요기업과 공급업체간 조달구매활동이 전략적으로 최적화된 의사결정에 의해 이뤄지고 효율적인 협업을 할 수 있도록 하는 솔루션으로, 넓은 의미에서 SCM의 일부이다. 기업에 필요한 부품이나 자재를 요청하고 실행하는 조달구매 기능과 어떤 제품을 누구에게 어떤 방식으로 살 것인가를 결정하는 전략적 제품 소싱 기능 및 협업 기능들이 제공된다. 그러므로 공급업체와의 관계를 적절히 관리하면 기업이 혁신과 성장을 이룰 수 있다. 기업이 물품

구입 지출을 약간만 절감해도 수익성에는 커다란 영향을 미친다. 가령 다른 요소는 변화가 없다고 전제할 때 물품구입 지출을 1% 줄이면 수익은 8% 증가할 수 있다.

기업이 구입물품의 가격을 낮춰 비용 효율성을 높이면 다른 부문에서의 여러 가지 효과를 거둘 수 있다. 특히 제조업체의 경우는 제품의 가격을 낮출 수 있을 뿐 아니라 제품과 서비스의 품질을 높이고 운영의 효율성을 향상시킬 수 있다. 반면 공급업체를 효과적으로 관리하지 못하면 수익성이 떨어지고 제품의 품질이 낮아질 것이다. 장기적으로 기업은 특정 공급업체에 치중하지 않고 여러 업체로 분산함으로써 거래 상담에서 유리한 입장을 취하고 더 우수한 공급업체를 선택할 수 있으며 공급업체에 문제가 발생할 경우에 대비한 위험을 막을 수 있다.

또 SRM은 SCM을 확대 발전시킨 것이라 할 수 있다. 하지만 SCM은 조달물품 단가나 물류비의 적절한 조정에 주안점을 두는 데 비해 SRM은 공급자와의 관계를 전반적으로 최적화하는 데 주안점을 둔다는 점에서 SCM과 구별된다. 가격경쟁력, 매출 성장, 업무효율성, 수익성 등을 향상시키려는 기업체는 SRM프로그램을 설치해야 한다.

국내의 경우 자재, 부품 공급업체의 효율적 관리를 통해 전략적 구매와 협업이 가능하도록 해주는 공급자관계관리(SRM) 솔루션이 삼성, LG, 현대 등 제조분야의 대기업을 중심으로 확산되고 있다. 2003년 삼성전자, 포스코 등이 SRM 시스템을 구축한데 이어 LG화학, 현대자동차, LG전자, 현대중공업 등이 SRM 도입을 검토하면서 제조업 분야에서 본격적인 확산 움직임을 보이고 있다. 또한 LG화학, LG칼텍스정유 등은 예전의 구매 기능 위주의 인터넷을 이용한 조달시스템을 SRM으로 업그레이드 하는 것을 추진하고 있다. 이에 따라 i2테크놀로지코리아, SAP코리아, 아리바코리아, 한국SSA 글로벌 등 관련 솔루션 업체들은 SRM 모듈을 새롭게 내놓거나 관련행사를 개최하는 등 마케팅과 영업활동을 강화하고 있다. 삼성전자, 포스코 등에 SRM 솔루션을 공급하면서 시장을 주도하고 있는 i2테크놀로지코리아는 전략적 소싱 기능 등 SRM 솔루션의 강력한 기능과 생산기획, 스케줄링 등 타 분야의 SCM 솔루션과 연계를 내세워 영업을 하고 있다.

3.3 RFID 기반 물류

SCM의 효율화를 위해 필요 불가결한 물류의 흐름을 활성화시키기 위해 최근 주목을 끌고 있는 기술은 RFID에 기반한 접근법이다. 스마트태그(Smart Tag) 라고도 불리우는 RFID(Radio Frequency Identification)태그로서 정보축적과 발신기능을 가진 작은 칩을 통해 고주파(RF)신호를 받아 내장된 정보를 전송할 수 있는 기능을 가지고 있다. 좁쌀보다 작기 때문에 사람의 옷이나 사물, 공간 등 어디에나 부착이 가능하다.

RFID는 현재 사용 중인 바코드에 가격, 제조일 등의 정보만을 담을 수 있는 한계를 초월하여 기억용량에 제한이 없어 기존 바코드에 기록할 수 있는 정보 외에도 제품의 원산지, 제품의 중간 이동과정, 제품의 현재 상태, 구매이력 등 다양한 정보를 담을 수 있다. 또한 무선으로 신호를 주고받기 때문에 접촉하지 않고도 자유롭게 데이터를 스캐닝 할 수 있으며 자동으로 RF신호를 인식하여 컨테이너 박스나 팔레트 단위 등에 저장된 수십 개의 제품정보들을 인식할 수 있다.

유통 및 물류시스템에 RFID가 도입되면 제조업체에서는 상품출하 시에 상품에 붙어 있는 RFID의 정보를 이용해 어느 차량에 실어야 하는지를 작업자에게 자동으로 지시할 수 있다. 유통업체에 도착한 차량에서 상품이 내려지면 관리시스템이 RFID가 부착된 상품정보를 인식하여 수량 및 품목을 자동으로 점검한 뒤 납품을 승인하고 나서 어느 곳에 배치될 것인지를 자동으로 인식해 재고창고의 해당 위치에 배치시킬 수도 있으며 배치된 상품은 재고수량을 즉각 갱신한다. 또한 고객이 상품을 구매할 때마다 구매량만큼의 재고수량이 즉각 감소되고, 재고미달 시는 재고창고에 정보를 발신해 상품 발주를 유도할 수도 있다.

유통업체와 물류업체는 RFID를 도입함으로써 고객서비스 및 비용절감의 효율성을 증대시킬 것으로 예측하고 있다. 궁극적으로 RFID의 도입은 상품 공급사슬의 효율성과 체계적인 재고관리를 통해 고객서비스 개선을 가져와 기업의 비용절감 및 매출증대를 가져올 수 있으며, 기존의 공급자 중심에서 고객의 다양한 가치 활동에 기여할 수 있는 고객가치중심으로의 전환점이 될 것이다.

제4절 e-비즈니스와 SCM

인터넷을 기반으로 디지털 기술을 활용하여 공급사슬을 통합하고 관리하는 기법이 곧 e-SCM이다. 지금까지 인터넷은 여러 산업분야에 적용되어 왔는데, SCM분야도 예외일 수는 없다. 미국 로지스틱스 협회의 조사에 의하면 로지스틱스 분야에 인터넷의 적용빈도 순위는 수송, 주문처리, 구매 및 조달 활동, 고객서비스, 재고관리, 생산 스케줄링 순으로 조사되었다. 인터넷 기술의 발전으로 e-비즈니스나 전자상거래는 이제 일반화가 되었으며, 날로 온라인 기업들이 증가하고 있는 추세이다.

특히 e-비즈니스 환경에서 고객과의 약속이행을 위해서는 주문결과 상품의 정확한 배달이 곧 경쟁력일 것이다. 이는 공급사슬관리의 역할이 전자상거래 환경에서 더욱 중요하다는 의미가 될 것이다. 기업이 아무리 훌륭한 비즈니스 개념 및 관리 역량을 보유하고 있다 할지라도 약속한 제품이나 서비스를 고객들에게 제대로 전달하지 못한다면 사업을 성공적으로 수행할 수 없을 것이다. 따라서 e-비즈니스가 성공적으로 추진되기 위해서는 인터넷 및 디지털 기술을 전략적으로 활용하여, 기업의 공급사슬관리의 효율성을 최적화함으로써 고객만족도 및 기업 성과를 높일 수 있어야 한다. 이러한 필요성에 의해서 e-SCM이 존재한다.

인터넷의 기반 기술을 그대로 이용하면서 기업내부의 시스템과 웹브라우저 및 서버소프트웨어를 결합하여 이용하면 호환성 없는 외부 컴퓨터와 연결이 되는데, 이와 같이 디지털 기술을 이용한 e-SCM은 공급자, 유통채널, 소매업체, 고객과 관련된 물자, 자금, 정보를 신속하고 효율적으로 관리한다. 인터넷의 등장으로 기업들은 상호 연계가 가능해졌기 때문에 공급사슬은 보다 효율적으로 관리가 가능해졌다. 인터넷은 적은 비용으로도 네트워크를 형성하고 타 기업과의 정보공유와 거래가 가능하게 됐으며, 또한 기업들의 수직적 가치사슬을 해체함은 물론 가치사슬의 일부를 직접 소유하지 않아도 되는 환경이 되었다.

인터넷을 기반한 SCM은 비즈니스 프로세스상의 업무 통폐합과 연관분야 또는 타 산업으로 진출하는 수평적 확장을 활성화시킨다. e-SCM은 인터넷

활용으로 글로벌화된 고객을 만족시킬 수 있는 전략으로 가상기업을 구현하는 수단으로 볼 수 있다. 뿐만 아니라 근래에는 공급사슬관리에 관한 소프트웨어도 급속히 등장하고 있는데 복잡한 공급사슬관리를 위한 의사결정지원시스템의 개발도 중요한 분야이다. 이번 절에서는 공급사슬관리를 디지털 경영환경과 연계하여 e-SCM의 개념으로 살펴보기로 한다.

4.1 e-SCM의 정의

e-SCM은 전자상거래의 유형 중 기업간 거래, 즉 B2B 모형으로 볼 수 있다. 주문, 생산, 운송, 판매에 이르는 전 과정을 인터넷 및 정보기술의 도입을 통해 공급업체, 협력업체, 그리고 고객관련 시스템을 체계적으로 통합하는 것을 의미한다. 다시 말해, 디지털 기술을 활용하여 공급자, 유통채널, 소매업체, 그리고 고객 등과 관련된 물자, 정보, 자금 등의 흐름을 신속하고 효율적으로 관리하는 활동이 e-비즈니스 환경에서 적용될 때를 e-SCM이라고 말한다.

SCM은 공급자에서 고객까지의 공급사슬상의 물자나 정보 또는 자금 등의 원활한 유통을 지원하여 경영의 효율화를 도모하려는 전략적 기법으로 채찍효과의 정보왜곡을 줄이기 위한 개념에서 출발하였다. 그런데 인터넷이라는 디지털 환경은 과거에는 불가능했던 공급사슬상의 조달, 물류, 고객 관리 등 SCM 프로세스 전반에 걸쳐 새로운 패러다임 도입 및 최적화를 가능하게 하였다. 즉, e-SCM은 디지털 기술을 활용하여 공급자에서 고객까지의 공급사슬상의 물자, 정보, 자금 등을 총체적인 관점에서 통합, 관리함으로써 e-비즈니스 수행과 관련된 공급자, 고객, 그리고 기업 내부의 다양한 니즈를 만족시키고 업무의 효율성을 극대화하려는 전략적 기법이다.

e-SCM의 도입은 기업환경을 디지털 환경에 적응할 수 있는 기틀로서 원재료, 제품, 정보 등의 흐름을 양호하게 하여 경쟁력을 길러주며, 디지털 기술을 활용하여 판매, 원재료, 구매, 제조, 물류를 동기화하고, 이를 바탕으로 고객에 대한 대응 능력의 제고 및 새로운 서비스 제공을 통해 고객에 대한 만족도를 향상시킬 수 있을 것이다.

제조업의 경우 e-SCM의 개념이 확산되면서 생산, 영업, 애프터서비스에 이르기까지 공급사슬의 전 업무를 통합하여 인터넷을 활용한 정보시스템의 도입으로 경쟁력 확보의 노력을 기울이고 있다. 예를 들어 델 컴퓨터의 경우 48시간 내에 컴퓨터를 납품하는 전략을 구사하고 있는 등 제조업체와 공급업체간의 긴밀한 협조체제로 통합된 공급사슬의 낭비요소를 제거하여 최적화를 도모하고 있다.

e-SCM의 도입은 원자재의 품질감소와 고객이 원하는 상품을 제때 제공할 수 있어 가격 침식을 방지해 준다. 또한 순이익과 순매출은 증가시키고 총자산을 줄이는 효과를 볼 수 있으며, 협력업체와 정교하게 연계된 e-SCM은 적은 양의 재고유지는 물론 물류 투자비를 줄여주는 효과와 더불어 개별화된 고객서비스의 제공과 사이클 타임의 단축 및 수평적 직무확장의 효과를 기대할 수 있다.

인터넷을 통한 공급사슬은 전략적 제휴 및 아웃소싱 등 가상 네트워크를 형성하여 효율적인 업무수행을 가능하게 하기 때문에 최소한의 자산 보유만으로도 쉽게 사업수행이 가능하게 된다. 성공적인 공급사슬관리를 위해서는 고객중심의 공급사슬의 구축과 소수의 핵심 공급파트너와의 파트너십 형성 및 네트워크 구축이 필요하다. 정리하면, e-SCM은 공급업자로부터 고객까지의 공급사슬상에서 원자재, 제품, 서비스 등을 인터넷 기술을 이용하여 종합적인 관점에서 공급자, 제조업자, 고객을 만족시키는 전략적인 경영기법이라고 할 수 있다.

4.2 e-SCM의 영향

e-SCM은 전자상거래에서 기업간 거래의 유형을 갖는다. 기업간 전자상거래 모형은 e-마켓플레이스로 주로 MRO(소모성 자재, Maintenance, Repair, Operation)분야가 주종을 이룬다. MRO 구매는 그동안 비효율적인 구매 프로세스로 인해 많은 비용을 발생시키고 있었지만, 기업들의 관심 부족으로 비용관리의 사각지대로 남아 있었다.

그런데 최근 정보기술의 발달과 인터넷의 확산을 기반으로 하는 전자상거래가 효율적인 MRO 구매의 강력한 도구로 떠오르면서 다수의 기업들이 이를 적극적으로 도입하고 있다. 국내의 경우 MRO 시장의 형성단계로 대부분 제3자 중개방식의 마켓플레이스 형태를 띠고 있다. B2B 거래에 참여하고 있는 업종은 자동차, 전자, 화학 등 부품구매가 많은 업종을 비롯하여 유통 및 종합상사 등 다양하다. 예를 들어 한국, 일본, 대만 등 6개국 28개 화학업체가 컨소시엄으로 구성한 ChemCross.com을 비롯하여, 삼성전자의 경우는 소니, 인텔, 노키아 등 세계적인 반도체 고객사의 구매시스템과 자사의 시스템을 연계한 반도체 포털 사이트를 구축하였다.

이와 같이 e-SCM의 도입은 인터넷을 통해 기업들은 매우 저렴한 비용으로 상호연계가 가능하게 되었고, 누구나 활용 가능한 표준제정이 가능하게 되었다. 과거 기업들이 부문간, 기업간 정보공유의 효율화를 위해 활용한 VAN(Value Added Network)을 기반으로 한 EDI(Electronic Data Interchange) 방법은 응용 프로그램에 대한 표준의 부재 및 많은 비용이 소요되기 때문에 일부 대기업을 제외하고는 시스템 구축이 용이하지 않다는 한계가 있었다.

전통적 SCM과는 달리 e-SCM의 도입은 수직적 가치사슬을 해체하고 직거래를 활성화하며, 재고자산의 최소화 등을 실현시킨다고 볼 수 있다. e-SCM의 도입에 의한 영향의 첫째는 기존의 가치사슬이 무너지는 수직적 가치사슬의 해체(Deverticalization) 현상이다. 과거 기업들은 수직적 가치사슬 구축을 통해 공급자, 유통 채널, 고객 등과 관련된 정보를 신속하게 획득, 전달할 수 있었고, 이를 통해 업무 프로세스의 효율성 제고 및 고객 대응능력을 높일 수 있었다. 따라서 기업이 구축한 가치사슬의 수직적 통합은 지금까지 가장 강력한 경쟁우위 확보수단으로 작용하였다고 볼 수 있다.

그러나 인터넷의 등장으로 인해 매우 저렴한 비용으로 전 세계를 네트워크로 연결시킬 수 있게 됨에 따라 관련 정보의 검색 및 타 기업과의 정보 공유, 그리고 거래업체를 변경하는 것이 과거와는 달리 매우 간단하고 저렴한 비용으로 가능해졌다. 그 결과, 기업들은 가치사슬상의 일정 부분을 직접 소유하지 않거나 또는 비즈니스 프로세스 상의 특정 부문의 업무를 통합 또는 폐지하는 것이 가능해짐에 따라, 고객, 공급업체, 그리고 유통업체와의 의사소통 및 협력관계가 보다 용이해지고, 이를 통해 기존 가치사슬을 보다 유연하게 결합한 새로운 메커니즘으로 변환이 가능하여 새로운 사업 모델을 탄생시키게 된 것이다. 예로 아마존이라는 인터넷 서점은 기존 가치사슬구조에서는 불가능하지만 e-SCM 환경에서는 성공적인 비즈니스 모델인 것이다.

또한 수직적으로 통합된 가치사슬 중에서 비전략적 부분 또는 많은 자본이 투입되는 부분을 아웃소싱하는 형태가 많이 등장하고 있고, 강력한 브랜드 및 마케팅력만을 보유하고 생산 등 기타 부문을 아웃소싱하는 전략을 취하고 있는 나이키 등이 대표적인 예이다.

디지털 환경으로 인해 기업의 수직적 가치사슬은 해체되지만, 다른 한편으로 e-비즈니스의 연관 분야 또는 타 산업으로 기업들이 진출하는 수평적 확장 현상이 가속화되는 경향이 있다. 기업들은 이러한 수평적 확장을 통해 향후 통합된 경쟁력을 바탕으로 지속적인 성장을 추구한다. 예로 초기에 웹을 통한 도서 판매에 치중하던 아마존은 점차 사업영역을 음반, 전자제품 및 소프트웨어, 장난감, 게임기기 등의 판매 외에도 경매나 고객주문을 처리하기 위한 물류부문까지 확장하였다.

두 번째는 직거래(Disintermediation)의 활성화이다. 인터넷의 등장으로 고객 및 공급업체와의 직접 접촉 및 거래가 매우 용이해짐에 따라 과거의 물자 흐름을 점검해 줌으로써 가치를 창출하는 중간 유통업자의 입지는 상대적으로 약화되고 있다. 예를 들어 기존 음악산업의 경우, 음반이 제작되면 이러한 음반은 도매업자, 그리고 소매업자의 손을 거쳐 고객에게 판매되며, 또한 라디

그림 7-4 | 통합 공급사슬의 변화형태

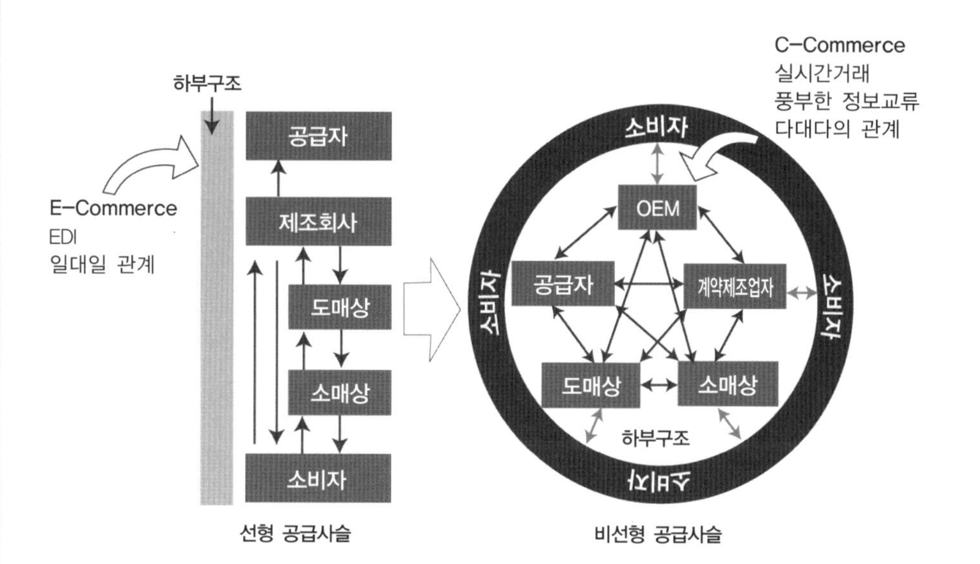

자료원 : 딜로이트 컨설팅

오나 TV 방송을 통해 고객들이 시청 및 청취할 수 있었지만, e-비즈니스 환경에서는 온라인 판매 웹사이트 및 뮤직 포털을 통해 중간 유통업체를 거치지 않고, 고객들에게 직접 음악을 전달하고 판매하는 것이 가능하게 된다.

찰스스왑의 경우 고객과의 집적 접촉이 가능한 e-비즈니스 플랫폼 제공을 통해 고객과의 직거래를 통해 실시간으로 풍부한 투자정보를 제공하며, 고객 개인이 세워놓은 자산분배계획에 가장 적절한 모델을 제시해 준다. 또한 거래 수수료를 낮춤으로써, 고객들의 온라인 직거래가 폭발적으로 증가하게 되고, 과거 고객들에 대해 투자 내용에 대한 상담 및 거래 중개를 통해 가치를 창출하던 브로커들의 입지가 상당히 약화되고 있는 실정이다.

또한 e-SCM의 도입은 공급사슬의 정교한 연계로 재고 자산의 최소화(Dematerialization)를 이룩하였다. 인터넷을 기반으로 한 e-비즈니스의 등장은 자본이 많이 투입되는 분야 및 비핵심적인 분야에 대한 아웃소싱 또는 전략적 제휴를 매우 용이하게 만들어준다.

이에 따라 기업은 전략적 제휴 등을 통해 최소한의 인원 및 자산만을 확보하고서도 고객들에게 최선의 서비스 제공 및 효율적으로 사업을 운영할 수 있는 방안의 모색이 가능해졌다. 예를 들어 1995년도에 설립된 컴퓨터 생산, 판매 회사인 모노레일(Monorail)은 다양한 전략적 제휴를 통해 최소한의 인원과 자산을 보유하면서도 고객에게 최선의 서비스를 제공하고 있는데, 주문접수는 택배 · 물류회사와 제휴하여 접수를 받으며, 생산은 하청으로 처리하고, 다시 배송은 물류회사에서 처리하며, 대금지불 등의 재무업무는 은행(선 트러스 뱅크)에서 대행을 해주고 서비스 및 지원업무는 서비스업체들과 제휴하여 처리한다. 이 경우 소위 가상회사의 개념이 현실화되는 것이다.

4.3 e-SCM의 실행전략

e-SCM 구축의 전략은 제조업의 경우 기업이 외부환경에 적응하면서 내부자원을 효율적으로 분배하는 것에 있다고 할 수 있다. 기존 공급사슬의 재구축은 종전의 수직적인 사슬의 형태가 수평적으로 바뀌는 것을 의미하며, 공급사슬에 참여하는 주체들의 관계가 긴밀하게 네트워크로 연결되기 때문이다. e-SCM의 구축을 위해서는 시장, 경쟁업체, 업계의 추세 등 환경변화를 철저하

게 평가하여야 한다. 환경의 역동성 고려는 전반적인 업계동향을 파악하고 향후 변화를 예측할 수 있는 지침을 제시해 준다. 환경변화에 대하여 조직의 모든 시스템을 변화시킬 준비가 되어 있어야 한다. 동종업계에서 위대한 기업으로 성장하기 위해서는 e-SCM의 새로운 방향을 파악하고 공급사슬관련 분야에서 앞서가는 선도기업의 흐름을 파악하여야 한다.

또한 기업이 아무리 공급사슬관리에 대한 뛰어난 기술을 갖고 있더라도 비능률적인 리더십에 의하여 운영된다면 그 기술은 무용지물이 될 것이다. 즉 효율적인 e-SCM을 구축하기 위해서는 경영진의 필요성 인식과 추진의지가 선결조건이라 할 수 있겠다. 인터넷을 기반한 공급사슬관리의 전략적 활용을 통해 기업의 성과를 제고시킬 수 있는 새로운 기회와 동시에 위협이 다가온 것이다.

기업들은 이러한 새로운 변화에 맞추어 사업모델을 재수립하고 여기에 대응할 수 있는 적절한 e-SCM 전략을 수립해야 할 필요가 있다. e-SCM의 실행을 위한 전략은 크게 기업주도형과 시장포털 접근법으로 구분이 가능하다. 일반적으로 기업주도형 전략과 시장포털형 전략으로 구분하여 설명할 수 있다.

기업주도형 모델은 기업이 웹 사이트를 구축하고 주도적으로 관련 데이터를 통합, 관리하는 접근법으로 공급업체로부터 데이터를 제공받아 자신의 필요에 따라 적절한 포맷으로 전자 카탈로그를 설정하고 관리한다. 이 접근법의 장점은 관리 유연성이 높고, 공급업체에 대한 통제가 용이하며, 또한 매우 전문적이고 고도의 기술이 요구되는 제품의 경우 개별 고객들의 니즈에 부합하는 전문적인 서비스 제공도 가능하게 된다. 그러나 제한된 공급업체의 사전 등록된 제품의 구매만 가능하기 때문에 구매의 유연성은 떨어지는 편이며 사이트 및 카탈로그 관리비용도 자체적으로 부담해야 하는 단점이 존재한다.

예를 들어 보잉의 경우 부품사업 부문의 고객은 크게 3종류로 분류가 가능한데, 그 중 주요 항공사 및 항공기 정비회사는 부품 주문량의 60%를 차지하며 일괄처리 방식의 EDI 환경을 활용하였다. 그런데 이 방식은 정상적인 환경에서는 문제가 없었으나 긴급주문이 발생한 경우에는 신속하게 처리되지 못하는 문제점을 노출시켰다. 그리고 유럽, 중동, 중남미 등의 소규모 업체들은 부품 주문량의 20%를 차지하는데, 텔렉스 기반의 EDI 거래방식을 사용하였다. 그 외의 기타 고객은 팩스 등의 이용 주문 고객으로 나머지 20%를 차지하였다.

그림 7-5 | e-SCM의 접근법

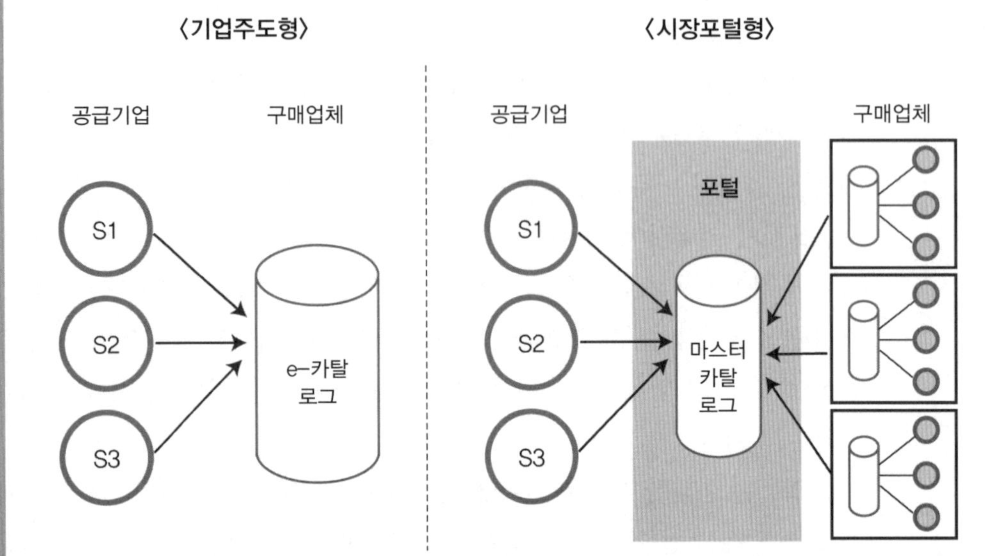

자료원 : LG경제연구원

보잉은 PART(Part Analysis and Requirement Tracking) 시스템을 구축하여, 고객들이 인터넷을 활용하여 보잉의 부품재고 및 주문상태를 파악하고 온라인으로 주문할 수 있도록 함으로써 주문 처리비의 25%를 절감하고 고객 만족도를 제고하였다. 그리하여 팩스나 서류 이용 주문시의 데이터 관리에 필요한 인력을 효율화는 물론 주문과정에서의 오류가 감소되고, 고객은 주문상황 및 배송상황을 실시간으로 확인하는 것이 가능하게 만족도가 증가하고, 고객이 주문하지 않은 엉뚱한 부품이 배달되는 경우가 격감되어 효율적인 경영성과를 이루게 되었다고 한다.

두 번째로 시장포털형 접근법은 업종 또는 산업 공통의 온라인 전자시장을 활용하여 고객 및 공급자에 대한 접근성 및 효율성을 제고시키는 방법으로 포털업체나 중개업체가 공급업체들이 제공하는 모든 데이터 및 정보를 수집하여, 데이터를 표준화시키고, 마스터 카탈로그를 설정한다. 시장포털은 구매안내, 지급보증, 위험관리, 제품배송, 지불, 보관 등과 같은 부가서비스를 제공할 수 있으며, 또한 경매, 제품교환 등 다양한 거래서비스 제공도 가능하기 때문에 시장포털형 모델은 기업주도형 모델보다 확장된 서비스를 제공할 수 있다.

예를 들면 ANX(Automotive Network Exchange)는 세계에서 가장 큰 엑스트라 넷으로 자동차 공급사슬의 포털이다. 이 네트워크는 디트로이트의 빅 3의 OEM업체들이 인터넷을 활용하여 공개적이면서 글로벌한 통신망을 구축하기 위해 처음 설계되어 개방형 체제로 운영되면서도 신속성, 신뢰도, 보안성이 기존 인터넷이나 대부분의 고유 네트워크와는 비교도 안 될 정도로 매우 뛰어나, 회원 기업 모두가 가상의 전용 네트워크처럼 서로 안전하게 정보를 주고받을 수 있다.

이들 두 가지의 실행전략 중 선택기준은 비용 대비 효과의 매력도, 기업의 역량, 시기의 적절성 등을 고려해야 할 것이다. 비용측면에서 기업주도형 접근법은 하드웨어 비용, 라이선스 비용, 사용 비용, 교육 및 유지 비용 등 사이트를 유지하는데 많은 비용이 투입된다.

그러나 시장포털 모델은 이러한 비용을 제3의 업체인 포털이 부담하게 된다. 기업주도형 모델을 실행하는 것은 단순히 소프트웨어를 실행하는 것 이상의 많은 자원이 필요하게 된다. 즉, 기업주도형 모델은 기업 스스로 업무관행, 프로세스 자동화, 기존 및 새로운 공급업체와의 관계변화 등을 위한 새로운 시스템을 구축해 나가야 한다. 따라서 기업주도형 모델을 선택하기 위해서는 이를 실행할 수 있는 역량 확보수준의 검토가 필요하다.

제5절 e-SCM의 성공요인

e-SCM의 성공적 추진을 위해서는 e-비즈니스 전략과의 적절한 연계, 조직문화 변화와 적절한 IT 활용이 필요하다. 〈그림 7-6〉에서 보는 바와 같이 크게 세 가지 관점에서 설명할 수 있다.

첫째는, e-비즈니스 전략과 연계하여 구축하여야 한다는 것이다. 즉, e-SCM은 기술적 문제가 아닌 사업전략적 문제로 상이한 전략목표에 따라 다양한 공급사슬 구조의 선택이 가능하다. 특히 고객을 만족시켜야 한다는 막연한 생각에서 출발하여 시스템을 구축하는 것은 실패의 가능성이 높다. 고객이

그림 7-6 | e-SCM의 성공요인

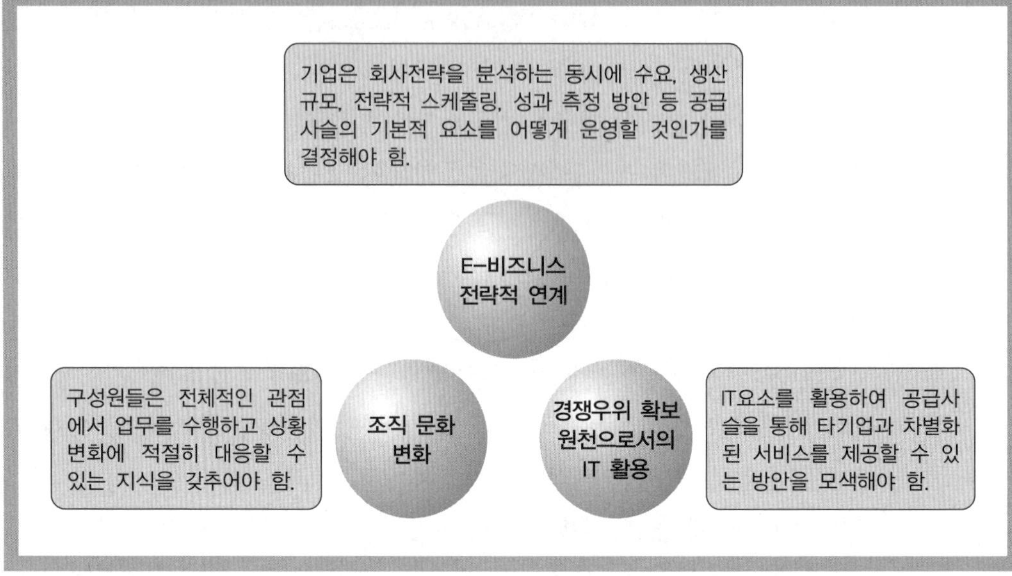

원하는 것이 무엇이고 이를 위해 자사가 어떤 목적을 가지고 어느 부분까지 해결해야 할 것인가를 명확하게 결정해야 한다. 즉, 사업수행의 명확한 전략적 목표와 범위를 설정한 후 이러한 목표를 달성하기 위해 수요, 생산 규모, 전략적 스케줄링, 성과 측정 방안 등 공급사슬의 기본 요소를 어떻게 운영할 것인가를 결정해야 한다.

둘째는, 조직문화 변화를 시도하여야 한다. 즉, e-SCM은 단지 시스템이 구축되어졌다고 해서 성공적으로 실행되는 것은 아니다. 실제 시스템을 움직이는 구성원들의 협조와 역량 확보가 성공의 필수 요건이다. 이제 단순히 구매, 배송을 담당하는 좁은 의미의 역할 수행자가 아니라, 전체적인 관점에서 업무를 수행하고 상황 변화에 적절히 대응할 수 있는 지식 근로자로 전환되어야 한다. e-SCM의 성공적 운영을 위해서는 IT 등 기술적 문제보다 오히려 비기술적 문제가 더 중요할 수 있다는 사실을 인식하고, 필요 조직 구축, 조직환경 변화에 대한 준비 및 조직구성원에 대한 교육 등에 적절한 자원을 투입해야 한다.

e-SCM 실행 시 업무 프로세스 변경에 따라 각 조직의 역할 및 책임에 대한 변화가 발생한다. 따라서 각 조직의 역할 및 책임을 재설정해야 하고 각 부문

및 구성원들이 새로운 업무수행 프로세스를 이해하고 이를 제대로 활용할 수 있도록 교육이 필요하다. e-SCM의 도입으로 기존 업무 중 많은 부분이 중요성이 적어지거나 수행 필요성이 없어지게 된다. 따라서 여유 인력의 효율적 활용방안을 모색해야 한다. 조직변화, 업무 프로세스 변화에 따른 새로운 서비스 기능과 변화에 대한 구성원들의 저항을 피하기 위해서는 최고경영층을 비롯한 모든 부문과 기능들이 모델설정 초기단계부터 참여하는 것이 필수적이다.

그리고 경쟁우위 확보의 원천으로서의 IT를 활용하여야 한다. e-SCM의 성공적 구축요소 중 하나는 정보기술을 효율적으로 활용하여 타기업과 차별화된 서비스를 제공할 수 있는 공급사슬을 구축할 수 있느냐 하는 것이다. e-SCM을 수행하는 IT의 핵심은 하드웨어, 소프트웨어와 더불어 기본적인 기술의 표준화, 다양한 어플리케이션 패키지 개발, 지역간 통신 네트워크 등 매우 광범위하며, 이러한 다양한 시스템의 통합을 위한 설계가 필요하다. IT 시스템 구축시에는 데이터 처리량의 증가, 향후 정보처리 환경변화에 대한 적응 및 대응 가능성을 고려하여야 하며, 협력업체와 공유가 필요한 정보를 분석하고 공유방안을 모색해야 한다. 또한 인터넷상에서의 정보교류 및 공유시 발생할 수 있는 보안상 문제를 해결할 수 있는 방안도 고려해야 할 것이다.

그러나 효율적인 e-SCM을 위해서는 서비스 관점에 주안점을 두고 고객층을 세분화한 뒤 각각의 고객층에 특화된 서비스 모델을 개발해야 한다는 점을 잊어서는 안 된다. 즉 고객의 요구에 대응하는 물류서비스, 실수요에 기초한 수요계획, 맞춤형 제품을 통한 재고절감 및 리드타임 단축, 전략적인 관리를 통한 비용절감 및 공급사슬의 확대전략과 전체적 관점의 성과를 항상 고려하여야 하며, 내부의 한계점들을 극복하고 외부와의 긴밀한 협조체제를 통해 상생의 관계를 구축 활용하여야 한다.

요 약

(1) 공급사슬관리(SCM: Supply Chain Management)란 제품의 생산단계에서부터 소비자에게 최종 판매될 때까지의 모든 과정을 연결시켜 관리하는 것이다.

(2) 공급사슬관리(SCM: Supply Chain Management)는 원자재의 조달에서부터 제품의 생산을 거쳐 최종 소비자에 이르기까지 일련의 과정에서 물리적 재화 및 관련정보가 효과적으로 흐르도록 계획, 수행, 통제하는 행위이다.

(3) 공급사슬 혁신의 핵심은 물류를 단순화할 수 있도록 제품설계 및 프로세스를 개선하는 것으로, 이에 사용되는 혁신방안으로는 제품설계의 모듈화와 제품차별화지연, 프로세스의 병렬화, 로지스틱스 채널 분리와 직접주문배송시스템의 구축, 배송의 Cross-Docking, 통합 배송(Consolidation), 빠른 응답(QR) 및 JIT구매 등의 다양한 기법이 있다.

(4) e-SCM은 전자상거래의 유형 중 기업간 거래, 즉 B2B 모형으로 볼 수 있다. 주문, 생산, 운송, 판매에 이르는 전 과정을 인터넷 및 정보기술의 도입을 통해 공급업체, 협력업체, 그리고 고객관련 시스템을 체계적으로 통합하는 것이다.

(5) e-SCM의 성공적 추진을 위해서는 e-비즈니스 전략과의 적절한 연계, 조직문화 변화와 적절한 IT 활용이 필요하다.

연습문제

(1) 공급사슬과 공급사슬관리를 정의해 보시오.

(2) 채찍효과를 설명해 보시오.

(3) SCM의 발전단계를 3단계로 나누어 설명해 보시오.

(4) SCM의 기반이 되는 경영기술들을 열거해 보시오.

(5) MRP, ERP, SCM의 관계를 설명해 보시오.

(6) SCM과 e-SCM의 차이점을 설명해 보시오.

(7) e-SCM의 성공요인에 대하여 설명해 보시오.

사례 애플이 6년 연속 1위?… 가트너, 기업 SCM 평가 로직 바꿔야

Table1: The Gartner Supply Chain Top 25 for 2013

Rank	Company	Peer Opinion (1) (172 voters) (25%)	Gartner Opinion (1) (33 voters) (25%)	3-Year Weighted ROA (2) (25%)	Inventory Turns (3) (15%)	3-Year Weighted Revenue Growth (4) (10%)	Composite Score (5)
1	Apple	3,203	470	22.3%	82.7	52.5%	9.51
2	McDonald's	1,197	353	15.8%	147.5	5.9%	5.87
3	Amazon.com	3,115	475	1.9%	9.3	33.6%	5.86
4	Unilever	1,469	522	10.5%	6.5	9.0%	5.04
5	Intel	756	515	15.6%	4.2	11.4%	4.97
6	P&G	1,901	493	8.6%	5.8	3.6%	4.91
7	Cisco Systems	1,167	517	8.5%	11.2	7.8%	4.67
8	Samsung Electronics	1,264	298	11.6%	18.5	15.7%	4.35
9	Coca-Cola Company	1,779	278	11.7%	5.5	14.0%	4.33
10	Colgate-Palmolive	794	324	18.9%	5.2	3.6%	4.27
11	Dell	1,409	342	6.2%	30.7	-0.6%	4.05
12	Inditex	745	221	18.0%	4.2	13.4%	3.85
13	Wal-Mart Stores	1,629	282	8.8%	8.1	4.9%	3.79
14	Nike	955	236	14.1%	4.2	10.6%	3.62
15	Starbucks	808	159	16.5%	4.8	11.5%	3.41
16	PepsiCo	810	314	8.6%	7.8	10.5%	3.41
17	H&M	399	41	28.2%	3.7	6.7%	3.22
18	Caterpillar	714	247	5.8%	2.8	23.4%	2.91
19	3M	999	105	13.3%	4.2	6.9%	2.87
20	Lenovo Group	397	211	2.5%	22.2	29.8%	2.75
21	Nestlé	679	112	13.3%	5.1	-0.6%	2.51
22	Ford Motor	552	231	5.7%	15.1	3.1%	2.51
23	Cummins	74	139	13.3%	5.3	13.5%	2.48
24	Qualcomm	122	45	12.7%	8.5	25.9%	2.37
25	Johnson & Johnson	730	144	9.6%	2.9	3.3%	2.35

공급망관리(SCM, Supply Chain Management)는 수요예측, 자재구매, 생산 및 물류 등 매출과 이익을 내기 위한 기업의 핵심 경영 활동을 포괄적으로 아우르는 개념이다. SCM이라는 범주에 판매 제품의 혁신성까지 포함한다면, SCM 역량이 곧 기업의 경쟁력일 수 있을 것이다. 시장조사업체 가트너는 포춘 500대, 포브스 2,000대 기업 가운데 금융 및 보험 기업을 제외한 연 매출 100억 달러 이상의 기업을 대상으로 매년 SCM 역량을 수치화하고 순위를 매긴다. 평가 기준은 전문가 의견(외부 전문가 25%+가트너 연구원 25%), 최근 3년간 총자산이익률(25%), 재고회전율(15%), 최근 3년간 매출성장률(10%)이다.

AMR리서치가 매년 이러한 조사를 실시했으나 2009년 12월 가트너가 6,400만 달러에 이 회사를 인수, 자산화한 뒤로는 가트너 이름을 달고 조사 결과가 나오고 있다. SCM에 관한 기업들의 관심이 뜨거워지자 가트너도 해당 분야의 연구 역량을 강화해 수익성을 높여보겠다는 의도가 보인다. 가트너는 현지시각으로 23일 2013 글로벌 SCM 경쟁력 상위 25개 기업 순위를 발표했다.

이 조사에 따르면 미국 애플은 6년 연속 1위를 차지했다. 애플은 전문가 의견, 총자산이익률, 재고회전율, 매출 성장률 모든 부문에서 높은 평가를 받아 10점 만점에 가까운 9.51점으로 1위를 차지했다. 눈에 띄는 지수는 재고회전율이다. 애플의 재고회전율 지수는 82.7로 25위권 기업들 가운데 맥도날드(147.5)에 이어 2위를 차지했다. 이 같은 재고회전율 지수는 상당히 높은 것이다. '다이렉트판매모델'을 기치로 내건 델컴퓨터조차도 재고회전율은 30.7에 그친다. 삼성전자와의 차이도 상당하다<표 참조>.

이러한 조사 결과에 동의할 수 없는 이유는, 전체 평가 점수에서 전문가 의견의 차지 비중이 과도하게 높다는 것이다. 익명의 외부 전문가(150~200명)가 15분(평균) 동안 웹 투표로 진행한 결과를 토대로 기업의 SCM 역량을 평가했기 때문에 누군가 문제를 제기하면 논란이 생길 소지가 크다. 공정성과 신뢰성을 확보하려면 올해 참여한 외부 전문가

172명, 가트너 연구원 33명이 누구인지, 평가를 할 만한 권위를 가진 사람인지 공개해야 할 것이다. 애플의 높은 재고회전율 지수를 단순히 플러스 점수로 반영하는 평가 로직도 바꿔야 할 것이다. 국내외 부품(디스플레이, 반도체 등) 업체들로부터 터져나오는 불만은 "애플이 과도한 수요 예측치를 제시해 물건을 만들면, 그만큼을 가져가지 않아 재고로 쌓인다"라는 것이다. 나(갑)의 재고를 남(을)에게 떠넘기는 식이다. 가트너는 이런 애플을 '최고의 SCM 역량을 가졌다'고 6년 연속 띄워줬다. 값비싼 가트너 보고서를 구입한 신생, 중소, 중견 기업들은 이러한 애플의 못된 경영 기법(?)을 보고 배울 수도 있을 것이다. 가트너가 건전한 산업 발전을 위해 이러한 보고서를 작성한다는 명분을 내세우려면 후방 협력 업체들의 매출, 이익, 재고회전율 등도 조사해 보다 입체적인 방법으로 평가를 해야 한다.

(디지털데일리, www.ddaily.co.kr, 2013년 5월 29일)

토 의

1. 기업에서 SCM이 왜 중요한지 설명해 보시오.

08

e-ERP

전사적 자원관리(Enterprise Resource Planning: ERP)는 기존의 부문별 정보시스템을 전사적 자원으로 통합하여 관리하고자 하는 새로운 정보기술로 인식되고 있다. ERP시스템은 최근 정보기술(IT)시장의 수요 규모나 성장속도에 있어서 기존의 다른 정보기술보다 훨씬 높은 성장률을 가지고 있으며, 실질적으로 기업의 경영활동이나 경쟁방식을 혁신시키는 새로운 개념으로 받아들여지고 있다. 따라서 ERP시스템의 성공적인 구현 및 조직 내 확산이 중요한 문제로 부각되고 있다.

또한 2000년 이후 대부분의 기업들이 ERP의 도입과 활용에 대한 관심이 높아지면서 기업 내 여러 부서간의 장벽을 허물고 전체 기업의 관점에서 업무흐름을 재정립하는 프로세스 혁신 활동인 업무재설계(BPR) 과정과 연계하여 BPR활동의 효과적 전개를 통해 경쟁우위를 확보하기 위한 노력을 추진하고 있다. 본 장에서는 e-ERP시스템의 출현배경과 목적 그리고 특징에 대해서 살펴보고, ERP시스템의 도입을 위한 기준과 과정에 대해 알아보고, ERP 도입에 따른 효과에 대해 살펴보고자 한다.

제1절 e-ERP의 개요

최근의 기업 정보시스템의 핵심 근간을 이루는 ERP(Enterprise Resource Planning)는 기업 전반의 자원을 효율적으로 활용할 수 있게 해주는 하나의 정보시스템이다. 이는 1960년대의 경영정보시스템(MIS : Management Information System)이나 1980년대의 전략정보시스템(SIS : Strategic Information System)과 마찬가지로 기업경영을 위한 새로운 개념 또는 시스템으로 분류된다.

ERP를 현행 정보시스템에 대체하는 단순도구로 파악하는 것이 아니라 기업이 직면하고 있는 경영과제를 해결하기 위한 기초이자 근거가 되는 경영관리 개념으로 인식하는 것이 중요하다. 본 절에서는 디지털 경영환경에서 정보통신기술의 발전에 따라 기업을 전사적으로 관리할 수 있는 정보화 도구로서 ERP시스템의 출현배경과 목적을 살펴보고, ERP시스템의 기능적이고 기술적인 특징에 대하여 서술하고자 한다.

1.1 e-ERP의 출현배경

기업경영의 상식이라고 여겨지던 많은 원리, 원칙, 틀, 벽이 붕괴되고 기업활동의 모든 국면에서 무한경쟁사회라는 상황에 모든 기업이 놓여 있다. 국경을 초월한 글로벌한 대경쟁 상황 속에서 경영환경은 매일 변화하고 있다. 이러한 환경 속에서 기업이 이익을 보장하고 경쟁력을 유지, 증대시켜가기 위해서는 급변하는 환경변화에 대응한 기업 자신의 혁신(BPR)이 절실하고 강력하게 요구되고 있다.

이러한 변혁을 추진하는 원동력이 ERP이다. 이러한 상황전개에 따라 기업들은 경쟁력 행상을 위해 내적 합리화 노력을 많이 해왔고, 부문별로 자동화를 통한 생산성 향상 또는 효율성 향상을 추구하여 왔다. 이러한 활동은 특정부문이나 한정된 업무영역을 목표로 부문 최적화(local optimum)를 추진하였기 때문에, 기업 전반적이고 종합적인 최적화(global optimum)를 고려하지는 못하였다는 한계점을 가지고 있었다.

ERP시스템의 출현배경으로는 1970년대의 자재소요량계획(Material Requirement Planning: MRP)과 1980년대 제조자원계획(Manufacturing Resource Planning: MRP Ⅱ), 생산관리 분야의 JIT(Just in Time), TQM(Total Quality Management), 경영관리 분야의 경영정보시스템(Manegement Information System: MIS) 등을 기반으로 하여 발전된 개념이다.

1970년대에 시작된 MRP는 제품을 구성하는 모든 요소, 즉 원자재, 부자재, 반제품 등에 소요되는 자재수급계획과 생산관리를 통합시킨 최초의 체계적인 정보관리기술로 어떤 물건(원자재나 부자재, 반제품 등)이 언제, 어떤 제품에서 필요한지를 예측해 주어 기업 자원의 비능률적인 활용이나 낭비를 제거할 수 있도록 해주었다. 그러나 초창기의 MRP시스템은 보편적 개념성과 다양한 적용성을 가지고 있는 것에 반해 컴퓨터와 정보통신기술의 부족, 데이터베이스 기술의 적용 미흡 등으로 업무적용의 한계를 가지고 있었다.

MRP보다 한 단계 발전된 형태인 MRP Ⅱ는 MRP의 문제점이 단순한 자재소요계획을 수립하여 제품생산공정에 필요한 기능을 지원하였지만, 전체적인 생산제조자원에 대한 기능을 보완하고 수주와 판매, 그리고 회계업무 영역까지 포함하는 개념으로 확대되어 최적화된 제조활동을 실현 가능하게 함으로써 효과적인 생산관리 및 제조자원에 대한 관리가 가능하게 되었다. 즉, MRP Ⅱ시스템은 수주 데이터를 근거로 생산일정 스케줄링이나 생산능력에 대한 시뮬레이션 등 생산활동을 분석하는 도구가 추가되면서 더욱 지능적인 생산관리 도구로 발전하게 된 것이다.

특히 시장환경이 글로벌화 됨에 따라 생산 및 물류의 거점이 국내외 여러 곳에 산재하게 되고 국제경쟁력 강화차원에서 전사적인 인적(man), 물적(material), 재무적(money) 자원에 대한 최적 관리와 제품생산을 위한 자재 수발주, 납기를 맞추기 위한 적정재고 및 제조자원관리 등이 실시간으로 이루어져야 할 필요성이 높아졌다. 이와 같이 고객과의 제품공급체계를 유지하기 위하여 내부적으로는 철저한 제조자원에 대한 관리가 필요하며, 협력회사와는 자재수급이 적기에 이루어지도록 조직 내 가치사슬구조를 획기적으로 혁신해야만 하는 상황에 처하게 된 것이다.

(1) e-ERP의 개념과 정의

ERP는 기업의 제품생산을 위한 구매 · 생산 · 영업 · 설비 · 자재 등의 본원적 활동뿐만 아니라 회계 · 인사 · 재무 · 기술개발 등과 같은 지원활동을 통합하여 기업이 보유하고 있는 각종 유 · 무형의 경영자원을 전사적으로 통합관리할 수 있게 해주는 정보시스템을 의미한다. 기존의 정보시스템은 회계관리시스템, 재고관리시스템, 생산관리시스템 등 주로 특정 업무분야를 지원하는 시스템이어서 부문별 정보화에 따른 업무지원에는 문제가 없었지만, 경영환경의 변화에 따라 기업 전체가 시장의 요구와 변화에 적극적으로 대응하면서 조직이 보유한 인력, 자금, 물자 등의 흐름을 정확하고 신속하게 처리하기 위해서는 ERP와 같은 개념의 정보시스템이 필요하게 된 것이다.

ERP는 1970년대 경영정보시스템(Management Information System: MIS)의 출현이나 1980년대의 전략정보시스템(SIS: Strategic Information System)의 출현과 마찬가지로 기업경영을 위한 새로운 개념이며, 정보시스템의 한 유형이다. ERP를 현행 정보시스템의 대체를 위한 단순한 패키지 도구로 파악하는 것이 아니라 기업이 직면하고 있는 경영과제를 해결하기 위한 기초이자 근간이 되는 경영관리 개념으로 인식하는 것이 중요하다.

가트너 그룹의 정의에 의하면 ERP는 제조, 재무, 물류 그리고 다른 경영기

그림 8-1 | ERP시스템의 구축목적

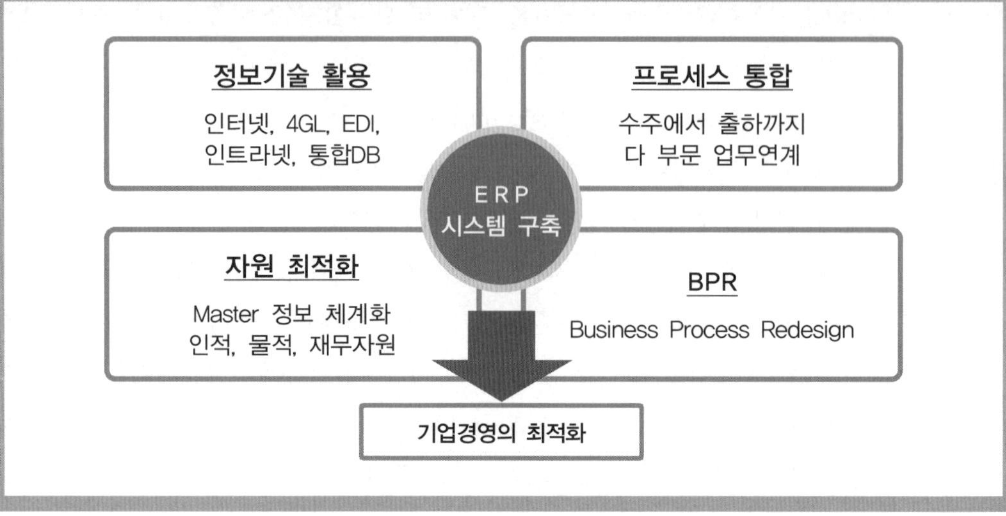

능이 조화를 이루도록 지원하는 응용프로그램의 집합이라고 하였다. 즉, ERP는 경영목표달성을 위해 경영자원을 효율적으로 관리하고, 경영기능이 제대로 기능을 발휘하도록 지원하는 통합정보시스템이라 할 수 있다. ERP시스템의 가장 큰 특징 중의 하나는 영업, 생산, 구매, 재고, 회계, 인사 등 회사 내의 모든 단위업무가 상호 긴밀한 관계를 가지면서 실시간으로 통합되어 처리된다는 것이다. 이러한 업무통합을 통해 기존 MIS의 개념이 제안하고 있는 부분 최적화에서 전체 최적화가 가능하게 되었으며, 과업(task)이나 기능(function) 중심적인 업무처리 방식에서 기능부서간에 걸친 프로세스 지향적인 업무처리방식이 가능하게 되었다.

ERP시스템의 개념이 출현하면서 기존의 정보시스템 개발 및 운영 방식은 상당한 변화를 가져오고 있다. 기존의 기업 내 정보시스템이 전산실이나 정보시스템 부서를 통해서 현업 요구를 기준으로 분석하고 설계하여 시스템을 구현하는 정차를 거친 데 반해, ERP는 자체개발방식 이외에도 공급업체(vendor)가 제공하는 ERP 패키지를 기반으로 도입하여 기업의 업무에 맞도록 커스터마이징(customizing)해주는 방식으로 개발이 추진되고 있기 때문이다. ERP시스템을 적용하기 위해서는 기존의 업무방식을 근본적으로 재설계하고 업무나 자원의 흐름을 실시간(real time)으로 파악할 수 있도록 사내 모든 업무와 자원

그림 8-2 ERP시스템의 처리방식

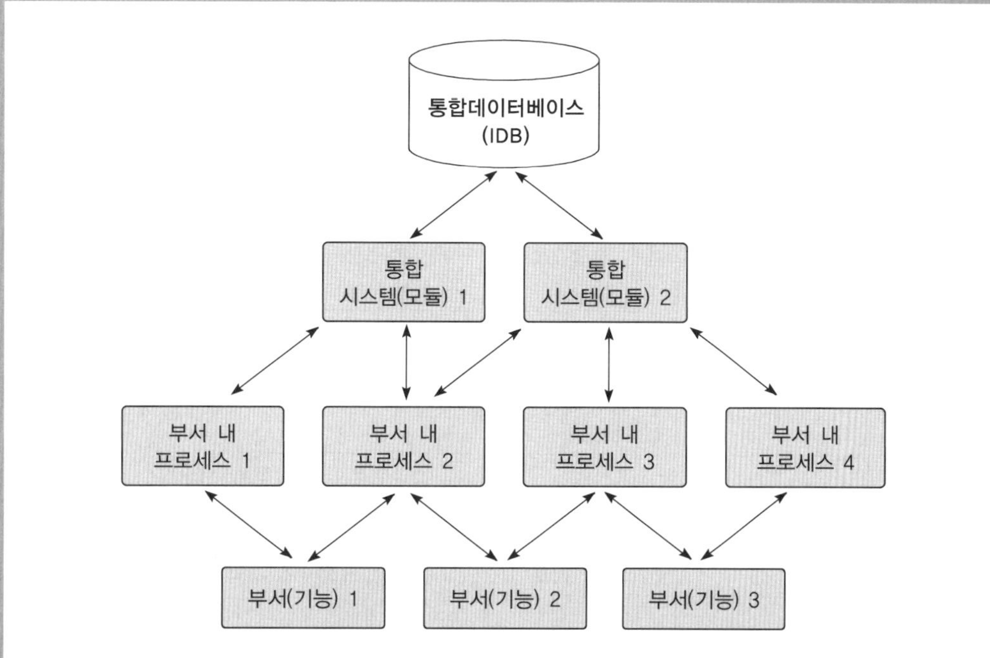

을 통합적으로 관리할 수 있어야 한다.

이에 따라 ERP 구현을 위해서는 현업의 업무지식(process knowledge)에 대한 중요성뿐만 아니라 ERP 기술지식(technology knowledge), 그리고 ERP 구축 이후의 운영지식(operation knowledge)을 가지고 있어야 한다. 그러므로 대부분의 기업에서는 정보시스템 부서만으로는 ERP와 관련된 전문지식을 확보하여 운영하기에는 어려움이 있으며, 기존의 IT 적용이나 유지보수 업무보다는 최신 정보기술의 검토와 분석, 그리고 IT의 전략적 활용과 관련된 분야에 많은 관심을 가지고 전문성을 높이고자 노력하고 있다.

오늘날 기업환경은 정보기술을 활용하지 않고는 수익성 제고나 고객만족의 달성이 어려운 현실에 직면해 있다. 뿐만 아니라 기업의 상하위 공급체계와 제품설계 및 원가자료의 확보, 사업부간의 연결재무제표 작성, 공인된 회계감사의 의무화, 해외 투자자본의 유치 등을 위해 투명하고 성숙한 기업 위상을 확립하기 위해서도 ERP시스템과 같은 전사적 정보화가 필수적인 요건이 되고 있다.

표 8-1 정보시스템의 변천과정

구분	MRP-Ⅰ	MRP-Ⅱ	ERP	ERP-Ⅱ
명 칭	자재소요계획 (Material Requirements Planning)	제조자원관리 (Manufacturing Resource Planning)	전사적 자원관리 (Enterprise Resource Planning)	확장형 ERP (Extened ERP)
연 대	1970	1980	1990	2000
범 위	제조	제조, 영업, 회계	기업의 전 업무 대상 (영업, 생산, 자재, 물류, 품질, 인사, 회계, 원가)	기업의 전 업무대상과 SCM, CRM, PDM 통합
기 능	생산과 자재소요계획	판매계획, 생산계획, 생산일정계획, 자재소요량 계획, 능력소요계획, 작업우선순위	기업의 전 업무 기능 지원	기업 내 전 업무지원과 공급망관리, 고객관계관리, 제품데이터관리
도입 효과	비용절감, 효율향상, 고객요구 대응, 판매예측 향상	기업의 효율성 향상, 비용절감, 생산량 증대, 유휴시간 감축	업무프로세스 최적화, 관리통제, 비용절감, 기업의 효율성 향상, 품질향상, 고객만족, 수익성 향상	ERP의 효과에 추가하여 고객관계관리, 협력사를 고려한 생산계획과 스케줄링, 전략적 가치관리
한계점	기업 내부의 전반적인 관리를 지원하기에는 미흡	시스템의 한계와 낮은 성공률, 기업 내부프로세스 확립 미흡	업무적 한계, 기능 간의 연동을 통한 통합적 관리	기업의 네트워크 형성과 네트워크 경쟁력을 위한 Hub의 구축미흡

(2) e-ERP의 발전단계와 추세

1980년대에 대부분의 기업은 소품종 대량생산의 제조환경에서 다품종 소량생산의 형태로 전이되기 시되었으며, 고객지향의 업무체계가 각광받기 시작하였으며, 수주관리, 판매관리 등의 기능이 보다 중요하게 되었고, 제조활동과 관련된 재무회계처리의 중요성이 인식되기 시작하였다. 다시 말하면 MRPⅡ의 제조자원관리가 필요하게 된 것이다. MRPⅡ는 판매계획, 생산계획, 자재소요계획, 생산능력계획, 부하분석 등의 생산계획과 통제과정에 있는 여러 기능들이 하나의 단일 시스템으로 통합되어 있는 것을 의미한다.

MRPⅡ와 MRP시스템의 차이점은 제조자원의 관리정도이다. MRPⅡ는 사람(Man), 설비(Machine), 자재(Material)의 제조자원의 부하율을 고려하는 방법으로 RCCP(Rough Cut Capacity Planning), CRP(Capacity Requirements planning)가 사용되고, 재무회계, 재고관리, 원가관리시스템과 연계되어 관리되므로 제조자원계획으로 불리고 있다.

최근 기존의 ERP시스템에 기능적, 기술적 사항이 추가되어 발전됨으로써 확장형 ERP가 등장하게 되었으며, 조직 내 업무의 한계를 벗어나 기업의 관계 네트워크(Network) 형성 그리고 기업이 보유한 네트워크간의 경쟁으로 시장 환경이 전환되면서 ERP의 기능에 공급망관리(SCM), 제품데이터관리(PDM), 고객관계관리(CRM) 등의 기능이 추가적으로 보완되었다.

또한 전자문서교환(EDI), 전자상거래(CALS/EC), 전자무역(e-Trade) 등의 지원으로 기업의 국제화 기능이 필수적으로 고려되면서 확장형 ERP는 기업의 회계, 인사, 물류, 생산, 설계업무 중심의 고유기능에서 SCM, CRM, PDM과 같은 고유기능의 추가 이외에도 경영혁신 지원과 정보화 기술지원, 산업유형에 따른 기능지원, 산업 내 국가간 경쟁을 지원하는 Hub 시스템의 확대 적용으로, 글로벌 환경에서의 기업간 네트워크 경쟁으로 변화하는 양상이며, 이를 지원하기 위한 e-비즈니스 시스템으로 진화하고 있다.

1.2 e-ERP의 목적과 구축방법

(1) e-ERP시스템의 목적

기업은 경영활동의 수행을 위해 생산, 판매, 인사, 회계, 자금, 원가, 고정자산 등의 운영시스템을 갖고 있는데, ERP는 이처럼 전 부분에 걸쳐 있는 경영자원을 하나의 체계로 통합적 시스템을 구축함으로써 전사적 자원을 최적화하려는 대표적은 기업 엔지니어링 기법이다.

ERP의 주된 목적은 영업, 생산, 구매, 자재, 회계, 인사 등 사내 모든 업무를 근본적으로 혁신하고, 새롭게 설계된 업무 프로세스를 대상으로 정보기술을 활용하여 프로세스를 통합적으로 처리하고, 정보를 실시간으로 주고받을 수 있도록 하는 것이다. 이를 위해 ERP를 도입하고자 하는 기업은 지존 업무의 혁신을 고려해야 하며, ERP시스템의 목표를 명확히 해야 한다.

최근 대부분의 ERP시스템은 패키지의 형태로 제공되고 있으며, 업무 프로세스 역시 ERP시스템 내에 선진 프로세스(best business practice)를 내장하고 있기 때문에 기업체들은 별도의 첨단 경영기법이나 경영컨설팅 또는 BPR(Business Process Re-engineering)을 하지 않고도 ERP 도입을 통해 자동적으로 경영혁신을 이룩할 수 있는 효과를 얻을 수 있다.

(2) e-ERP시스템의 구축방법

ERP시스템은 기존의 MIS시스템을 구축하는 방법과 비슷한 경로인 분석(Analysis), 설계(Design), 구축(Construction), 구현(Implementation) 등 4단계의 과정을 거쳐 구축된다. 하지만 ERP시스템의 구축과정에서 수행되는 작업은 기존 MIS 추진방식과는 큰 차이를 보이고 있다. 그 이유는 전사적 자원의 최적화를 위한 기존 업무의 재설계과정이 필수적으로 따라야 하기 때문이다. MIS시스템이 각 부문의 최종사용자 정보요구사항을 반영하여 기업의 업무환경에 적합하게 현행업무(AS-IS Process) 설계에 반영하고 따라서 향후 개발될 결과시스템의 구축 목표가 수립되는 데에 반해, ERP시스템에서는 ERP 구축 시에 전사적 자원의 최적화를 위한 현행업무(AS-IS Process)를 분석하고, 다부문에 걸친 미래업무(TO-BE process)를 설계하여 ERP시스템을 구축하기 때문에 업무재설계 과정이 추가적으로 필요하다.

또한 최근의 ERP 도입과정에서는 자체적인 개발의 어려움 때문에 ERP 패키지를 도입하게 되는데, 이 과정에서 대부분의 ERP 패키지는 선진 프로세스(Best Business Process)를 보유하고 있어 구현된 업무프로세스에 맞추어 현행업무와 조직을 바꾸기도 한다. 결과적으로 ERP시스템은 구축이 시작되면서부터 끝날 때까지 기존 업무관행이나 변화에 저항하는 조직구성원의 저항에 부딪치게 되며, 이를 극복해 나가야 하는 과정을 수없이 되풀이해야 한다. 또한 내부적으로 조직적 저항이 크거나 추진능력이 미흡할 경우에는 외부의 전문적인 컨설팅을 받게 되며, 조직이 크면 클수록 경영진부터 말단 사원에 이르기까지 변화관리(change management) 활동을 수행하여야 하는 경우가 적지 않다.

다음은 ERP시스템의 구축방법에 대하여 살펴보고자 한다. ERP 구축에 있어서 무엇보다 중요한 것은 조직 내 불필요한 업무 프로세스를 제거하고 조직의 전사적 자원에 대한 최적화 방안을 어떻게 도출할 것인가이다. 이를 위해서는 조직이 우선적으로 정보전략계획(ISP)을 수립하는 것이 중요하며, ISP 추진과정에서 개념적인 분석과 설계과정을 수행하여 업무의 불합리한 영역을 제거하고, ERP 구축에 대한 사전타당성을 평가하는 것이 바람직하다.

ERP시스템의 구축방법은 크게 2가지로 구분할 수 있다. 현황파악(AS-IS 분석)과 ERP 패키지 선정에 있어서 우선순위를 무엇으로 할 것인가가 중요한 과제이다. 성공적인 시스템을 구축하기 위해서는 무엇보다 자기 기업의 현주

그림 8-3 | AS-IS 분석에 따른 패키지 선정방식

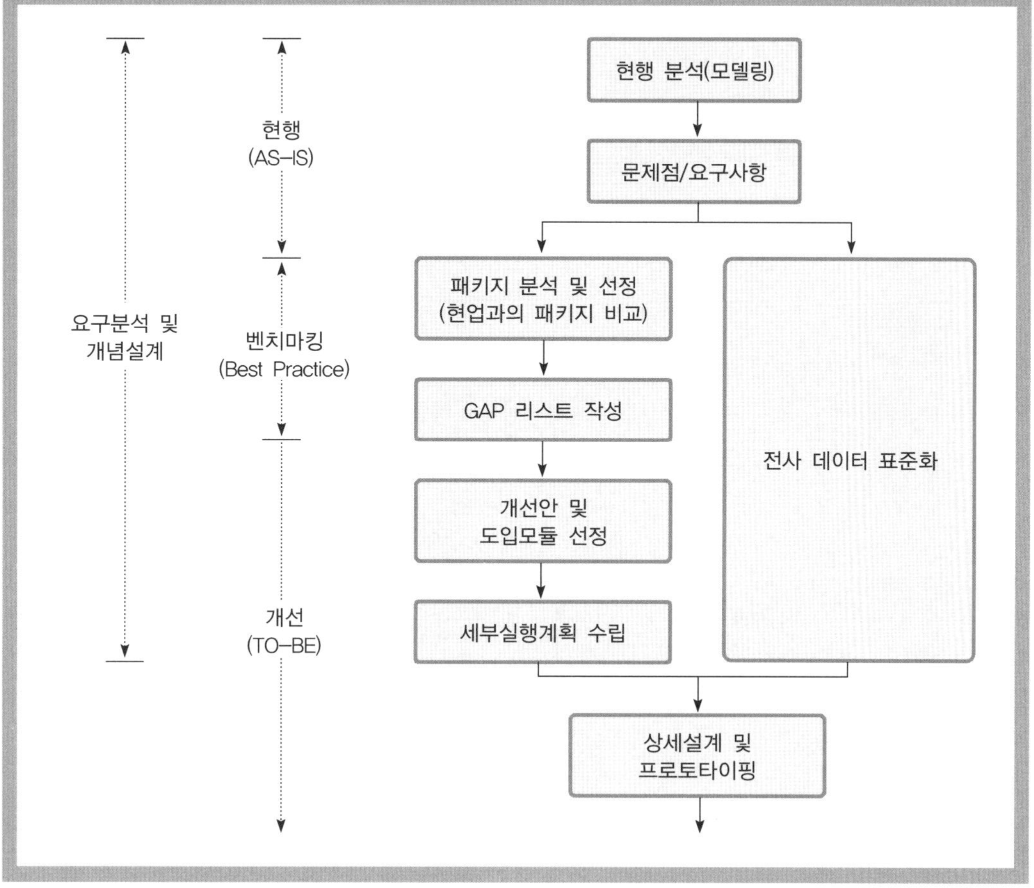

소를 명확히 하는 것이 첫 번째 방법이며, 자기 기업의 현주소 파악이 어려울 경우, 검증된 ERP 패키지를 통해 자기 기업의 현주소를 평가해 보는 것도 대안이 될 수 있다.

① AS-IS 분석 후 ERP 패키지 도입

ERP시스템의 구축방법으로 제안하는 첫 번째 방법은 AS-IS 분석을 통하여 현행업무를 분석한 후, 형행업무의 문제점과 업무요구사항을 파악하고, 벤치마킹을 통한 패키지 선정과 현행업무와의 비교를 통해 차이분석(Gap Analysis)을 수행하고, 개선안과 도입모듈에 대한 선정을 통해 ERP 실행계획을 수립하는 것이다. 패키지의 선정시에 전사적인 데이터 표준화작업을 동시에 수행한다.

이 방식의 장점은 자사의 업무분석과정을 통하여 업무모델링을 수행하고,

그림 8-4 | 패키지 선정 이후의 AS-IS 분석 수행방식

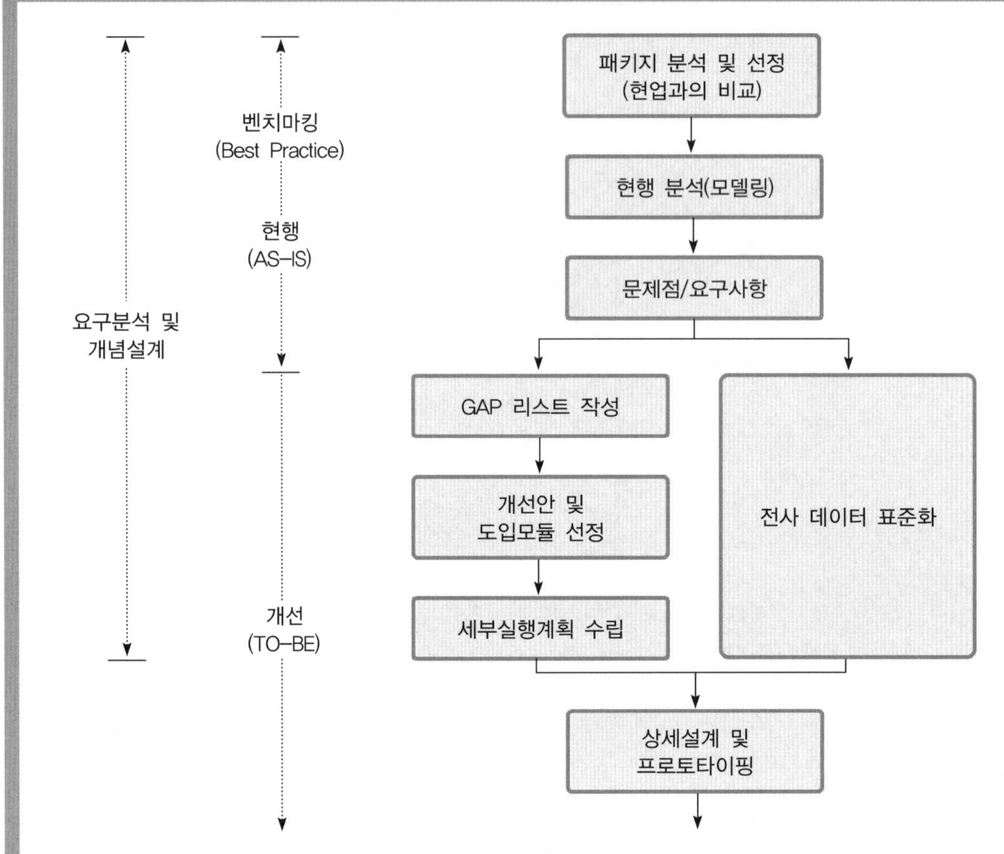

현황파악에서 나타난 문제점과 업무요구사항을 분석함으로써 자사에 가장 적합한 ERP패키지를 성정하기 때문에 자사와 적합한 ERP시스템을 구축할 수 있는 가능성이 높다. 또한 자사의 고유업무가 경쟁력이 있을 경우, 패키지에 추가적인 작업을 통해 커스터마이징을 수행할 수 있다. 하지만 단점으로는 자사의 고유업무 반영이라는 목표로 인해 자사 업무에 대한 분석기간이나 ERP패키지가 보유한 최적 실행사례(best practice)의 반영이 미흡할 수 있으며, 커스터마이징 작업에 시간이 많이 소요될 수 있다.

② ERP 패키지 선정 후 AS-IS 분석

ERP시스템의 구축방법으로 제안하는 두 번째 방법은 우선적으로 해당 산업에서 유명도와 구축실적이 많은 ERP 패키지를 도입하여 패키지가 보유한

최적 실행사례(best practice)를 기반으로 현행업무에 대한 AS-IS 분석을 통하여 현행업무의 문제점과 업무요구사항을 파악하고, 차이분석(Gap Analysis)을 수행하여 개선안과 도입모듈에 대한 선정을 통해 ERP 실행계획을 수립하는 것이다.

이 방법도 패키지의 선정 시에 전사적인 데이터 표준화 작업을 동시에 수행한다. 이 방식의 장점은 해당 산업에서 시장조사를 통해 유명도가 높고, 구축경험이 많은 ERP 패키지를 선정하기 때문에 검증된 제품을 활용할 수 있으며, 패키지가 보유한 최적 실행사례(best practice)의 반영이 가능하며, 커스터마이징 기간이 단축되는 장점을 가진다. 하지만 단점으로는 자사의 업무분석에서 나타난 고유업무의 반영이나 자사와는 다른 업무유형을 반영하게 될 가능성이 높아 현업사용자의 불만이 발생할 소지가 높다.

1.3 e-ERP시스템의 특징

ERP시스템이 기존의 MRP 혹은 MRP Ⅱ 시스템과 다른 차이점은 전사적 자원에 대한 최적화를 목표로 하는 시스템이며, 지금까지 기업 정보시스템 유형과는 다른 차별화된 기능을 가지고 있다는 점이다. 여기서는 e-ERP시스템이 가지는 기능적 특징과 기술적 특징에 대해 살펴보고자 한다.

(1) 기능적 특징

① 산업별 업무기능을 지원하는 솔루션

ERP시스템은 공급업체가 제공하는 솔루션의 형태에 따라 크게 범용형 솔루션과 산업특화 솔루션 등의 2가지 기능적 특징을 가지고 있다. 범용형 솔루션은 제조업을 중심으로 단속생산, 조립생산, 연속생산, 프로젝트생산에 이르는 다양한 생산형태를 지원하며, 파라미터의 조정이나 프로그램의 수정 및 추가에 의해 제품기능을 지원한다. 이에 대해 산업특화 솔루션은 업종의 특성에 맞도록 프로세스가 구성되어 커스터마이징 작업이 거의 없이 해당산업의 최적실행사례(best practice)를 기반으로 제품기능을 지원한다.

② 글로벌 환경에서의 다국적기업 지원

ERP시스템은 한 국가 내의 단일 회사만을 지원하는 시스템이 아니라 글로벌 경영환경에 따른 다국적기업을 지원하는 시스템으로서 여러 국가의 통화, 결제수단, 언어를 이용할 수 있도록 구성되어 있다. 국내의 많은 기업이 해외에 지점과 공장을 가지고 있으며, 해외의 다국적기업이 국내에 제조기업이나 지사를 가지고 있어 글로벌 환경에서의 언어나 통화 그리고 회계제도의 변경이나 추가가 쉬운 시스템 기능을 지원해야 한다.

③ 통합된 업무 프로세스 지원

ERP시스템은 조직구성원의 인사관리, 기업의 물류관리, 고객과의 영업지원, 제품생산 및 구매활동 등에 대한 프로세스를 분산적으로 처리함과 동시에 통합적으로 관리할 수 있어야 한다. 특히 지역적으로 분산된 업무나 본사 및 대리점간의 거래지원, 협력업체와의 구매관리 등이 물리적으로 분산되어 있다 하더라도 전사적 차원에서의 통합적 관리가 가능하도록 업무 프로세스의 통합이 이루어져야 한다. 또한 국내외적으로 분산된 본사와 해외지사간의 통합적 회계시스템은 국제적 기준에 의해 회계시스템으로 연계되어야 한다.

④ 파라미터 설정에 의한 단기간의 구현의 지원

ERP시스템은 기본적인 패키지 형태로 구성되어 있어 사용자들의 업무요구사항에 대하여 대부분의 업무기능을 지원하고 있지만, 입력화면이나 처리조직, 그리고 출력물에 대하여 사용자들의 새로운 요구사항이 발생할 경우에는 새로운 개발이 없이 패키지가 가지고 있는 프로그램의 기준정보 혹은 파라미터(parameter) 설정으로 ERP시스템의 설치가 가능해야 하며, ERP 버전의 업그레이드 지원기능을 가져 변경이 쉽게 이루어져야 한다. 이러한 점은 개발기간의 단축과 유지보수의 용이성으로 변경사항에 대한 투입공수를 감축할 수 있다.

⑤ 비즈니스 프로세스 모델에 의한 리엔지니어링 지원

ERP시스템은 산업별 최고 실행사례(best practice)를 참조모델(reference model)로 가지고 있다. 대부분의 ERP 공급업체는 기업의 전략과 제조 및 서비스 기능에 대하여 업무재설계(BPR)가 완료된 이후의 ERP시스템 모델을 가지고 있기 때문에 해당기업의 업무 프로세스와 단위업무에 대한 요구사항을 분석하여 ERP 프로세스와 매핑(mapping) 과정을 통해 자세한 수준의 ERP 구현 과정이 이루어진다. 성공적인 ERP 구현이 되기 위해서는 업무분선 및 설계과정에서 적용된 새로운 업무 프로세스가 기업의 조직이나 업무, 그리고 제도 차원에서 조화가 이루어질 수 있도록 업무혁신활동을 지원해야 한다.

(2) 기술적 특징

① 클라이언트/서버 시스템

과거 중앙집중식 처리방식에서는 사용자가 사용하고 있는 터미널은 중앙의 HOST 컴퓨터로부터 얻어온 정보를 화면에 보여주는 단순한 단말기 역할을 수행하였다. 최근 사용자들이 사용하는 클라이언트 PC는 기능과 가격면에서 높은 성능을 보여주고 있으며, ERP시스템의 환경 구축에 있어서도 클라이언트/서버 아키텍처를 채택하는 기업들이 대부분이다. 또한 지역적으로 분산화 처리가 가능하여 중앙의 ERP 서버에 부하가 크게 줄어드는 시스템 처리방식을 채택하고 있다.

② 개방형 체제 및 다양한 정보기술 지원

ERP시스템은 업계표준과 국제표준을 채용한 다수의 공급업체로부터 개방형 시스템 환경을 구성할 수 있으며, 이기종간의 정보통합 및 활용에 있어서도 특정 하드웨어나 소프트웨어의 종류와 관계없이 사용할 수 있도록 기능을 지원하고 있다. 또한 갈수록 고도화되어 가고 있는 ERP 패키지의 개발에 있어 기존의 프로그램 개발방식에서 벗어나 4세대 언어(4GL)라고 불리우는 프로그램 언어들과 컴포넌트 기반의 소프트웨어 개발방식을 채택함으로써 이식성이나 호환성, 그리고 확장성에서 장점을 가지고 있다. 최근에는 Web을 통한 ERP시스템의 필요성이 대두되면서 웹 브라우저를 통한 ERP시스템의 접속이 증가하는 추세이다.

③ 관계형 데이터베이스(RDBMS)

ERP시스템은 영업, 생산, 자재, 품질, 인사, 회계 등의 기업 업무프로세스를 지원하기 위해 조직 내 정보자원을 통합된 데이터베이스에 관리하는 관계형 데이터베이스 시스템을 채택하고 있다. 기존의 파일 시스템 구조는 데이터의 독립성이 낮고, 개발언어에 대한 종속성이 높아 데이터 중복관리와 재입력 등에 문제가 있었다. 통합 데이터베이스는 기준정보의 관리에서부터 거래 데이터를 중복 없이 저장하여 실시간으로 정보를 활용할 수 있도록 정보자원의 공유 및 활용을 가능하게 한다.

④ 사용자 중심의 인터페이스 및 멀티미디어 지원

ERP 패키지의 사용자 운영환경은 기업의 관리자나 사용자가 ERP시스템에 쉽게 접근하여 활용할 수 있도록 간편하고 쉬운 GUI(Graphic User Interface) 환경을 가지고 있다. 대부분의 ERP시스템은 GUI 환경에서 문자나 그래픽, 음성, 화상, 동영상 등의 각종 정보를 쉽게 활용할 수 있으며, 조직구성원의 사진, 불량제품의 처리화면, 제품의 설계도면, 그리고 생산현장의 작업 동영상 등을 볼 수 있도록 기능을 제공한다. 또한 ERP시스템에서는 Excel과 같은 스프레드 쉬트나 워드 프로세스의 상호 정보교환이 가능하도록 다른 형식의 파일을 불러오거나 저장할 수 있도록 쉬운 인터페이스 기능을 지원한다.

제2절 e-ERP시스템의 기능

ERP시스템의 구성은 제품 공급자나 사용자 기업의 특성에 따라 여러 가지 유형으로 분류되어 사용된다. 제조업의 경우에는 제조활동이 중요하기 때문에 생산 및 자재업무가 포함된 MRP 기능이 중요한 모듈로 구성된다. 하지만 유통업의 경우에는 생산이나 자재업무보다는 구매활동과 영업활동이 중요한 모듈로 구성되어 ERP시스템이 구성된다. 본 절에서는 ERP시스템의 구성체계에 대하여 제조업을 중심으로 서술하게 되며, 일반적인 제조업의 업무 프로세스를 제시하고 세부적인 업무기능에 대하여 살펴보고자 한다.

2.1 e-ERP시스템의 구성체계

ERP시스템은 기업 내부 혹은 기업간의 다양한 업무활동에서 나타나는 프로세스와 프로세스간에 존재하는 과업들을 업무흐름에 따라 시스템으로 구현한 것이다. 일반적으로 수주업무에서 고객사에 납품하기까지 상품공급의 흐름이 존재하며, 인력의 채용부터 퇴직에 이르기까지 인적자원의 흐름이 존재한다. 또한 회계전표의 생성으로부터 재무제표의 작성에 이르기까지 재무적 자원의 업무흐름이 있다.

이와 같은 일련의 업무 프로세스를 통합하여 하나의 패키지로 구성한 것이 ERP시스템이다. 그러므로 기업 운영에서 필수적인 인적, 물적, 재무적 자원의 흐름을 체계화하고 전사적으로 경영자원의 최적화를 위한 시스템 환경의 구성이 무엇보다 중요하다. 여기서는 e-ERP시스템의 구성을 제조업의 환경에 맞추어 제시하고자 하며, ERP시스템의 업무기능에 따른 단위모듈을 설명한다.

(1) e-ERP시스템의 구성

제조업의 ERP시스템은 제조기업의 업무환경에 따라 영업관리, 납품관리, 거래처관리, 생산관리, 구매관리, 외주관리, 인사관리, 자산관리, 회계관리 등의 업무영역을 가지고 있다. 이와 같은 ERP시스템의 하위 기능들은 산업적 특성과 기업 고유의 업무에 따라 다시 세부적인 업무기능으로 다시 세분화되어 ERP시스템의 단위모듈을 구성하게 된다.

① Front-Office 업무

Front-Office 업무는 기업의 영업 및 마케팅 활동을 지원하기 위한 기능을 포함하고 있다. 이 업무는 주로 제품거래활동을 의미하여, 거래처와의 주문이나 견적업무를 처리하는 영업관리와 제품을 적기에 출하하여 공급하는 납품관리, 그리고 납품활동에 따른 사후관리 및 서비스를 수행하는 거래처관리업무가 있다.

② 제조활동 관련업무

제조활동 관련업무는 고객으로부터 받은 주문을 기업의 제조활동에 반영하는 일련의 업무와 관련이 있다. 일반적으로 제품제조를 담당하는 생산관리와 제품생산에 원자재, 부자재, 소모품 등을 구입하는 구매관리, 그리고 외부의 협력업체로부터 단품이나 반제품의 가공을 담당하는 외주관리업무가 이에 해당한다.

그림 8-5 | 제조업 ERP시스템의 기능 구성

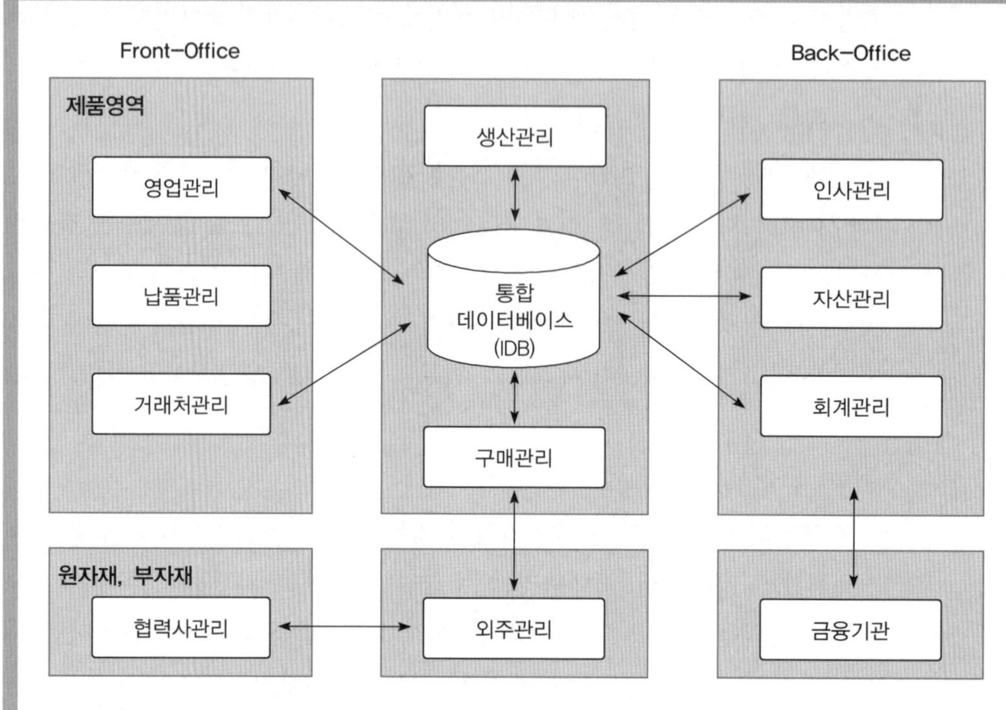

③ Back-Office 업무

Back-Office 업무는 기업의 외부 거래활동에 대한 내부적인 업무활동을 지원하는 기능을 포함하고 있다. 이 업무는 주로 조직구성원을 관리하는 인사관리, 기업의 생산활동에 필요한 공장, 설비, 기자재 등의 자산을 관리하는 자산관리, 그리고 기업의 거래활동에 따라 수반되는 현금흐름과 부가세 처리, 자금관리를 담당하는 회계업무 등이 있다.

(2) e-ERP시스템의 기능적 확장

ERP시스템의 구성에 있어서 최근의 논의는 기업의 Front-Office와 Back-Office 업무 이외에도 점차 정보기술의 적용과 활용능력이 증대하면서 ERP시스템의 기능적 확장이 이루어지고 있다. 급속한 정보기술의 발전과 인터넷의 활용을 통해 점차 기업간의 경쟁환경은 ERP시스템의 기능적 확장을 더욱 가속화하고 있다. 지금까지의 경영혁신은 주로 기업 내 전략, 기능, 구조혁신에 초점을 두었으나, 미래의 기업경영은 경영의 투명성 확보와 스피드 경영을 통해 경영효율화를 극대화하고, 국제경쟁력을 강화하는 데 초점을 두고 있다. 즉, 글로벌 마케팅, 글로벌 생산 등이 미래 기업경영전략으로 대두되면서 이를 뒷받침할 수 있는 공급망관리(SCM), 고객관계관리(CRM), 전략적 기업관리(SEM) 등이 확장된 ERP(extended ERP)로 발전하고 있다. 2000년대 이후의 ERP시스템에 있어서 기능적 확장영역으로는 공급망관리(SCM), 고객관계관리(CRM), 모바일 정보연계, 유비쿼터스 환경구축 등으로 고객이나 협력사와의 업무지원기능이 추가적으로 고려되고 있다.

그러나 EDI, CALS/EC, 인터넷 등의 지원으로 기업의 국제화 기능이 필수적인 요소로 고려되면서 확장형 ERP라는 개념으로 기업의 생산, 물류, 인사, 회계 등의 업무에서 설계기능을 추가한 제품데이터관리(Product Data Management: PDM) 영역 등이 ERP 기본 시스템에 추가적으로 구성되고 있다. 또한 첨단 정보기술과 산업별 전문화 분야의 확대 적용을 위해 ERP시스템의 기능에 지능형 시스템의 기능이 추가적으로 고려되고 있다.

2.2 e-ERP시스템의 주요 기능

(1) 영업관리

영업관리시스템은 조직의 업무활동 중 제품의 판매를 위한 제품재고관리, 고객관리 및 주문처리, 가격관리, 그리고 유통망관리 등을 지원하는 정보시스템을 말한다. 〈그림 8-6〉과 같이 영업관리시스템은 마케팅의 기획, 관리, 그리고 거래처리에 필요한 데이터를 처리하며, 판매와 관련된 주요 의사결정에 필요한 정보를 제공한다.

운영기능으로는 고객의 주문에 따라 거래를 처리하고, 영업사원의 할당, 제품재고의 파악, 유통채널 및 매장의 관리, 제품의 출하 및 선적관리 등을 지원하며, 고객과의 관계증진을 위한 사후관리를 지원한다.

그림 8-6 | 영업관리시스템의 계층별 정보지원

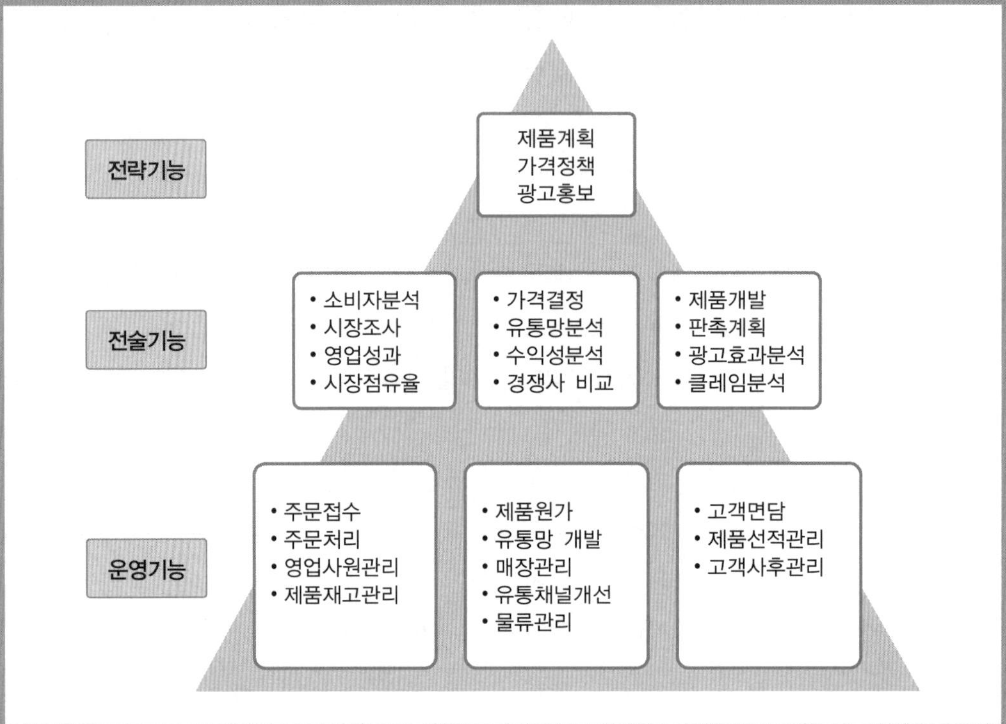

(2) 생산관리

생산관리는 제조업에 있어서 중요한 경영자원인 자본(Money), 인력(Man), 물자(Material), 설비(Machine)를 운영하여 부가가치 제품을 생산하는 업무를 담당하며, 품질을 높이고, 원가를 줄이며, 고객에 대한 제품납기를 충족하는 Q(Quality), C(Cost), D(Delivery)의 서비스 목표를 달성하기 위한 생산공정 및 인력자원 등의 효율적인 통제에 업무운영의 목표가 있다. 생산관리시스템은 크게 제품의 특성, 생산 유형 및 형태에 따라서 결정되며, 계획생산이나 주문생산과 같은 생산유형에 따라 도입되는 ERP시스템의 모듈도 달라진다.

생산관리시스템은 조직의 업무활동 중 제품의 제조 및 생산기능과 관련되어 생산관리, 설비관리, 공정관리, 품질관리 등을 지원하는 정보시스템을 말한다. 〈그림 8-7〉과 같이 생산관리시스템은 생산현장에서 일어나는 여러 가지 작업을 운영하고 통제하며, 생산활동의 주요 업무계획이나 진행상황, 그리고 실적을 분석하고 평가한다. 특히 생산업무는 판매계획이나 자재구매, 설비

그림 8-7 | 생산관리시스템의 계층별 정보지원

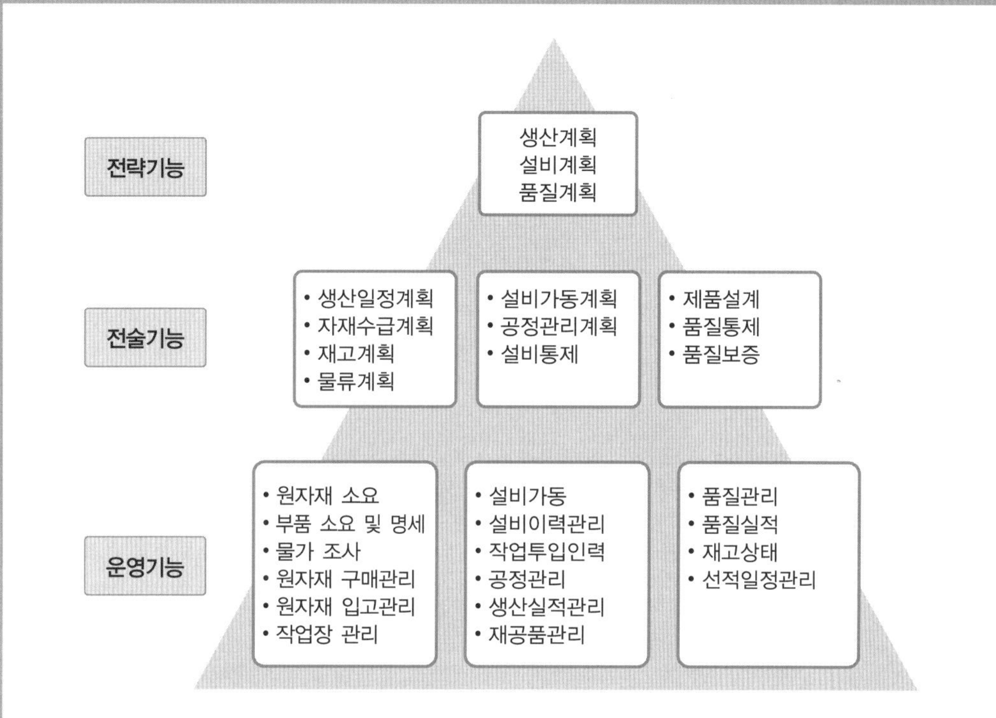

관리 등의 업무영역과 밀접한 상관관계를 가지며, 제조기업이 보유한 생산자원 전반의 계획과 실적을 관리하는 역할을 수행한다.

(3) 자재관리

자재관리는 제조업의 제품 생산활동에 필요한 원자재 및 부자재를 구매하고, 제품제조과정에 필요한 소모성 자재를 공급하는 역할을 통해 부가가치 높은 제품을 생산할 수 있도록 한다. 일반적으로 자재관리업무는 과거부터 자재소요계획의 개념으로 MRP I 의 수준에서 대부분 이루어졌을 뿐, 제조자원관리인 MRP II 의 수준에서 정보화가 이루어진 것은 영업, 생산, 구매, 회계, 원가 등의 관련업무와의 연계를 통해 자원 활용의 최적화를 추구하려는 목적에 있다.

자재관리시스템은 조직의 업무활동 중 제품의 제조활동에 필요한 원자재, 부자재, 소모성자재(MRO) 등을 구입하고 관리하는 정보시스템을 말한다. 〈그

그림 8-8 | 자재관리시스템의 계층별 정보지원

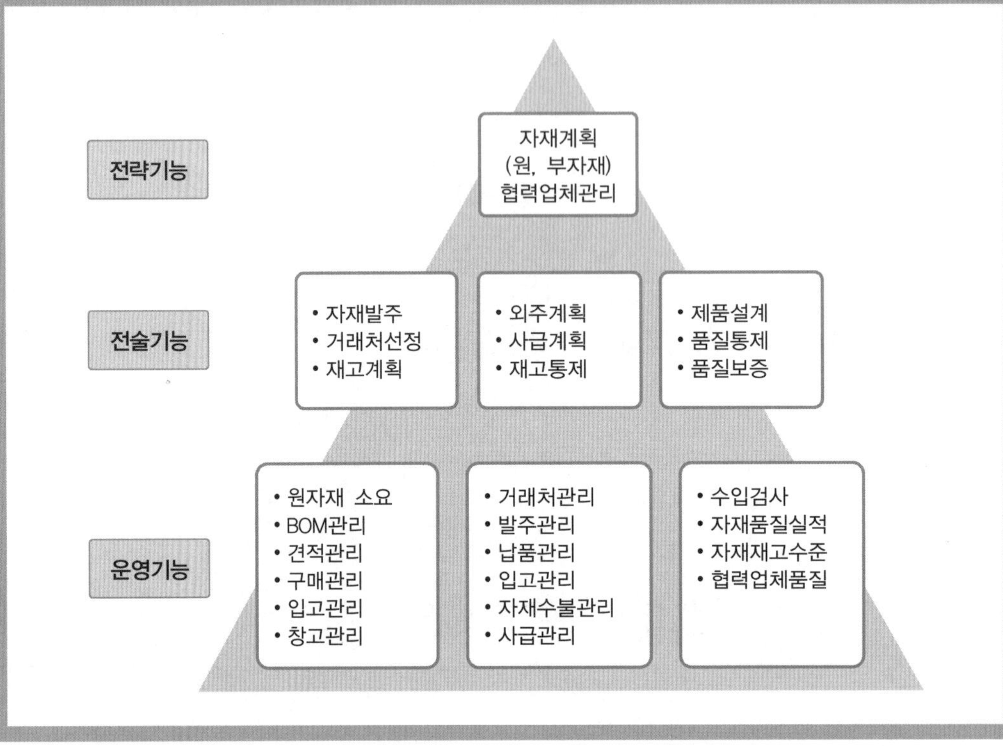

림 8-8〉과 같이 자재관리시스템은 생산에 필요한 자재의 구매와 입고, 재고 등의 업무를 운영하고 통제하며, 자재관련 주요 업무계획이나 진행상황, 그리고 실적을 분석하고 평가한다. 특히 자재업무는 생산계획이나 자재구매, 협력업체관리 등의 업무영역과 밀접한 관련성을 가지고 있으며, 제조기업의 생산활동에 필요한 자재투입계획과 실적을 관리하는 역할을 수행한다.

(4) 인사관리

인사관리는 조직구성원의 직위, 학력, 경력, 병력, 발령, 보증인, 자격 및 면허, 가족사항 등의 인사기본사항을 관리하여, 인사기본사항과 출결 및 근태자료를 기반으로 급여기초자료를 생성하게 되며, 근태자료와 업무실적자료를 이용하여 사원 개개인의 근무실적을 관리한다. 또한 조직구성원의 근태 및 업무성과에 따라 조직구성원에게 월급여를 지급하고 상여금이나 연말정산, 그리고 퇴직금 정산 등의 업무를 관리한다.

그림 8-9 | 인사관리시스템의 계층별 정보지원

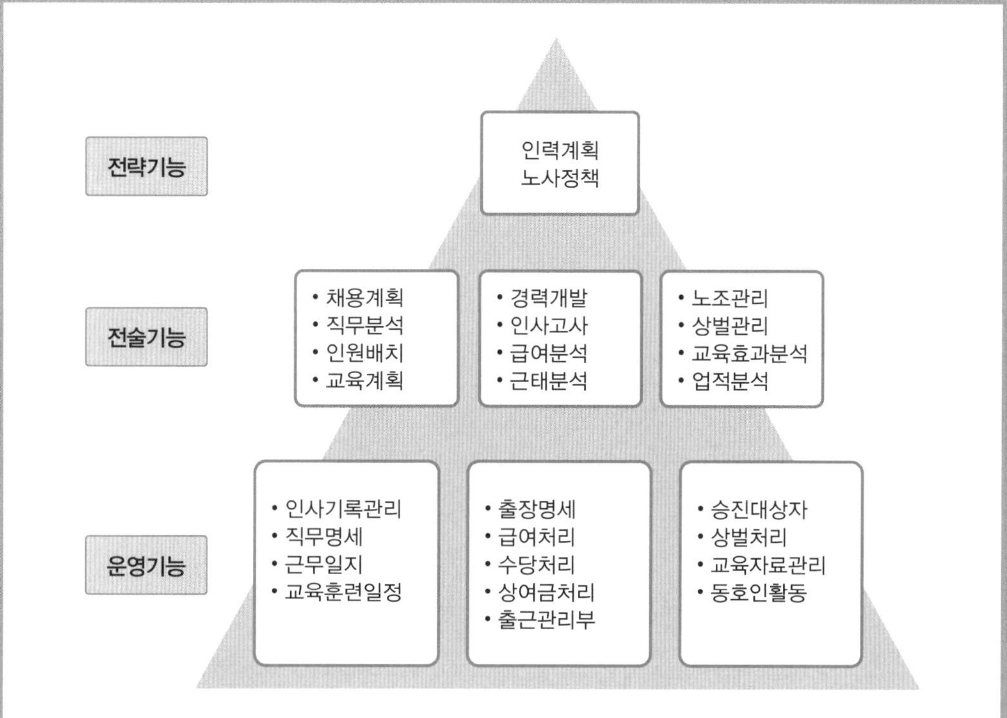

인사관리시스템은 조직의 업무활동 중 조직구성원의 채용, 경력개발, 교육훈련, 노사관계 등의 인적자원관리를 지원하는 정보시스템이며, 환경변화에 따른 우수인력의 확보와 유지를 위해 조직에 필수적인 정보자원으로 인적자원에 대한 정확하고 풍부한 정보를 계속 유지할 수 있도록 해야 한다. 〈그림 8-9〉와 같이 인사관리시스템은 기업의 각 부분에서 필요로 하는 인력의 채용과 적절한 배치, 그리고 인력의 노동생산성 향상을 위한 교육과 훈련의 실행, 인적자원의 성과분석 등을 위한 정보를 제공하는 역할을 수행한다.

(5) 회계관리

회계관리는 경영활동의 수행 결과에 따라 필요한 회계정보를 생성하고, 경영층을 비롯한 이해관계자에게 필요한 의사결정 정보를 제공하는 업무기능으로, 현대 기업의 경영관리에서 차지하는 역할이 매우 크다. 회계관리시스템은 기업활동에서 발생하는 수익과 비용의 원천적인 자료를 확보하여 기업

그림 8-10 | 회계관리시스템의 계층별 정보지원

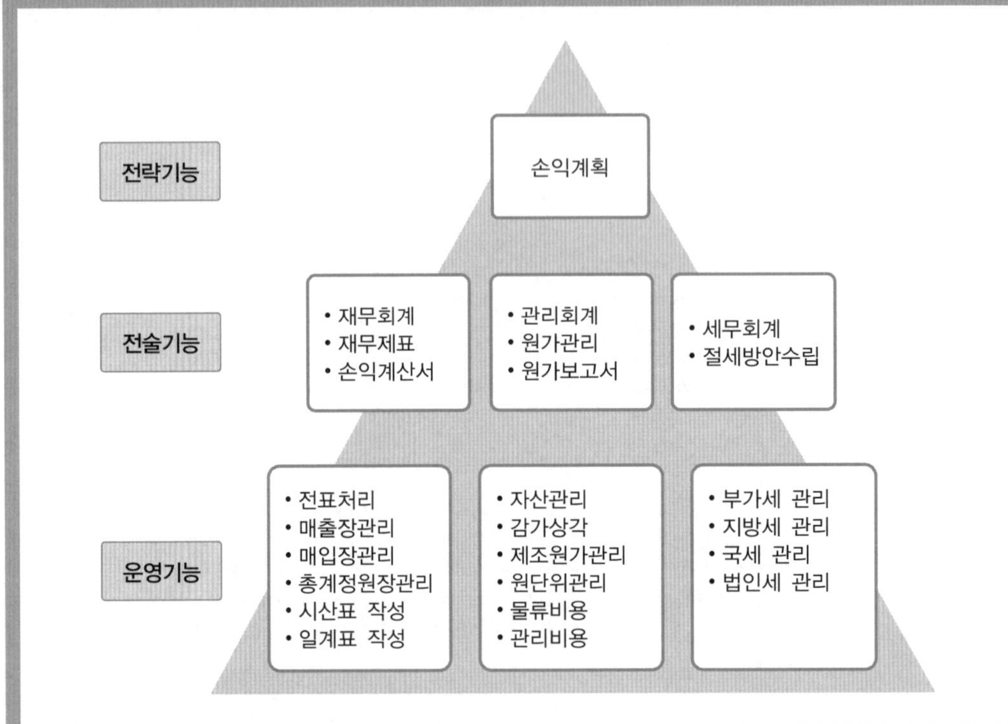

의 손익계획을 수립할 수 있도록 지원하는 정보시스템이다.

〈그림 8-10〉의 회계관리시스템은 기업활동의 과정이나 결과로 발생하는 여러 가지 기초 자료를 기반으로 재무회계, 관리회계, 세무회계 등의 업무를 처리하며 기업활동의 결과인 제조원가보고서, 손익계산서, 재무제표 등을 작성하여 경영층에게 보고하는 역할을 수행한다.

제3절 e-ERP시스템의 도입

오늘날 대부분의 기업은 전산화의 단계를 벗어나 조직 내 정보자원을 통합하여 자원을 최적화하기 위한 ERP시스템의 도입에 많은 관심을 기울이고 있다. 기업에서의 ERP시스템 도입은 정보화의 기반구조를 구축한다는 측면에서 대단히 중요한 과업이다. ERP시스템의 도입에 있어서 고려되어야 할 사항은 자체적으로 개발할 것인지 혹은 우수한 ERP 패키지를 선택할 것인지에 관한 것이다. 이 절에서는 e-ERP시스템의 도입에 있어서 고려사항과 자체개발 혹은 패키지 구입에 관하여 장단점을 살펴본다. 그리고 자체개발과 패키지 구입에 따른 e-ERP시스템의 도입과정에 대하여 살펴보고자 한다.

3.1 e-ERP시스템의 도입기준

국내 e-ERP시스템의 도입에 있어서 나타나는 주요한 현상 중의 하나는 대기업이나 중소기업을 막론하고, 대부분의 경우 자체개발보다는 자사의 업무프로세스에 적합한 패키지를 선정하여 도입하는 방식을 취하고 있다는 점이다. 이러한 의사결정이 나타나게 된 배경은 패키지의 도입을 통한 e-ERP시스템의 구축이 자체개발에 비하여 비용을 절감하고 위험요소를 감소시킨다는 것이다. 즉, 전체적인 도입비용이 자체적인 개발비용보다 더 적고 검증된 제품을 활용하기 때문에 빠른 시간에 적용이 가능하며 효과에 대한 예측이 가능하다는 것이며, 구축기간 및 비용투자에 있어서 위험부담을 줄일 수 있다는 장점이 있다.

(1) 자체 개발과 패키지 도입

e-ERP시스템의 도입에 있어서 자체개발과 패키지 도입이라는 중요한 의사결정을 수행하기 이전에 고려해야 할 사항은 정보전략계획(information strategy planning)과 업무재설계(business process redesign)를 수행하는 것이다. ISP/BPR 작업은 기업에 있어서 정보화 추진의 목표와 추진대상 및 범위를 확정하는 것이며, 나아가 기존의 불합리한 업무 프로세스를 개선하고 조직 내 정보자원

을 통합적으로 관리하고자 하는 것이다. ISP/BPR 작업이 완료되는 시점에서 수행하는 의사결정으로 단계적인 접근(phased approach)에 의한 e-ERP시스템을 구축할 것인지 혹은 일괄적인 시스템의 교체방식(big bang approach)에 의해 e-ERP시스템을 구축할 것인지에 대해 결정하는 것이다.

단계적인 접근방법은 기업의 필요에 따라 기존의 정보시스템이 잘 활용되고 있을 경우, 필요한 부문의 업무를 개선하면서 전체적인 시스템의 교체를 추구하는 방식이며, 일괄교체 접근방법은 기존의 정보시스템이 전반적으로 문제가 있어 업무 및 의사결정에 필요한 정보를 제공하지 못할 경우 전체 시스템을 새로운 시스템으로 전환하는 방식이다. 단계적인 접근방법은 기존의 업무환경을 유지하면서 점진적인 개선을 추구하는 것이어서 위험도는 낮지만, 개선되는 효과가 크지는 않다. 이에 비해 일괄교체 접근방법은 기존의 업무환경을 새로운 시스템의 도입에 따라 새롭게 전환되기 때문에 위험도는 크지만 개선되는 효과 또한 크다고 할 수 있다.

e-ERP시스템의 도입에 대한 접근방법이 결정되면, e-ERP시스템의 구축을 위한 방법으로 자체적인 개발방식과 ERP 공급업체로부터의 패키지 구매방식에 대하여 선택해야 한다. e-ERP시스템은 기존의 자체적으로 개발된 업무응용시스템을 개선하고, 통합하면서 기업조직의 혁신과 프로세스의 개선을 획기적으로 도모하기 위한 목적으로 활용하기 때문에 선진화된 업무 프로세스를 벤치마킹하여 최고의 사례(Best Practice)를 기반으로 개발된 ERP 패키지의

표 8-2 자체개발과 패키지 도입의 장·단점 비교

구 분	장 점	단 점
자체 개발	• 초기투자비가 상대적 낮음 • 사용자 요구사항의 반영 • 자사의 고유업무에 적합한 시스템 구성이 가능 • 자사의 Know-how 축적 가능 • ERP업체의 종속성 배제	• 개발기간이 장기간 소요 • 다수의 개발인력 필요 • 신기술 적용의 어려움 및 위험 부담 • 업무 프로세스 개선의 어려움 • 과다한 유지보수 비용
ERP 패키지 도입	• 전사적인 시스템 통합 가능 • 개발기간의 단축 • BPR을 통한 업무개선 효과 • 검증된 최신기술의 활용 • 경영혁신의 수단 활용 • 표준화에 의한 유지보수비 절감	• 상대적으로 높은 초기 투자비 • 컨설팅 및 교육기간 필요 • 사용자의 요구사항 반영 미흡 • 선진업무 프로세스 적용 어려움 • 특정 ERP업체에의 종속성 • 시스템 전문지식의 확보 어려움

도입이 추세이다. 일반적으로 자체개발과 패키지 도입의 경우 장단점은 〈표 8-2〉와 같다.

(2) e-ERP 패키지 선정기준

ERP 패키지란 ERP 개념을 실현시킬 수 있도록 최신의 정보기술을 활용해 개발된 대규모 통합형 소프트웨어 패키지다. 이러한 ERP 패키지를 이용하는 가장 큰 이유는 자사의 업무 프로세스에 적합한 ERP시스템을 선택할 경우 짧은 기간 내에 많은 개발인력의 투입이 없이 검증된 최신 기술을 적용하여 경영혁신을 추진할 수 있기 때문이다.

최근의 ERP 패키지는 기업의 국제화 기능이 필수적인 요소로 인식되어 공급망관리(SCM)와 고객관계관리(CRM) 등의 확장형 ERP 개념이 추가된 시스템

표 8-3 ERP 패키지 선정기준

평가분야	평가항목	세부항목
공급사	• 공급사	• 공급사의 규모와 재무상태 • 공급사의 제품공급실적 · 성공사례 • 공급사의 시장점유율 • 공급사의 컨설팅 능력
제 품	• 제품기능	• 적용산업 • 모듈구성 및 세부기능 • 선진 프로세스 모델 • 확장성 · 통합성 · 호환성 • 사용자 편의성 • 제품도입에 따른 기대효과
	• 기술특성	• 구현기술(C/S,Web) • 적용방법론 • H/W, DBMS, Network, 보안 • 개발도구 · 신기술 적용여부 • 타제품과의 Interface 용이성
서비스	• 고객지원	• 고객지원 프로그램 • 컨설팅 · 교육훈련 • 유지보수 · 기술지원
패키지 가격	• 제품가격 • 서비스가격	• 컨설팅비용 • ERP License 비용 • ERP Customizing 비용 • ERP 유지보수 비용

을 구성하고 있어 기업의 영업, 생산, 구매, 납품 등의 물류업무뿐만 아니라 인사, 회계, 원가 등의 내부적인 업무를 포함하고 있다.

특히 ERP 패키지가 기본적인 업무기능은 물론이고 기능의 추가나 확장, 의사결정 지원, 첨단 정보기술의 지원 등으로 특정 산업분야의 전문적인 업무기능을 확대 적용할 수 있도록 구성되어 있어 자체적인 개발보다는 ERP 패키지를 도입하여 비용은 투자하더라도 개발에 따른 위험을 줄이고, 효과는 향상하려는 노력을 추구하고 있다.

ERP 패키지를 선정하기 위해서는 기업마다 고유의 기준을 설정하는 것이 바람직하다. 기업의 업무목적에 적합한 ERP 패키지를 도입하기 위해서는 도입시점부터 기업이 추구하는 ERP 도입목적과 동기를 분명히 하고, 업무 프로세스의 개선이 요구되는 비효율적인 부분을 제거할 수 있는 ERP 패키지의 선정이 필요하다. 〈표 8-3〉은 ERP 패키지 선정기준에 대하여 표로 작성한 것이다. 일반적인 평가기준으로 공급사, 제품, 서비스, 가격 등의 4가지 분야에 따라 ERP 패키지를 선정할 수 있다.

3.2 e-ERP시스템의 도입과정

ERP시스템의 도입은 기업 내의 업무기능인 영업, 생산, 자재, 품질, 인사, 회계, 원가 등과 관련된 모든 조직과 업무를 정보기술로 통합하여 실시간으로 정보를 처리할 수 있게 된다. 그러므로 기존의 단위 시스템 개발에서 추구하던 부문의 최적화를 넘어서 조직 전체의 최적화를 위한 노력을 기울여야 한다. 특히 ERP시스템은 기존의 정보시스템 유형과는 달리 하나의 프로세스가 진행될 경우 나머지 다른 프로세스에 영향을 주어 업무가 처리되도록 설계되어 있으므로 ERP시스템의 도입과정에서 조직 전반적으로 정보전략계획(ISP)을 수립하여 추진하는 것이 바람직하다.

(1) 정보전략계획

ERP시스템의 도입에 있어서 가장 우선적으로 수행해야 하는 과업은 조직의 ERP시스템구축에 대한 전반적인 상황의 인식과 지향해야 할 목표를 조명하고, ERP 도입에 필요한 경영자원을 할당하는 ERP 도입계획을 수립하는 것

그림 8-11 ❙ 정보전략계획 수립과정

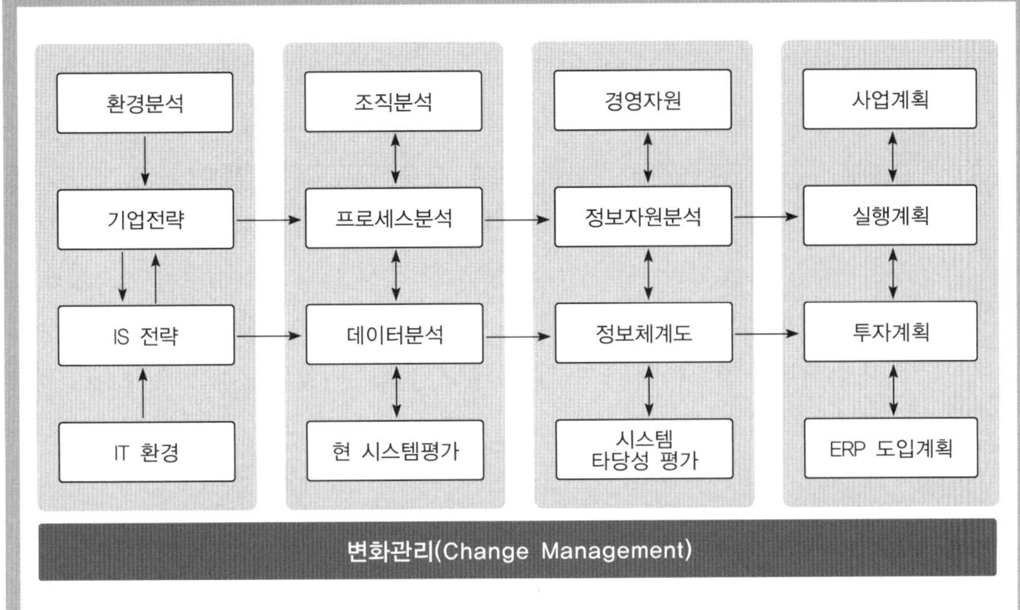

이다. 특히 ERP시스템은 정보시스템 부문의 자체적인 계획이나 기존의 정보화 계획화는 다른 목적과 범위를 가지고 있기 때문에 경쟁우위를 획득하기 위한 기업정보화전략과 밀접하게 연관되어 있다. 〈그림 8-11〉은 ERP 도입을 위한 정보전략계획 과정을 보여주고 있다.

정보전략계획에 있어서 우선적으로 추진해야 할 직업은 경영환경에 대한 분석과 기업전략에 대한 이해, 그리고 IT 환경에 대한 분석을 통하여 정보시스템 전략을 도출하는 것이다. 그 다음으로는 조직구조에 대한 분석, 전반적인 프로세스 분석, 전사적 데이터 모델링에 따라 현 시스템에 대한 평가를 수행한다. 그리고 경영자원에 대한 분석을 통해 정보체계도를 도출하고 새로운 전산시스템의 아키텍처를 평가하고 나면, ERP 도입을 위한 사업계획, 실행계획, 그리고 투자계획을 수립하고 ERP 도입계획을 수립하게 된다. 이 과정에서 산출되어야 할 결과물로는 크게 3가지가 있다.

첫째, 조직의 정보시스템 전략이다. 환경분석과 기업전략에 대한 이해를 바탕으로 조직이 추구해야 할 정보시스템의 전략적 방향을 도출하는 것이다. 예를 들면, 경영환경이나 조직전략이 원가를 절감하는 방향으로 추진할 것인지 아니면 제품차별화를 통한 경쟁우위를 확보할 것인지에 따라 정보시스템의 추진방향은 달라질 수 있다.

둘째, 조직구조 및 전반적인 프로세스에 대한 분석을 통하여 현행 정보시스템에 대한 진단과 평가이다. 대부분의 조직은 ERP 도입 이전에 이미 업무의 효율성을 높이기 위해 정보시스템을 보유하고 있다. ERP의 도입에 관심을 가지는 조직은 기존 시스템이 가지는 한계점을 잘 알고 있으며, 이에 대한 치유책을 찾고 있기 때문에 ERP시스템의 도입은 기존 시스템의 한계점을 극복하고 새로운 시스템으로 조직적 혁신과 프로세스의 개선을 도모할 수 있는지의 여부가 중요하며, ERP시스템의 도입으로 기대되는 효과에 대하여 많은 관심을 가지고 있다.

셋째, 경영자원과 정보차원에 대한 분석을 통하여 새로운 전사적 시스템 아키텍처를 수립함으로써 자사의 조직이나 업무 프로세스에 적합한 ERP시스템의 도입을 계획하는 것이다. ERP시스템의 도입방식으로 단계적인 교체를

그림 8-12 | ERP 도입과정

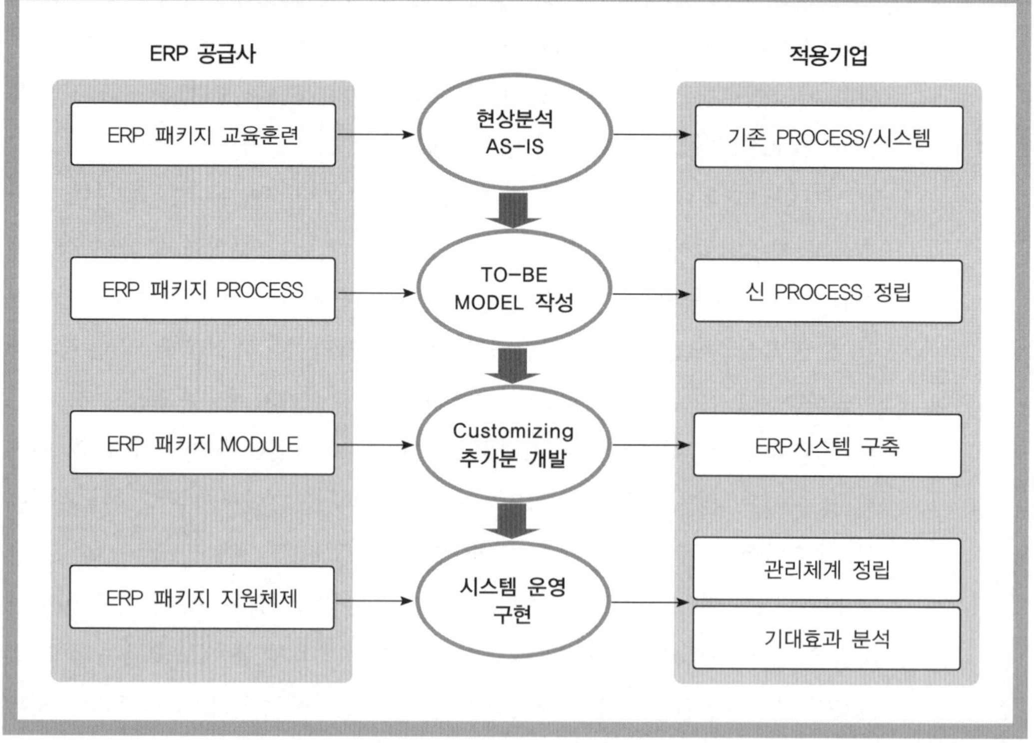

할 것인지 아니면 일괄 교체를 할 것인지 뿐만 아니라 ERP시스템의 도입에 있어 자체개발인지 아니면 ERP 패키지 구입인지에 대하여 면밀한 분석을 수행하게 된다.

위의 3가지 결과물은 ERP 도입과정에 중요한 영향을 주게 된다. 그리하여 일반적으로 정보전략계획에는 최고경영자가 직접 참여하거나 최고경영자의 위임을 받은 조직의 정보담당임원(CIO)이 업무에 참여하고, 조직의 부분별 경영진들이 참여하여 업무에 직간접적인 영향을 미치게 된다. 특히 정보전략계획 수립과적에 중역진이 참여하는 것은 향후 ERP 도입과정에서의 성공여부에 중대한 영향을 주게 된다. 경험적으로 정보전략계획 과정은 대기업의 경우 6개월에서 1년 정도의 기간이 필요하며, 중소기업의 경우 3개월에서 6개월 정도의 기간이 소요된다.

(2) 현황분석(AS-IS)

ERP 도입의 필요성에 따라 조직의 정보전략계획이 수립되면, 다음 단계로 현황분석(AS-IS) 단계로 이어진다. 정보전략계획의 최종적인 결과물을 ERP 도입계획이며, 이 계획에는 자체개발이나 ERP 패키지 도입에 대한 의사결정이 포함되며, 단계적인 혹은 일괄교체에 의한 ERP 도입방법에 대한 계획이 포함되어 있다. 자체개발의 경우에는 점진적인 개발방식으로 조직 내부 전산인력에 의해 ERP 개발이 이루어지지만, ERP 패키지 도입의 경우에는 선정된 패키지의 특성에 따라 ERP 공급사에서 요구하는 업무 프로세스의 개선이나 조직적인 변화 등이 고려되어야 한다.

현황분석단계에서 수행되는 과업은 업무분석과 정보분석 등 2가지가 있다. 업무분석을 ERP 도입과정에서 각 부서별 혹은 기능별 업무흐름을 파악하고 업무흐름차원에서 나타나는 AS-IS 프로세스상의 문제점과 개선사항을 찾아내는 것이다. 그리고 정보분석은 업무분석과정에서 활용되는 정보의 입력물, 처리과정, 그리고 출력물에 대하여 분석하고, 정보관리상의 중복관리, 비효율성, 정보의 단절현상 등을 찾아 사용자의 업무환경에 적절한 정보가 제공되거나 활용되고 있는지에 대하여 분석하는 것이다.

(3) 미래업무(TO-BE) 설계

현황분석(AS-IS)의 다음 단계로 미래업무(TO-BE) 설계과정이 연계된다. 현황분석단계에서는 업무분석의 결과물인 업무흐름상의 문제점과 개선방향, 그리고 정보분석의 결과물인 업무흐름에 따른 입력, 처리, 출력정보에 대한 분석 결과가 제시된다. 미래업무 설계단계에서는 ERP 프로젝트의 핵심인 개선된 프로세스, 즉 TO-BE 프로세스를 도출하게 되며 TO-BE 프로세스는 현재의 기업 업무 프로세스나 현업 사용자들의 업무요구사항, 그리고 ERP 패키지에 구현된 프로세스를 잘 조화시켜 도출하게 된다.

미래업무 설계단계에서 수행되는 TO-BE 프로세스는 AS-IS 프로세스의 문제점과 개선사항을 반영한 것이므로 최소 3~5년 정도 업무가 변화되지 않는 것을 전제로 설계되어야 하며, TO-BE 프로세스 도출과정에서 ERP 자체개발이나 ERP 패키지 도입을 고려하여 업무흐름에 따라 기준정보(master), 코드정보, 업무별 입력, 처리, 출력 등의 정보관리에 대한 설계내용을 도출하여야 한다. 이 과정에서 ERP 패키지를 선정한 기업은 TO-BE 프로세스와 ERP 패키지의 프로세스를 비교하여 차이점을 분석하는 차이분석(gap analysis)과정이 추가적으로 필요하다. 또한 ERP 패키지에 제공하지 못하는 사용자들의 업무 및 정보요구사항에 대해서는 해결방안과 대책을 수립하여 ERP 커스터마이징 과정에서 반영되어야 한다.

(4) 커스터마이징

미래업무(TO-BE) 설계과정이 완료되면, ERP시스템의 커스터마이징(customizing)과정으로 연결된다. 자체개발의 경우에는 기존 시스템의 수정보완(upgrade)이나 재개발 작업이 수행되며, ERP 패키지를 선택한 경우에는 차이분석의 결과물을 이용하여 ERP 패키지의 커스터마이징을 수행한다. 이 단계에서는 업무재설계, 즉 AS-IS 프로세스를 기반으로 설계된 TO-BE 프로세스에 적합하도록 ERP 패키지를 수정하거나 TO-BE 프로세스를 ERP 패키지에 적합하도록 재설계하는 작업이 수행된다.

ERP 커스터마이징은 파라미터 지정방식과 프로그램 수정방식으로 구분된다. 파라미터 지정방식은 ERP 패키지 내에 마스터와 로직을 그대로 사용하면서 사용자들의 업무요구사항에 따라 업무요구나 정보흐름에 필요한 파라미터만을 선택하여 지정함으로써 프로그램 실행시 지정된 프로그램만을 활용하는 방식이다. 이에 대해 프로그램 수정방식은 마스터 정보항목에 대한 삭제 및 추가, 계산방법이나 로직의 변경 등 소스레벨 수준에서 프로그램을 변경함으로써 사용자들의 업무요구에 맞도록 프로그램을 수정하거나 추가하는 방식이다.

SAP R/3, Oracle ERP Application 등의 패키지는 파라미터 지정에 의한 ERP 커스터마이징 방식이 사용되고 있으며, 중소형 기업을 위한 ERP 패키지는 대부분이 프로그램 수정방식을 채택하고 있다.

(5) e-ERP시스템 구축 및 Data 검증

ERP시스템의 커스터마이징(customizing)과정이 완료되면, ERP시스템의 단위 모듈이나 모듈간 인터페이스에 대한 검수가 필요하다. ERP시스템의 분석 및 설계과정에서 나타난 업무영역별 영업, 생산, 자재, 품질, 인사, 회계, 원가 등의 모든 업무에 대하여 업무재설계의 결과가 제대로 이행되어 있는지 그리고 프로그램의 오류(error)는 없는지에 대해 단위모듈 테스트와 통합 테스트가 수행된다. 또한 이 과정에서 기업은 ERP시스템이 운영될 수 있는 운영환경, 즉 ERP시스템의 플랫폼에 대한 준비가 동시에 완료되어야 한다.

ERP시스템의 운영과 관련된 기반구조로는 적절한 하드웨어(H/W), 운영체제(OS), 데이터베이스(DBMS), 그리고 통신망(LAN)이 구축되어야 한다. ERP시스템의 구축이 완료되어 현업에서 ERP시스템을 활용하는 운영단계가 되면, 무엇보다 중요한 마무리 과정으로 Data 검증작업이 수행되어야 한다. ERP 구축 이후의 Data 검증작업은 ERP시스템의 신뢰도와 활용도를 높이는 중요한 검토작업이다.

(6) 유지보수

ERP시스템의 구축이 완료되어 Data 검증작업이 완료되면, ERP시스템의 유지보수단계로 연결된다. 일반적으로 유지보수란 시스템의 구축이 완료되어 ERP시스템이 현업에서 사용되는 과정에서 발생하는 새로운 업무의 발생, 프로그램의 수정이나 추가, 그리고 ERP시스템의 지속적 개선작업을 의미한다. 이 과정에서는 현업이 사용하고 있는 ERP시스템의 구축에 따른 목표대비 효과분석, 유지보수과정에서의 ERP 프로그램 및 Data 백업, 시스템의 안정화를 위한 교육훈련 등의 작업이 필요하다.

3.3 e-ERP시스템의 도입효과

ERP시스템의 구축에 따라 기대되는 효과로는 기존의 단위업무 중심 정보시스템에서의 조직의 업무기능인 영업, 생산, 구매, 회계, 인사, 원가 등 기업의 기간업무 전체를 통합하여 전사적 경영자원을 최적화할 수 있도록 하는 것이다. 조직의 기능중심적(function-oriented) 업무처리방식을 횡단적으로 프로세스(cross-functional process)처리방식으로 변화하여 업무재설계를 추진하고, 각 산업이나 업종 그리고 규모별로 최고의 실행사례(best practice)를 반영함으로써 경영혁신을 추진할 수 있다는 점이다.

일반적으로 ERP 도입을 완료한 기업을 대상으로 ERP 구축에 따른 기대효과를 살펴보면, 다음과 같은 항목들이 열거된다.

첫째, 업무 프로세스의 통합과 신속한 처리를 들 수 있다. ERP시스템은 기업 내 또는 기업간의 기간업무가 통합되어 선진 프로세스를 반영함으로써 업무의 통합과 프로세스간의 연계에 의해 경영혁신을 추구할 수 있다. 업무재설계 과정에서 규모나 정도의 차이가 있다 해도 현행 업무의 문제점을 개선하여 새로운 업무방식을 적용하지 않는다면, ERP시스템의 도입은 무의미할 뿐만 아니라 조직적 개선을 불가능하게 한다.

둘째, ERP시스템의 도입을 기반으로 조직 내 정보차원의 공유기반과 통합적 활용을 가능하게 한다. ERP시스템은 단위모듈간의 인터페이스와 조직 내 통합 데이터베이스를 매개로 통합되기 때문에 데이터 일원화와 공유화가 가능해지고 업무간의 커뮤니케이션을 실시간으로 수행할 수 있다. 또한 기존 업무기능별로 처리하던 중복업무가 배제되고, 중복관리하던 데이터나 정보를 통합적으로 관리하기 때문에 조직 내 불필요한 작업을 배제할 수 있다.

셋째, 정확한 경영의사결정 정보를 제공할 수 있다. 조직 내 기간업무 전체에 걸친 정보의 정확성과 실시간에 의해 정보가 처리되기 때문에 영업수주, 생산실적, 판매정보, 재고상황 등 매일 변화는 경영현황에 대하여 파악이 가능하며, 빠른 의사결정을 내릴 수 있다. 횡적 프로세스의 연계로 업무간의

그림 8-13 | ERP 도입효과

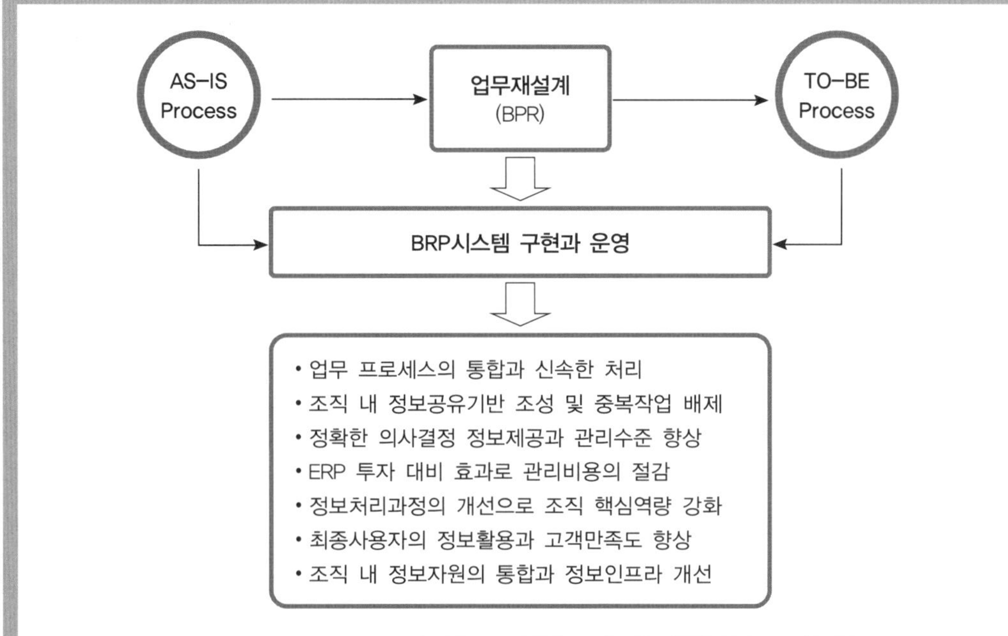

최신데이터나 정보를 근거로 각종 의사결정이 가능하기 때문에 전체 최적화라는 관점에서 계획과 실행이 가능해져 관리수준을 향상시킬 수 있다.

넷째, ERP시스템의 도입으로 초기 투자비가 들어가지만, 궁극적으로 관리비, 재고유지비, 인건비 등의 비용을 절감할 수 있다. ERP시스템은 기존 업무관행이나 불필요한 업무를 제거하고 최적 실행사례를 도입하여 운영하기 때문에 ERP시스템의 운영이 정착되어 장기적으로 운영될 경우, 기존의 불필요한비용을 줄이고 ERP 투자에 대한 수익을 향상시킬 수 있다. 특히 업무의 불확실성이 감소하기 때문에 업무인력을 줄이는 것이 가능하며, 기업의 재고자산이나 불용자산에 대한 관리가 가능하다.

다섯째, 기간업무 수행에 따른 정보처리과정을 개선함으로써 조직의 핵심역량에 집중할수 있다. 기간업무 그 자체는 기업경영에 있어서 필수 불가결한 업무이지만 직접적으로 기업의 이익 증대와는 결부되지 않는다. ERP 도입에 의해 업무의 효율화가 추진됨으로써 기업 본래의 업무인 영업 및 제조활동에 경영자원을 집중할 수 있으며, 이로 인하여 기업의 경쟁력을 향상할 수 있다. 특히 ERP시스템은 글로벌 대응이 가능하도록 거래국가의 무역, 통화, 결제 등의 회계처리에 있어 자동화된 도구와 프로세스를 가짐으로써 무역거래의 활성화 및 신속한 처리가 가능하다.

여섯째, ERP시스템의 도입으로 최종사용자의 자유로운 정보활용이 가능하고 고객의 만족도를 향상할 수 있다. ERP시스템은 통합 데이터베이스에 의해 업무기능간의 프로세스와 데이터 활용을 촉진하고 업무관련 데이터나 정보에 쉽게 접근할 수 있기 때문에 개별 업무 담당자가 정보를 효과적이고 효율적으로 이용할 수 있다. 또한 수주처리부터 출하, 그리고 회계처리에 이르기까지 일련의 업무가 정보시스템으로 통합되어 있기 때문에 고객의 문의에 대하여 신속하고 정확한 회답을 수행할 수 있으며, 각종 고객서비스를 비약적으로 향상시킬 수 있다.

마지막으로는, 조직 내 정보자원의 통합을 위한 정보시스템 인프라의 체계화를 들 수 있다. ERP 도입과정에서 기존 정보시스템의 한계점과 향후 도래할 최신 정보기술을 활용하여 업무 프로세스에 적용하기 때문에 정보기술의 발전에 유연하게 대응할 수 있으며, 조직 내 보유한 정보자원에 대한 평가를 통하여 미래 정보시스템의 기반구조로서 확장성, 호환성, 유연성을 높일 수 있다.

요 약

(1) 최근의 기업정보시스템의 핵심 근간을 이루는 ERP(Enterprise Resource Planning)는 기업 전반의 자원을 효율적으로 활용할 수 있게 해주는 하나의 정보시스템이다.

(2) ERP시스템은 기업 내부 혹은 기업간의 다양한 업무활동에서 나타나는 프로세스와 프로세스간에 존재하는 과업들을 업무흐름에 따라 시스템으로 구현한 것이다.

(3) ERP시스템의 구축에 따라 기대되는 효과로는 기존의 단위업무 중심 정보시스템에서의 조직의 업무기능인 영업, 생산, 구매, 회계, 인사, 원가 등 기업의 기간업무 전체를 통합하여 전사적 경영자원을 최적화할 수 있도록 하는 것이다.

연습문제

(1) ERP시스템의 개념과 발전과정에 대하여 설명하시오

(2) ERP시스템의 구축과정에서 BPR의 추진방법에 대해 설명하고, BPR을 추진하지 않았을 때의 예상되는 결과에 대하여 설명하시오.

(3) ERP시스템의 기능적 특징과 기술적 특징에 대하여 설명하시오.

(4) ERP시스템 도입시 정보전략계획의 중요성과 산출물에 대하여 설명하시오.

(5) ERP시스템의 도입과정을 설명하고, ERP 도입에 따라 기대되는 효과를 설명하시오.

사례

삼성-애플 경쟁의 숨은 조력자 ERP와 SCM

"ERP로 기업 운영 효율화, SCM으론 공급망 최적화 추구"

전 세계 스마트폰 시장의 치열한 맞수인 삼성전자와 애플의 경쟁력은 어디에서 오는 것일까? 우선 꼽히는 것은 뛰어난 제품을 기획해 내는 연구개발(R&D) 역량과 매력적이고 튼튼한 휴대폰을 만드는 제조 기술, 전 세계 사용자들의 호감을 이끌어내는 마케팅 능력 등이다. IT전문가들은 그러나 삼성전자와 애플의 경쟁력은 강력한 전사적 자원관리(ERP)와 공급망관리(SCM) 체계에 기반한 치밀한 시장 전략에서 비롯된다고 분석한다. 기업 전 조직과 가치사슬 전반에 걸친 체계적 계획 경영 체제가 두 기업의 성공을 이끌어 냈다는 것이다. 삼성전자와 애플은 전사적 자원관리를 통해 경영혁신과 업무 프로세스 개선을 추구하고 공급망 관리를 통해 부품 공급업체와 생산업체, 고객에 이르는 전 과정을 실시간 파악하며 시장과 소비자들의 요구에 대응하고 있다.

◆ 비즈니스 핵심 경쟁력 ERP

효율적 비즈니스 운영과 수익성 있는 성장을 이루기 위해 전사적 자원관리(ERP)가 필요하다는 점은 이미 많은 이들이 공감한다. 매일같이 쏟아지는 운영 업무와 수시로 발생하는 정보 요청, 끝없이 밀려드는 업무처리를 효율화시키려면 시스템 통합이 필요하기 때문이다. 만일 중요한 정보가 각기 다른 시스템이나 장소에 위치한다면 업무처리 속도는 느려질 수밖에 없다. 영업, 회계, 운영 프로세스가 서로 연관성 없이 각각 관리되면 자칫 병목현상도 발생하고 생산성 저하까지 초래할 수 있다. 이 같은 상황에서 기업들이 경쟁우위를 점하려면 비즈니스 전반을 명확히 파악하고 있어야 한다. 프로세스를 효율적으로 관리하고 정보 접근 방법을 최적화시켜 최선의 의사결정을 내릴 수 있어야 한다. 전사적 자원관리는 이를 가능케 하는 IT시스템으로 주목받고 있다. 기업의 모든 자원을 효과적으로 관리하는 ERP는 회계, 재무, 영업, 고객, 구매, 운영, 재고, 유통, 보고, 관리 등 전 업무 영역을 포괄한다. ERP의 최대 강점은 최적의 판단을 도울 수 있도록 정확한 정보를 분석 제공한다는 것. 이를 통해 기업은 전략과 실행 간 격차도 좁힐 수 있다. 삼성전자는 자체 ERP시스템뿐 아니라 전 세계에 흩어져 있는 해외 지사와 법인의 ERP를 통합시키는 글로벌 전사자원관리(G-ERP) 통합 프로젝트까지 추진했다. G-ERP는 전 세계 72개국 197개 거점에 퍼져 있는 22만여 명의 삼성전자 임직원들이 언제 어디서나 동일한 시스템에 접속해 똑같은 데이터를 기반으로 일할 수 있도록 하는 혁신 사례로도 꼽힌다.

◆ 삼성 vs 애플, 공급망 최적화 경쟁 치열

전 세계 수요와 공급에 효과적으로 대응하도록 돕는 공급망 관리(SCM) 시스템도 삼성전자의 주요 경쟁력 중 한 가지. 속도와 민첩성에 중점을 둔 삼성전자의 SCM은 애플과 맞설 수 있도록 한 원동력으로 주목받고 있다. SCM은 제조기업들의 혁신을 위한 경영전략 시스템으로 제품의 생산과 유통 과정을 하나의 통합망으로 관리해 고객이 원하는 제품을 적재적소에 공급하고 재고를 줄일 수 있도록 한다. 스티브 잡스의 뒤를 이어 애플의 최고경영책임자(CEO) 자리에 오른 팀 쿡은 SCM 전문가로 유명하다. 1998년 애플에 합류한 팀 쿡 CEO는 당시 제품 공급과 수요 파악이 제대로 이뤄지지 않던 애플의 공급망을 최적화시켰다. 70일 이상 팔리지 않은 채 쌓여 있던 재고 물량의 정체 기간을 10일 이하로 단축시킨 일화는 유명하다. 팀 쿡은 매장에서 일부 팔리지 않는 제품을 과감히 폐기했으며 새로운 제품이 출시되기 전 기존 제품의 재고를 없앴다. 신제품이 기존 제품을 잠식하는 현상(cannibalization)을 막고 소비자들이 비싼 값을 지불하면서까지 제품을 사도록 하는 발판을 마련했다.

삼성전자의 SCM도 성공 사례로 꼽힌다.

시장조사업체 가트너는 지난 해 SCM 상위 25개 글로벌 기업 중 삼성전자를 8위로 평가했다. 1위는 애플이었지만 삼성전자의 순위는 아시아 최고였다. 삼성전자는 SCM을 기반으로 스마트폰 시장에서 애플과 경쟁했다. 2010년까지만 해도 삼성전자의 세계 스마트폰 시장점유율은 5% 수준이었지만 지금은 30%가 넘는다. 애플의 두배 수준이다. 애플이 강세를 보이는 미국 시장에서도 삼성전자는 애플과 대등한 점유율을 기록하고 있다. 상황이 이렇고 보니 두 기업에 기업용 애플리케이션을 공급하는 SAP 내에서도 한국 지사와 미국 지사가 치열하게 경합하는 모양새다. 형원준 SAP코리아 대표는 "삼성전자와 애플이 글로벌 시장에서 치열한 경쟁을 벌이는 가운데 삼성전자의 기업용 애플리케이션을 지원하는 SAP코리아와 애플을 지원하는 SAP아메리카도 경쟁을 벌이고 있다"고 말했다.

(아이뉴스 24, http://news.inews24.com, 2014년 2월 2일)

토의

1. ERP와 SCM이 구축됨으로써 얻는 삼성전자와 애플의 경쟁우위에 대해서 설명해 보시오.

09

e-비즈니스 콘텐츠관리

인터넷의 급속한 발전과 더불어 콘텐츠의 중요성 역시 더욱 강조되어져 오고 있다. 콘텐츠는 멀티미디어 콘텐츠, 디지털 콘텐츠, 인터넷 콘텐츠 등과 같이 매우 다양한 용어로 사용되고 있는데 이는 콘텐츠의 형태가 기존의 미디어에서 표현되어지는 내용물과는 다르기 때문이다.

콘텐츠는 e-비즈니스를 기획할 때 가장 먼저 고려되는 부분으로서 사업의 성패가 여기에 달려있다고 해도 과언이 아니다. 특히 콘텐츠는 누구나 쉽게 접근할 수 있는 것처럼 보이나 콘텐츠의 지속적인 확보가 어려우며, 더욱이 돈이 되는 수준의 콘텐츠를 지속적으로 유지관리하는 일은 더욱 어렵다. 이에 본 장에서는 새롭게 e-비즈니스 시대에 중요성을 더해 가고 있는 콘텐츠를 살펴보고, 이어서 지속적으로 경쟁력 있는 콘텐츠를 만들기 위한 여러 가지 주요한 요인들, 즉 웹 디자인, 사이트의 구조와 종류, 사이트 모니터링에 대해서 살펴보고자 한다.

제1절 콘텐츠

기존의 비즈니스와는 달리 인터넷에서 중요시되는 과제로서는 e-비즈니스 특성이 적절하게 반영되어지는 다양한 콘텐츠를 서비스 할 수 있어야 하는데, 이와 같은 콘텐츠는 인터넷 상에서 커뮤니케이션의 기초라 할 수 있다. 이에 본 절에서는 콘텐츠에 대한 전반적인 내용, 즉 콘텐츠의 개념, 콘텐츠의 구성요소 및 속성, 콘텐츠의 분류, 콘텐츠의 관리, 콘텐츠 관리시스템에 대해서 살펴보고자 한다.

1.1 콘텐츠의 개념

콘텐츠(Contents)는 인터넷을 이용하여 유통되는 내용물이나 정보 등을 일컫는 것으로, 인터넷이라는 매체에 담을 내용, 작품 등 부가가치를 지닌 정보를 의미하는 것으로서 뉴스, 동영상, 사진, 교육, 스포츠, 오락, 게임, 상품정보 등 다양한 내용 및 정보로 일반 소비자들이 관심을 가질 수 있는 광범위한

표 9-1 아날로그 콘텐츠와 디지털 콘텐츠의 비교

구분	아날로그 콘텐츠	디지털 콘텐츠
제공수단	책, 신문, TV 등의 기존 미디어로 제공되는 콘텐츠	총체적인 매체를 활용하여 재창출시키는 제반 내용물
제공형태	아날로그	디지털
제공방향	단방향제공	쌍방향
제공주체	콘텐츠의 제공자와 이용자가 명확히 구분된다.	콘텐츠 제공자와 이용자의 구분이 불명확하며, 콘텐츠 제공자가 동시에 이용자가 될 수도 있다.
제약성	시간과 공간의 제약을 받는다.	시간과 공간의 제약이 없다.
개선비용	업데이트의 비용이 크다.	업데이트가 쉽고 비용이 저렴하다.
제공절차	순차적인 방법으로 정보를 제공한다.	정보의 제공방법이 자유롭다.

자료 : 이영하, 하재구, '멀티미디어 콘텐츠 기획', 1999.

분야를 모두 포함한다. 따라서 콘텐츠는 사이트의 목적이 어떤 것이든 간에 인터넷 사이트를 방문하는 사람들에게 가장 핵심적인 역할을 수행한다고 볼 수 있으며, 이는 콘텐츠(Contents) 자체가 단순한 내용만을 의미하는 것이 아니라 여러 가지 기술들을 통해서 부가가치를 창출하는 자산으로 거래 및 서비스가 내재된 형태의 통합적인 개념으로 이해되어지는 것이 바람직하다고 할 수 있다.

일반적으로 콘텐츠(Contents)는 제공되어지는 형태에 따라 디지털 콘텐츠와 아날로그 콘텐츠로 나눌 수 있는데, 특히 디지털 콘텐츠는 4가지의 특징을 지니고 있다.

첫째는 상호작용성(interactivity)으로, 이는 기존의 단방향적인 대중매체에 비해 정보 사용자와의 상호작용이 가능하다. 또한 상호작용은 개인화, 지식화를 통해 더 큰 부가가치를 창출하는 바탕이 된다.

둘째는 편집성(editability)으로, 디지털화된 콘텐츠는 새로운 내용의 추가 및 수정이 매우 용이하며, 특히 각종 미디어가 통합된 형태로 가공되어 텍스트, 음악, 그림, 동영상, 애니메이션 등의 정보들이 한꺼번에 모여 새로운 멀티미디어를 창출한다.

셋째는 재생산성(reproducibility)으로, 이는 한 번 생산된 디지털 콘텐츠는 무한 반복 재생산이 가능하다. 또한 디지털화된 음악, 동영상, 애니메이션 등

은 데이터베이스에 저장되어짐으로써 언제든지 사용자의 요구에 의해서 재생산이 가능한 특징을 지니고 있다.

넷째로, 디지털 콘텐츠는 비소멸성(non-volatility)을 지닌다. 즉, 디지털 콘텐츠는 일단 한 번 생산되면 형태나 품질을 반연구적으로 유지할 수 있다. 또한 필요에 따라 언제든지 원하는 형태로 사용이 가능하며 동시에 많은 수의 사용자가 사용하더라도 콘텐츠 자체의 양적, 질적인 감소를 가져오지 않음으로써 e-비즈니스 발전의 원동력이 되고 있다.

1.2 콘텐츠의 구성요소 및 속성

콘텐츠(contents) 구성을 위한 3가지 기본 요소는 콘텐츠(Contents), 디자인(Design), 기술(Technology)을 들 수 있는데, 이 세 가지의 구성요소를 총칭하여 콘텐디자이닐리지(ContenDesigNology)라고 한다.

콘텐디자이닐리지(ContenDesigNology)는 콘텐츠 개발에 있어서 가장 핵심적인 구성요소로 콘텐츠를 효과적으로 전달하기 위해서는 사용자들의 특성을 잘 반영하는 것이 필요하며, 또한 콘텐츠 자체의 내용을 웹사이트의 구축목적과 부합되어질 수 있도록 사용자 지향적인 정보를 정확하게 제공할 수 있어야 한다. 특히 콘텐츠 이용자들은 자신의 인지적 욕구뿐만 아니라 감성

그림 9-1 | 콘텐츠(Contents)의 3가지 구성요소

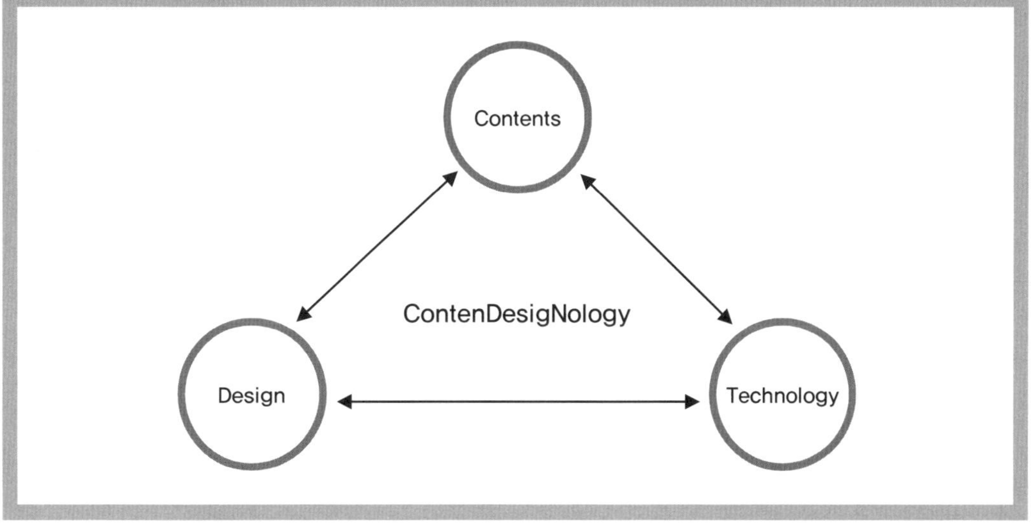

적 요구도 충족되어지길 바란다. 즉, 자신이 원하는 인지적 정보를 얻는 것도 중요하지만 그에 못지않게 콘텐츠가 지신에게 신뢰감이나 즐거움과 같은 감성적 만족을 주길 바라는데 그러한 감성적 요소를 충족시키는 것이 바로 콘텐츠의 디자인이다. 따라서 콘텐츠의 내용적인 면과 더불어 외형적 이미지를 제고할 수 있어야 하며, 사용자의 편의성을 고려하여 사용자가 쉽고 편리한 방법으로 콘텐츠를 이용할 수 있도록 구성되어져야 한다.

또한 콘텐츠의 내용에 적절한 기술을 이용하여 콘텐츠와 디자인을 잘 통합하여 전달하고자 하는 콘텐츠의 검색속도와 실행속도 등을 향상시키는 동시에 새로운 영상기술을 적용함으로써 콘텐츠의 표현수준을 향상시키는 것이 필요하다.

한편, 콘텐츠는 크게 4가지의 속성을 지니고 있다.

첫째, 콘텐츠는 Communication을 생성기반으로 한다. 즉, 콘텐츠는 특정분야의 네트워크에 존재하는 다양한 구성원들의 참여와 자료의 공급에 의해서 만들어진다.

둘째, 콘텐츠는 Community와 상호보완 기능을 가진다. 즉, 활성화된 커뮤니티와 높은 시장가치를 지닌 콘텐츠는 매우 밀접한 관계를 맺음으로서 시너지 효과를 극대화할 수 있다.

셋째, 콘텐츠는 e-비즈니스 활동의 근간을 이룬다. 즉, 모든 콘텐츠는 e-비즈니스 마케팅 활동, 정보구축, 디자인, 기획, 프로그래밍, 네트워크 기술 등의 기업활동 전반에 있어서 바탕이 되어진다고 볼 수 있다.

넷째, Community와 Communication의 활성화를 강화시킨다. 즉, 전략적으로 가장 중심이 되는 콘텐츠를 기반으로 그 주변부에 형성되는 커뮤니티를 활성화시키고 그 커뮤니티 내부에 이동하는 정보를 효율적인 의사소통이 가능하게 함으로써 e-비즈니스를 강화시킨다.

1.3 콘텐츠의 분류

콘텐츠는 크게 4가지로 분류하고 있다. 첫째는 콘텐츠의 형태에 따라, 두 번째는 콘텐츠의 생성방식과 가변성에 따라, 세 번째는 콘텐츠의 생성자에 따라, 마지막 네 번째는 전략적인 형태에 따라 분류할 수 있다.

표 9-2 멀티미디어 콘텐츠의 종류

종 류	내 용
정보중심 콘텐츠	주로 정보의 질과 양으로 승부를 거는 특정 분야의 전문 정보들로서 경영, 경제, 무역 등 각종 비즈니스 정보와 컴퓨터 및 인터넷 관련 정보, 민원, 법률, 세무 관련 공공 정보 등의 콘텐츠 중심
커뮤니케이션 중심 콘텐츠	온라인 원격 교육 강좌나 의료 상담, 재테크 상담 등 기타 상담위주의 콘텐츠 중심
커뮤니티 중심 콘텐츠	게시판이나 채팅 등을 이용하여 참여자들의 자발적인 의견과 정보위주의 콘텐츠 중심
엔터테인먼트 중심 콘텐츠	게임, 오락, TV 동영상, 성인 정보 등의 콘텐츠 중심
전자상거래 중심 콘텐츠	인터넷을 통한 전자상거래 관련 정보 등의 콘텐츠 중심

자료 : 이은령, 이황규, 하계범, "전자상거래 시스템 구축과 운용", 이한출판사, 2001.

먼저 첫 번째, 콘텐츠의 형태에 따라 살펴보면 텍스트 위주의 문자콘텐츠와 음악, 그래픽, 동영상, 소프트웨어들로 구성된 멀티미디어 콘텐츠로 구분할 수 있는데, 특히 멀티미디어 콘텐츠는 정보, 커뮤니케이션, 커뮤니티, 엔터테인먼트, 전자상거래 등 모든 종류를 막론하고 멀티미디어 상품이나 서비스의 근간을 이루는 모든 것을 포함한다고 볼 수 있다.

두 번째, 콘텐츠의 생성과 가변성에 따라 살펴보면 정적 콘텐츠, 동적 콘텐츠, 기능적 콘텐츠로 구분할 수 있다. 정적 콘텐츠는 웹사이트 구성 후 변경사항이 거의 없는 카피라이트 문구, 프라이버시 정책, 주소, 연락처, 회원정책, 도움말, 회사 소개 등의 고정적인 콘텐츠로, 관리자의 일방적인 업데이트로 인해 생기는 콘텐츠라고 할 수 있다. 동적 콘텐츠는 지속적인 변화와 업데이트가 필요한 콘텐츠, 즉 뉴스페이지, 공지사항, 이벤트, 상품 등이 대표적인 동적인 콘텐츠라 할 수 있다. 마지막으로 기능적 콘텐츠는 관리자가 정해놓은 폼에 맞추어서 생성되는 콘텐츠로서, 회원등록 페이지, e-mail가입 페이지 등과 같이 사용자와 웹 사이트의 쌍방향적인 트랜잭션에 의해 웹 프로그램이 생성되는 콘텐츠를 기능적 콘텐츠라 한다.

세 번째, 콘텐츠의 생성자에 따라 살펴보면, 서비스 콘텐츠, 사용자참여 콘텐츠, 외부콘텐츠로 나눠볼 수 있다. 서비스 콘텐츠는 웹 사이트 제작사에서 제공하는 콘텐츠이며, 사용자참여 콘텐츠는 게시판처럼 사용자들의 입력과 참여를 통해서 자발적으로 생성되는 콘텐츠로, 이러한 사용자의 참여는

그림 9-2 | 콘텐츠의 제공 원천

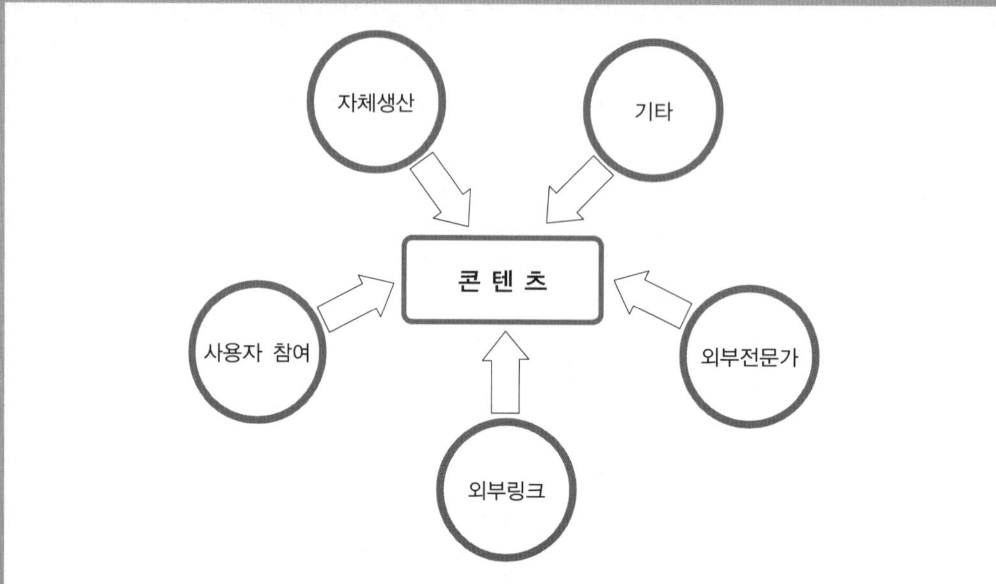

결과적으로 사이트에 대한 사용자들의 충성도를 높이게 됨으로써 웹 사이트의 활성화를 도모할 수 있다. 외부 콘텐츠는 외부의 전문적인 콘텐츠 제공업자들의 협력을 통해 제공받는 콘텐츠로, 이러한 콘텐츠는 주로 포털사이트와 같은 대형사이트에서 주로 볼 수 있다.

마지막으로, 전략적인 형태에 따라 콘텐츠 분류를 살펴보면, 킬러(killer) 콘텐츠, 오픈(open) 콘텐츠, 제한 콘텐츠, 유료 콘텐츠로 나눠볼 수 있다. 킬러(killer) 콘텐츠는 웹 사이트를 기획하는 데 있어 사람들을 끌어모으는 역할을 하는 콘텐츠로서 사이트 개장 초창기에 가장 부각되어져야 할 콘텐츠이다. 오픈(open) 콘텐츠는 킬러 콘텐츠로 사이트 방문이 유도된 후에 네티즌이 사이트를 서핑하는 과정에서 해당 사이트의 유용함을 느낄 수 있게 해주는 콘텐츠를 의미한다. 그리고 제한 콘텐츠는 주기적으로 사이트를 방문하는 사람들을 계속 머물게 하려는 전략적 측면에서 콘텐츠에 제한을 둔 콘텐츠를 의미한다고 볼 수 있다. 유료 콘텐츠는 정말로 콘텐츠의 정보가 필요한 사람들에게 일정한 비용을 지불함으로써 사용할 수 있게 만든 콘텐츠를 의미한다. 궁극적으로 e-기업들은 콘텐츠의 유료화를 통해서 기업의 목표수익을 달성하고자 한다.

1.4 콘텐츠 관리

(1) 콘텐츠 기획

콘텐츠를 기획하기 위한 단계에서는 콘텐츠의 개념과 내용에 대한 정의가 포함되어지며, 사용자 분석, 브레인스토밍, 디자인, 모델링 등의 작업이 필요하다. 즉, 콘텐츠는 인터넷이라는 환경과 이를 구성하고 있는 기술 및 고객과의 관계구축이라는 콘셉트(Concept) 아래 조화를 이루어 진행되어져야 한다.

일반적으로 콘셉트(Concept)의 구성요인은 수행하고자 하는 비즈니스의 목적과 목표, 고객과 관련된 비즈니스적 요인과 제공될 핵심적인 콘텐츠 및 이미지에 대한 요구사항인 콘텐츠 · 디자인적 요인 그리고 비즈니스를 진행하기 위한 정보시스템의 요구사항인 시스템적 요인의 3가지로 구성되어진다. 따라서 콘텐츠를 기획할 때 누구를 위한 콘텐츠인가? 사이트에 무엇을 담을

표 9-3 콘텐츠 기획의 구성요소

구 분	내 용
Why(사이트의 목적)	• 무엇을 위해 만드는 것인가? → 문제의식을 가지고 목적을 분명히 할 필요가 있다.
What(구성 내용)	• 어떤 내용을 보여줄 것인가? → 어떤 내용으로, 어떤 제품과 서비스로 승부할 것인지 결정한다.
Whom(대상 고객)	• 누구를 위해 만드는 것인가? → 사이트에 사용자들이 누구이고, 그들이 이 사이트로 오는 목적이 무엇인가를 파악한다.
Who(주체)	• 어떤 개발자를 선택할 것인가? → 사이트를 구축하는 사람을 결정하는 과정으로 내부인원을 활용할 것인지, 아니면 아웃소싱할 것인지를 결정한다.
When(시기)	• 어느 시점에 제작하여 내놓을 것인가? → 사이트 오픈 일과 오픈 전략을 어떻게 할 것인지를 결정한다.
Where(장소)	• 어느 시장에 위치에 할 것인가? → 시장규모, 시장점유율 등을 결정한다.
How(방법)	• 어떤 장비와 프로그램을 활용할 것인가? → 하드웨어, 소프트웨어, 인적자원 등을 결정한다.
How Money(예산)	• 비용은 얼마나 투입할 것인가? → 사이트 개발에 들어가는 총 비용을 결정한다.
How Long(기간)	• 기간을 얼마나 소요할 것인가? → 개발 일정을 결정한다.

것인가? 콘텐츠의 구성은 어떻게 할 것인가? 사이트의 기능은 어떻게 할 것인가? 등 다양한 요인들을 고려할 필요가 있는데, 콘텐츠 기획단계에서의 가장 중요 구성요소를 살펴보면 〈표 9-3〉과 같다.

〈그림 9-3〉은 일반적인 콘텐츠 제작과정을 나타낸 것이다. 이를 살펴보면 다음과 같다.

① **아이템 선정** : 목적에 바탕을 둔 메뉴의 선정, 아이디어를 통한 메뉴를 구성하는 과정으로, 이러한 선정은 흔히 '브레인스토밍'에 의해 진행되어지며, 이는 여러 아이디어의 축적을 통해서 그 중 가장 적합한 메뉴를 선정하는 것을 의미한다.

② **시장조사** : 사이트 구축을 위한 재료, 기술, 인력 및 장비를 조사하는 과정으로, 이 단계는 가능한 능력을 충분히 고려하여 능력에 맞는 대상을 만들어나가는데 있어 가장 중요한 단계라고 할 수 있다.

③ **자료분류 및 분석** : 여러 경로로 수집된 자료를 단계적이고 체계적으로 정리, 구성하는 과정이다.

④ **자료의 가공** : 다양하게 수집된 자료를 바탕으로 적절한 내부설계를 통하여 손쉽게 접근할 수 있도록 자료를 적합한 형태로 배열하는 과정이다.

⑤ **편집** : 가공된 자료를 실제로 시간과 순서에 맞게 제작해 나가는 과정이다.

⑥ **매체선택** : 매체를 선택하여 체계적으로 정리된 내용과 자료들을 직접 구현해 나가는 과정으로, 즉 제작된 내용을 선택한 매체에 올리는 과정이다.

그림 9-3 | 콘텐츠 제작과정

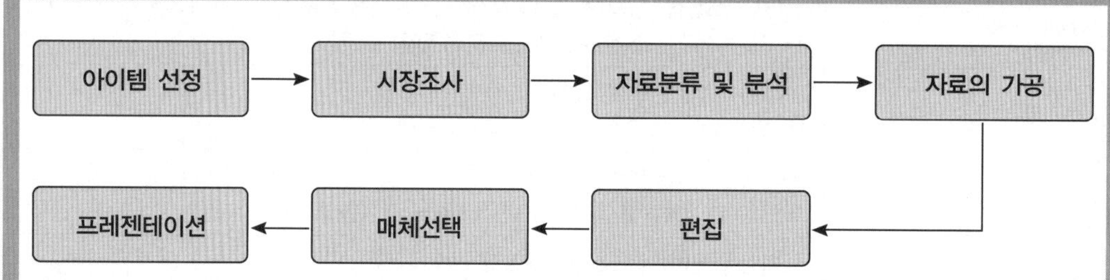

⑦ **프레젠테이션**: 매체에 올려진 자료들을 어떻게 하면 고객들에게 잘 보일 수 있을까 하는 시각에서 재배치와 다각적인 방법을 통해 콘텐츠를 다듬어서, 고객에게 효과적으로 내용물을 전달하는 과정이다.

(2) 콘텐츠 개발 및 평가

콘텐츠의 기획이 끝나면 콘텐츠의 개발단계로 넘어가게 되는데, 콘텐츠 개발은 기획단계의 아이디어와 설계가 미디어를 통해 구체적으로 구현되는 단계이다. 일반적으로 음악, 영화, 컴퓨터 및 인터넷 게임, 모바일 콘텐츠 등과 같은 유행성이 강한 콘텐츠는 수명주기가 상당히 짧아 개발과 유지·보수가 동시에 이루어져야 하기 때문에 시장의 여건에 적합한 기술로 개발이 이루어져야지만 경제성을 도모할 수 있다. 하지만 기술적인 특성만을 강조하는 콘텐츠의 개발보다는 기획단계에서 조사되어진 다양한 요구사항을 충분히 반영하는 개발전략이 또한 필요하다고 하겠다.

한편, 콘텐츠의 개발이 이루어지고 나면 콘텐츠에 대한 평가가 이루어져야 하는데 콘텐츠 평가기준으로는 목적성, 적절성, 다양성, 신뢰성, 지속성, 유용성, 편리성, 수익성 등의 8가지 기준을 반영할 수 있다.

① 목적성은 콘텐츠의 목적은 무엇인가, 제공된 콘텐츠가 목적에 부합하였는가에 대한 평가기준이다.

② 적절성은 콘텐츠의 사용자는 누구인가, 콘텐츠사용자와 콘텐츠의 내용 및 제공수단이 부합하는가에 대한 평가기준이다.

③ 다양성은 다수의 사용자를 만족시킬 만큼 다양하고 충분한 콘텐츠가 제공되어졌는가에 대한 평가기준이다.

④ 신뢰성은 제공되는 콘텐츠가 믿을 만한 신뢰성을 확보하고 있는가에 대한 평가기준이다.

⑤ 지속성은 앞으로도 적합한 콘텐츠의 지속적인 제공이 보장되는가에 대한 평가기준이다.

⑥ 유용성은 콘텐츠의 사용자에게 어느 정도 유용하게 사용될 수 있는가에 대한 평가기준이다.

⑦ 편리성은 사용자의 편리성과 목적에 대한 충분한 배려가 제공되는가에

대한 평가기준이다.

⑧ 수익성은 콘텐츠를 통한 직 · 간접 수익창출이 가능하였는가에 대한 평가기준이다.

이와 같은 8가지의 콘텐츠 평가기준을 토대로 개발자 입장에서는 사용자와 시장의 환경을 고려하여 콘텐츠를 개선하거나 새로운 콘텐츠를 기획하여야 한다.

(3) 콘텐츠 전략수립을 위한 고려사항

콘텐츠는 두 가지 측면을 가지고 있다. 하나는 정보적 측면이고 또 다른 하나는 오락적 측면이다. 즉, 정보적 측면은 풍부한 정보를 체계적으로 제공함으로써 콘텐츠 이용자로 하여금 유용한 정보를 보유하고 있는 곳이라는 이미지를 각인 시키는 접근 방법이라고 할 수 있으며, 이에 반해 오락적 측면은 사람들이 편하게 즐기기 위한 공간이라는 데에 초점을 맞춘 것으로 채팅과 같이 사람들과의 다양한 상호작용을 통한 즐거움을 전달해 주는 접근방법이라 할 수 있다.

특히 인터넷을 이용한 e-비즈니스 사이트는 고객이 그들의 필요와 욕구를 충족시키기 위해 다양한 정보, 상품, 서비스 등을 제공하고 있으며, 또한 고객들에게 편리하고, 즐겁게 콘텐츠를 이용할 수 있도록 다양한 지원시스템을 유지, 발전시키고 있다. 하지만 이 같은 지원시스템보다 더욱 중요한 것은 사이트의 주요 내용인 콘텐츠를 어떤 전략을 가지고 고객에게 전달해야 하는지를 살펴보아야 할 것이다.

① 유용성

콘텐츠 유용성이란 해당 콘텐츠가 고객에게 얼마나 유용한가에 대한 정도로, 고객의 필요와 욕구에 관련된 문제를 얼마나 잘 해결해 주는가에 대한 것이라 할 수 있다. 따라서 콘텐츠의 유용성은 고객이 요구하는 콘텐츠의 이용 가능성을 얼마나 잘 반영할 수 있는가가 제일 중요한 점이라 할 수 있는데, 고객이 원하는 정보를 적절한 시점에 적절한 방법으로 제시할 수 있어야 할 것이다.

② 즐거움

콘텐츠는 고객이 가지고 있는 감성적인 필요나 욕구를 정확하게 분석하고, 그에 상응하는 정보를 제공함으로써 고객에게 큰 즐거움을 제공할 수 있어야 한다. 특히 이미지 상품이나 감성적 욕구에 관련된 서비스를 제공하는 경우에 있어서는 이와 같은 콘텐츠가 반드시 고객에게 즐거움을 선사할 수 있어야 많은 고객을 확보할 수 있다.

③ 구 성

콘텐츠 구성은 콘텐츠를 얼마나 편리하게 찾을 수 있으며, 또한 얼마나 신속하고 편리하게 정보를 제공받을 수 있을 것인지와 관련된 것이라고 할 수 있다. 고객에게 아무리 유용하고 즐거움을 전달해 주는 콘텐츠라 하더라도 잘못된 구성으로 고객에게 불편함을 초래하게 된다면 고객은 콘텐츠에 대한 최대한의 가치를 제공받지 못할 것이다. 따라서 유용성과 즐거움을 최대화하기 위해서는 이러한 콘텐츠가 쉽고 편리하게 제공될 수 있도록 콘텐츠의 구성이 조화를 이루어야 할 것이다.

1.5 콘텐츠 관리시스템

기업들의 웹 의존도가 높아지면서 웹 콘텐츠 용량은 갈수록 증가하고 있다. 또한 유통되고 저장되는 모든 기업 데이터가 디지털화되고 있기 때문에 이들에 대한 생성, 보관, 유지, 배포, 관리할 수 있는 콘텐츠 관리시스템은 e-비즈니스의 기반 시스템으로 자리잡아 가고 있다.

콘텐츠 관리시스템(Contents Management System: CMS)은 다양한 미디어 포맷에 따라 각종 콘텐츠를 작성, 수집, 관리, 배급하는 콘텐츠 생산에서 활용, 폐기까지 전 공급과정을 자동으로 처리해 주는 시스템으로, 콘텐츠의 이용현황을 분석하여 e-business 발전전략을 세울 수 있는 비즈니스 환경을 제공하는데, 콘텐츠의 주기를 생성, 관리, 배포의 세 단계로 나누어 단계별 기능을 살펴보면 다음과 같다.

첫째, 생성단계는 콘텐츠를 자체적으로 제작하거나 외부로부터 수집을 할 수가 있다. 이 단계에서는 콘텐츠의 타입(텍스트, 이미지, 동영상 등)을 규정하고 콘텐츠에 관련된 Workflow를 이용하여 자체적으로 콘텐츠 작성에 관한 기본 틀을 제공하거나 상용업체의 콘텐츠 작성 툴을 지원하고 콘텐츠를 통합하는 기능이 있다.

둘째, 관리단계는 작업 과정과 비즈니스 프로세스를 고려하여 콘텐츠를 관리하는데, 콘텐츠 관리 기능은 웹 스타일의 관리 기능, 버전관리, 다국어지원, Virtual Repository 제공, 메타 데이터 검색 지원, 콘텐츠 접근관리, 콘텐츠

그림 9-4 | 콘텐츠 관리시스템의 기능

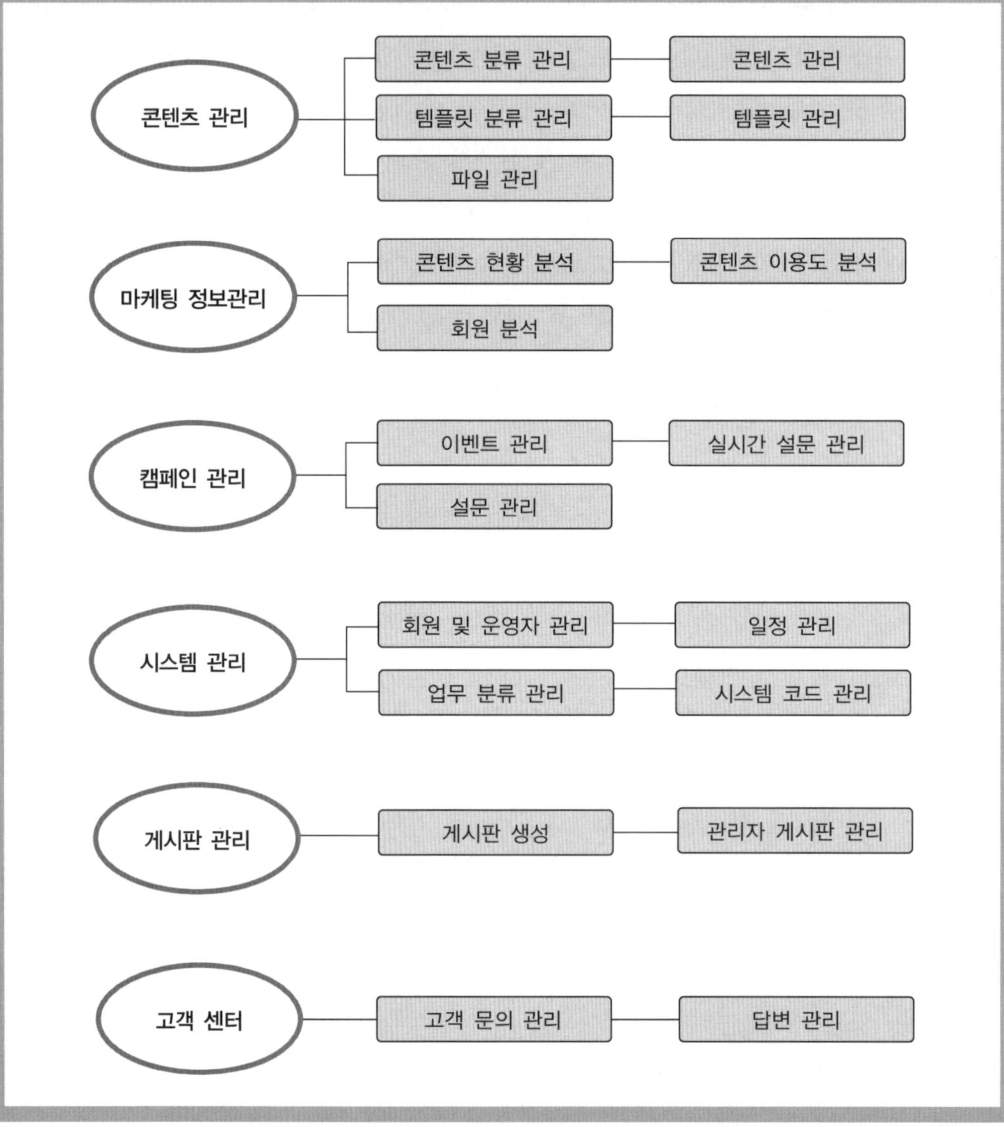

제공자 관리, 콘텐츠 이용자 관리 기능, 다양한 템플릿을 지원하여 콘텐츠를 편집 및 분석하는 기능을 포함한다.

셋째, 배포단계는 다양한 장비와 환경을 지원하며, 미리보기 기능과 페이지 통합 등의 기능을 제공한다. 콘텐츠의 배포는 지정된 웹 사이트에 콘텐츠를 필요한 시점에 할 수도 있고, 지정된 웹 사이트에 미리 등록된 스케줄에 따라서 할 수도 있으며, 등록된 템플릿을 이용하여 이용자가 원하는 형태로 할 수도 있다. 또한 사용자가 등록한 목록에 따라 콘텐츠를 자동으로 분류 및 검색하여 사용자의 선호도와 권한별로 개인화된 콘텐츠를 제공할 수 있다.

이처럼 콘텐츠 관리시스템은 웹 사이트에 있는 정보와 텍스트 기반의 정보를 수집하여 통합 데이터베이스를 구축하여 콘텐츠를 분류하고 분석하며 표준화된 형태로 저장하여 전달, 처리, 개인화된 서비스를 제공하게 된다.

제2절 디지털 콘텐츠 비즈니스

디지털 콘텐츠 비즈니스는 디지털 콘텐츠를 생산, 분배, 소비하는 산업전체를 일컫는 것으로 콘텐츠를 디지털화하여 제작, 유통, 소비자는 산업을 모두 포괄하고 있다.

이와 같은 디지털 콘텐츠 산업의 가장 큰 특징은 단일소스 멀티사용자(One Source Multi Use)의 높은 산업 연관 효과를 가진다는 점이다. 디지털 콘텐츠 관련 산업은 방송사, 제작사, 영화 및 음악 제작업체 등과 같은 콘텐츠 제공업체, 콘텐츠 서비스 플랫폼을 제공하는 미들웨어업체, 전송을 위한 네트워크 사업자, 콘텐츠를 서비스 하는 콘텐츠 서비스 제공업자와 이용자로 구성되어 있다. 이와 같은 디지털 콘텐츠와 관련된 산업구조는 빠르게 변화하고 있으며, 특히 콘텐츠의 융합은 더욱 급속하게 발전하고 있어 이를 지원하기 위한 콘텐츠 및 미디어 기기들의 융합 역시 급속도로 진행되고 있다.

이와 같은 특징으로 인해서 디지털 콘텐츠 산업은 지식정보사회의 핵심산업으로 급부상하고 있으며, 부가가치의 핵심적인 요소로 그 중요성이 증가되어지고 있다. 따라서 본 절에서는 중요한 전략산업으로 인식되고 있는 디지털 콘텐츠 비즈니스의 게임, 디지털 방송 · 영상, 에니메이션, 모바일 콘텐츠, e-러닝, 웹정보콘텐츠, 음악콘텐츠, 디지털출판, 디지털스토리텔링에 대해서 살펴보고자 한다.

2.1 게 임

최근 유무선 인터넷과 네트워크, 정보기술, 디지털 콘텐츠의 발전으로 온라인 게임과 모바일게임이 대중 속으로 깊숙이 파고들고 있으며, 콘솔게임기의 네트워크 기능 탑재, 아케이드게임의 네트워크화, 이동통신, 디지털방송 등 게임의 유형과 미디어 및 게임동작 형태가 다양하게 변화되어 발전하고 있다.

게임산업은 경제성, 산업성, 상업성 등 여러 측면에서 가치를 창출하는 산업으로, 상호작용의 특성을 가진 고도의 심리자극을 제공하는 엔터테인먼트 산업인 동시에 고부가가치 산업이다. 따라서 게임산업은 한 나라의 문화와 기술수준을 나타내는 척도로 인식될 만큼 그 중요성이 부각되고 있는데, 우리나라에서의 게임산업은 PC방을 통한 게임시장의 확대와 인터넷산업의 발전으로 온라인게임 및 PC 게임이 급속한 성장세를 나타내고 있다. 이러한 게임산업은 다른 영상산업인 만화 및 애니메이션, 방송, 인터넷. 네트워크, 음악, 캐릭터 등의 엔터테인먼트 산업과 접목하여 산업간 시너지효과를 불러일으키면서 더욱 발전하고 있는 양상을 보이고 있다.

게임산업은 멀티미디어, 디지털, 네트워크기술 등 다양한 첨단기술과 엔터테인먼트 요소가 결합된 서비스로, 넓은 의미에서는 제작, 유통, 서비스가 상호유기적인 가치사슬(Value Chain)로 연결되어져 있다고 볼 수 있는데 〈그림 9-5〉는 게임산업의 가치사슬을 잘 설명해주고 있다.

우리나라에서 게임산업은 정보통신기술의 급속한 발전에 힘입어 디지털 콘텐츠가 산업의 중심으로 급부상하면서 급속하게 성장하고 있다. 특히 사회문화의 인프라가 인터넷을 중심으로 발전하면서 개인주의 성향의 생활문화가 급속히 보급되고 있으며, 이러한 사회문화적 여건은 휴식과 놀이를 게임을 통해 즐기려는 방향으로 나아가고 있다.

그림 9-5 | 게임산업의 가치사슬

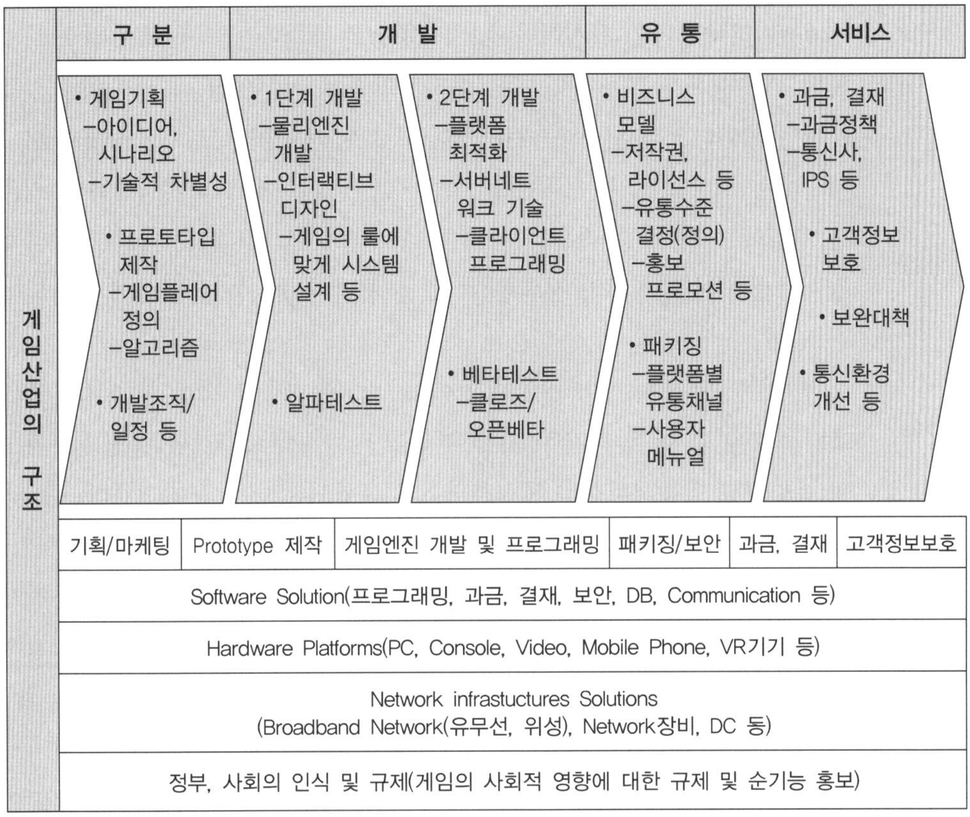

자료원 : 한국소프트웨어진흥원, 디지털콘텐츠 산업백서, 2004.

2.2 디지털영상 방송

디지털방송은 기술적인 측면이나 서비스와 산업 그리고 이용자 측면에서 기존의 아날로그 방송과는 전혀 다른 방송이다. 대표적인 디지털방송의 특징을 살펴보면 다음과 같다.

첫째, 인터랙티브(상호작용) 방송이다. 디지털방송을 기존 아날로그방송과 확연하게 구분시켜 주는 대표적인 기능이 바로 쌍방향 서비스로, 기존 방송체제에서 소비자는 일방적으로 방영되는 방송콘텐츠를 받아들이든가 아니면 받아들이지 않든가 둘 중 하나를 선택해야만 하는 상황이었다. 하지만 디지털방송은 실시간으로 방송국과 시청자가 상호작용할 수 있게 쌍방향 기능을 수행할 수 있는 형태를 지원해 주고 있다.

둘째, 다채널방송 환경이다. 디지털방송은 주파수 대역을 효율적으로 사용하여 다채널화가 가능하다. 즉, 디지털방송에서는 영상, 음성, 데이터 등이 디지털 데이터로 고압축이 가능한데, 이로 인하여 아날로그 방식에서 하나의 채널에서 하나의 방송 내용만을 내보내던 것과는 달리 디지털방송은 기존의 한 채널에 여러 방송 내용을 동시에 내보낼 수 있게 된다. 따라서 채널수가 늘어나게 되어 시청자가 선택할 수 있는 채널의 숫자가 급격하게 증가되어질 수 있다.

셋째, 방송, 통신, 인터넷의 융합이다. 디지털방송은 방송과 통신의 융합을 촉발하고 이는 이들 각 분야의 하부구조인 방송네트워크와 통신네트워크망이 융합되고 방송서비스와 통신서비스가 융합되는 현상을 가져온다. 즉, 네트워크의 융합이란 방송네트워크와 통신네트워크의 영역이 점차 모호해져 방송이 방송네트워크뿐만 아니라 쌍방향을 의미하는 통신네트워크를 통해서도 전송되고, 통신이 통신네트워크뿐만 아니라 방송네트워크를 통해서 전송되는 현상을 말한다. 따라서 이러한 네트워크망의 융합은 방송과 통신 서비스의 구분이 불분명하게 되고 어느 한 분야에 속하지 않은 새로운 서비스가 출현하는 '서비스의 융합' 현상으로 이어지게 되며, 특히 방송과 통신의 어느 한 분야라고 일컫기 힘든 맞춤 서비스와 같은 전혀 새로운 서비스가 등장하기도 한다.

넷째, 점송(Pointcasting)의 대두이다. 디지털방송의 발전은 방송의 범위를 '방송(broadcasting)'에서 '협송(narrowcasting)' 그리고 '개인방송(personal casting)'을 넘어 '점송(Pointcasting)'으로 변화시키고 있다. 점송(Pointcasting)이란 쌍방향적인 네트워크를 매개로 방송서비스 제공자와 개별 수용자가 일대일로 대응함으로써 수용자 개개인의 요구가 방송서비스에 즉각적으로 반영되도록 한 방송이라고 할 수 있다. 이러한 쌍방향적 네트워크 환경에서 방송제공자는 개인마다 서로 취향이나 관심영역이 다른 다양한 성향의 수용자층을 위하여 방대한 프로그램을 라이브러리(library) 형태로 제공하고, 수용자는 자신이 보고자 하는 프로그램을 자신이 원하는 시간대에 언제든지 제공받을 수 있게 된다.

다섯째, 홈 서버기능의 도입이다. 디지털방송에서는 컴퓨터처럼 정보처리 능력과 함께 저장기능을 갖추게 된다. 즉, 디지털TV 셋톱박스에 대규모 용량의 저장장치가 내장되어 시청자 개인의 취향에 맞는 방송내용을 자동적으로 녹화해주고 이를 보고 싶을 때 언제라도 시청할 수 있게 하는 개인비디오 녹화서비스를 가능하게 하는 등의 서버기능을 갖추게 된다.

여섯째, 방송 송수신 단말기의 다양화이다. 디지털방송이 활성화되면 방송과 통신의 융합뿐만 아니라 디지털미디어 단말기의 융합 및 호환이 활성화되어 방송의 유비쿼터스가 구현된다. 따라서 디지털방송을 TV뿐만 아니라 PDA, 핸드폰, 이동용, 야외용 단말기 등 다양한 디지털 미디어 단말기를 통해 송수신할 수 있게 된다.

일곱째, 방송서비스의 멀티콘텐츠화이다. 디지털방송이 본격화되면 방송서비스 내용이 현재와 같이 하나의 구성이 아니라 멀티 구성의 형태가 되어 시청자의 반응에 따라 각기 다른 다양한 멀티콘텐츠가 서비스되어진다.

이처럼 디지털방송의 특징으로 인하여 디지털방송은 고선명, 고음질을 실현하여 방송 서비스의 고품질화, 고기능화를 이루어낼 수 있다. 또한 영상, 음성, 문자, 그래픽 등의 다양한 정보형태와 TV수상기, 컴퓨터모니터 등의 다양한 구현매체를 통합한 멀티미디어 방송이 가능하며, 광대역으로 이용자의 참여가 보장되는 쌍방향 서비스가 가능하다. 따라서 이러한 변화는 방송이 하나의 국지적 네트워크가 아니라 전통적인 오락과 교육은 물론 e-비지니스와 가상 사회를 구축하는 통합 네트워크로서의 비전을 제시하고 있다. 새로운 경제적 기회로 방송기기 제조업, 네트워크 사업, 콘텐츠산업, 기타 관련 산업에서 새로운 시장 창출효과를 가져올 것이다.

이와 같이 방송과 통신의 융합은 송·수신자 간의 정보교환을 가능케 함으로써 시청자는 TV를 시청하면서 자기가 필요로 하는 프로그램을 선택하는 것은 물론 전자쇼핑, 홈쇼핑, 대화형 교육 등의 고부가가치 서비스를 받을 수 있게 됨으로써 디지털방송은 문화적으로나 경제적으로 큰 의미를 지닌다고 할 수 있다.

2.3 애니메이션

최근 디지털영상의 급속한 발달과 보급으로 컴퓨터를 이용한 애니메이션 제작이 간편해지면서 영상매체가 전달하는 애니메이션은 매우 다양하고 광범위하게 나타나고 있다. 애니메이션은 인간의 생활을 지적으로 풍요롭게 하는 문화적 특성을 지니고 있으며, 산업적 관점에서는 영화, 스포츠, 음반 등과 같이 소비자들의 관심과 여가수단으로서의 선호도에 따라 수익이 달라지는 엔터테인먼트 산업의 특성도 가지고 있다.

또한 작품 그 자체의 수입뿐만 아니라 작품의 캐릭터나 소재를 기반으로 하여 다양한 사업(캐릭터, 음악, 게임 소프트웨어, 테마파크, 영화관, TV, 비디오, 교육용자료, 광고 등)을 전개할 수 있는 단일소스멀티사용자(One Source Multi Use)의 속성을 갖고 있다. 이는 타 분야에 비해 산업적 연관효과가 월등하게 높고, 매체간 변형을 통해 고부가가치를 창출하는 성격을 지니고 있다고 할 수 있다.

애니메이션은 정지된 영상을 연속적으로 배열함으로써 움직이는 영상을 만드는 것을 말한다. 그러므로 넓은 의미에서는 문자가 단순히 움직이는 것도 애니메이션이라 할 수 있다. 이야기구조(narrative), 디자인, 움직임의 통제가 애니메이션의 기초적인 구성요소들인데, 제작과정에서는 디자인과 움직임의 통제가 작업의 주를 이룬다.

〈그림 9-6〉은 애니메이션이 멀티미디어 시대에 어떤 메시지 구조와 특성으로 상호작용하는지를 보여준다. 애니메이션은 기본적으로 음성, 텍스트, 영상이라는 복합적 감각을 요구하는 메시지 구조로 되어 있다는 점에서 멀티미디어 메시지가 갖는 오락, 교육, 정보적 특성을 담을 수 있다. 그리고 애니메이션 매체는 다양화되고 수요자와 상호작용적인 구조를 이루어가고 있으며, 멀티미디어는 기본적으로 디지털 영상기술에 기반을 두고 있고 데이터 방송 형태로 수용자의 피드백을 즉각적으로 받아들일 수 있는 기술구조를 가지고 있다. 따라서 애니메이션이 멀티미디어의 영상기술과 연결된다면 수용자와의 상호작용성을 극대화시킬 수 있다.

그림 9-6 | 애니메이션과 멀티미디어와의 관계

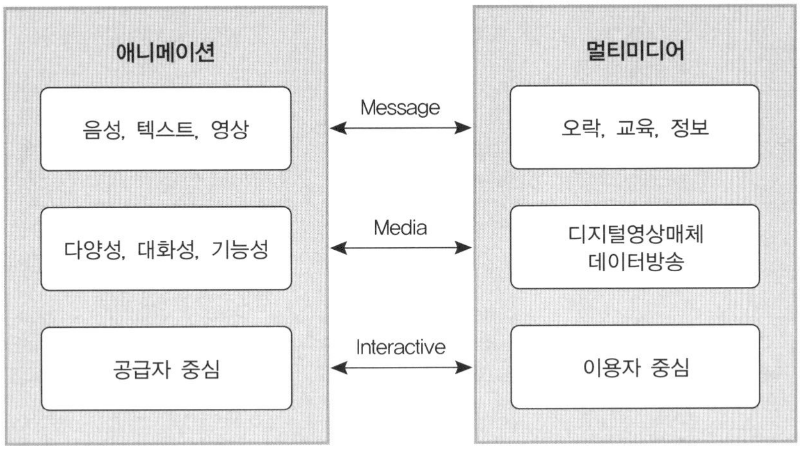

자료원 : 서혜옥, 디지털영상과 애니메이션의 변화에 관한 연구

2.4 모바일 콘텐츠

기존의 e-비즈니스는 제한적이며 고정적인 곳에서의 행위였다면 모바일은 언제, 어디서나 가능한 유비쿼터스 기반을 뒷받침해주는 매우 중요한 토대라 할 수 있다. 모바일은 비즈니스 적용단계별로 영화티켓, 은행거래처리, 주식정보, 게임과 같이 최종이용 대상자에게 무선단말기를 통해 제공되는 기본서비스, 광고, 마케팅 또는 콘텐츠 제공과 검색과 같은 기본적인 거래나 서비스를 지원해주는 정보와 부가서비스 그리고 결제 인증과 같이 거래 활동을 지원해주는 거래지원서비스, 기업의 연구, 개발, 구매, 생산, 마케팅 등 기업의 부가가치 창출과정의 혁신을 지원하는 기업경영 혁신지원 등에 적용되어질 수 있다.

특히 모바일콘텐츠는 무선통신의 이동성과 디지털콘텐츠를 결합한 것으로, 영화, 게임, 정보콘텐츠, 교육콘텐츠가 디지털화되어 유선이 아닌 무선통신망을 통해 유통되고 서비스되는 것으로 언제 어디서나 원하는 정보를 보거나 들을 수 있는 유비쿼터스 환경의 핵심으로 등장하고 있다. 또한 모바일콘텐츠는 디지털콘텐츠의 범주에 속하면서도 무선인터넷이 가지는 이동성, 위

표 9-4 디지털콘텐츠와 모바일콘텐츠의 비교

구 분		디지털콘텐츠(유선인터넷 콘텐츠 중심)	모바일콘텐츠
대표적 콘텐츠		• TV프로그램, PC용 프로그램, 유선 인터넷 콘텐츠 등	• 핸드폰, PDA용 콘텐츠 등
기본적인 특징		• 고정 설치된 기기를 통해 콘텐츠를 이용, 오랜 기술개발과 사업화로 다양한 콘텐츠 개발 공급이 이루어짐.	• 휴대성을 강조한 통신기기용 콘텐츠에 국한됨. 신규개발분야로 하드웨어적 제약점이 많음.
차이점	공간적 제약	• 정보장치를 지닐 수 있는 공간에서만 이용 가능. 사진 같은 사실감을 얻을 수 있음.	• 항상 휴대가능하므로 특별한 공간제약을 받지 않음(무선인터넷의 경우, 통신이 가능한 곳에서만 가능)
	시간적 제약	• 대중화된 콘텐츠로 이용료가 상대적으로 낮음. 공간적 제약과 마찬가지로 정보장치를 점유할 수 있는 시간에 사용하는 제약이 있음.	• 대부분 유료 콘텐츠로 이용료가 상대적으로 높음. 정보장치를 지니고 있는 시간이 많으므로 언제든지 활용 가능
	하드웨어적 제약	• 높은 하드웨어 기술발달과 오랜 사업화를 통해 다수의 질 높은 콘텐츠가 있음.	• 좁은 액정 디스플레이 공간과 한정적인 사운드, 키버튼 등이 제약사항이며, 고가의 메모리칩 역시 콘텐츠 크기를 제한

자료원 : 디지털콘텐츠, 모바일콘텐츠의 글로벌 생존전략, 2003.

치기반, 고객차별성, 개인성 등의 특성으로 인해 기존의 유선 인터넷 중심의 디지털콘텐츠와는 다른 성격을 보여주고 있다.

현재 모바일콘텐츠가 적용되어지고 있는 주요 분야는 모바일게임, 모바일채팅, 캐릭터타운로드, VOD 동영상, 주식거래, 모바일뱅킹, MP3, 라디오, 뉴스/날씨 생활정보, 전자상거래, 인트라넷, 이메일, 원격진료, 엔터테인먼트, MMS(Multimedia Messaging Service), 위치기반 서비스(LBS: Location-Based Service), 모바일 광고, 물류 유통 고객관리, 모바일 캠퍼스, 모바일 교육 등 매우 다양한 곳에 활용되어지고 있다. 특히 모바일콘텐츠가 성장하는데 기본 인프라가 되는 PDA, 무선 랜 노트북 등과 관련된 정보통신 기술이 급속히 발전하고 있어 향후 더욱 다양한 분야로 모바일콘텐츠가 확대되어질 전망이다.

표 9-5 전통적인 형태의 집합 교육과 e-learning 특성 비교

분 류	기존의 전통적인 교육	e-learning
형 태	• 집합/off-line	• on-line
방 식	• 교수자 중심	• 학습자 자율
장 소	• 지정된 장소(교실, 강의실)	• 구애받지 않음
시 간	• 약속된 시간	• 구애받지 않음
내 용	• 학습자 공통	• 학습자 개개인에 따라 다름
	• 획일성, 일방성	• 다양성, 쌍방향성
학습자의 흥미/욕구	• 무시	• 고려
교수자 역할	• 지식전달자	• 조언자, 코치

2.5 e-러닝

인터넷의 확산과 정보통신기술의 급속한 발전으로 지식의 확산과 축적이 용이한 e-러닝이 디지털콘텐츠의 주요한 분야로 주목받고 있다. e-러닝은 다양한 전자적 매체를 활용한 교육을 통하여 구성원의 사고 및 태도를 변화시킴으로써 자신이 담당하고 있는 업무를 효과적으로 수행할 수 있도록 한 것이다. 따라서 e-러닝은 지식과 성과를 향상시킬 수 있는 다양한 해결책을 학습시키기 위해 인터넷을 비롯한 새로운 정보통신 기술을 활용하는 것이라 할 수 있다.

특히 e-러닝은 교육을 원하는 사람이 필요한 장소에 필요한 내용을 필요한 시간에 얻을 수 있는 적시형 학습(just in time)을 가능하게 함으로써 기존에 이루어져 왔던 집합교육의 시 공간적 한계를 극복할 수 있는 대안으로 주목받고 있다. 우리나라의 경우 세계적인 초고속인프라 및 인터넷이용자수의 증가로 인하여 원격대학인 사이버대학교 e러닝 전문업체 등이 나타나고 있는데, e-러닝은 '언제', '어디서', '누구나' 사용할 수 있는 교육형태로 비용이 저렴하여 모든 교육 분야로 확산되어지고 있다.

2.6 웹정보콘텐츠

웹정보콘텐츠는 웹상에서 유통되는 정보콘텐츠로서, 정보제공기업이 유무선 인터넷을 통해 정형화된 데이터베이스 또는 비정형 정보를 제작하여 서비스하고 이용자로부터 회원제, 건당요금 등의 요금체계에 따라 정보이용료를 받아 수익을 올리는 것이라고 볼 수 있다. 우리나라의 웹정보콘텐츠 시장은 정보 선진국인 미국이나 일본에 비하면, 전체 매출규모나 콘텐츠 단위당 매출규모가 상대적으로 뒤쳐져 있음을 알 수 있다.

이와 같은 원인은 국내 이용자들이 유료정보에 대한 인식이 아직 부족하고, 특히 제공되어지는 고품질의 웹정보콘텐츠가 부족하다는 것이다. 현재 웹정보콘텐츠의 주요 수익모델은 유료 회원제도를 통한 회원수입이나 정보이용료를 통한 종량제 수입이 주를 이루고 있다. 하지만 인터넷 포털 사이트를 통한 무료정보가 폭발적으로 증가하여 기존의 정보 콘텐츠 제공자들은 새로운 비즈니스 모델을 찾고 있는데, 이러한 비즈니스 모델은 매우 다양화되고 있으며, 특히 콘텐츠간의 통합이나 기존의 오프라인 비즈니스 모델과의 통합으로 새로운 수익모델을 창출하고 있다. 따라서 이러한 새로운 웹정보콘텐츠의 수익창출을 위한 노력은 향후 비즈니스 모델을 더욱 다양하게 발전시킬 것이다.

2.7 음악콘텐츠

인터넷의 발전은 방송, 영화, 음악, 출판 등 기존 미디어산업에 많은 영향을 미치고 있는데, 이 중에서 가장 크게 영향을 미친 부분이 음악이라고 할 수 있을 것이다. 음악산업은 레코드, 카세트테이프, CD 등 다양한 매체가 등장하였으나 이는 물리적인 매체의 변화일 뿐 소비의 유형이나 유통 등 산업구조까지 변화시키지는 못했다. 그러나 MP3 음악파일의 보편화와 P2P사이트를 통한 파일교환 서비스가 음악 이용자들의 이용형태를 변화시키면서 전통적인 음악산업의 비즈니스모델에도 그 변화가 일어나고 있다. 특히 해외의 경우 메이저음반사들이 인터넷을 통한 스트리밍이나 다운로드 유통을 본격화하면서 그 변화속도는 더욱 빨라지고 있다.

2.8 디지털출판

디지털출판은 종이책과 유사한 인터페이스를 제공하는 전자책으로, 전자책은 게임, 음악, 영화 등과 같이 디지털 엔터테인먼트 콘텐츠의 중요한 부문으로 주목받고 있다. 전자책의 활용을 위해서는 주로 PC, 전용 단말기 또는 유무선 개인 단말기(PDA)에서 인터넷에 접속하여 전자책 콘텐츠를 다운받아 읽을 수 있도록 다양한 제반 기술을 필요로 하고 있는데, 특히 이와 같은 전자책 활용기술은 인터넷을 통하여 다양한 양질의 콘텐츠를 쉽게 생산, 출판, 유통, 판매, 소비할 수 있는 서비스를 제공해 주고 있다.

2.9 디지털스토리텔링

디지털스토리텔링은 디지털기술을 매체환경 또는 표현수단으로 수용하여 이루어지는 스토리텔링으로, 기술개발(Development), 제작준비(Pre-Production), 제작(Production), 후반작업(Post-Production), 배급(Distribution), 상영(Exhibition)에 이르는 매체환경 전체에 디지털 기술이 수용되거나 최소한 기술개발(Development), 제작준비(Pre-Production), 제작(Production), 후반작업(Post-Production)에 이르는 스토리에서 담화까지의 창작에 표현 수단으로 디지털기술이 수용된 경우를 의미한다.

디지털기술을 매체환경으로 수용한 예로는 게임과 모바일 영화, 인터랙티브 드라마, 웹 애드(Ad), 웹 에듀테인먼트, 웹 BI(Brand Idenification), 인터랙티브 논픽션 등을 들 수 있다. 이와 같은 콘텐츠들은 상호작용성과 네트워크성, 복합성이라는 디지털 미디어적 특성에 의해 소설과 같은 전통적 스토리텔링과는 확연하게 구분되고 있으며, 특이할 만한 점은 정차(device)면에서도 컴퓨터, 모바일, 인터랙티브 텔레비전 이라는 별도의 매체를 이용한다. 따라서 오늘날 디지털 콘텐츠산업에서 스토리텔링 기술은 게임, 영화, 애니메이션, 웹 광고, 웹 에듀테인먼트, 모바일콘텐츠 등 사실상 모든 분야에서 응용되고 있다고 해도 과언은 아닐 것이다.

우리나라에서는 디지털콘텐츠의 기획과 구성이 적용되는 일종의 편집기술인 디지털스토리텔링이 초기단계로 인적자원과 스토리텔링 소프트웨어가 매우 부족하다고 할 수 있다. 따라서 우리나라의 상황에 맞는 전문인력 양성과 소프트웨어의 개발이 절실히 요구되고 있는 실정이다.

제3절 웹 디자인

웹은 현재까지 인터넷에서 사용되는 각종 기능, 즉 정보검색, 정보교환, 전자메일 등을 지원하기 때문에 통합 프로그램이라고도 하며, 텍스트뿐만 아니라 그래픽 하이퍼텍스트, 사운드와 동영상 등을 포괄한 종합적인 멀티미디어 서비스를 제공하고 있는데, 이러한 요소들을 다양한 방법의 시각언어로서 조화롭게 창조하고 구성하는 것을 웹 디자인이라고 한다. 이와 같은 웹 디자인은 인터넷 상에서 정보를 효과적으로 표현하는데 있어서 가장 중요한 역할을 수행하고 있다.

이에 본 절에서는 웹 디자인에 대한 전반적인 내용, 즉 웹 디자인의 개념, 웹 디자인의 제작과정, 웹 디자인의 주요 고려사항에 대해서 살펴보고자 한다.

3.1 웹 디자인의 개념

웹 디자인(Web Design)이란 인터넷상에서 그래픽 요소, 동영상, 멀티미디어 요소 등을 다양한 방법의 시각적 언어로서 조화롭게 창조하고 구성하는 것으로 텍스트, 이미지, 레이아웃 등의 다양한 시각적 요소들로 구성되어 컴퓨터 모니터를 통해 표현되며, 인터넷을 통한 텍스트 및 그래픽 정보들을 보다 효과적으로 디자인함으로써 웹 사이트의 내용을 사용자에게 보다 신속, 정확한 전달과 이용이 편리하고 보기에 좋은 화면을 구성하고자 하는 목적을 가지고 있다.

특히 웹을 디자인한다는 것은 단순히 아이콘이나 배경 그림 따위를 그리는 일이 아니라 원하는 커뮤니케이션이나 마케팅 목표를 달성할 수 있도록 정보를 기획하고 가공하여 웹이라는 매체를 통하여 전달하는 일이다. 따라서 웹 디자인은 그 사이트가 전달하고자 하는 내용들을 적절하게 표현하고 정보들을 쉽게 이해할 수 있도록 구성하여야 하며, 특히 고객이 원하는 형태의 디자인을 제공할 수 있어야 한다.

이처럼 제대로 된 웹 디자인(Web Design)을 하기 위해서는 텍스트뿐만 아니라 이미지, 사운드, 동화상 등의 여러 가지 멀티미디어 요소 그리고 사용자와 서버와의 인터랙티브한 동작을 위하여 CGI(Common Gateway Interface) 프로그래밍, 자바(Java), 자바스크립트(Javascript) 등의 프로그래밍 지식이 필요하며, 특히 유닉스나 Windows기반의 웹 서버를 운영하고 관리할 수 있는 시스템 관리기술이 필요하다.

3.2 웹 디자인의 제작과정

인터넷을 통한 고객접점에서 가장 먼저 고객의 마음을 사로잡는 것이 웹 디자인(Web Design)이라고 할 수 있다. 즉, 고객들은 일반적으로 처음 접한 사이트에 대한 전반적인 느낌을 디자인을 통해서 받게 된다. 특히 디자인이 잘 되었을 경우의 고객들은 e-비즈니스 기업에 대한 긍정적인 반응과 동시에 지속적이고 적극적인 참여를 이끌어내는 중요한 요인이 되기도 한다. 웹 디자인(Web Design)은 다음과 같은 제작절차를 통해서 이루어진다.

그림 9-7 | 웹 디자인의 제작과정

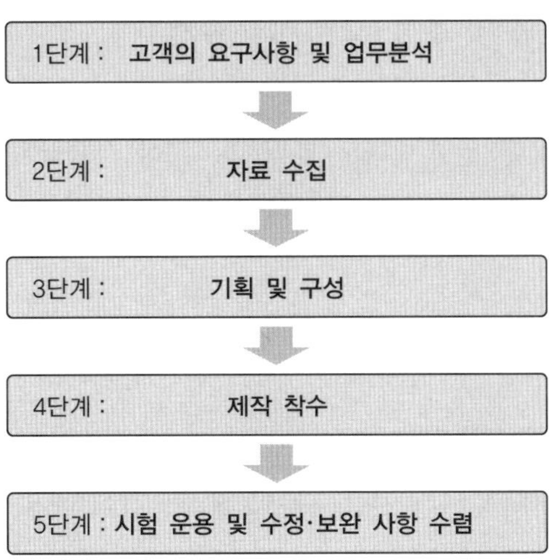

(1) 고객의 요구사항 및 업무분석

제작할 웹 사이트 고객의 요구사항, 업무분석, 주제를 파악한다. 즉, 홈페이지의 운용목적, 용도, 업종, 도메인 명, 사용언어, 제품, 회사 로고, 자료 갱신 주기 등 웹 사이트 제작에 필요한 모든 정보를 수집하고, 고객의 요구사항 및 주제를 분석하여 디자인의 구성에 반영한다.

(2) 자료 수집

웹 사이트 제작의 주제와 관련된 이미지, 문서자료, 동영상, 카탈로그 등의 모든 관련자료를 가능한 한 많이 수집한다.

(3) 기획 및 구성

수집된 정보를 토대로 사이트 디자인의 콘셉트(Concept)와 인터페이스를 구성하고 운용 형태, 호환성, 사용자 층, 사용할 기술을 고려하여 디자인을 기획하고 구성한다.

(4) 제작 착수

기획 및 구성에 따라 제 관련 인력과 장비를 동원하여 웹 사이트를 구축하고, 체계적인 제작이 될 수 있도록 기간과 제작단계를 설정한다.

(5) 시험 운용 및 수정·보완 사항 수렴

제작이 완료된 후에는 공식적인 사용에 앞서 오류나 미비 사항들을 확인할 수 있도록 시험 운영 단계인 베타 테스트를 시행하고 여기에서 나타난 문제점을 지속적으로 수정하고 보완하여 완성도를 높인다.

3.3 웹 디자인의 주요 고려사항

(1) 인터넷 접속환경을 고려

인터넷을 사용하는 사용자들의 접속환경이 매우 다양하기 때문에 효율적인 정보전달을 위해서 빠른 속도로 로딩이 가능하도록 인터넷 접속환경을 고려한다. 특히 너무 오랫동안 화면이 뜨지 않을 경우 대부분의 사람들은 접속한 사이트를 바로 떠날 수 있다. 인터넷은 접속하기도 쉽지만 떠나기도 쉽다.

(2) 사용자의 컴퓨터 화면모드를 감안

사용자의 컴퓨터 화면상태가 각기 다르기 때문에 이를 고려한 웹 디자인이 이루어져야 한다. 즉, 최소 화면모드 사용자를 고려하여 너무 큰 화면 구성은 피해야 하며, 지나치게 많은 색상을 사용하는 것 역시 피하는 것이 좋다. 그리고 특수한 글꼴을 사용하면 처음 제작시의 화면과 보는 사람의 화면이 달라지거나 깨져서 나오기 때문에 일반적으로 많이 사용하는 기본 폰트를 활용하는 것이 좋다.

(3) 최적화된 네비게이션을 통해 메뉴 이동의 편의성을 도모

최적화된 네비게이션을 통해서 메인 메뉴와 하위 메뉴가 규칙적이고 편리하게 이용할 수 있도록 화면 구성을 만들어야 한다. 즉, 관련된 메뉴들에 대한 짜임새 있는 구성과 구조를 만들어 이용자가 쉽게 메뉴를 찾을 수 있도록 해야 하며, 문서 간의 이동을 용이하게 함으로써 사용자의 편의성을 높여야 한다. 또한 선택한 메뉴의 색상을 반전시키거나, 사이트 맵을 만들어 사용자가 현재 자신이 어느 위치에 있는지 쉽게 알 수 있도록 한다.

(4) 스크롤의 지나친 활용을 삼가

스크롤의 지나친 활용을 삼가하고 적당히 페이지를 배분하여 사용자의 편의를 도모해야 하며, 특히 가로 스크롤은 더더욱 피하는 것이 좋다.

(5) 지나치게 화려한 디자인은 삼가

웹은 종이와는 달리 화면에 보이는 디자인에 상당히 예민하다. 따라서 그만큼 쉽게 질리고 눈에 부담이 되기 때문에 깔끔하고 단정된 화면으로 구성해야 하는 것이 필요하다.

(6) 기술적인 호환성과 대중성을 이해하고 적절한 표현수단으로 구현

스크립트나 불필요한 자바 애플릿 등은 속도에 큰 영향을 미칠 수 있으며, 특히 새로운 기술을 이용할 경우 사용자의 입장에서는 그 기술을 수용할 수 없기 때문에 원하는 정보를 얻을 수 없는 경우가 발생되어진다.

(7) 신속한 업데이트를 고려

제작 초기에 가변성 있는 메뉴들을 텍스트 처리로 할 것인지 이미지로 할 것인지 심사숙고하여 결정해야 한다. 그렇지 못할 경우에 신속한 업데이트가 불가할 뿐만 아니라 전반적인 디자인을 망치게 되는 경우가 발생하게 된다.

(8) 전체 이미지의 통일성을 고려

전체적인 이미지를 고려한 디자인의 설계가 필요하다. 즉, 각각의 화면을 개별적인 형태로 서로 다르게 꾸미게 되면 오히려 전달하고자 하는 통일된 이미지를 보여줄 수 없을 뿐만 아니라 하나의 사이트가 여러 개의 서로 다른 사이트인 것으로 오해할 경우가 발생하게 되기 때문에 한 사이트에는 통일된 포인트나 배색을 사용하는 것이 좋다.

제4절 사이트 구조의 종류

사이트 구조는 개별 콘텐츠를 어떻게 구조화할 것인가와 관련된 것으로, 사이트 구조는 이용자들로 하여금 제공되는 정보를 보다 쉽고, 이해가능하며, 상호작용성을 충분히 살릴 수 있도록 하는 것이 매우 중요하다고 할 수 있다. 이에 본 절에서는 사이트 구조의 종류에 대해서 살펴보고자 한다.

사이트 구조는 크게 다섯 가지로 구분할 수 있는 이를 구체적으로 살펴보면 다음과 같다.

① **계열구조**: 계열구조는 일련의 정보를 순차적으로 보여 주는 방식으로 정보가 단계적으로 제시되기 때문에 모든 고객들은 중요한 정보를 놓치

지 않고 볼 수 있다. 하지만 고객들은 개발자가 정해준 순서대로 항해할 수밖에 없어 웹의 장점인 상호작용도 충분히 살릴 수 없다는 단점이 있다. 따라서 계열구조는 단순하게 상품의 사용법을 설명하는 절차적인 페이지나 교육용 사이트에서 단순한 동작의 원리 같은 것을 설명할 때 유용하게 사용되어지고 있다.

② **그리드 구조**: 그리드 구조는 두 가지 계열 구조의 합이라고 할 수 있다. 수평과 수직 형태로 링크구조를 이루고 있고 특정 기준에 따라 정한 고통적인 특징들을 공유하고 있는 구조이다. 특히 고객들은 특정 기준에 따라 정한 공통적인 특징을 공유하고, 수직 · 수평 구조의 틀을 이해하면 효율적인 항해나 정보의 검색이 가능하다. 하지만 대부분의 데이터는 그리드 구조를 쓸 만큼 정형화되어 있지 않다. 따라서 많은 양의 데이터베이스를 가지고 있고, 이를 체계적으로 보여줄 수 있는 경우에만 그리드 구조가 가능하다.

③ **네트워크 구조**: 네트워크 구조는 개별 정보를 담은 웹페이지를 특정 순서나 구조 없이 수많은 페이지로 나열해 놓은 매우 복잡한 구조이다. 네트워크 구조는 개발자의 의도와 상관없이 고객 스스로 웹을 탐색할 수 있는 장점이 있는 반면에 인터넷 사용 경험이 없는 고객의 경우에는 혼동을 야기할 수 있으며 중간에 길을 잃는 현상도 발생하는 단점이 있다. 따라서 네트워크 구조는 인터넷상에서 게임을 제공하는 사이트라든지, 고객 스스로 하나의 정보를 가지고 다양한 학습을 할 수 있는 사이트에 적합하다고 볼 수 있다.

④ **계층구조**: 계층구조는 최상위 홈페이지와 각 하위 페이지가 특정한 주제 아래 계층을 가지고 있는 구조를 의미하며, 각 페이지는 논리적인 연결 관계를 갖고 있지만, 각 계층의 페이지 간에 정보의 분류가 잘못 이루어져 있을 경우 정보를 찾는 과정에서 어려움을 겪을 수 있다. 따라서 인터넷 비즈니스 시스템에서 분류가 애매한 상품은 고객의 목소리를 충분히 듣고 결정하는 것이 현명하다고 할 수 있다.

⑤ **혼합구조**: 혼합구조는 최근 가장 빈번히 사용하는 구조로, 비즈니스 모델이나 내용의 유형에 따라 한 사이트 내에서 다양한 구조를 혼용해서 사용하는 것이다.

제5절 사이트 모니터링

사이트 모니터링은 마케팅관리의 필요에 의해 고객관점에서 웹사이트를 모니터함으로써 기업의 경쟁력을 유지시켜 주는 핵심적인 기능을 수행한다고 볼 수 있다. 특히 인터넷 비즈니스를 전개하는 많은 기업들이 고객 중심의 경영을 실천하면서부터 고객의 의견을 직접 듣는 모니터제도를 크게 활성화시키고 있는데, 이는 인터넷의 활용을 통해 고객과의 쌍방향성이 더욱 중요해진 요즘 사이버기업들의 사이트모니터링 활용은 더욱 증가하고 있다. 이에 본 절에서는 사이트 모니터링에 대한 전반적인 내용 즉, 사이트 모니터링의 개념, 사이트 모니터링의 원칙, 사이트 모니터링 시스템에 대해서 살펴보고자 한다.

5.1 사이트 모니터링의 개념

사이트 모니터링(Site Monitoring)이란 사이트의 기획과정부터 운용에 이르기까지 전자상거래 운용 환경을 구성하는 모든 요소들이 기획대로 진행되고 있는지를 확인하는 것이다. 따라서 사이트가 시간에 따라 서비스를 진행하는 동안 여러 측면에서 효율적이고 오류 없이 실행되고 있는지를 감시하는 것으로 문제가 발생할 경우 이를 해결하고 또한 사전에 문제 발생에 대비한 해결책을 세우는 모든 활동으로, 기존의 콘텐츠, 시스템의 개발 및 발전을 위해 행하는 모든 행동을 의미한다.

사이트 모니터링은 넓은 관점에서는 리얼 서비스 모니터링과 콘텐츠 사이트 모니터링으로 구분되며, 구체적으로는 사이트 게시물 모니터링과 비즈니스 유형 모니터링으로 구분된다. 먼저, 넓은 관점에서의 리얼 서비스 모니터링은 인터넷 서비스 공급자가 실시간으로 콘텐츠, 그래픽, 동영상 등을 이용하여 사용자에게 정보 서비스를 제공하는 것이며, 또한 콘텐츠 사이트 모니터링은 고객의 입장에서 콘텐츠의 내용, 콘텐츠의 접근 용이성과 인터넷 비즈니스 사이트에 대한 고객들의 전반적인 생각을 발견하고 확인하기 위한 여러 행동을 의미한다.

한편, 구체적 관점에서의 사이트 게시물 모니터링은 일부 서비스 업체가 사전에 게시물의 등록을 점검할 수도 있고, 또한 메일링 리스트(Mailing List)와 같은 서비스에 있어서 중재자(Moderator)가 일일이 전체 이용자에게 전달되는 내용을 통제하기도 한다. 그리고 비즈니스 유형 모니터링에서는 검색 서비스 모니터링, 정보 서비스 모니터링, 무료 서비스 모니터링, 웹진 제작 서비스 모니터링 등이 있다.

5.2 사이트 모니터링의 원칙

사이트 모니터링의 원칙은 신뢰성, 유용성, 편리성의 3가지 원칙이 있다.

첫째, 신뢰성은 e-비즈니스 시스템의 신뢰성과 관련된 것으로, 신뢰성은 주로 e-비즈니스의 기술적인 특성으로서 우선 시스템이 지속적으로 고객의 요구에 응답할 수 있어야 하며, 또한 고객에 대한 지속적인 정보의 제공이 가능해야 한다. 예를 들어 은행의 경우에 있어서 아무리 좋은 시스템을 갖추고 있음에도 불구하고 한 번이라도 다운되어 고객이 은행에 접속할 수 없게 된다면 그 은행은 고객들에게 신뢰받지 못할 것이다. 특히 고객이 은행과 거래함에 있어 외부로 정보가 유출되는 것을 방지할 수 있는 보안체계가 확실하게 이루어짐으로서, 본인 이외에 외부의 누군가로 거래 자료가 유출되는 것을 원칙적으로 방지할 수 있어야 한다.

둘째, 유용성은 e-비즈니스가 고객에게 전달되어지는 정보의 가치와 관련된 것으로, e-비즈니스가 기존의 비즈니스 형태보다 훨씬 더 큰 유용성을 지닌다는 것이다. 즉, 이는 상품이나 서비스에 대한 정보의 수집에서부터 구체적인 거래 조건, 주문, 사후관리에 이르기까지 제공되는 정보의 가치가 거래 단계에 따라 크게 증가한다는 것을 e-비즈니스가 고객에게 제공하는 효용과 비용측면에서 살펴볼 수 있다.

셋째, 편리성은 e-비즈니스가 고객에게 제공하는 편리성과 관련된 것으로, 시스템과 고객간에 상호 작용이 얼마나 편리한가, 고객과 고객간 의사소통이 얼마나 편리한가, 시스템의 외형이 얼마나 편리하게 구성되어 있는가 등의 편리성을 지닌다는 것이다.

따라서 e-비즈니스 기업은 기업이 가지고 있는 신뢰성, 유용성, 편리성을 종합적으로 평가하고 이를 기초로 자신의 기업이 어떤 면에서 장점이 있고, 어떤 면을 개선해야 하는지를 살펴봄으로써 기업의 경쟁력을 강화시킬 수 있다.

5.3 사이트 모니터링 시스템

사이트 모니터링 시스템(Monitoring System)은 사이트 이용객의 각종 데이트를 중심으로 사이트 감시에 필요한 정보를 운영자에게 친숙한 형태로 보여주며, 특히 트랙픽 정보, 시스템 보안문제, 네트워크 보안문제 등의 정보를 멀티미디어를 이용하여 그림으로 보여주기도 한다. 사이트 모니터링 시스템은 크게 5가지로 구분이 가능하다.

(1) 보안관리 시스템

에이전트에서 수집한 정기적인 보안 정보나 침입자 감시 시에 보내지는 메시지를 분석하고, 통계적인 정보로 가공한다. 또한 망관리자가 발생하는 메시지를 분석하여 에이전트들에게 멀티캐스팅(multi-casting)한다. 이 과정에서 보안 관리 시스템과 보안 정보 수집 시스템 사이에는 공인되어진 프로토콜과 암호 알고리즘을 사용한다.

(2) 전산망보안 시스템

전산망보안 시스템은 일반적으로 클라이언트/서버 구조를 가진다. 모니터 시스템은 보안관리 시스템에서 수집한 호스트들의 보안 정보들을 가공하여 망관리자에게 보고하며, 에이전트는 호스트에서 발생하는 보안정보를 수집하여 관리시스템이 보고하는 형태이다.

(3) 침입자 역추적 시스템

불법 침입자가 침입을 한 시점의 기록으로부터 접속을 시도하고, 접속이 일어난 정보를 분석하여 침입자의 원래 출발 시스템까지 역추적한다. 역추적 정보는 모니터 시스템에 전달되어 관리자에 보고된다. 이와 같이 전산망에 침입한 불법 사용자에 대한 침입탐지를 이용하여 시스템의 피해를 최소화할 수 있지만 보다 적극적으로 불법 침입자를 추적하여 이를 근본적으로 차단함으로써 피해가 전산망 전체에 확대되는 것을 미연에 방지하도록 한다.

(4) 보안정보수집 시스템

시스템에서 발생하는 보안 관련 정보를 수집하여 실시간으로 보안관리 시스템에 보고하며, 모니터 시스템에서 망관리자에 의해 추가 · 삭제할 수 있도록 하여 감시등급을 차별화할 수 있게 한다.

(5) 자동복구 시스템

모니터 시스템에서 망관리자에 의해 편집된 호스트를 복구할 수 있는 권한을 이용하여 즉시 복구해야 한다. 이 권한은 모니터 시스템에서 부여하는 망 편집기능을 이용하여 확대 · 축소될 수 있다.

요 약

(1) 콘텐츠(Contents)는 인터넷을 이용하여 유통되는 내용물이나 정보 등을 일컫는 것으로, 인터넷이라는 매체에 담을 내용, 작품 등 부가가치를 지닌 정보를 의미한다.

(2) 디지털 콘텐츠 비즈니스는 디지털 콘텐츠를 생산, 분배, 소비하는 산업전체를 일컫는 것으로 콘텐츠를 디지털화하여 제작, 유통, 소비자는 산업을 모두 포괄하고 있다.

(3) 웹 디자인(Web Design)이란 인터넷상에서 그래픽 요소, 동영상, 멀티미디어 요소 등을 다양한 방법의 시각적 언어로서 조화롭게 창조하고 구성하는 것이다.

연습문제

(1) 콘텐츠의 개념에 대해서 설명하시오.

(2) 콘텐츠의 구성요소에 대해서 설명하시오.

(3) 콘텐츠 기획의 구성요소에 대해서 설명하시오.

(4) 콘텐츠 관리 시스템에 대해서 설명하시오.

(5) 웹 디자인의 개념에 대해서 설명하시오.

(6) 웹 디자인의 제작과정에 대해서 설명하시오.

(7) 사이트 구조의 종류에 대해서 설명하시오.

(8) 사이트 모니터링의 개념에 대해서 설명하시오.

(9) 사이트 모니터링 시스템에 대해서 설명하시오.

사례 1 애니메이션의 명가 픽사 스튜디오에 가다

샌프란시스코 외곽 에머리빌에 위치하고 있는 픽사 애니메이션 스튜디오는 밖에서 보면 허름한 의류 공장처럼 보인다. 하지만 건물 안으로 들어가면 노는 듯 일하고 일하는 듯 즐기는 픽사 직원들을 만날 수 있다. 꿈의 일터가 존재한다면 바로 이런 곳이라는 생각이 들 정도로 자유분방하고 근무환경에 놀라 쉽사리 발걸음이 떨어지지 않는다. 내놓는 작품마다 흥행과 비평 두 마리의 토끼를 한 번도 놓쳐본 적이 없는 애니메이션의 명가 픽사 스튜디오를 지난 3월말 방문해 그들이 상상력이 어디에서 나오는지 훔쳐보는 시간을 가졌다. <월·E>는 디즈니-픽사 애니메이션 스튜디오의 9번째 작품이다. 이 영화의 주인공 월·E는 말을 못할 뿐 인간들이 하는 건 다 할 줄 안다. 어느 날 월·E는 지구에 온 로봇 이브를 보고 한 눈에 반한다. 대사가 많지 않지만 영화가 들려주는 느릿한 이야기에 귀를 기울이기 시작하면 그 흡인력은 놀랍다. 미래의 이야기를 그리고 있지만 <월·E>에 등장하는 로봇의 모습은 어느 다큐멘터리 못지않게 생생하다. 극적 재미를 위해 상상력을 가미한 부분이 있지만, 영화 속에 등장하는 대부분의 장면은 면밀한 사전 조사를 통해 구성된 것이다. 오직 애니메이션이기 때문에 가능한 여러 시도 덕분에 <월·E>는 실사영화보다 더 흥미진진하다. 로봇 이야기는 늘 애니메이션 제작자들을 매혹시켰다. 인간의 감정을 지닌 로봇의 이야기는 아이는 물론 어른들까지 화면 속으로 빨려 들어가게 만드는 힘을 지녔기 때문이다. 실사영화가 도달할 수 없는 애니메이션만이 지닌 매력이 무엇인지 정확히 파악하고 있는 픽사의 애니메이션은 많은 관객들을 행복하게 한다. 픽사 대학의 학장을 맡고 있는 그랜디 닐슨은 "<월·E>는 현재로부터 700년 이후의 이야기를 다룬 영화이기 때문에 관객에게 극중 상황을 믿게 하는 것이 중요했다"고 말했다. 이어 그는 "영화를 만드는 과정의 한 부분은 경험으로 이어지는 자료 조사이다. 우리는 작품을 만들기 전에 많은 조사, 연구를 한다"고 덧붙였다. 픽사는 최고의 애니메이션을 만들기 위해서는 최고의 일터가 돼야 한다는 원칙을 세우며 직원들의 복지도 최고 수준이다. 픽사 직원들은 명령에 따라 일하는 것이 아니라 자발적으로 일한다. 열심히 일하다가 밤을 샐 수도 있지만, 회사 문을 나설 때 그들은 스스로 만족스러워한다. 회사 내에 설치된 각종 부대시설은 직원들로 하여금 좋은 아이디어가 생각날 수 있도록 도와주는 역할을 한다. 회사 내에서는 직원들이 퀵보드를 타고 돌아다니는 모습을 쉽게 목격할 수 있었다. 건물 밖에는 야외 산책로와 멋진 조경 시설이 있었다. "노는 것도 일의 일부분"이라고 말한 그랜디 닐슨은 "근무환경이 나쁜 곳에서 좋은 아이디어는 나올 수 없다. 사람을 가장 최우선으로 여겨야 한다. 그러면 그 사람은 반드시 회사에 도움이 된다"고 강조했다. 픽사 직원들은 자신의 작품이 수정되는 것에 거부감이 없다. 더 나은 작품을 위해 자신의 생각을 고집하지 않는 것이다. 앤드류 스탠튼 감독은 "각 분야의 전문가에게 잘못된 점을 지적하기보다 어떻게 하면 더 좋은 대안이 나올 수 있는지 솔직하게 대화한다"고 말했다. 직원들의 창의성과 혁신을 끊임없이 유도하는 이런 근무환경은 작업에 만족도를 높이는 데 큰 도움을 주었다. 대다수의 애니메이션 스튜디오들이 그렇듯, 픽사도 아주 작은 곳에서 시작됐다. 1986년 자신이 만든 애플 컴퓨터사에서 쫓겨난 스티브 잡스가 '픽사'라는 이름의 회사를 사들일 때만 해도 이곳이 극장용 애니메이션의 판도를 바꿔놓을 위치로까지 성장할지는 아무도 예상하지 못했다. 그는 직원들의 창의성을 해치지 않으면서도 IT의 성공 공식을 애니메이션 분야에 적용하여 성공적인 결합을 이끌어냈다. 지난 2006년 5월 디즈니가 74억 달러라는 어마어마한 돈을 들여가면서까지 픽사를 사들인 이유는 그가 가지고 있는 비전 때문이었을 것이다. 좋은 아이디어와 스토리, 흡입력 있는 캐릭터, 그리고 감독의 연출력. 그랜디 낼슨은 아무리 기술이 훌륭해도 앞서 나열한 네 가지 요소가 충족되지 않으면 절대로 좋은 작품이 나올 수 없다고 했다. 현실에 없는 세상을 진짜처럼 보이게 하게 위해 픽사 직원들이 흘린 땀의 양은 어마어마했다. 그랜디 닐슨은 "아무리 제작 기술이 뛰어나도 관객이 애니메이션을 보고 난 뒤 재미있지 않으면 아무런 소용이 없다. 픽사의 성공 사례는 아마도 세상을 이해하면서 영화 속 캐릭터를 만들 수 있던 능력에 따른 것 같다"라는 흥미로운 자체 분석을 내놓았다. 이어 그는 "우리는 직원들에게 그림 자체 퀄리티에 대해서는 걱정하지 말고, 오히려 아이디어의 질에 더 신경 쓰라고 말한다. 그림은 더 좋게 그릴 수 있지만, 아이디어가 없다면 아무런 소용이 없기 때문"이라고 부연 설명했다. 그의 자부심 섞인 분석에 백프로 동의할 수는 없었지만, 그들이 그 누구도 범접할 수 없는 애니메이션 스튜디오가 될 수 있었던 이유는 조금이나마 알게 되는 소중한 시간이었다. 미완성된 필름에서 느낄 수 있었던 작품의 포스를 글로만 보여줄 수밖에 없어 안타깝지만, 한마디는 자신 있게 말할 수 있다. 뭐냐고? 이 영화, 대단하다는 것이다. 그래서 결국 백문이 불여일견이다.

(맥스무비, www.maxmovie.com, 2008년 4월 24일)

토의

1. 픽사(Pixar)가 디지털 콘텐츠 분야에서 전 세계에서 가장 성공적인 업체로 인정받을 수 있었던 주요 성공요인이 무엇인지 설명해 보시오.

사례 2 겨울왕국 성공 DNA는 '전통 바탕에 수용한 혁신'

디즈니의 뮤지컬 애니메이션 '겨울왕국'이 세계 애니메이션 흥행사를 다시 썼다. 박스오피스 모조에 따르면 겨울왕국은 픽사의 '토이스토리3'에 이어 애니메이션 역사상 두 번째로 세계 흥행 수입 10억 달러를 넘어섰다. 조만간 토이스토리3도 제친다는 전망도 나온다. 우리나라에서도 애니메이션으로는 최초로 1,000만 관객을 돌파하며, '아바타'에 이어 외화 흥행 기록 2위로 올라섰다.

겨울왕국, 전통 위에 새로 쌓아올린 왕국

전문가들은 겨울왕국의 기록적 흥행을 두고 오랜 세월 동안 쌓아올린 전통에 혁신을 가미한 것을 성공 비결로 손꼽았다. '라이언킹', '인어공주', '미녀와 야수' 등 디즈니의 뮤지컬 애니메이션 계보를 이으면서 컴퓨터그래픽(CG) 기술이 자연스럽게 덧입혀졌다는 평가다. 1923년 월트 디즈니가 창립한 월트디즈니 컴패니(The Walt Disney Company)는 세계에서 가장 오래된 애니메이션 제작사로 손꼽힌다. 디즈니 영역은 애니메이션에만 한정되지 않는다. 50여 편이 넘는 디즈니 장편 애니메이션은 물론이고, 픽사(2006년 인수), 마블(2009년 인수), 루카스필름(2012년 인수), 방송사인 ABC와 스포츠채널인 ESPN 등을 거느리는 세계 최대 엔터테인먼트 회사 중 하나다. 픽사의 '토이스토리', 마블의 '아이언맨', 루카스필름의 '스타워즈 시리즈' 등이 사실상 디즈니라는 지붕 아래서 한솥밥을 먹는 셈이다. 디즈니는 이른바 '디즈니 르네상스'를 불러일으켰던 뮤지컬 애니메이션의 성공 이후 이렇다 할 흥행작을 내놓지 못하며 슬럼프에 빠졌다. 경쟁사인 드림웍스가 '슈렉'과 '쿵푸팬더'를 잇달아 성공시키며 애니메이션 스토리텔링을 혁신시켰다는 찬사를 받는 동안 디즈니는 '신데렐라 신드롬'에 갇혀있다는 오명을 벗지 못했다. 절치부심한 디즈니는 픽사의 인수 이후 업그레이드에 성공했다. 2006년 인수된 픽사는 '토이스토리', '니모를 찾아서', '월·E' 등을 내놓으며 한때는 디즈니의 명성을 위협하기도 했다. 디즈니는 픽사의 독립성을 인정하면서 뛰어난 CG기술 등 첨단 기술 DNA를 적극 흡수했다. 겨울왕국 대부분의 장면은 실제 겨울의 눈보라를 그대로 촬영한 영상을 기본으로 눈과 얼음만 CG로 처리해 보다 생생한 눈의 세계를 구현했다. '라푼젤', '주먹왕 랄프'를 통해 스토리텔링과 CG기술의 새로운 발전을 모색하던 디즈니는 겨울왕국에서 안데르센의 오래된 동화 '눈의 여왕'을 21세기 버전에 맞게 새롭게 각색하는 데 성공했다.

디즈니 최초의 여성 감독, '21세기 여성상' 표현

이미 인어공주로 안데르센의 동화를 한 차례 각색하는 데 성공한 디즈니였지만 눈의 여왕에 대한 접근방식은 달랐다. 원작의 내용을 한 편의 뮤지컬로 완성시켰던 인어공주와 달리 겨울왕국은 자매애에 초점을 맞춰 대대적 각색에 들어갔다. 제니퍼 리는 여성 최초로 디즈니 장편 애니메이션 각본과 감독을 맡았다. 제니퍼 리 감독 역시 전통적 '디즈니 사람'은 아니다. 다양한 영화 각본 작업으로 경력을 쌓았던 그는 2012년 선보인 주먹왕 랄프의 공동 각본 작업을 맡으며 디즈니와 인연을 맺었다. 능력을 인정받은 제니퍼 리는 애니메이션 '타잔'의 감독 크리스 벅과 겨울왕국의 공동 감독으로 낙점 받는다. 디즈니는 2000년대 초반부터 동화 '눈의 여왕'의 리메이크를 추진했으나 실제 제작에 들어간 것은 시간이 한참 지난 뒤인 2012년이었다. 제니퍼 리는 '겨울왕국'에서 21세기에 맞춘 창조적 캐릭터와 모든 세대가 공감할 수 있는 전혀 새로운 이야기를 그리고자 했다. 남녀의 사랑에 초점을 맞췄던 기존 스토리텔링 방식에서 벗어나 가족애에 중점을 뒀다. 디즈니 애니메이션의 주요 테마 중 하나였던 진정한 사랑은, 엘사와 안나의 '자매애'로 표현했다. 말괄량이 동생 안나의 캐릭터는 원작 눈의 여왕에서 친구 카이를 구하기 위해 눈의 여왕을 찾아가는 게르다의 용기, 결단력, 긍정, 사랑을 키워드로 만들어졌다. 원작 동화에서 악역이었던 눈의 여왕은 엘사로 바뀌면서 스토리텔링에 가장 큰 변화를 주었다. 모든 것을 얼려버리는 엘사는 눈의 여왕과 달리 가족을 위해 희생하고 자신의 삶을 개척하기 위해 떠나는 캐릭터로 그려졌다. 감당할 수 없는 초능력 때문에 괴로워하는 엘사의 모습은 '엑스맨' 등 헐리우드 히어로 무비 코드와도 일치한다. 두 여성 캐릭터 모두 위기를 타파하기 위해 직접 모험에 나서는 용감한 여성으로 표현됐다. 단순히 아이들을 위한 애니메이션이 아니라 남녀노소 모두에게 인기를 끌 수 있는 스토리가 완성됐다. 최광희 영화 칼럼니스트는 "안데르센의 동화를 각색한 겨울왕국은 뮤지컬 애니메이션이라는 디즈니의 오래된 전통 위에 픽사 등의 인수를 통해 얻은 DNA를 업그레이드한 작품"이라며 "기존 신데렐라 스토리에서 벗어나 자매애를 다루고 주제가를 한국어로 부르게 하는 등

친밀도를 높이는 현지화 전략을 적극적으로 쓰면서 가족 관람객들을 다양하게 포섭하는 데 성공했다"고 강조했다.

(전자신문, www.etnews.com, 2014년 3월 10일)

토 의

1. 디즈니의 뮤지컬 애니메이션 "겨울왕국"의 주요 성공요인이 무엇인지 설명해 보시오.

10

e-비즈니스 유통관리

인터넷의 발달로 인하여 가장 크게 영향을 받게 된 부분이 바로 e-비즈니스 유통이라 할 수 있다. 인터넷이라는 매체가 오프라인에서는 불가능했던 실시간 정보교환 및 거래가 동시에 이루어질 수 있는 새로운 유통채널을 만들게 되었으며, 이러한 유통채널을 이용한 다양한 인터넷 비즈니스 모델이 개발되어 왔다.

이에 본 장에서는 새롭게 e-비즈니스 시대에 중요성을 더해가고 있는 e-비즈니스 유통을 살펴보고, 이어서 e-비즈니스 유통과 밀접한 관련을 가지고 있는 e-비즈니스 커뮤니케이션, e-비즈니스 광고, e-비즈니스 판매촉진, e-비즈니스 PR에 대해서 살펴보고자 한다.

제1절 e-비즈니스 유통

유통이란 논리적인 개념인 유통경로(distribution channel)와 물리적인 개념인 물적유통(logistics)으로 나누어 볼 수 있다. 여기에서 유통경로(distribution channel)란 특정제품이나 서비스를 사용하거나 소비할 수 있도록 생산자로부터 소비자로 옮겨가는 일련의 과정에 참여하는 조직들의 집합이라고 할 수 있으며, 물적유통(logistics)이란 생산자로부터 소비자까지 최종제품의 물적 흐름(Physical Flow)을 계획 및 집행하고 통제하는 것을 의미한다고 할 수 있는데, 특히 인터넷의 급속한 발전은 e-비즈니스 유통에 대한 중요성이 증가되어져 오고 있다.

이에 본 절에서는 e-비즈니스 유통에 대한 전반적인 내용, 즉 e-비즈니스 유통경로의 개념, e-비즈니스 유통경로의 기능, e-비즈니스 유통경로의 설계, e-비즈니스 경로구성원 관계의 변화, e-비즈니스 유통경로의 변화, e-비즈니스 유통경로 갈등의 관리에 대해서 살펴보고자 한다.

1.1 e-비즈니스 유통경로의 개념

유통경로의 개념은 "특정제품이나 서비스를 사용하거나 소비할 수 있도록 생산자로부터 소비자로 옮겨가는 일련의 과정에 참여하는 조직들의 집합"으로 정의하고 있다. 유통경로는 단일 기업이 모든 과정을 수행하는 하나의 사건이 아니라, 상호관련성을 가진 다양한 경로의 구성원들이 참여하는 지속적인 과정이다. 또한 유통경로의 목적은 시장에 참여하고 있는 최종소비자가 제품이나 서비스를 사용할 수 있게 해주는 기능을 하고 있으며, 모든 유통경로의 참가자들은 소비자에게 초점을 맞추고 있음을 알 수 있다.

특히 인터넷의 급속한 발전과 확산은 기업과 소비자들에게 시간적, 공간적 제약을 뛰어넘게 하였다. 기업들은 인터넷을 이용하여 24시간 영업을 할 수 있으며, 소비자들은 세계 어느 지역에서나 웹 사이트를 보유한 기업의 홈페이지에 접속할 수 있다. 결과적으로 기업은 예전의 생각할 수 없었던 크기로 시장을 확대할 수 있는 기회를 가지게 되었다.

이처럼 인터넷을 이용하는 e-비즈니스 유통경로는 "인터넷상에서 특정제품이나 서비스를 사용하거나 소비할 수 있도록 생산자로부터 소비자로 옮겨가는 일련의 과정에 참여하는 조직들의 집합"으로 정의내릴 수 있는데, 따라서 생산자와 소비자는 인터넷을 이용하여 직거래를 가능하게 함으로써 소비자는 보다 낮은 가격에 상품을 구입할 수 있으며, 생산자는 소비자들의 기호 및 특성 등을 보다 정확하게 파악할 수 있게 된다. 특히 생산자 혹은 기업은 고객과의 직거래를 통하여 수집되는 다양한 고객정보를 기반으로 고객들의 데이터베이스를 구축하여 경쟁력을 향상시킬 수 있다.

인터넷을 활용하는 e-비즈니스 유통과정을 살펴보면 〈그림 10-1〉과 같다. 소비자는 인터넷을 통해 자신이 원하는 상품정보를 찾고, 오프라인상의 매장직원이 직접 제공해 주던 상품정보 대신에 소비자가 직접 온라인상의 다양한 채널을 통해서 상품정보를 얻는다. 그리고 소비자가 일단 상품을 구매하기로 결정하면 결제방식, 포장형태, 배송방법을 정하고 마지막으로 결제를 완료하면 e-비즈니스 기업은 이와 같은 소비자의 최종정보를 확인하고 상품을 소비자에게 배송한다.

그림 10-1 | 인터넷을 활용한 e-비즈니스 유통과정

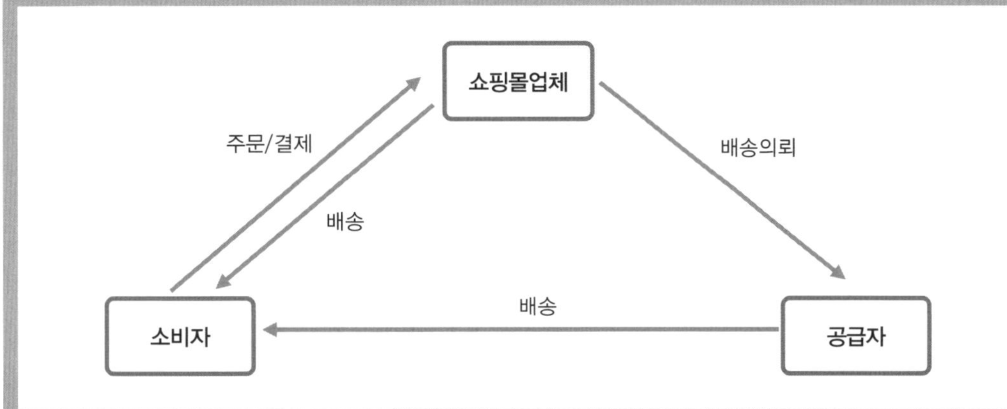

1.2 e-비즈니스 유통경로의 기능

인터넷을 이용하는 e-비즈니스 유통경로의 도입으로 e-비즈니스 기업의 전반적인 효율성, 유연성, 시장지위가 제고됨에 따라 과거에 고객에게 혜택을 제공하기 위해 수행되던 제반 기능은 좀 더 세분화되어졌고, 추가적인 기능이 부가되면서 실질적인 고객효용의 증진이 가능하게 되었다. 인터넷을 이용한 e-비즈니스 유통경로의 세부기능을 살펴보면 다음과 같다.

(1) 정보수집과 분석

e-비즈니스 기업에 있어서 마케팅정보의 수집은 유통경로의 주요 기능의 하나로서 목표고객의 특성과 시장의 크기를 정확히 파악할 수 있다는 장점이 있다. 목표고객에 대한 정보를 활용함으로써 제품개발과 세분화된 마케팅 커뮤니케이션의 실현이 가능하다. 따라서 e-비즈니스 기업의 마케팅 정보수집에 있어서 인터넷의 영향은 효율성을 제고시키는데 있다. 즉, 다양하고 구체적인 정보의 취득이 인터넷을 통해 별다른 비용 없이 무료로 가능하며, 조사의 과정이 데스크에서 직접 이루어질 수 있으므로 매우 비용 효율적이라고 할 수 있다.

특히 웹 기반정보(로그파일, 쿠키 등)는 디지털의 형태로 가공이 용이하며 신속한 분석이 가능하다. 또한 온라인상에서 수집되는 고객정보는 지속적이

고 추가 비용 없이 습득되기 때문에 방대한 양의 고객정보가 손쉽게 업그레이드가 가능하다는 특징이 있다.

(2) 마케팅 커뮤니케이션 활동의 개선

과거 오프라인 기업에서의 마케팅 커뮤니케이션은 고객의 인지도 및 선호도 제고와 구매력을 자극하기 위해 실행되어 왔다. 하지만 인터넷의 도입은 이러한 과정을 보다 통합적인 형태로 만들었다. 즉, e-비즈니스 기업은 동시에 보내고자 하는 모든 고객에게 홍보메일을 발송할 수 있게 되었고, 또한 커뮤니케이션 과정이 실시간으로 모니터되고 수정될 수 있다. 이를 이용하여 생산적 커뮤니케이션에 대한 노출을 극대화할 수 있고 소프트웨어에 의해 고도로 목표 지향적인 커뮤니케이션이 가능하게 되었다. 아울러 중간상 간에 촉진활동 상의 협력이 인터넷을 통해 보다 활발하게 전개될 수 있다.

(3) 고객접점 확대를 통한 가치창출

인터넷은 e-비즈니스 기업에 있어서 구매자와의 접촉을 위한 새로운 경로로서의 역할도 하고 있다. 즉, 인터넷이 접촉과정에서 가치를 창출하게 되는 이유는 인터넷을 이용하게 될 때 e-비즈니스 기업은 고객과의 접촉이 개별적으로 일어날 수 있다는 점, 광범위한 접점(검색엔진, 뉴스그룹, 이메일 등)을 제공한다는 점, 그리고 24시간 항상 개방되어 있다는 점 등을 들 수 있다.

(4) 고객 맞춤 서비스 제공

기존의 오프라인 유통채널에 비해서 인터넷의 도입으로 가장 두드러지게 부각되는 장점은 구매자의 욕구에 입각한 상품의 제공이 가능해졌다는 점이다. 즉, 가격비교 에이전트는 소비자에게 제품 범주 내의 가격의 형태를 신속히 비교할 수 있도록 도움을 주며, 또한 과거 구매경험에 의한 데이터베이스에 의해서 소비행위를 예측할 수 있도록 하는 필터링 에이전트들과 같이 체계화된 정보에 의해 고객지향적인 제품과 서비스의 전달이 강화되어지고 있음을 알 수 있다.

(5) 디지털제품의 물적 유통과 새로운 인터넷 물류의 전개

인터넷을 통한 e-비즈니스 채널 기능 중에 가장 중요한 기능은 제품과 서비스의 물적 유통을 지원하는 기능이라 할 수 있다. 이는 제품과 서비스의 성격과 종류에 따라 그 효율성과 디지털화의 가능성 등에 차이가 있다. 즉, 디지털화가 가능한 상품의 경우는 물류비용이 거의 들지 않는다. 따라서 디지털화 될 수 있는 상품의 경우 인터넷을 통한 유통이 매우 급격히 확산되어 있는 일반적으로 소프트웨어, 음반 등의 경우가 대표적이며 그 범위가 계속 확산되어 가고 있다.

반면 상품 자체가 유형의 물리적 상품인 경우 주문이나 대금지불이 온라인을 통해 거래가 이루어지기는 하지만 아직도 물리적인 유통에 있어서는 물적 유통수단을 사용한다. 그러나 이 경우 역시도 인터넷 기반 하에 물품의 수송 상태를 확인한다든지 고객과의 인터페이스가 강화된 형태로 물적 유통을 지원하고 있다.

(6) 전자화폐 및 인터넷 결제

e-비즈니스 기업 유통경로 기능 중의 하나로서 재무적 기능을 들 수 있는데 대부분의 온라인 소비자는 신용카드 결제나 할부 등의 방법을 통하여 구매를 한다. 과거에는 신용카드 정보 및 개인 신용정보의 노출로 인한 두려움 때문에 구매를 꺼리는 소비자가 다수였으나 최근에 구매의 편리성과 보안을 제고시키기 위한 수단들이 등장함으로 인해 점차 그 기능이 확대되고 있는 실정이다. 특히 최근 전자화폐나 대행결제업체의 등장 등으로 결제 수단에 관련한 기술이 지속적으로 발전하고 있기 때문에 소비자들의 전자 결제는 점차 더 대중화될 전망이다.

(7) 가격협상기능

가격협상기능은 인터넷이 도입된 e-비즈니스 유통경로 상에서 새로운 분야로 인식되고 있는 것으로 현재까지 많은 업체가 각기 새로운 방식의 프로그램을 개발하여 서비스를 제공하고 있다.

(8) 가상거래를 통한 제품선택의 다양화

일반적으로 공급업자는 작은 수의 제품과 많은 양으로 효율성을 증대시키는 반면 소비자는 다양한 제품의 소량 구매를 선호하는 경향이 있다. 따라서 전통적인 오프라인상의 중간상은 다수의 공급사로부터 다양한 제품을 모으는 기능을 수행함으로써 소비자가 한 지역에서 광범위한 선택이 가능하게끔 한다.

이에 반해 인터넷 기반하의 e-비즈니스 유통 중간상들은 가상 집적자의 형태로 다수의 독립적인 회사로부터 제품을 가져와 인터넷 쇼핑몰 상에 전시하여 조직화하는 기능을 수행함으로써 시공의 제약을 극복, 소비자로 하여금 효율적이고 무제한적인 선택의 폭을 제공해 주고 있다.

1.3 e-비즈니스 유통경로의 설계

새로운 유통채널인 인터넷의 등장으로 새로운 e-비즈니스 유통경로를 구축하거나 기존의 유통경로를 변화시킬 때 〈그림 10-2〉와 같은 절차에 의해서 보다 체계적으로 유통경로를 설계할 필요성이 있다.

그림 10-2 | e-비즈니스 유통경로의 설계

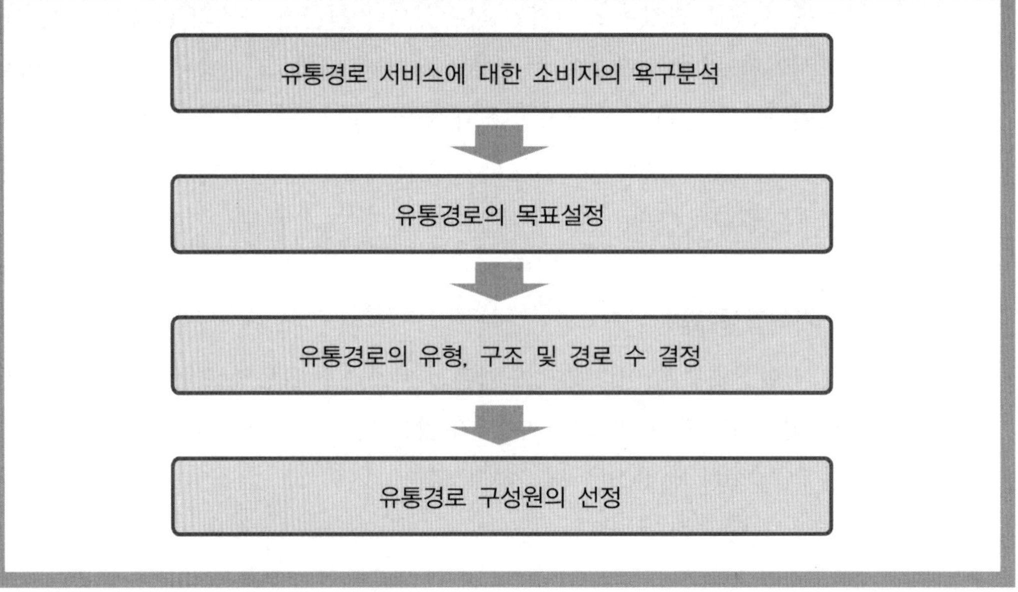

e-비즈니스 유통경로의 설계는 표적시장의 고객들에게 효과적으로 도달할 수 있어야 하며, 특히 수익성이 높은 대안을 선택할 수 있어야 한다. 이와 같은 목적에 부합하기 위해서는 표적시장의 고객이 원하는 것이 무엇이고, 이를 충족시키기 위해 경로구성원들이 무엇을 제공해야 할 것인지를 파악하는 것이 최우선 과제라고 할 수 있다. 유통경로의 목표를 설정하기 위해서는 표적고객의 기대수준 이외에도 전략적 사고, 기업목표, 기업특성, 제품특성, 시장특성, 경쟁사의 유통경로 등이 고려되어져야 한다. 특히 표적고객의 욕구가 상이한 경우에는 복수유통경로를 이용할 필요가 있는데 실제로 대부분의 e-비즈니스 기업들은 복수유통경로를 활용하고 있다.

유통경로의 목표가 설정되면, 유통경로의 유형과 구조, 유통경로의 수를 결정하여야 한다. 즉, 유통경로의 구조적 측면에서 볼 때, 생산자 또는 제조업자는 중간상을 소유할 것인지 혹은 독립적인 중간상들로 유통경로를 구성할 것인지를 결정해야만 한다. 마지막으로 유통경로의 구조와 구성원의 유형 및 수가 결정이 되면 경로구성원에 포함될 개별 중간상들을 선택하여야 한다.

1.4 e-비즈니스 경로구성원 관계의 변화

e-비즈니스 유통경로에서 또 다른 특징으로는 유통경로에 참가하고 있는 구성원들 간의 관계가 변화하고 있음을 알 수 있다. 이러한 e-비즈니스 경로구성원 관계의 변화를 살펴보면 다음과 같다.

(1) 고객과 공급사 간의 관계 변화

전통적인 오프라인 시장에서의 수요와 공급에 대한 균형의 변화는 많은 환경적 요소의 영향으로 붕괴되었고, 이에 따라 고객과 공급사간의 이해 역시 시각의 전환을 필요로 하게 되었다. 즉, 1960~70년대까지의 마케팅 환경은 수요가 공급을 초과하는 상태에서 고객의 욕구보다는 생산자 측면에서의 대량생산과 표준화가 사업전략의 핵심적 요소였다.

그러나 1980년대에서 2000년대로 이어지면서 글로벌 경쟁의 심화, 고객 욕구의 다양화, 고객 개개인의 지적 수준의 향상, 새로운 기술발달의 가속화 등 새로운 환경적 요인이 출현하게 되었다. 이에 따라 기업은 마케팅 전략에 필요한 요소간의 결합문제에 있어서 새로운 접근방법을 요구하게 되었다. 이는 고객-공급사 관계의 변화를 야기하였고, 고객과의 단발성거래에 초점을 두지 않고 지속적 관계강화에 초점을 맞추게 되었다. 이에 따라 고객과 공급자 모두의 윈-윈을 이끌어낼 신뢰와 몰입의 구축, 지속적이고 철저한 서비스의 강화, 고객욕구의 밀접한 파악에 기초한 지속적인 거래관계가 중요하게 되었다.

이러한 초기 관계 마케팅의 주된 관심은 고객과 기업 간의 상호 호혜적이고 장기적 관계구축에 초점을 두었으나, 이는 곧 내부 마케팅의 시각에서 조직 내 종업원의 중요성, 상호 교차적이고 업무 중심적인 조직구조의 설계 등을 강조하게 왔으며, 나아가 기업을 둘러싼 여타 이해관계자 집단인 지역사회, 재무기관, 정부 등의 영향과 중요성을 인식하게 되었다. 이 결과 새로운 형태의 조직이 형성되고 조직간, 조직 내 상호 조정과 협력이라는 요소가 강조되게 되었으며, 사업은 핵심업무 위주로 재구조화되고 부가가치가 없는 여타 활동은 외주하는 형태로 전환하게 되었다.

(2) e-비즈니스 경로구성원 간 권력관계

인터넷의 도입으로 인하여 e-비즈니스 경로구성원 간의 교섭력에는 변화가 발생되었다. 즉, 이는 어느 한 구성원에게 절대적인 권력의 집중이 이루어진 것이라기보다는 각 요인별로 정보기술이 가져온 혜택에 의해 구성원의 파워가 전반적으로 향상된 결과라고 이해하는 것이 좋을 것으로 보이는데, 인터넷을 이용하는 e-비즈니스가 고객의 권력을 증대시킨 요인을 살펴보면 다음과 같다.

첫째, 고객이 과거에 비해 정보 접근력이 향상되었다는 점이다.

둘째, 과거보다 더 많은 공급사와 접촉할 수 있게 되어 공급사 접근력이 향상되었다는 것이다.

이러한 힘의 확보로 인해 구매자는 다양한 공급사로부터 정보를 획득할 수 있고, 가격에 대한 비교를 용이하게 할 수 있게 되었다.

1.5 e-비즈니스 유통경로의 변화

인터넷의 등장으로 기업이 제품과 서비스를 소비자에게 전달하는 과정에서 기업을 지원하는 도소매업자와 같은 경로파트너와의 관계와 공급사 및 다른 파트너와의 관계가 여러 가지 영향을 받게 되었다. 특히 인터넷의 등장으로 중간상 배제현상과 중간상 재창출 현상이 나타나게 되었다.

(1) 중간상 배제현상

중간상 배제현상이란 기업과 고객 간 공식적으로 연계된 도매상이나, 중개업자와 같은 중간상이 제거되는 현상으로 인터넷이 경로파트너들을 배제시킬 수 있는 수단을 제공함으로써 기존의 도소매상과 같은 유통경로상의 중간에서 이루어지던 과정이 점차 축소되거나 소멸되는 과정을 의미하는 것이라고 할 수 있다.

이러한 과정을 단순한 유통경로 차원에서 보았을 경우 생산자와 최종소비자의 사이에 존재하던 도매업자나 소매업자의 기능이 생략되면서 생산자가 직접 소비자에게 판매촉진을 할 수 있는 형태로 절감될 수 있으며, 이는 판매비용과 유통기반 구축비용의 절감으로 이어져 결국 소비자에게 가격할인의 형태로 그 혜택이 이전될 수 있음을 시사한다.

(2) 중간상 재창출

인터넷이 시장을 더욱 효율적으로 만든다는 가정 하에 새로운 중간상을 창출해 나가는 과정을 설명하는 것이 중간상 재창출현상이라 할 수 있다. 즉, 중간상 배제현상이 발생한 후에 고객이 각기 상이한 공급사를 탐색하는 과정상의 비효성이 발생하게 되고 이러한 비효율을 제거하고자 다시 중간상이 출현하게 된다는 것이다.

이처럼 재창출된 중간상에는 가격 비교 사이트나 각종 검색엔진, 인터넷 쇼핑몰, 전자화폐와 대행결제 시스템 등의 금융중개상들이 있다. 이 중간상들은 디지털환경 하에서 거래 당사자 등을 연결시키고 이에 수반하는 제반 활동, 예를 들면 공급사 탐색, 제품가격비교 등을 더욱 효율적으로 수행하게 된다.

1.6 e-비즈니스 유통경로 갈등의 관리

갈등은 한 개인이나 집단이 다른 개인이나 집단의 목적달성을 방해하고 있다는 인식으로부터 발생한다. 따라서 유통채널에서의 갈등은 채널 구성원 간의 상호작용 과정에서 하나의 채널 구성원이 자신의 목표를 달성함에 있어 다른 채널 구성원이 이를 방해하고 있다는 인식이 존재하는 상태이다. 그러므로 유통채널 내의 갈등은 이를 어떻게 해소하고 관리하느냐에 따라 그 효과가 달라지게 된다.

일반적으로 유통채널에서의 갈등은 제조업체들이 동일한 제품에 동일한 고객을 대상으로 두 개 이상의 유통채널을 동시에 활용하기 때문에 발생한다. 만일 시장을 세분화하고 표적고객을 달리하며, 이때 동일하지 않은 차별화된 제품을 마케팅한다면 유통채널에서 구성원들 간의 갈등은 크지 않을 것이다.

그러나 인터넷의 등장은 제조업체가 직접 판매를 할 수 있는 가능성을 급격하게 증대시켰고 기존의 오프라인 채널과 인터넷으로 인한 온라인 채널간의 갈등이 더욱 부각되었다. 이는 온라인과 오프라인 모두에서 동일한 제품으로 비슷한 표적시장을 상대로 하기 때문이다.

인터넷으로 인한 유통채널 갈등은 대상에 따라 다음의 두 가지 유형으로 나누어 볼 수 있다.

첫째는 새로운 채널이 기존 판매원을 대체하면서 발생하는 기업의 내부 판매원들과의 갈등이다. 즉, 예를 들어 오프라인의 대형음반매장에서 음악관련 CD, 테이프 등을 사는 것이나 온라인으로 음반사의 웹 사이트에서 CD, 테이프 등을 사는 것이나, CD, 테이프라는 상품에서 품질의 차이가 있는 것은 아니며, 독자층이 온라인과 오프라인의 구매선택에 따라서 달라지는 것도 아닌 경우가 흔하다. 이처럼 유통채널에서의 갈등은 인터넷이 기업에게 최종고객을 직접적으로 접촉하게 하는 새로운 직접 판매채널로 급부상함에 따라 갈등이 더욱 증가되어진다.

둘째는 기업외부의 대리점, 소매점 등 기존 유통채널과의 갈등을 들 수 있는데, 이는 지금까지 판매를 담당해 오던 유통채널 구성원, 즉 대리점, 소매점, 내부 영업사원 등과 같이 자신들의 지위에 심각한 위협을 느끼게 될 경우 이러한 위협이 갈등의 원인이 되고 있는 것이다. 실제로 많은 기업들이 인터넷을 새로운 유통채널로서 인식함으로써 기업의 기존 유통구조를 바꾸고 있다. 그 결과, 유통채널의 갈등은 기업 외부의 유통업자들 사이에서뿐 아니라 기업 내부의 부서 간 혹은 판매원과의 사이에서도 발생하게 된다.

이처럼 정보기술이 가져온 인터넷 경로의 도입으로 야기된 중요한 문제점은 위에서 언급한 경로 갈등의 양상이 더욱 복잡해졌다는 것이다. 즉, 중간상 배제현상이 기업으로 하여금 제품을 직접 판매하게끔 하는 기회와 이익을 증가시켰음에 반해 현존하는 파트너와의 유통계약관계에 있어서 새로운 위협적인 요소로 등장하게 되었다.

이러한 인터넷 경로갈등은 신중히 관리되어야 하며, 인터넷 유통경로의 상황에 적합하게 적용되어질 수 있도록 많은 노력을 기울일 필요가 있다.

제2절 e-비즈니스 커뮤니케이션

기업이 전반적인 마케팅 계획을 수립하고 실행함에 있어서 매우 중요한 과정 중의 하나는 커뮤니케이션 과정이다. 특히 인터넷을 이용한 e-비즈니스에 있어서의 커뮤니케이션 활동은 기업의 발전에 매우 중요한 역할을 수행하고 있다.

이에 본 절에서는 e-비즈니스 커뮤니케이션에 대한 전반적인 내용, 즉 e-비즈니스 커뮤니케이션의 개념, e-비즈니스 커뮤니케이션의 특징, e-비즈니스 커뮤니케이션과정, 통합적 e-비즈니스 커뮤니케이션에 대해서 살펴보고자 한다.

2.1 e-비즈니스 커뮤니케이션의 개념

기업이 고객에게 가치를 창출하고 이전시키는데 있어서 기업 간 혹은 고객과의 효과적인 커뮤니케이션을 수행하는 것은 고객지향적이고 시장중심적인 현대 마케팅에 있어서 필수적인 요소이다. 특히 정보기술의 발달로 인해 인터넷이 마케팅에 도입됨에 따라 커뮤니케이션의 범위나 방법은 더욱 다양해지고 역동적으로 변화하였다.

e-비즈니스 커뮤니케이션이란 기업이 목표로 하는 고객에게 전달하고자 하는 제품, 서비스, 가치, 브랜드 또는 기업 자체를 인터넷을 통해 효과적으로 전달하는 활동, 혹은 그러한 활동에 사용되는 요소들의 집합으로 정의 내릴 수 있다. 즉, 인터넷에 의해 기존의 커뮤니케이션 과정이 대체되거나 기존의 과정을 지원하는 데 인터넷이 사용되는 경우를 포함한 커뮤니케이션 활동을 지칭하는 것으로 볼 수 있다.

2.2 e-비즈니스 커뮤니케이션의 특징

인터넷이 가지고 있는 쌍방향적이고 상호 반응적인 특성 때문에 커뮤니케이션에 적용되는 분야가 매우 다양해지고 그 파급효과 역시 크다고 볼 수 있는데, e-비즈니스 커뮤니케이션의 주요한 특징을 살펴보면 다음과 같다.

(1) 쌍방향성

기존 오프라인 커뮤니케이션 경로에서 TV, 라디오 등의 경우 대부분의 정보가 일방적으로 제공되는 단방향성의 특징을 지니고 있는 데 반해서 인터넷은 정보제공자와 수용자간의 쌍방향적 커뮤니케이션이 가능하다. 이를 통해 e-비즈니스 기업은 소비자들의 의견이나 불만 사항들을 접수하거나 고객의 프로파일, 라이프스타일, 욕구 파악을 위한 기초 자료를 만들 수 있으며, e-비즈니스 기업이 소비자에게 전달하는 제품과 서비스에 대한 즉각적인 반응을 파악할 수 있다.

반면에 소비자의 입장에서는 제품에 대한 정보를 구체적으로 제공받으며, 이는 궁극적으로 소비자에게 제공되는 정보의 효율성을 높이며 시장효율성에 기여하는 역할을 하게 된다.

(2) 개별성

기존 오프라인 커뮤니케이션 경로에서 TV, 라디오 등의 경우 채널이 제한되어 있어서 선택적 수용이라는 제약이 있다. 그러나 인터넷은 무수히 많은 채널에 다양한 정보를 원하는 고객에게만 선택적으로 제공하는 것이 가능하다. 이처럼 인터넷의 쌍방향성을 이용하여 수집된 고객정보는 소비자 개개인에 대한 일대일 마케팅을 위한 기본 자료로 사용되어진다. 또한 e-비즈니스 기업은 전자메일을 통한 접촉과 웹 사이트 접속시의 웹 인터페이스를 통해 고객 개개인에 대한 차별화된 마케팅을 실시할 수 있는데, 이는 특히 표적집단에 대한 접근을 용이하게 만든다.

(3) 무제한적인 정보교환 가능

인터넷을 통해 e-비즈니스 기업은 시간적, 공간적, 양적, 내용적인 제약을 두지 않고 무제한적인 정보의 교환과 상품의 거래가 가능하다. 이와 같은 특성을 통해 인터넷은 목표고객에게 보다 많은 정보를 무제한적으로, 보다 신속하게, 저렴한 비용으로 전달할 수 있게 한다.

(4) 표적매체로서의 특징

기술의 발달과 밀접한 연관을 갖는 커뮤니케이션 수단은 현대 사회에 들어와 전자적 미디어의 다양한 발달을 가져왔다. 즉, 케이블 TV, 팩시밀리, 휴대전화 등 많은 형태의 매체들을 이용할 수 있게 되었다. 하지만 이와 같은 매체들은 마케팅의 패러다임이 대중적 마케팅에서 개별화된 마케팅으로 변화함에 따라 그 한계를 나타내고 있다.

이에 반해 인터넷을 이용하는 경우 고객 개개인에게 필요한 정보를 제공해 줄 수 있는 개별화된 마케팅이 가능하다는 점에서 가장 개별화된 매체라고 할 수 있다. 따라서 개별화된 매체인 인터넷은 특정 고객에게 원하는 정보를 전달 할 수 있는 표적매체로서의 특징을 지니고 있으며, 특히 이메일 데이터베이스를 통한 선택적 표적화, 광고효과 측정의 가능성, 메시지 길이와 전달시간의 유연성, 상호작용성 등의 강점을 지니고 있다.

2.3 e-비즈니스 커뮤니케이션 과정

인터넷을 이용한 효과적인 e-비즈니스 커뮤니케이션을 위한 주요 과정은 목표고객의 선정(targeting), 촉진목표의 설정(objective setting), 예산의 편성(budgeting), 촉진 믹스의 결정(mixing elements), 메시지 작성(creating messages), 및 매체의 선정(selecting media), 평가 및 피드백 활동으로 이루어지고 있다.

그림 10-3 | e-비즈니스 커뮤니케이션 과정

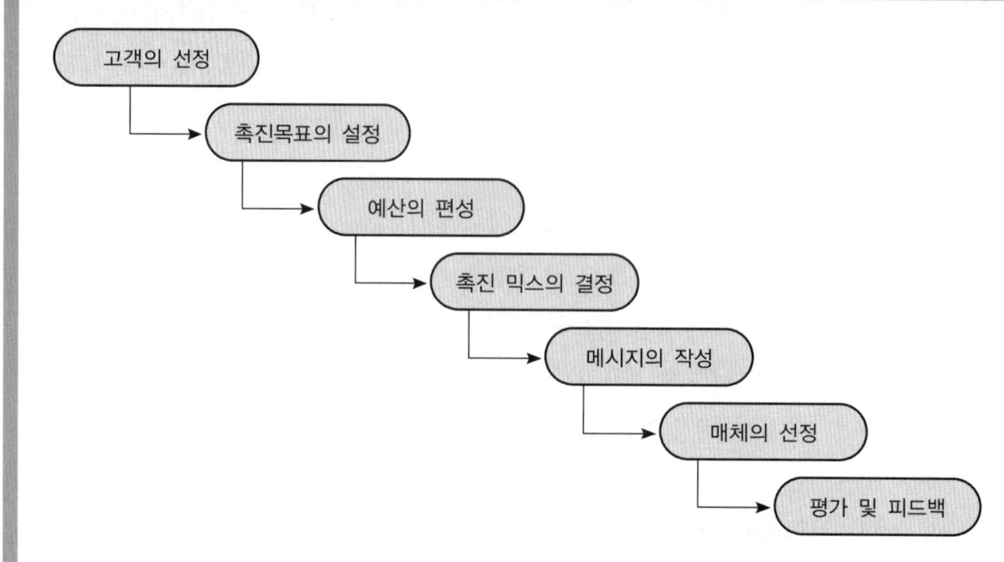

(1) 목표고객의 선정

정확한 목표고객의 선정은 e-비즈니스 기업에 있어서 매우 중요한 활동으로 기업의 매출과 직접적인 관련성을 지니고 있음을 알 수 있다. 특히 e-비즈니스 기업은 고객의 지리적 정보, 인구통계정보, 고객의 특정한 제품에 대한 선호도 및 취향, 인터넷 이용 패턴 등의 정보를 종합하여 자사에 적합한 목표고객을 선별해 낼 수 있으며, 이외에도 고객이 특정 사이트 등록 시 자발적으로 제공하는 개인정보를 활용할 수도 있다. 따라서 이러한 목표고객 선정 방법들을 이용할 경우 e-비즈니스 기업은 보다 효과적인 온라인 광고를 실시할 수 있다.

(2) 촉진목표의 설정

인터넷을 이용한 e-비즈니스 커뮤니케이션 캠페인을 진행하기 전에 캠페인을 통해 얻고자 하는 목표를 분명히 하는 것이 매우 중요하다. 즉, 명확한 목표 없이는 효과적인 인터넷 촉진이 불가능하다고 할 수 있다. 이는 인터넷의 특징 중에 하나인 다양성으로 인하여 의도하지 않은 결과가 발생할 수 있기 때문이다. 따라서 달성하고자 하는 목표를 분명히 한 후, e-비즈니스 커뮤니케이션 요소별로 적절한 메시지 작성 및 매체 계획을 수립해야 한다. e-비즈니스 기업이 추구하는 일반적인 촉진목표에는 트래픽 유발, 판매증진, 판매 리드의 창출, 브랜드 구축 등이 있다.

(3) 예산의 편성

기업의 재무자원이 한정되어 있기 때문에 e-비즈니스 커뮤니케이션의 실시에 있어 예산의 고려는 매우 중요한 문제 중의 하나이다. 즉, 인터넷 촉진에 적은 비용만을 지출할 경우, 원하는 마케팅 목적을 달성할 수 없으며, 이익 또한 크게 줄어들게 된다. 하지만 이와 반대로 많은 비용의 지출 시에는 불필요한 지출의 증대로 수익성이 낮아지게 된다. 따라서 e-비즈니스 커뮤니케이션에 예산을 할당할 경우에는 각 단계의 목표를 고려하여 적절한 예산의 결정이 중요하다.

(4) 촉진 믹스의 결정

촉진을 실행하기 위해서 다양한 e-비즈니스 커뮤니케이션 수단, 즉 광고, 판매촉진, 홍보 등의 자원을 적절한 비율로 할당하여야 한다. 따라서 인터넷 촉진의 최적 믹스는 광고와 판매촉진 간의 상호작용 및 시너지 효과를 고려하여 이루어져야 한다.

(5) 메시지의 작성

인터넷 촉진활동에 있어서 매체에 어떠한 내용의 메시지를 실어 전달할 것인지를 결정하는 것은 매우 중요한 문제 중의 하나이다. 메시지는 앞으로 설정된 촉진목적을 가장 효과적으로 달성할 수 있도록 작성되어야 하며, 특히 다양한 촉진수단들 간에 일관된 목소리를 낼 수 있도록 디자인되어야 한다. 따라서 메시지는 매체의 특성과 효과적으로 결합할 수 있어야 하며, 목표고객의 특성을 반영하여 가능한 한 창의적인 방식으로 전달될 수 있어야 한다. 또한 메시지 작성 시에는 텍스트뿐만 아니라 인터넷상에서 지원되는 그래픽, 동영상, 애니메이션, 음향 등을 복합적으로 고려하여 가장 효과적인 메시지로 작성해야만 한다.

(6) 매체의 선정

인터넷 촉진을 위해 사용할 수 있는 매체로는 서치엔진 및 디렉토리의 등록, 링크교환, 배너광고, 스폰서, 뉴스그룹의 활용, 쿨 사이트 등의 활용을 들 수 있다. 이러한 매체들은 각기 노출의 빈도와 도달률이 다르며, 비용 및 웹 사이트의 트래픽 유발과정 또한 차이가 있다. 따라서 이들 매체의 특성을 충분히 살릴 수 있도록 매체계획을 세워야 하며, 메시지 작성 시에도 이러한 매체별 특성의 차이는 충분히 반영되어야 한다.

(7) 평가 및 피드백

인터넷 촉진활동 후에는 반드시 활동에 대한 평가를 하고, 평가결과를 다음 촉진활동을 위한 자료로 이용할 수 있도록 해야 한다. 따라서 촉진활동의 효과는 촉진활동 전후의 트래픽 변화, 판매량의 증대 추이, 소비자들의 인지도 변화 등을 통해서 파악할 수 있으며, 특히 촉진활동으로 인한 신규고객의 창출보다는 기존 고객의 재방문을 유도하는 것이 보다 비용 효과적임은 이미 잘 알려져 있기 때문에, 기존의 고객들이 재방문할 수 있는 인센티브를 마련하는 것이 중요하며, 또한 제공되는 콘텐츠의 질, 사용의 편리성, 신속한 다운로드, 지속적인 업데이트가 좋은 이미지의 형성과 재방문을 유도할 수 있는 중요 요인임을 기억해야 한다.

2.4 통합적 e-비즈니스 커뮤니케이션

인터넷은 다양한 마케팅 전술을 구현하기 위한 뛰어난 기반이 되고 있는데, 특히 e-비즈니스에 진출한 기업은 통일된 기업이미지를 고객에게 전달하기 위해 통합적 e-비즈니스 커뮤니케이션 노력을 해야 할 필요성이 제기될 수 있다. 통합적 e-비즈니스 커뮤니케이션은 현재 및 미래의 잠재고객을 대상으로 설득적 커뮤니케이션의 모든 다양한 형태를 지속적으로 개발하고 실행하는 과정으로 정의할 수 있다. 따라서 인터넷 환경 하에서의 커뮤니케이션 전략을 수립함에 있어서 가장 중요한 점은 이용 가능한 모든 수단을 고려하여 고객접점에서의 접촉을 극대화시키는 것이 필요하다.

e-비즈니스 커뮤니케이션은 크게 4가지의 특징을 지니고 있는데, 이를 살

펴보면 다음과 같다.

첫째, 통합적 e-비즈니스 커뮤니케이션은 표적고객의 행위에 직접적인 영향을 준다. 즉, 단순히 소비자의 특정 상표에 대한 태도를 좋게 한다든지, 상표인지도에 영향을 주는 것이라기보다는 행동에 있어서 직접적인 반응을 유발하는데 역점을 두고 있다.

둘째, 통합적 마케팅 커뮤니케이션의 전 과정이 고객지향적인 관점에서 출발한다. 즉, 기업으로부터 고객에 대한 설득 수단을 개발하고 시행하는 것이 아니라 고객을 설득할 수 있는 최적 커뮤니케이션 수단과 방법을 고객의 관점에서부터 시작해야 한다는 것이다.

셋째, 고객접점에서의 접촉의 극대화를 위해서 이용 가능한 모든 형태들을 이용해야 한다. 따라서 이러한 과정에서 이용되는 모든 커뮤니케이션 요소들은 설득적 기능을 극대화하여 시너지효과를 창출할 수 있어야 한다.

넷째, 통합적 마케팅 커뮤니케이션의 특징은 상표와 고객 간의 장기적이고 긍정적인 관계를 구축해야 한다. 따라서 마케팅 커뮤니케이션은 관계 형성뿐만 아니라 고객의 상표 및 기업에 대한 충성도를 제고시키는 방향으로 실시되어야 한다.

제3절 e-비즈니스 광고

e-비즈니스 광고는 단순히 기업이나 상품의 이미지 전달만을 목표로 하는 것이 아니라 고객으로부터 직접적인 반응과 정보를 얻음으로써, 궁극적으로는 고객들이 구매할 수 있도록 고객을 유인하는 것을 목표로 하고 있는데, 많은 e-비즈니스 기업들은 이러한 인터넷을 통한 e-비즈니스 광고의 중요성을 강조하고 있다.

이에 본 절에서는 e-비즈니스 광고에 대한 전반적인 내용, 즉 e-비즈니스 광고의 개념, e-비즈니스 광고의 특성, e-비즈니스 광고의 유형, e-비즈니스 광고의 효과측정, e-비즈니스 광고의 가격모델에 대해서 살펴보고자 한다.

3.1 e-비즈니스 광고의 개념

e-비즈니스 광고는 "메시지를 전달하는 주체가 자신의 비용을 들여 인터넷 매체를 이용하여 제품, 서비스, 아이디어에 관한 정보를 제공하고 구매를 유도하는 촉진활동"으로 정의내릴 수 있다. 따라서 넓은 의미의 e-비즈니스 광고는 기업이 인터넷을 이용하여 행하는 고객과의 다양한 커뮤니케이션을 포함한다. 특히 홍보목적으로 구축한 웹 사이트를 통해 기업 정보와 제품의 소개 및 이벤트 프로모션의 실시, 그리고 전자상거래 등의 인터넷 마케팅 커뮤니케이션 활동을 전개하는 것을 넓은 의미의 e-비즈니스 광고라고 한다.

이에 반해 좁은 의미의 e-비즈니스 광고는 특정한 사이트에 광고용 배너를 게재하여 자신의 사이트로 링크시키거나, 검색엔진이나 다른 사이트에 자신의 사이트를 링크시키고 그 대가를 지불하는 것을 말한다.

3.2 e-비즈니스 광고의 특성

e-비즈니스 광고는 전통적인 매체인 TV, 신문, 잡지, 라디오 등을 이용한 대중매체광고에 비해 여러 가지의 특성을 지니고 있는데, 이를 살펴보면 다음과 같다.

(1) 쌍방향 커뮤니케이션

인터넷의 가장 큰 특징 중의 하나인 상호작용성을 이용함으로써 사용자의 반응을 즉각 알 수 있고 잠재 고객과의 다각적인 접촉도 가능하다는 것이다. 즉, 소비자가 웹 페이지에서 보고 싶은 메뉴의 버튼을 클릭하면 해당 페이지로 이동되는 링크 시스템을 이용하여 원하는 페이지로 즉시 이동하게 되고, 소비자는 원하는 정보를 선택적으로 열람할 수 있다. 물론 기존 매체도 정보의 선택이 가능하나 인터넷에 비하면 그 선택의 폭이 월등히 적음을 알 수 있다.

(2) 표적고객에 대한 맞춤광고

인터넷에서는 광고를 보는 개개인을 식별할 수 있다. 즉 광고의 대상을 구분하여 개인 또는 표적집단에 대한 접근을 할 수 있다는 것이다. 따라서 제품을 필요로 하는 사람에게만 직접적으로 접근하여 직접 마케팅을 구사할 수 있고, 특정 문제에 관심을 가진 소비자를 선별하여 홍보메시지를 보낼 수도 있다. 이처럼 e-비즈니스 광고는 제품에 관심이 있는 고객에게만 직접 접근하기 때문에 광고의 효과를 극대화할 수 있다.

(3) 전 세계 고객을 대상

e-비즈니스 광고는 전 세계적인 규모의 미디어이다. 따라서 인터넷은 공간적인 제약이 없기 때문에 컴퓨터 하나만으로도 전 세계를 대상으로 광고할 수 있는 특징을 지니고 있다.

(4) 정보제공을 무제한

기존 광고매체의 경우 돈을 주고 지면을 사거나 광고를 위해 할애되어진 한정된 시간만을 이용할 수 있었다. 그러나 e-비즈니스 광고는 제작비와 약간의 유지비만으로도 시간과 지면을 무제한적으로 확보할 수 있는 특징을 지니고 있다.

(5) 시간의 제약이 없음

e-비즈니스 광고는 24시간, 365일 내내 광고가 가능하며, 시간대가 상이한 국가에서도 원하는 시간에 접속할 수 있다. 즉, 밤낮의 구분 없이 접속할 수 있으며, 시간대별 광고의 효과의 차이도 오프라인과 비교하면 상대적으로 매우 적으며, 특히 사용자의 주문이나 요청한 샘플 및 카탈로그도 24시간 내내 신청을 받을 수 있는 특징을 지니고 있다.

(6) 멀티미디어적 요소

인터넷은 컴퓨터를 통한 온라인 통신이기 때문에 텍스트, 그래픽, 오디오, 비디오, 가상현실 등을 이용한 멀티미디어적 효과를 발휘하기 용이하며, 실제 많은 사이트들에서 이와 같은 멀티미디어적 요소를 이용하여 인터넷 광고에 활용하고 있다.

(7) 신속한 업데이트

일반적으로 신제품이 출시되어 이를 소비자에게 알리기 위해서는 대중매체광고를 준비하거나 상품카탈로그를 새로이 찍어내는 데 상당한 비용과 시간이 필요하다. 하지만 e-비즈니스 광고는 고객의 요구 및 신상품의 추가 그리고 정보의 빠른 업데이트를 통해서 광고상의 상품정보를 쉽게 바꿀 수 있는 유연성을 갖는다. 따라서 e-비즈니스 광고는 타 매체에 비해 거의 실시간으로 상품정보를 제공하여 줌으로써 신속한 업데이트를 가능하게 한다.

(8) 기존의 광고매체에 비해 비용이 저렴

기존의 대중매체광고는 불특정 다수를 대상으로 실시되므로 막대한 광고비가 드는 반면에 e-비즈니스 광고는 구매력이 있는 특정의 소비자 계층만을 표적으로 하여 적은 광고비용으로 높은 광고효과를 거둘 수 있다.

(9) 광고효과의 측정 용이

e-비즈니스 광고는 어떤 이용자가 몇 번이나 광고를 보았고, 광고페이지에 얼마동안 머물렀는지 등의 소비자 반응을 바로 알 수 있다. 따라서 이와 같은 소비자 반응에 대한 데이터베이스의 축적은 광고예산편성의 중요한 결정요인이 될 뿐 아니라 데이터베이스 마케팅을 할 수 있는 중요한 근거가 되고 있다.

3.3 e-비즈니스 광고의 유형

e-비즈니스 광고에는 텍스트, 사운드, 동영상, 이미지 등을 어떻게 결합하느냐에 따라 다양한 유형이 있는데, 크게 배너광고, 삽입형 광고, 후원형 광고, 인터넷 접근형 광고, 기타 광고 등으로 나누어진다.

(1) 배너광고

e-비즈니스 광고 중에서 우리가 가장 많이 접하는 광고의 유형이 바로 배너광고이다. 이러한 배너광고는 1994년 10월 AT&T가 최초로 핫와이드(Hot-wired)사이트에서 시작하였다. 배너광고는 웹 서핑을 하는 사람들의 시선을

끌어 광고를 하거나 이들을 자신의 홈페이지로 유도하기 위한 목적으로 사용하고 있는데, PC통신이나 인터넷에 들어가 보면 화면의 상단이나 하단에서 소비자의 눈길을 끄는 사각형의 형태를 띤 광고를 볼 수 있는데, 이것이 배너광고(Banner Ads)이다.

따라서 배너광고는 그래픽 이미지에 마케팅 또는 광고 메시지를 넣어 사람들을 자신의 사이트로 끌어들이는 홍보도구를 의미한다고 볼 수 있다. 배너광고는 크게 정태적 배너광고, 애니메이션 배너광고, 상호작용적 배너광고로 구분할 수 있다.

첫째, 정태적 배너광고는 광고메시지나 그림이 변화되지 않고 동일한 형태로 표현되는 광고물로서, 최신의 다양한 기술을 이용할 필요가 없기 때문에 저렴한 제작비와 기술적인 제한이 없는 장점을 지니고 있는 반면에 고객의 주의를 별로 끌지 못하기 때문에, 낮은 클릭률과 광고메시지 전달의 한계를 지니고 있다.

둘째, 애니메이션 배너광고는 광고카피나 그림과 같은 광고구성요소들이 변화되면서 보여지는 광고물로서, 정적인 배너광고보다 클릭률이 훨씬 높으며, 더 많은 메시지의 전달이 가능한 장점이 있는 반면에, 웹 매체의 특성에 따라 크기가 제한되어지며, 또한 다양한 애니메이션을 활용함으로써 파일의 크기가 크다라는 단점을 지니고 있다.

셋째, 상호작용적 배너광고는 웹 사용자들이 배너광고를 클릭해서 광고주의 사이트로 이동할 필요 없이 그 배너광고 안에서 소비자와 광고내용 간의 상호작용을 가능하게 하여 필요한 상품정보의 검색 및 획득, 광고된 상품의 구매가 이루어지게 하는 형태의 배너광고로, 상호작용적 배너광고의 장점은 수용자의 관여도가 높고, 다양한 캠페인의 전개가 가능하다는 점이며 이에 반해서, 단점으로는 제작비용과 제작기간이 많이 소요되고, 광고의 로딩 속도가 지연되는 점을 들 수 있다.

e-비즈니스 광고에서 가장 중시되어야 하는 것은 누구를 대상으로 광고를 할 것인가이다. 따라서 선택되어진 특정 대상을 상대로 첫째, 사용자에게 초대한다는 느낌을 갖도록 배너광고를 만들 것, 둘째, 사용자의 호기심, 촉박함을 이끌어낼 것, 셋째, 메시지는 간단명료하고 분명하게 제시할 것, 넷째, 배너는 최소 2주일간에서 한 달 간격으로 순환할 것, 다섯째, 애니메이션을 활

용할 것, 여섯째, 고객이 더는 이점을 명확히 제시할 것과 같은 6가지 원칙을 가지고 집중적 광고를 한다면 배너광고의 효율을 극대화할 수 있을 것이다.

(2) 삽입형 광고

삽입형 광고는 사이트에서 다음 페이지로 넘어갈 때, 시간적 틈새를 이용하여 삽입된 광고를 거쳐 넘어가게 하는 방식으로 정보제공의 틈새를 이용하여 광고화면을 제공하면 높은 인지도를 획득할 수 있는데, 이러한 형태의 광고가 바로 삽입형 광고이다.

삽입형 광고는 TV프로그램 전후에 광고가 방영되는 것처럼 사이트의 페이지가 바뀌는 중간에 전체화면 크기로 삽입된 광고를 의미하는데, 삽입형 광고는 배너광고에 비해 광고에 대한 주목률이 상대적으로 높은 것이 사실이나 고객의 입장에서 볼 때 역효과를 불러올 가능성도 많다. 따라서 강제적인 광고노출로 인해 고객들뿐만 아니라 해당기업의 웹 사이트 역시 외면당할 수 있는 부정적 광고효과에 유의하여야 한다.

(3) 후원형 광고

후원형 광고는 광고주가 사이트의 전체 또는 일부 콘텐츠를 후원함으로써 자사의 광고를 하는 것으로, 소비자들이 많이 찾고 오랜 시간을 보내는 콘텐츠의 후원자가 됨으로써 브랜드인지도를 강화하려는 형태의 광고이다. 따라서 후원형 광고란 기업이나 브랜드가 웹 사이트의 특정 콘텐츠나 이벤트의 후원자가 되어 기업 및 브랜드의 인지도와 이미지를 제고하려는 형태의 광고를 말하는데, 대중매체에서의 협찬광고와 동일한 개념이다.

후원형 광고의 구체적 형태에는 브랜드 콘텐츠형 광고, 이벤트 판촉형 광고, 기사형 광고, 세부사이트형 광고 등이 있는데 이를 구체적으로 살펴보면 다음과 같다.

첫째, 브랜드 콘텐츠형 광고는 광고주의 브랜드가 특정 사이트의 한 부분이나 한 페이지 혹은 사이트 전체를 후원하는 형태의 광고를 말한다. 이와 같은 브랜드 콘텐츠형 광고는 광고주가 광고의 내용을 수정하거나 만들 수가 없고 전적으로 사이트 운영자에게 권한이 있다. 따라서 브랜드 콘텐츠형 광고의 경우에는 콘텐츠의 제작, 편집은 광고주가 아니라 사이트에 의해 전적으로 통제되며 후원기업은 질 높은 콘텐츠와의 연상관계를 형성함으로써 긍정적인 광고효과를 얻게 된다. 그리고 브랜드 콘텐츠형 후원광고는 장기계약에 의해 집행됨으로써 경쟁사를 포함한 다른 광고주들이 그 콘텐츠를 공유할 가능성을 배제시키는 특징을 지닌다.

둘째, 이벤트 판촉형 광고는 사이트 운영자와 광고주간에 더욱 밀접한 관계를 가지고 단기적인 계약의 형태로 이루어지는 광고이다. 특히 이벤트 판촉형 광고는 사이트가 실시하는 특별할인제안, 콘테스트, 이벤트를 특정의 광고주가 후원하는 형식의 광고로, 광고주의 콘텐츠와 사이트가 제공하는 콘텐츠를 적절히 결합하여 나타난다.

셋째, 기사형 광고는 특정 광고주의 유료광고이지만 사이트의 콘텐츠 중간이나 한 부분에 명확하게 광고를 삽입하는 형태로 마치 사이트가 제공하는 콘텐츠인 것처럼 지각되는 형태의 광고물이다. 명확하게 사이트의 콘텐츠와 경계선을 표시하거나 콘텐츠와 다른 글자체나 배경색을 사용하여 더 많은 고객의 시선을 끌 수 있도록 하는 특징을 지니고 있다.

넷째, 세부사이트형 광고는 잡지, 신문의 특별광고란과 같이 광고주가 사이트의 콘텐츠들과 조화를 이루는 광고물 및 콘텐츠를 제공하는 특정의 세부사이트를 후원하는 형태의 광고로, 사이트 방문객들을 광고주 사이트로 이동하도록 유도할 필요 없이 사이트가 제공하는 콘텐츠의 주제와 조화를 이루는 메시지를 다룸으로써 방문객들로 하여금 광고주의 브랜드광고에 빠져들게 하는 특징을 지닌다.

(4) 인터넷 접근형 광고

인터넷 접근형 광고는 고객에게 서비스를 제공하면서 부수적으로 고객을 광고에 노출시키는 형태로, 전자우편 광고, Chat형 광고, push형 광고 등이 그 대표적인 유형인데, 이를 구체적으로 살펴보면 다음과 같다.

첫째, 전자우편 광고는 고객들이 무료로 e-mail을 이용하는 대가로 고객의 e-mail 계정이나 웹 페이지에 삽입되는 광고를 말한다. 고객들이 e-mail을 확인하기 위해 접속을 하게 되면 자신의 계정에 상업광고가 제공된다. e-mail 광고의 관심을 높이기 위한 방법의 하나는 e-mail 광고에 노출된 고객에게 점수를 제공하는 것인데, 고객은 누적된 점수를 이용하여 다양한 형태의 서비스를 사용할 수 있다.

둘째, Chat형 광고는 고객이 먼 거리에 있는 다른 고객과 텍스트 정보를 주고받는 동안 광고에 노출되는 형태이다. 한다. Chat형 광고의 장점은 사용자들이 동시에 Chat을 하기 위한 방문빈도가 높고 전형적인 웹 사이트에 비해 머무르는 시간이 더 길기 때문에 사용자의 마음속에 강력한 브랜드 연상을 구축할 수 있으며, 특히 대부분의 Chat 사이트는 사용자에 대한 인구통계적 정보를 확보하고 있으므로 표적광고가 가능하다는 장점을 지니고 있다. 하지만 Chat 사이트에서 적은 수의 사용자들이 단순히 대화하기 위해 방문한다는 점과 대화 내용에 적절하지 않은 브랜드광고의 게재로 인하여 사용자의 관심을 끌지 못하거나 광고된 브랜드에 대한 부정적 태도를 형성할 수 있는 단점을 지니고 있다.

셋째, push형 광고는 push기술을 이용하여 사용자에게 광고메시지가 포함된 콘텐츠를 제공하는 것이다. 일반적으로 push형으로 제공되는 콘텐츠는 소비자가 선택한 것이기 때문에 이와 함께 제공되는 광고에 대해 크게 반감을 갖지 않게 된다. push기술을 이용한 광고는 이미 등록되어 있는 사용자정보를 이용하여 정확한 표적고객을 선정할 수 있으며, 오디오와 비디오가 포함된 멀티미디어형 광고물의 제작이 가능하다는 장점이 있다. 그러나 등록된 사용자만을 대상으로 하기 때문에 광고의 도달범위가 제한적일 수 있다는 단점을 갖는다.

특히 인터넷 접근형 광고의 장점은 사용자들의 취미나 관심사뿐만 아니라 아니, 성별, 거주지 등과 같은 인구통계적 자료를 포함하고 있는 등록정보를 이용하여 보다 정확한 표적고객을 대상으로 광고를 실행할 수 있다는 것이다.

(5) 기타 광고

기타 광고로 복권형 광고(sweepstakes)와 리치미디어(rich-media) 광고를 들 수 있다. 복권형 광고(sweepstakes)는 광고 중 하나가 당첨되면 어떠한 혜택을 주는 것과 같은 제품 혹은 기업광고를 의미하며, 리치미디어(rich-media) 광고는 HTML, CGI, Java/Java Script, Enliven, VRML, Shockwave Flash 등의 웹상의 표현테크닉을 통해 동영상과 음향을 제공할 뿐만 아니라 인터액티브한 특성 때문에 여러 형태의 광고를 창출할 수 있다.

3.4 e-비즈니스 광고의 효과 측정

인터넷 광고효과를 측정하는 목적은 두 가지로 볼 수 있다. 첫 번째는 사이트 관리를 위해서이고, 두 번째는 사이트의 광고효과를 보여주기 위해서이다.

첫 번째 목적인 사이트 관리의 경우 웹 사이트의 방문자가 누구이고, 어떤 경로를 통해 접속하고 얼마나 오랫동안 머물러 있으며 관심을 보이는 부분은 어떤 곳인지, 그리고 얼마나 정기적으로 찾아오는지 등을 파악하여 웹 사이트를 증설, 추가, 갱신, 수정에 반영하고 활용하기 위함이다.

그리고 두 번째 목적인 사이트의 광고효과의 경우, 사이트에 광고를 유치하고 높은 광고비를 받을 수 있도록 웹 사이트의 방문자 수 등 광고효과를 입증할 수 있는 자료로 확보하여 광고주를 설득할 수 있는 강력한 수단으로 활용하기 위해서이다.

일반적으로 인터넷광고 효과는 히트수, 페이지 뷰, 방문/세션, 방문자수, 광고 뷰, 체류시간, 클릭 등의 측정지표를 이용하여 측정하는데 이를 구체적으로 살펴보면 다음과 같다.

(1) 히트(hits)수

히트수는 인터넷 광고효과 측정에서 사용되는 가장 기본적인 단위로서 사용자들이 어떤 웹 사이트에 접속했을 때 연결된 파일의 숫자를 말한다. 일반적으로 웹 페이지는 다수의 텍스트와 그래픽으로 구성되는데, 각각의 텍스트와 그래픽이 하나의 파일로 계산된다. 따라서 페이지에 파일수가 많은 사이트일수록 히트수가 커진다. 하지만 이는 보여진 페이지나 사이트를 방문한 수와 같은 실제의 광고노출 정도와는 관련이 없으므로 광고주의 입장에서 히트수는 별 의미가 없다. 따라서 이 같은 단점을 보완하기 위해서 고안된 지표가 있는데 이는 로그파일에 기록된 히트수 가운데 에러 메시지로 기록된 것을 제외시켜 성공적으로 전송된 파일수(qualified hits)를 나타낸다.

(2) 페이지 뷰(page views)

페이지 뷰는 한 사용자가 특정 광고가 포함되어 있는 페이지를 요청한 횟수를 나타낸다. 페이지 뷰는 히트수와는 달리 파일수와는 상관이 없기 때문에 특정 광고가 실린 페이지가 몇 번이나 전송되었는지 정확히 알 수 있다. 그러나 사용자가 로딩시간의 지체 때문에 그래픽을 차단하는 옵션을 설정해 놓았다면 페이지 뷰는 기록되지만 광고노출은 되지 않을 수도 있다. 따라서 실제 광고노출보다 높은 페이지 뷰가 산출될 수 있다.

(3) 방문(visit) 및 세션(session)

방문(visit)은 1인의 사용자에 의해서 연속적으로 서버에 대한 요청이 이루어지는 것을 말한다. 만약 방문자가 일정시간 동안 사이트에 요청하는 것을 중단하게 되면 이를 종료로 보고, 이 방문자가 다시 서버에 요청할 경우 이를 새로운 방문(visit)으로 간주한다.

세션(session)은 한 사용자에 의해 이루어지는 일련의 접속행위를 말한다. 예를 들어 한 사용자가 어떤 웹 사이트를 접속하여 배너광고를 클릭하고 그 광고주의 웹 사이트를 방문하여 물건을 산다면 이 전 과정이 하나의 세션(session)이 된다. 따라서 방문(visit)은 방문자가 한 웹 사이트의 여러 웹 페이지를 연속해서 접속하는 것이고, 세션(session)은 방문자가 일련의 웹 사이트들을 연속해서 방문하는 것이다.

(4) 방문자수(visitors)

방문자수(visitors)는 웹 사이트를 방문한 개인의 수를 나타내는 것으로 실제 얼마나 많은 사람이 특정 웹 사이트에 접속했는지를 알 수 있는 개념이다. 방문자수는 사용자 등록이나 특정 IP주소를 자동적으로 추적하는 확인시스템, 쿠키와 같은 새로운 기술을 통해서 산출될 수 있으나 등록을 제외하고는 기술적으로 방문자 개개인을 식별해 낼 수는 없다.

(5) 광고 뷰(ad view)

광고 뷰(ad view)는 페이지 뷰와는 달리 배너광고가 다운로드 되어 방문자에게 노출된 횟수를 말한다. 광고 뷰(ad view)는 인터넷 광고효과 측정의 1차 노출지표로서 현재 인터넷 광고측정에서 가장 많이 사용되는 개념이다. 하지만 배너광고가 화면에 뜨기 전에 페이지를 넘기거나 배너가 페이지 하단에 위치하여 사용자가 미처 보지 않고 페이지를 넘겨도 하나의 뷰로 기록되는 단점이 있으며, 동일한 광고가 여러 페이지에 동시에 표출될 때 브라우저 자체의 캐쉬기능 때문에 실제로 노출수는 적게 나타나게 된다.

(6) 체류시간(duration time)

체류시간(duration time)은 한 방문자가 특정 광고의 웹 페이지에 머물러 있는 평균시간을 의미한다. 체류시간이 길다는 것은 그 페이지에 대한 관심이 많다는 것이므로 콘텐츠 분석과 관리에 효과적이다. 이렇게 체류시간(duration time)은 클릭의 결과로 접속한 표적광고의 내용에 어느 정도 주목하는지를 양적으로 산출할 수 있는 지표이며, 이를 통해 제품이나 광고에 대한 선호도를 추정할 수 있다. 그러나 상당수 인터넷 이용자들이 여러 페이지를 동시에 띄워놓은 상태에서 작업을 하기 때문에 이 측정방식이 반드시 정확하다고 보기는 어려운 단점이 있다.

(7) 광고클릭, 클릭스루비율(ad click/click through rate)

광고클릭(ad click)은 사용자가 광고주에게 추가정보를 요청하기 위해서 배너광고를 클릭하는 횟수를 의미한다. 광고클릭(ad click)은 사용자의 능동적인 행위를 나타내는 것으로 최소한 광고에 대한 주목과 광고 페이지로의 이동을 보증해주는 지표이며, 클릭스루비율(click through rate)은 배너광고가 포함된 페이지를 본 사용자들 가운데 광고를 실제로 클릭하여 광고주의 웹 사이트로 옮겨간 사용자의 비율을 말한다.

이러한 클릭에 기준한 지표도 문제점을 가지고 있다. 클릭이란 노출과 상관없이 이용자의 정보 및 구매욕구와 광고의 크리에이티브에 의해 결정되므로 아무리 노출이 많이 되어도 클릭수는 크지 않을 수 있다. 따라서 클릭수나 클릭률이 낮은 것을 사이트의 책임만으로 볼 수는 없는 문제점이 있다.

3.5 e-비즈니스 광고의 가격모델

e-비즈니스 광고 가격모델이란 e-비즈니스 광고 업체가 여러 가지 기준을 가지고 광고 효과를 측정함으로써 광고주가 어느 정도의 가격을 지불하고 광고를 의뢰해야 하는가를 결정짓는 모델이다. e-비즈니스 광고 가격모델로는

노출기준모델, 클릭스루모델(click through), 상호작용기준모델, 결과기준모델 등의 4가지가 대표적이다.

(1) 노출기준모델

노출기준모델은 광고가 사람들에게 노출되어 얼마나 뚜렷한 인상을 남기는지를 기준으로 가격을 책정하는 모델로, 고정액(flat fee)방식과 CPM(cost per thousand exposures)방식이 사용되고 있다. 고정액(flat fee)방식은 일정기간 동안 정해진 금액의 광고비를 지불하는 방식으로, 실제로 얼마나 많은 트래픽이 유발되었는지 고려되지는 않는 특징이 있으며, CPM(cost per thousand exposures)방식은 특정 광고가 천 번 노출되는 것에 대해 가격을 산정하는 방식으로 전통적으로 광고매체의 효과 측정 시에 사용되었던 단위이다.

(2) 클릭스루모델(click through)

클릭스루모델(click through)은 노출기준모델의 문제점을 개선하기 위해 개발된 모델로, 소비자가 실제로 배너광고를 클릭한 수를 기준으로 가격을 산정하는데, 실제로 배너광고에 노출된 소비자들 중 약 1% 내외의 소비자들만이 광고를 클릭하는 것으로 알려지고 있다.

(3) 상호작용기준모델

상호작용기준모델은 소비자가 표적광고에 노출되었다는 사실은 보장하지만 소비자가 그 광고를 선호하는지 혹은 실제로 그 광고를 보고 있던 시간이 어느 정도인지는 알 수 없다. 상호작용기준모델은 배너를 클릭하여 표적광고가 있는 사이트로 이동한 소비자가 그 사이트에서 실제로 체류한 시간, 그 방문자가 링크로 연결된 웹 페이지들을 클릭한 문서의 수, 그리고 그 표적광고에 재방문한 사람의 수 등 소비자의 표적광고와의 상호작용을 기반으로 가격을 산정하는 모델이다.

(4) 결과기준모델

결과기준모델은 표적광고를 통해서 얻고자 하는 목표를 분명히 함으로써 시작된다. 즉, 소비자의 태도에 영향을 미치거나, 소비자 스스로 자신의 정보를 제공하도록 동기부여하고, 실구매로 연결하는 것이 일반적인 표적광고의 목표가 되며, 이 목표의 달성 정도를 기초로 하여 가격을 산정하는데, 판매당 원가가 가장 널리 사용되는 결과기준모델이다. 이 결과기준모델은 가장 합리적이고 인터넷의 형식을 잘 반영한 가격모델이라 할 수 있다.

제4절 e-비즈니스 판매촉진

일반적으로 판매촉진이란 것은 기업이 소비자로 하여금 자사상품을 즉각적으로 구매하도록 유도하기 위해 추가적인 인센티브를 제공하는 마케팅활동을 말한다. 반면에 e-비즈니스 판매촉진은 인터넷을 이용하는 e-비즈니스 기업이 고객의 즉각적인 사이트방문이나 사이트에서 판매되는 상품의 구매를 유도하기 위해 다양한 인센티브를 제공하는 마케팅활동으로 정의할 수 있다.

이러한 정의에서 알 수 있듯이 판매촉진은 즉각적인 매출증대를 목적으로 하는 비교적 단기적인 고객동기부여수단을 총칭한다는 점에서 광고와 구별된다. 즉, 광고는 주로 장기적으로 상품의 구매이유를 제공하는데 그 목적이 있는 반면 판촉은 바로 지금 시점에 구매할 이유를 제공하는 촉진방법인 것이다. 특히 인터넷을 이용한 판촉의 경우 웹 사이트 자체의 인지도의 확산이나 사이트에서 제공하는 제품 서비스의 판매촉진을 위해 소비자의 흥미를 자극하는 첨단의 기술적 요소가 가미된 판촉수단을 동원하게 된다. 소비자의 경우도 과거 수동적 입장에서 기업이 제공하는 판촉수단을 접하게 되는 것이 아니고 적극적으로 찾아갈 수 있는 정보 접근력을 보유하게 됨으로써 현대의 기업에게 있어서 판매촉진전략의 차별화가 매우 중요한 경쟁적 우위요인으로 인식되게 되었다.

이에 본 절에서는 e-비즈니스 판매촉진에 대한 전반적인 내용 즉, e-비즈니스 판매촉진의 중요성 증가, e-비즈니스 판매촉진의 목표, e-비즈니스 판매촉진의 유형, e-비즈니스 판매촉진전략의 유의점에 대해서 살펴보고자 한다.

4.1 e-비즈니스 판매촉진의 중요성 증가

최근 들어 e-비즈니스 판매촉진이 전체 마케팅에서 차지하는 비중이 증가하고 있는데 그 원인을 살펴보면 다음과 같다.

(1) 광고혼잡현상의 심화

최근 들어 인터넷을 이용하는 e-비즈니스 기업들이 온라인과 오프라인 상에서 광고의 홍수라고 표현될 만큼 많은 광고물을 혼잡스럽게 진행하고 있다. 이러한 상황에서 광고가 소비자의 주의를 끄는 것 자체가 쉬운 일은 아니다. 이러한 매체환경 때문에 인터넷기업들이 소비자에게 직접적인 반응을 불러일으키는 판매촉진을 강화하고 있는 이유이다.

(2) 서비스 및 상품의 표준화로 인해 소비자의 가격에 대한 민감도의 증가

즉, 인터넷 내의 경쟁사이트들이 제공하는 서비스(콘텐츠)나 상품의 차별화정도가 높지 않음에 따라 소비자의 특정 인터넷브랜드에 대한 충성도를 유지하기 위해 기업은 가격에 의존하거나 경품 등의 추가적인 인센티브를 제공하는 등의 판매촉진을 강화하고 있다.

(3) 판매촉진은 광고보다 단기간 내에 성과를 이끌어낼 수 있다

즉, 광고는 효과측정이 쉽지 않고 비교적 장기간에 걸쳐서 그 효과가 발생하는 반면에 판매촉진은 그 즉시에 효과를 볼 수 있기 때문에 인터넷 기업들은 단기적인 판매성과를 높이기 위해 광고보다 판매촉진을 선호하게 되었다.

(4) 판매촉진과 관련하여 e-비즈니스 기업들 간에 경쟁이 더 치열해졌다

즉, 판매촉진은 경쟁사에 의해 쉽게 모방될 수 있다. 이런 이유 때문에 한 기업의 판매촉진활동은 즉각적으로 경쟁사에 의해 모방되고 이러한 악순환이 연속되면서 판매촉진경쟁이 야기되는 것이다. 특히 이와 같은 판매촉진의 모방용이성으로 인하여 판매촉진이 경쟁우위수단으로서의 한계를 지니고 있다.

4.2 e-비즈니스 판매촉진의 목표

e-비즈니스 판매촉진은 인터넷상에서 단기적 판매의 증대와 자사사이트 방문자수의 확대를 통해 시장점유율을 높이는 것을 주목표로 하고 있다. 이러한 목표는 소비자들의 자사사이트에 대한 방문이나 자사사이트가 취급하는 상품의 시험구매를 유도하기 위한 것일 수도 있으며, 소비자들이 경쟁사이트를 방문하거나 경쟁사이트의 상품을 구매하는 것을 막기 위한 것일 수도 있다. 또한 자사의 인터넷브랜드에 대한 충성도가 높은 고객들을 지속적으로 자사고객으로 유지하기 위한 것일 수도 있다.

특히 인터넷 내에서 시장점유율이 낮은 인터넷브랜드를 가진 기업은 판매촉진을 매우 유용한 마케팅수단으로 사용하는데 그 이유는 낮은 점유율을 가진 기업들은 시장선두기업처럼 많은 광고예산을 사용할 수 없기 때문이다. 또한 낮은 시장점유율을 가지고 있는 기업들은 소비자들에게 사은품, 가격할인 등의 판촉수단을 사용하지 않으면 소비자들이 자사의 인터넷사이트를 사용하지 않을 가능성이 높기 때문에 판매촉진을 중요한 촉진수단으로 사용한다.

하지만 판매촉진은 일반적으로 광고와 달리 장기간에 걸친 소비자의 선호와 브랜드에 대한 충성도를 끌어내기가 어렵다. 즉, 판매촉진은 주로 단기적인 판매효과를 가져다주며 그 효과는 오래 지속되지 않는 경향이 있다.

4.3 e-비즈니스 판매촉진 유형

인터넷상에서 사용되어지고 있는 다양한 형태의 e-비즈니스 판매촉진 유형을 살펴보면 다음과 같다.

(1) 샘플링(sampling)

샘플링(sampling)은 소비자에게 샘플을 무료로 제공하여 시험구매를 유도할 목적으로 활용되는 판매촉진 도구로서 신제품 도입 시에 주로 사용된다. 샘플 제작 원가가 낮고, 소량의 제품사용만으로도 상표의 특성과 편익이 소비자에게 쉽게 전달될 수 있는 제품군의 경우에 효과적이다. 샘플링은 비교적 많은 비용을 필요로 한다는 단점이 있지만 고객의 시험구매를 유도하는데 가장 효과적이라는 장점을 가지고 있다.

(2) 쿠폰(coupon)

쿠폰(coupon)이란 구매되는 제품에 적용될 할인액과 할인조건 및 유효기간 등을 명시한 조그마한 증서이다. 쿠폰은 미국 등지에서는 판촉도구로서 오랜 역사와 높은 활용도를 가지고 있지만 우리나라에서는 아직 크게 활성화되지 않고 있다.

쿠폰은 소비자의 시험구매와 반복구매를 유도하고 가격할인의 효과가 직접적으로 소비자에게 전달되는 장점을 가진다. 반면에 쿠폰 없이도 정가에 자사제품을 구매할 기존 고객에 의해 사용될 수 있다는 단점이 있다. 특히 인터넷상에서 제공되는 사이버쿠폰은 신문을 뒤지거나 쿠폰책자를 얻기 위해 수고를 들이지 않고 쉽게 쿠폰을 획득할 수 있게 한다. 소비자들은 언제든지 인터넷에 접속하여 마우스를 몇 번 클릭함으로써 쿠폰을 획득할 수 있는데, 최근에는 할인쿠폰을 한자리에 모아놓은 쿠폰전문 사이트가 생겨나 쿠폰이용이 더욱 쉬워졌다.

(3) 사은품(premium)

사은품(premium)은 제품구매 시 무료로 제공되는 일종의 선물이다. 사은품은 충동구매를 유발할 만큼의 가치를 제공할 수 있어야만 효과적이다. 따라서 판촉도구로서의 사은품의 효과는 그 독특함과 유인가치에 달려 있다. 사은품의 활용은 소비자의 관심을 끌 수 있는 사은품의 품목결정이 쉽지 않다는 것과 사은품의 가격대에 대한 법적 제약이 있다는 문제점이 있다.

(4) 콘테스트와 추첨(contest and sweepstakes)

콘테스트와 추첨(contest and sweepstakes)은 모두 소비자에게 소정의 상금이나 상품을 제공하는 판촉방법이다. 다만 콘테스트(contest)는 어느 정도 소비자의 노력과 지식이 요구되며 추첨(sweepstakes)은 순전히 운에 의해 결정된다는 것이 차이점이다. 콘테스트와 추첨은 참여를 위해서 많은 경우 제품의 구매가 요구되지만 그렇지 않은 경우도 흔히 있다. 콘테스트와 추첨은 웹사이트에 대한 소비자의 관여도를 높이는 데 기여하는 장점이 있다. 그러나 소비자의 관심이 제품이 아니라 상금이나 상품 등으로 기울 가능성이 있으며 콘테스트와 추첨과 관련된 많은 법적 제약이 있다는 문제점이 있다.

(5) 보너스 팩(bonus pack)

보너스 팩(bonus pack)은 정상가격으로 보다 많은 양의 제품을 제공하기 위해 큰 용기나 몇 개의 기존 용기를 묶은 것을 판매하는 경우를 말한다. 보너스 팩은 단순한 가격할인과 비교하여 가격할인의 효과는 같으면서 많은 양을 구매하도록 하는 장점이 있으며, 특히 자사제품의 기존 사용자에게 보다 많은 양을 구매하도록 함으로써 경쟁사의 판촉활동에 반응할 가능성을 사전에 차단시켜 준다. 특히 인터넷상에서 판매되는 디지털 상품의 경우에는 정상가격으로 보다 많은 사양들이 포함된 상품을 제공하거나 새로운 소프트웨어를 제공하는 방식으로 보너스 팩이 효과적으로 활용될 수 있다.

(6) 가격할인(price-offs)

가격할인(price-offs)은 제품의 가격을 일시적으로 인하시키는 형태의 촉진방법을 말한다. 특히, 가격이라는 제품속성의 특성을 직접 이용하기 때문에 상표전환을 유인하고 충성도를 강화시킬 수가 있으며, 소비자에게 전달되는 가치가 가장 명백하게 나타나는 판촉방법이다.

(7) 환불(rebate)

환불(rebate)은 제품을 구매한 소비자가 구매를 증명하는 영수증 등을 제조업자에게 보내면 제조업자가 구매가격의 일정액을 돌려주는 것을 말한다. 환불은 소비자가 일정액을 돌려받기 위하여 감수해야 하는 번거로움과 시간의 지체 때문에 환불의 액수가 클수록 효과적이다. 이러한 이유로 인하여 내구재나 자동차와 같이 마신이 크고 고가격의 제품에서 보다 효과적으로 활용된다.

4.4 e-비즈니스 판매촉진전략의 유의점

인터넷상에서의 e-비즈니스 판매촉진 방법들은 앞서 살펴본 바와 같이 샘플링(sampling), 쿠폰(coupon), 사은품(premium), 콘테스트와 추첨(contest and sweepstakes), 보너스 팩(bonus pack), 가격할인(price-offs), 환불(rebate) 등을 사용할 수 있다. 이 경우 대부분의 방법들은 기존 오프라인에서 사용하는 방식과 큰 차이는 없으며 단지 소비자에게 전달하는 과정에서 인터넷의 특성을 살려 효과적으로 고객접점을 최대한으로 활용하는 것이 매우 중요하다고 할 수 있다. 또한 인터넷 소비자에게 소구할 수 있는 엔터테인먼트 요소를 충분히 활용하는 것도 중요하다고 하겠다.

그리고 경제환경의 변화로 인해 인터넷 소비자의 소비패턴이 변화함에 따라 기업이 제공하는 판촉수단에 민감히 반응하는 소비자가 늘어났으며, 무료문화가 팽배하면서 기업에서 제공하는 판촉수단의 믹스도 점점 더 경쟁적으로 변화되고 있다. 따라서 e-비즈니스 기업이 판촉전략을 수립함에 있어 이러한 경쟁적 요소를 고려해야 함은 물론 자사의 제품과 서비스에 적합한 판촉방법을 선택하는 것이 중요하다.

특히 앞서 살펴본 판매촉진 방법들은 온라인과 오프라인에서 동시적으로 실시될 필요가 있다. 즉, 인터넷 사이트를 운영하고 있는 e-비즈니스 기업들은 오프라인 상에서 자사의 인터넷 사이트 주소를 알리는데 기존의 판매촉진의 방법들을 이용하여 소비자의 인지도를 제고시킬 수 있어야 하며, 이를 통해서 소비자들이 인터넷 사이트에 지속적으로 접근할 수 있는 다양한 프로그램을 제공할 필요가 있다.

제5절 e-비즈니스 PR

대량촉진의 또 다른 하나의 방법은 e-비즈니스 기업에 대한 호의적인 이미지를 형성 및 유지하고, e-비즈니스 기업에 대한 비호의적인 소문, 이야기, 사건 등을 소비자의 기억 속에서 희석시키려는 노력이 e-비즈니스 PR이다. 이에 본 절에서는 e-비즈니스 PR에 대해서 살펴보고자 한다.

e-비즈니스 시대의 도래에 따라 이제 기업은 언론사를 거치지 않고 인터넷상의 홈페이지를 통해 소비자 및 대중들에게 회사의 소식을 직접 전달할 수 있게 되었다. 잘 수행된 PR 캠페인은 웹 사이트로 청중을 끌어들이는 데 가장 효과적인 수단의 하나이다. 언론매체에 게재된 인터넷브랜드에 대한 긍정적인 기사는 다른 어떤 형태의 광고보다 잠재고객에게 인터넷브랜드에 대한 신뢰도를 높이는 데 훨씬 효과적이다.

e-비즈니스 기업이 자사의 인터넷브랜드에 대한 청중의 관심을 끌고 싶다면, 인터넷과 오프라인의 매체를 동시에 이용하는 PR이 효과적인 촉진전략이 될 수 있다. 특히, 인터넷은 저렴한 비용으로 시의 적절하게 정보를 효과적으로 유포시킬 수 있어서 e-비즈니스 PR의 유용한 도구로 사용된다.

전통적인 매체에 비해서 인터넷은 정보를 자주 업데이트시킬 수 있으며, 상호작용이 가능한 멀티미디어 형태의 정보를 제공한다는 장점을 지닌다. 또한 소비자들에게 유용한 정보의 제공과 즐거움을 선사하는 것과 같은 대부분의 무료 온라인 콘텐츠를 PR이라고 할 수 있다. 이러한 PR을 통해서 회사나 브랜드에 긍정적인 감정을 유발할 수 있다. 따라서 일반적으로 PR은 광고보다 저렴하면서도 높은 신뢰성을 가질 수 있는 촉진방법이며, 보다 적은 비용으로 높은 효과를 얻을 수 있기 때문에 PR부서는 회사 내에서 중요한 위치를 차지하는 경우가 많다.

이처럼 넓은 의미와 역할을 갖는 PR은 광고, 판매촉진 등의 다른 촉진믹스와 통합되면, 호의 구축이라는 본질적인 목표 이외에도 브랜드 인지도 제고와 브랜드에 대한 호의적인 태도 형성 및 구매행동의 촉진 등 커뮤니케이션 과정의 각 단계에서도 긍정적인 영향을 미치게 된다.

또한 e-비즈니스 PR은 다양한 이해관계자 집단을 그 대상으로 하는데, 대표적인 것으로는 기업의 내부구성원 집단, 주주, 투자자 집단, 거래고객집단, 언론기관, 정부 및 공공기관 등을 들 수 있다. 많은 사람들은 e-비즈니스 PR과 홍보를 동일한 개념으로 사용하고 있는데, 이는 e-비즈니스 PR 활동의 많은 부분을 언론매체를 통한 메시지의 전달이 차지하기 때문이다. 사실 홍보는 e-비즈니스 기업 PR 노력의 한 부분이라고 볼 수 있으며, e-비즈니스 PR은 그보다 훨씬 넓은 영역에서 실행될 수 있다.

e-비즈니스 PR의 유형은 크게 7가지로 구분해서 살펴볼 수 있다.

첫째는 브로슈어웨어(brochureware)이다. 브로슈어웨어는 소비자들에게 제품 혹은 서비스에 관한 정보를 상호작용 없이 제공하는 사이트를 말한다. 초기의 많은 기업들의 사이트는 브로슈어웨어의 성격을 띠었다. 브로슈어웨어는 적은 비용으로 사이트를 구축하여 PR을 수행할 수 있는 도구이며, 소비자를 대상으로 한 제품 정보 이외에도 매체를 대상으로 한 뉴스공지, 투자자를 대상으로 한 기업 보고서 등을 제공할 수 있어 다양한 이해관계자의 욕구를 충족시킬 수 있다는 장점이 있다.

둘째는 온라인 커뮤니티이다. 온라인 커뮤니티는 이메일이나 게임 혹은 채팅 룸 등을 통하여 자신들의 공통관심사에 대하여 의견과 정보를 교환하는 사용자 간의 공식적이거나 비공식적인 공동체를 의미한다. 따라서 특정한 주제에 대하여 활발한 토론이 일어나는 커뮤니티는 웹 사이트 홍보를 위한 효과적인 매체가 되어지며, 상대적으로 온라인 커뮤니티는 타깃팅이 잘되어 있는 집단으로, 회원들이 관심을 가지는 주제에 관한 콘텐츠를 제공할 수만 있다면 그들을 자사 사이트에 고정적으로 방문하게 하는 것은 그리 어려운 일이 아닐 것이며, 이는 또한 매우 효과적인 홍보수단이 되어질 수 있다.

셋째는 온라인 이벤트이다. 온라인 이벤트는 사용자의 관심을 유발하여 그들을 사이트로 방문하도록 하는 훌륭한 PR의 수단이다. 많은 수의 인터넷 이용자들은 스타 및 유명인들과의 온라인 채팅 이벤트, 무료 이벤트, 온라인 콘테스트, 콘서트 실황 중계 등의 이벤트에 참여한다. 유명한 스타들을 실시간 채팅으로 만날 수 있는 기회를 제공하는 것은 소비자들에게 특별한 기억을 만들어 줄 수 있으며, 이를 통해서 사이트에 대한 우호적인 감정의 형성 및 반복적인 방문을 이끌어낼 수 있다.

넷째는 온라인을 이용한 즉각적인 고객 서비스이다. 즉, 이메일이나 게시판을 통해 고객의 질문에 대한 답을 즉시 제공해 줌으로서 보다 성공적인 고객 서비스를 제공할 수 있으며, 이를 통해서 기업에 대한 애착심과 충성도를 향상시키고, 보다 밀착된 관계를 유지할 수 있다.

다섯째는 뉴스공지이다. 뉴스공지는 언론매체에 기사거리를 제공하는 것으로, 이렇게 제공된 정보가 기사화되면 그 내용에 노출된 소비자가 부여하는 높은 신뢰도로 인하여 PR 효과는 매우 크게 나타난다. 이러한 이유 때문에 많은 기업이 자사의 사이트와 인터넷 제품에 대한 정보를 여러 경로를 통하여 언론사나 일반 대중에게 제공하고 있다.

여섯째는 다양한 링크원의 활용이다. 즉, 웹 페이지들의 하이퍼링크 기술의 발달과 더불어 많은 이용자들이 한 페이지에서 다른 페이지로 자유롭게 이동할 수 있는데, 검색엔진이나 디렉토리와 같이 웹 사이트로의 링크를 제공하는 다양한 종류의 사이트들을 이용하여 PR을 할 수 있다.

일곱째는 온라인과 오프라인의 공동 PR이다. e-비즈니스 PR은 온라인상에서만 행해질 수도 있지만 온라인과 오프라인의 공동 PR을 통해서 시너지 효과를 얻을 수 있다. 따라서 이러한 온라인과 오프라인의 공동 마케팅을 통해서 기업의 인지도를 제고시키는 동시에 고객들에게 호의적인 태도의 형성을 가져오게 할 수 있다.

요 약

(1) e-비즈니스 유통경로는 "인터넷상에서 특정제품이나 서비스를 사용하거나 소비할 수 있도록 생산자로부터 소비자로 옮겨가는 일련의 과정에 참여하는 조직들의 집합"으로 정의내릴 수 있다.

(2) e-비즈니스 커뮤니케이션이란 기업이 목표로 하는 고객에게 전달하고자 하는 제품, 서비스, 가치, 브랜드 또는 기업 자체를 인터넷을 통해 효과적으로 전달하는 활동, 혹은 그러한 활동에 사용되는 요소들의 집합으로 정의내릴 수 있다.

(3) e-비즈니스 광고는 "메시지를 전달하는 주체가 자신의 비용을 들여 인터넷 매체를 이용하여 제품, 서비스, 아이디어에 관한 정보를 제공하고 구매를 유도하는 촉진활동"으로 정의내릴 수 있다.

(4) e-비즈니스 판매촉진은 인터넷을 이용하는 e-비즈니스 기업이 고객의 즉각적인 사이트 방문이나 사이트에서 판매되는 상품의 구매를 유도하기 위해 다양한 인센티브를 제공하는 마케팅활동으로 정의할 수 있다.

(5) e-비즈니스 PR은 e-비즈니스 기업에 대한 호의적인 이미지를 형성 및 유지하고, e-비즈니스 기업에 대한 비호의적인 소문, 이야기, 사건 등을 소비자의 기억 속에서 희석시키려는 노력을 의미한다.

연습문제

(1) e-비즈니스 유통경로의 개념과 기능에 대해서 설명하시오.

(2) e-비즈니스 유통경로의 설계과정에 대해서 설명하시오.

(3) e-비즈니스 커뮤니케이션의 개념과 특징에 대해서 설명하시오.

(4) e-비즈니스 커뮤니케이션의 과정에 대해서 설명하시오.

(5) 통합적 e-비즈니스 커뮤니케이션에 대해서 설명하시오.

(6) e-비즈니스 광고의 개념과 특징에 대해서 설명하시오.

(7) e-비즈니스 광고의 유형에 대해서 설명하시오.

(8) e-비즈니스 판매촉진의 개념과 유형에 대해서 설명하시오.

(9) e-비즈니스 PR에 대해서 설명하시오.

사례 11번가, PC · 모바일 순방문자 1위

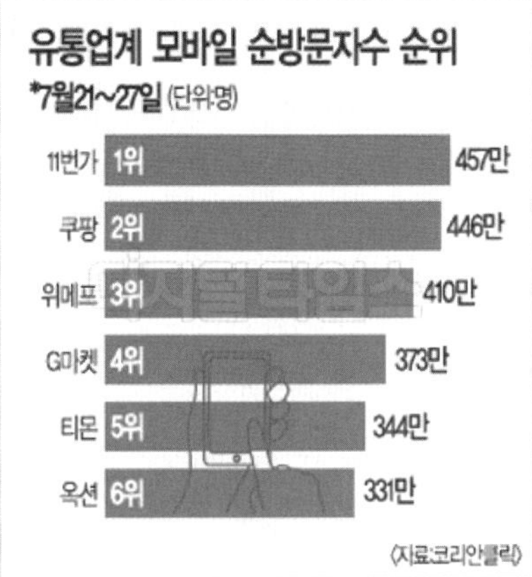

SK플래닛의 오픈마켓 11번가는 유통업계 최초로 PC와 모바일 두 개 채널에서 모두 순방문자수 1위에 올랐다고 4일 밝혔다. 11번가는 "PC에서 유통업계 순방문자 1위에 오른 적은 있지만 모바일 쇼핑까지 1위에 오른 것은 이번이 처음"이라며 "이는 어느 유통채널에서도 한 번도 세우지 못한 유일무이한 기록"이라고 설명했다. 지난달 21일부터 1주일간 코리안클릭 집계 결과에 따르면 모바일 11번가 순방문자수는 457만 명으로 전주 대비 13.4% 증가했다. 같은 기간 쿠팡은 446만 명, 위메프는 410명의 모바일 순방문자 수를 기록하며 뒤를 이었다. 이에 대해 11번가 측은 큐레이션 커머스 플랫폼 '쇼킹딜'을 강화한 '쇼킹딜 11시' 개편이 주효했다고 분석했다. 회사 측에 따르면 쇼킹딜 11시 프로모션인 '플레이11am'의 일 최대 방문자수는 26만 명으로 개편 전 쇼킹딜 프로모션보다 600% 늘었다. 메인 프로모션인 '쇼킹룰렛 99%'의 경우 오픈 10일 만에 약 50만 명이 참여한 것으로 나타났다.

모바일 부문과 더불어 11번가의 PC에서 순 방문자도 전주대비 17만 명 증가한 640만 명을 기록해 커머스 부분 1위에 올랐다. 이어 G마켓이 632만 명, 옥션이 617만 명으로 집계됐다. 박준영 11번가 마케팅실장은 "11번가가 전자상거래 시장의 1세대인 PC와 2세대인 모바일을 통틀어 가장 많은 고객들이 방문하는 e-커머스 강자가 됐다"며 "쇼핑의 편의성은 물론 차별화된 마케팅 프로그램을 펼쳐 유통채널의 리더십을 확립하겠다"고 말했다.

(디지털타임스, www.dt.co.kr, 2014년 8월 4일)

토의

1. 11번가가 PC · 모바일 시장에서 1위를 할 수 있었던 주요 요인에 대해서 설명해 보시오.

11

e-비즈니스 지불관리

인터넷 쇼핑몰 또는 인터넷 구매시스템을 통해 개인 또는 기업이 상품을 거래하고자 하는 경우, 상품거래에 반드시 수반되는 지불처리는 기존의 전자적 지불방식에 비교하여 지불자와 피지불자 간의 지불행위가 서로 원격에서 인터넷을 통해 처리된다. 일반적인 오프라인(off-line) 거래에서는 상품판매자에게 거래대금을 직접 전달하거나 신용카드를 통해 지불할 수 있으나, 인터넷 쇼핑몰이나 기업 간 전자거래에서 거래당사자간 원격지상에서 온라인(on-line) 시스템으로 상품주문과 지불처리를 수행하기 위해서는 오프라인 지불에서 고려하는 사항과는 다른 요소들이 고려된다.

제1절 e-비즈니스 지불의 개념과 구성

인터넷상에서 온라인으로 상품의 거래를 이루어거나 지원하기 위해서는 '상품주문'과 상품주문에 따른 '지불'에 필요한 요소에 대하여 전부 또는 일부를 인터넷상에서 처리할 수 있어야 한다. 이 두 요소는 필요에 따라 지불시점, 지불에 따른 정산시점, 처리방식 등에서 다양하게 구성될 수 있다. 예를 들면, 인터넷 쇼핑몰에서 상품을 선택하고 지불은 은행에 직접 가서 인터넷 쇼핑몰의 계좌로 전자이체(electronic fund transfer)하는 방식이다. 이러한 경우, 고객의 상품주문은 인터넷 쇼핑몰이 자신의 계좌에 대금이 입금된 사실을 확인하고서야 완료되었다고 볼 수 있다. 또는 인터넷 웹(web)상에서 상품주문과 전자지불을 동시에 처리할 수도 있을 것이다. 다른 방식으로는 TV 홈쇼핑(home shopping)이나 이메일(e-mail) 등으로 구매할 상품을 주문한 후, 인터넷 뱅킹(Internet Banking)의 전자이체 기능을 통하여 지불처리를 할 수도 있다.

이와 같이, e-비즈니스 상의 거래에서 이루어지는 지불의 과정이 상품주문의 과정과 별개로 존재하는 것이 아니므로 이 두 과정을 같이 고려하는 것이 일반적이다. 그리고 e-비즈니스상의 필요한 지불이 앞에서 언급한 경우와 같이 지불의 전 과정이 인터넷을 통한 전자지불이 아닐 수도 있으나, 본서에서는 인터넷을 포함하여 전자적으로 처리되는 모든 경우의 지불에 대해 서술하기로 한다. 또한 인터넷을 통한 전자지불은 인터넷 이전의 전자금융서비스와 연동되어서 처리되는 경우가 일반적이므로, 전자지불과 관련되는 전자금융서비스에 대해서도 본 장에서 다루기로 한다.

1.1 전자지불의 개념

전자화폐(electronic money, cyber money, virtual currency)를 비롯한 전자지불수단(electronic payment method)은 e-비즈니스 상거래 과정에서 지불의 방식을 규정하게 된다.

초기 전자상거래에서는 고객이 웹상에서 상품을 주문하고 대금은 은행에 가서 입금하거나 브라우저 화면을 통해 신용카드번호를 전송하는 방식이 이용되기도 하였다. 이러한 방식은 거래과정이 통합되지 않아 생기는 불편함과 개인정보 유출이라는 두 가지 문제가 발생하기 때문에 새로운 지불체계가 요구되었다. 웹브라우저(web browser)를 통해 이루어지는 전자지불서비스는 인터넷(Internet)과 함께 새로이 출현하였으나, 거래당사자 입장에서는 기존의 지불특성이나 기능을 그대로 컴퓨터 신호와 전송방식으로 변환하였다고 볼 수도 있다. 즉, 고객의 입장에서는 기존의 인쇄된 지폐(paper money)와 전자현금(electronic cash) 간에 개념적인 차이가 크게 없을 수 있다.

인터넷을 통한 거래를 지원하기 위하여 여러 전자지불 방안들이 제안되고 활용되고 있으나, 비록 인터넷을 통한 전자적인 환경이라 하여도 지불자나 피지불자의 입장에서는 기존의 지불형식, 즉 현금이나 수표, 신용카드 또는 계좌이체 등의 개념을 크게 벗어나지 않는 경우가 많다.

그러나 e-비즈니스 상의 전자지불에서는 화폐가치의 보관, 전달, 정산(clearing), 기존 금융기관과의 연계 등 모든 방식이 컴퓨터 시스템 및 인터넷을 비롯한 디지털 네트워크를 통하여 처리된다. 더욱이 지불처리 프로세스가 상품거래 프로세스와 서로 혼재하는 경우가 많다. 따라서 인터넷 전자지불은 이와 같이 상거래 과정에서 상품구입대금을 전자적으로 안전하게 지불하는 목적 이외에 기본적인 화폐가치의 활용을 전자적으로 수행하기 위하여 여러 기준과 방식이 필요하다.

e-비즈니스 전자지불은 이러한 인터넷 가상공간에서 지불자와 피지불자

간에 안전한 지불을 지원해 주는 유형적 또는 무형적인 메커니즘(mechanism)이라고 할 수 있다. 유형적인 요소는 필요한 컴퓨터 시스템, 네트워크, 저장장치 등을 말하며, 무형적인 요소는 지불정보의 처리절차나 사용방식 등을 의미한다.

1.2 e-비즈니스에서의 주문과 지불

(1) 거래과정과 전자지불

인터넷 웹(Internet web)을 통해 쇼핑몰(shopping mall)이나 경매 서비스에서 물건을 구매할 때, 가격과 배달조건 등을 확인한 후 반드시 처리해야 하는 과정이 지불이다. 일반 식당이나 가게에서 물건을 구매하는 경우에는 고객이 현금이나 신용카드를 직접 제시하게 된다.

웹상에서 물건을 주문하는 경우에도 이와 같은 지불이 이루어져야 하나, 가상공간(virtual space)에서 지불이 이루어지는 과정은 실세계에서 이루어지는 지불처리과정과 다른 특성과 기술적인 면이 있다. 우리는 종종 인터넷상에서 웹(web)을 통해 상품을 주문하고 지불하는 사례를 〈그림 11-1〉과 같이 접할 수 있다.

고객의 입장에서 〈그림 11-1〉은 상품구매를 위하여 처리하는 거의 마지막 단계라고 할 수 있다. 그러나 웹(web) 상에서 상품을 판매하는 인터넷 쇼핑몰 입장에서는 〈그림 11-1〉이 고객의 최종주문과 지불을 시스템적으로 처리하는 시작단계라고 볼 수 있다. 인터넷 쇼핑몰의 입장에서 상품주문과 지불을 위한 정보의 흐름을 표현하면 일반적으로 〈그림 11-2〉와 같으며, 〈그림 11-1〉은 〈그림 11-2〉의 단계2에 해당하는 "주문 · 지불정보"를 고객이 결정하여 쇼핑몰 시스템으로 전달하기 위한 단계이다. 인터넷을 통한 상품거래의 일반적인 처리과정 속에서 처리되는 전자지불 과정을 이해하기 위하여 〈그림 11-2〉 상의 개별 정보의 내용과 처리사항의 일반적인 내용을 살펴보면 다음과 같다.

〈단계1 : "상품정보"의 전달 및 처리〉 인터넷 쇼핑몰에서는 판매할 상품에 대하여 가격, 규격, 품질, 배송조건, 반품 등 여러 판매조건과 함께 고객이 원하는 상품을 쉽게 선택할 수 있도록, 웹(web)을 통해 컴퓨터 화면상에 카탈

그림 11-1 | 인터넷 쇼핑몰에서의 상품주문·지불 사례

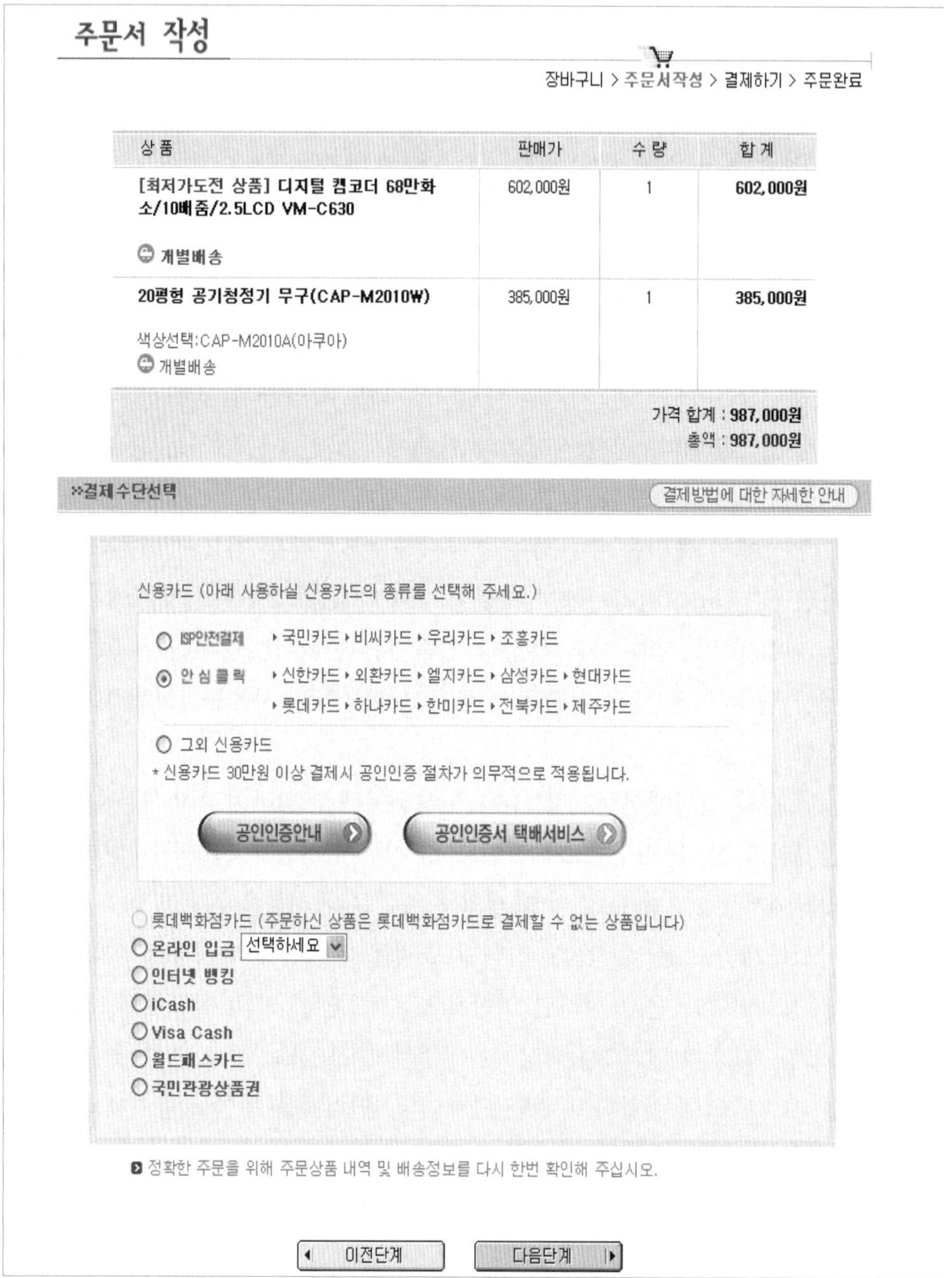

그림 11-2 | 상품주문과 지불처리를 위한 일반적인 정보흐름

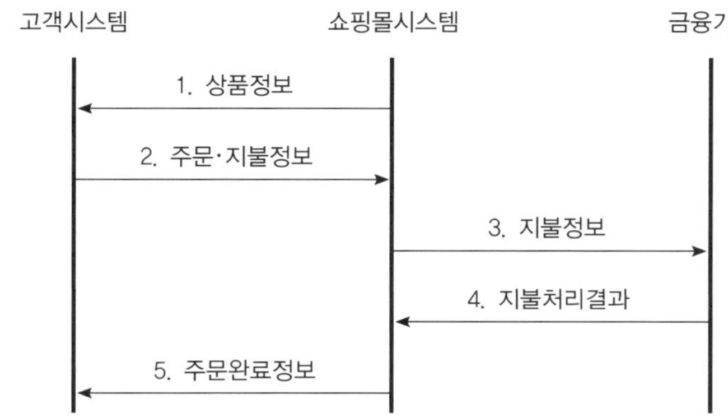

로그 정보를 고객에게 제공한다. 고객은 웹브라우저(web browser) 상에서 전자 카탈로그의 상품정보를 검색하고, 원하는 상품을 선택하여 자신의 전자 장바구니(electronic cart)에 담는다.

〈단계2 : "주문 · 지불정보"의 전달 및 처리〉 고객은 구매하기로 선택한 상품, 즉 주문정보와 함께 지불정보(신용카드 또는 전자이체 등의 계좌번호, 비밀번호, 지불금액 등)를 선택하거나 입력하여 인터넷 쇼핑몰 시스템으로 전송한다. 이때 전송정보는 인터넷상의 전송정보 보호를 위하여 적절한 형태로 암호화되어 전송된다.

〈단계3 : "지불정보"의 전달 및 처리〉 고객 시스템(주로 웹브라우저)에서 전송된 지불정보는 주문정보와 상호확인과정을 거친 후, 고객의 지불금액을 처리하기 위하여 관련 금융기관으로 지불정보를 전송한다. 이때 전송되는 지불정보는 신용카드번호 또는 은행 간 전자이체(electronic fund transfer)를 위한 계좌번호 등으로 구성되며, 의미상 지불승인요청(payment authorization request) 정보가 된다. 만일, 지불되는 금액이 실재 통용되는 화폐가 아니고 쇼핑몰 자체에서 관리하는 고객 마일리지(mileage) 등이라면 〈단계3〉과 〈단계4〉는 생략되거나 내부에서 처리될 수 있다. 지불정보의 전송과 처리결과의 수신에 따른 정보도 적절한 형태로 암호화되어야 전송된다.

〈단계4 : "지불처리결과"의 전달 및 처리〉 신용카드 또는 은행 간 전자이체를 통한 전자지불의 경우에는 실제 구매금액을 처리할 금융기관, 즉 신용카드 회사 또는 은행 등의 지불처리결과(지불승인: payment authorization)를 전송받아 확인한다.

〈단계5 : "주문완료정보"의 전달 및 처리〉 고객(구매자, 지불자, customer, cardholder, payer)의 지불수단(신용카드, 전자이체 등)을 관리하는 금융기관의 구매금액에 대한 지불승인이 쇼핑몰시스템으로 전달되면, 고객은 자신이 주문한 상품에 대하여 주문이 완료되었다는 결과를 확인하게 된다.

(2) 전자지불서비스의 필요사항

인터넷을 통한 거래가 대개 거래당사자의 컴퓨터를 통해 처리되므로, 전자지불서비스의 활용 및 구현은 전통적인 지불방식과는 다르게 다음 사항을 고려하여야 한다.

① 지불처리 프로세스의 신속성과 다양성

기존의 지불처리 프로세스는 지불형식(현금, 수표 등)에 따라서 대개 고정된 프로세스로 처리된다. 현금의 경우에는 소지자 누구나 일정 금액을 전달함으로써 지불이 처리되며, 수표는 지불자가 피지불자에게 금액을 명기하여 전달하고 피지불자는 거래은행에 받은 수표를 제출하여 정산(clearing) 처리를 요구 · 처리함으로써 지불과정이 완료되게 된다. 전자지불의 경우에는, 인터넷(Internet)과 같은 온라인 네트워크(on-line network)에 의해 지불정보가 실시간(real time)으로 전달되어 신속하게 실시간으로 처리될 수 있으며, 지불처리 서비스가 온라인(on-line)으로 이루어지므로 여러 다양한 지불서비스 모델도 가능하다. 단순한 예로서, 수표의 수취인이 지불시점에 지불자의 신용조회를 할 수도 있고, 매 지불시 지불자의 지불한도를 온라인으로 조정하는 것도 가능할 것이다.

② 기존 금융기관과의 연계성

전자지불이라는 용어와 기능은 인터넷과 더불어 일반화되었다고 할 수 있다. 그러나 지불자와 피지불자가 직접 지불가치를 컴퓨터 정보로써 처리하지는 않았으나, 기존의 금융기관 간의 금융망을 통해 전자적으로 지불을 처리할 수 있었다. 예를 들어, 폰뱅킹(phone banking)이나 은행창구를 통한 은행 간 전자이체서비스(electronic fund transfer) 등이다. 또는 기업들이 은행과의 제휴를 통해 사용하는 금융서비스인 펌뱅킹(firm banking)이 있다. 인터넷을 통한 전자지불에 있어서, 기존 금융기관의 기능이 인터넷 전자지불과 연동되는 경우에는 기존의 금융망을 통한 전자금융 서비스는 인터넷의 전자지불과 연계된다.

③ 지불정보 보안의 중요성

누구나 접속가능한 인터넷을 통해 지불정보를 전달하는 경우, 지불에 따른 신용카드번호나 계좌번호(account number) 등이 안전하게 전달되고 지불금액이 정확히 처리되어야 한다. 즉, 지불정보나 금융거래정보의 파손이나 변경의 방지, 제 3자의 도청/탈취 방지, 지불거래 당사자간의 금액수취 확인, 지불거래 정보나 당사자의 인증 등과 같이 네트워크 상의 지불정보 전달에 대해 적절한 보안기능이 제공되어야 한다. 이와 같은 사항은 통신네트워크 상의 전달정보 보안과 동일한 개념을 가지며, 지불정보의 보안처리 과정은 네트워크 상의 전달정보 보안과 동일한 개념과 방법으로 처리가능하다.

(3) e-비즈니스로서의 전자지불서비스

인터넷을 통한 상품거래에서 원활한 거래와 지불편의성을 위해 특정 지불서비스가 선호하여 선택할 수 있다. 이때에 큰 금액 또는 소액 등의 지불금액 크기, 기업 간 또는 개인 간 지불과 같이 참여자 종류, 신용지불의 허용여부, 지불처리참여자의 익명성(anonymity) 등이 고려될 수 있으며, 선택기준에 따라 적절한 지불수단(payment method)과 처리방식이 필요하다.

그리고 인터넷 전자지불에서 기존의 오프라인(off line) 지불에서의 지불수단과 마찬가지로 각국의 중앙은행(central bank)에서 발행하는 화폐가치(한국의 「원」, 미국의 「달러」 등)에 기반을 두는 경우가 아직도 대부분이지만, 가상의 화폐단위를 통해 지불서비스를 제공하는 방식도 많이 활용되고 있다. 가상의 화폐단위에 의한 경우에도, 오프라인의 지불가치와 동일한 교환비율을 두는 경우(okcashbag.com, flooz.com 참조)와 오프라인의 화폐와는 별개의 지불가치를 가지는 경우(beenz.com 등 참조)가 있다. 후자의 경우는 대개 인터넷 마케팅과 깊은 관련성이 있는 고객 로열티 보상시스템(customer loyalty reward system)과 연계되어 있다.

지불자와 피지불자 간에 지불금액이 직접 전달되는 경우도 있으나, 신용카드지불과 같이 지불서비스 회사가 지불을 지불자의 신용을 기반으로 지불대행도 고려하여야 한다. e-Marketplace의 경우에는 경매나 입찰 등을 통하여 상품거래와 지불을 매개하게 되는데, 이런 경우의 지불처리방법에는 여러 대안을 가질 수 있다.

이처럼 여러 상황에 따라 지불자 및 피지불자의 지불서비스에 대한 요구사항도 다양해질 수 있으며, 지불서비스 제공자의 입장에서도 지불서비스를 하나의 e-비즈니스 사업으로 구성하여 제공할 수 있다. 실제로 인터넷 쇼핑을 비롯한 인터넷 거래에 수반하는 전자지불은 상품거래 서비스를 제공하는 웹사이트가 지불에 필요한 전 과정의 일부 또는 전부를 외부의 전문 전자지불서비스 회사에 위탁하여 처리하는 경우가 대부분이다.

1.3 인터넷 전자지불의 구성

(1) 전자지불의 참여자

전자지불의 참여자(participants in electronic payment)는 지불자와 피지불자 이외에 전자지불을 완결하기 위하여 기능을 수행하는 개인 또는 기관을 의미하며, 동일한 전자지불유형이라도 처리 메커니즘에 따라 참여자의 구성이 다양해질 수 있다. 예를 들어, 아래의 전자현금 방식으로 지불자(payer)와 피지불자(payee) 간에 지불처리가 되는 두 사례를 보자.

(사례 1) 화폐가치가 저장된 지불자 컴퓨터의 전자지갑 시스템으로부터 지불금액만큼의 화폐가치가 피지불자 컴퓨터의 전자지갑으로 전달한다.

(사례 2) 지불자와 피지불자 간의 지불처리방식은 (사례 1)과 같으나, 개인이 보유하는 화폐가치 정보를 지불서비스 제공자의 서버(server) 컴퓨터가 저장하고 지불시마다 지불처리 내역을 확인하여 갱신한다.

그림 11-3 | 인터넷 전자지불의 기본적인 참여자 구성

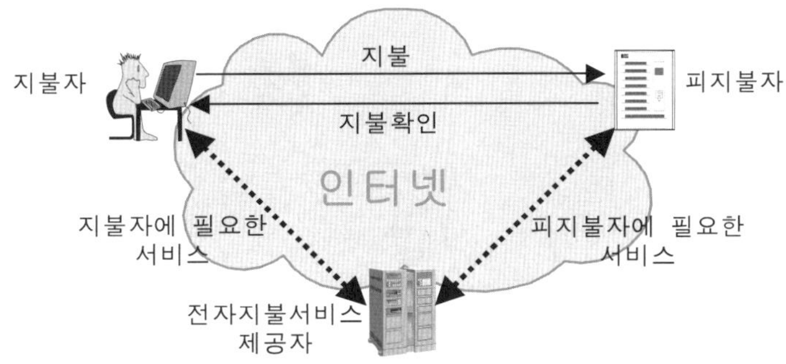

(사례 1)의 경우에는 지불처리시 지불당사자(지불자와 피지불자)의 시스템에 의해서 지불처리가 완료되며, 전자지불의 참여자는 지불자와 피지불자이다. (사례 2)의 경우에는 매 지불시마다 지불서비스 제공자의 서버 컴퓨터가 필요한 과정을 처리하여야 지불처리가 완료될 수 있으며, 전자지불의 참여자는 지불자와 피지불자 그리고 지불서비스 제공자와 같이 세 참여자로 구성된다.

이와 같이 인터넷상의 전자지불처리 참여자는 지불과정에 따라 차이는 있으나, 대개 물리적으로 컴퓨터 시스템과 인터넷 네트워크상에서 지불자와 피지불자 그리고 지불서비스 제공자의 세 참여자가 전자지불에 필요한 정보를 교환하는 〈그림 11-3〉과 같은 형태로 구성된다.

인터넷상에서 일반적으로 이루어지는 전자지불을 처리하기 위한 기본 참여자는 〈그림 11-3〉과 같이 구성될 수 있으나, 이 세 참여자로써 모든 지불처리가 가능하지는 않는 경우가 많다. 왜냐하면 신용카드나 계좌이체 등과 같이 기존의 지불수단을 인터넷상에서 활용하는 경우, 기존의 신용카드회사 또는 은행도 전자지불을 처리하기 위한 참여자가 되어야 한다. 그리고 최근에는 인터넷상에서 발생하는 지불처리에 전화요금 등의 청구과정(billing process)을 활용하는 경우가 있는데, 이러한 경우에는 전화서비스회사도 전자지불처리의 참여자가 될 것이다.

인터넷만을 고려한 전자지불 기본 참여자는 〈그림 11-3〉과 같으나, 인터넷상의 전자지불수단(electronic payment method)으로 자주 사용되는 신용카드

그림 11-4 | 기존의 금융망을 고려한 전자지불 참여자의 구성

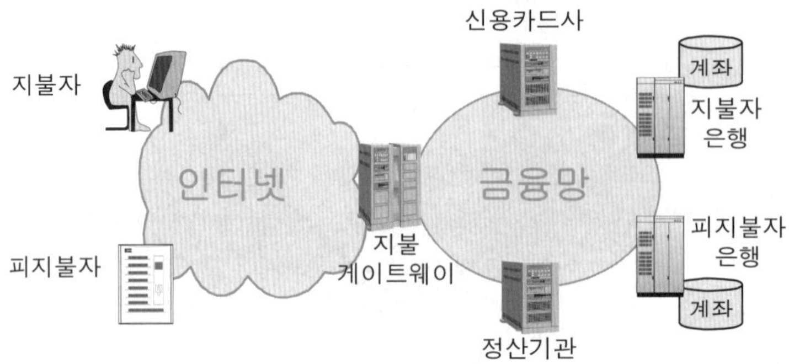

(credit card) 또는 은행계좌 간 전자이체(electronic fund transfer)를 통한 지불을 고려한다면 인터넷뿐만 아니라 기존의 금융망을 같이 고려하여야 한다. 왜냐하면, 기존의 신용카드회사 또는 은행은 금융기관 간에 연결되어 금융기관 외부로는 패쇄적인 금융망(financial network)을 통하여 지불서비스를 할 수 있기 때문이다. 이와 같이 신용카드나 은행계좌 간 전자이체와 같은 기존의 금융지불서비스의 활용이 가능한 인터넷 전자지불 참여자의 구성은 〈그림 11-4〉와 같이 네트워크 상에서 나타낼 수 있다.

비록 인터넷상의 전자거래일지라도 지불수단은 기존 금융기관을 통한 지불서비스를 활용하는 경우가 중요한 부분을 차지하고 있으며, 기존 금융기관을 활용하지 않는 전자지불서비스일지라도 지불참여자의 역할구성은 상당부분 유사할 수 있다. 〈그림 11-4〉에 나타나 있는 전자지불 참여자 각각의 역할을 정리하면 다음과 같다.

① **지불자(payer)** : 웹(web)상에서는 주로 고객(customer)이며 경우에 따라 카드소유자(cardholder)라고 하기도 한다. 웹상의 선택 버튼(button)이나 별도의 지불처리시스템을 통하여 지불수단의 선택 및 지불금액에 대한 최종 지불결정을 한다.

② **피지불자(payee)** : 지불자의 지불가치를 가능한 지불수단을 통해 전달받는 참여자이며, 인터넷 쇼핑몰에서 상품을 판매하는 판매자(merchant)

가 대표적인 사례이다.

③ **지불게이트웨이(payment gateway)** : 상품을 주문하고 가격을 지불하는 거래가 지불자와 피지불자 간 인터넷상의 정보교환만으로 모두 이루어지지 않는 경우가 많다. 지불게이트웨이는 이름이 뜻하는 바와 같이, 인터넷과 금융망 사이에 존재하면서 지불처리에 필요한 정보전달의 가교역할을 수행한다. 인터넷과 금융망이 연결되는 구조의 전자지불서비스에서는 〈그림 11-3〉의 전자지불서비스 제공자가 지불게이트웨이의 역할을 맡는 경우가 많다. 자세한 기능은 다음 절에서 살펴보기로 한다.

④ **신용카드사, 은행** : 인터넷활용 이전부터 우리 생활에 익숙한 신용카드 또는 은행 간 계좌이체 서비스는 인터넷 이전에 금융망을 통하여 제공된 전자지불서비스라고 할 수 있다. 인터넷상에서 지불자의 전자지불수단이 신용카드인 경우에 지불게이트웨이는 해당 신용카드사와 지불이 가능한지를 확인하는 정보(지불승인 정보)를 금융망을 통하여 교환한다. 계좌 간 전자이체인 경우 지불게이트웨이는 지불자의 은행과 지불가능을 확인하는 정보(지불승인 정보)를 교환한다.

⑤ **정산기관(clearing center 또는 clearing house)** : 신용카드, 수표 또는 계좌 간 전자이체의 방식을 통한 전자지불시에 지불자의 계좌(account)를 관리하는 은행(payer's bank)과 피지불자의 계좌를 관리하는 은행(payee's bank)이 다른 경우에는 두 은행 간에 지불금액 만큼 서로 주고 받아야 한다. 즉, 지불자의 계좌에서 지불금액을 차감하고 피지불자의 은행에게로 지불금액을 이체하여 피지불자의 계좌에 지불금액을 더해야 하는 과정(정산, clearing)이 필요한 것이다. 이러한 정산이 가능하도록 하는 역할을 정산기관(정산소 또는 clearing house)이 수행하며, 우리나라에는 금융결제원이 있다.

(2) 전자지불정보의 구성 및 흐름

상품제공과 지불로 이루어지는 일반적인 인터넷 상거래에서 따른 전자지불정보의 흐름은 기본적으로 상품을 구매하고 지불하는 고객(customer, 지불

그림 11-5 | 지불시 지불승인이 필요한 전자지불 체계의 정보흐름

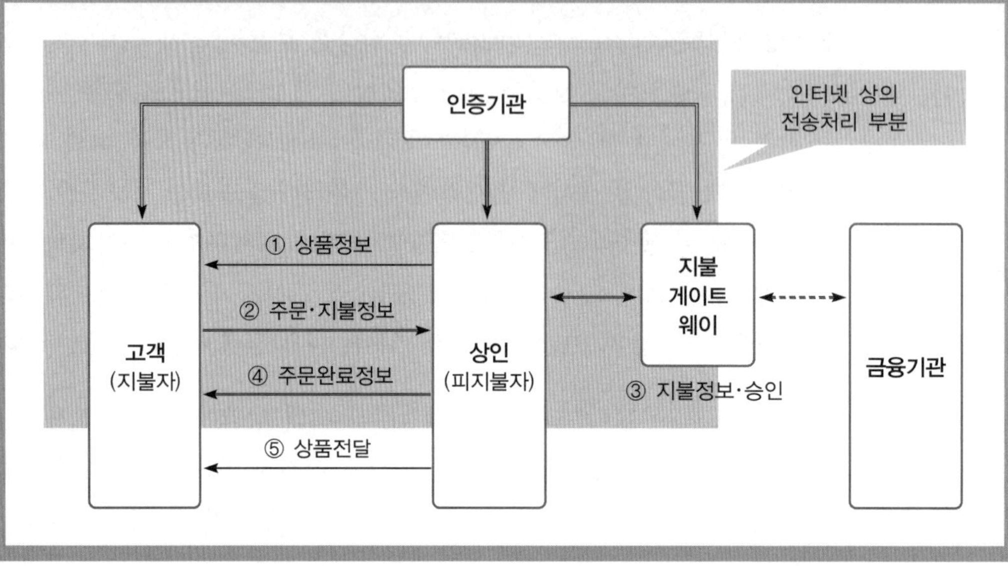

자)과 상품을 판매하는 판매자(merchant, 피지불자)와 사이에 발생한다. 그리고 기존의 금융기관(신용카드사, 은행 등)과 관련되는 지불서비스인 경우에는 지불게이트웨이의 지불승인정보 처리가 필요하다. 그리고 지불참여자의 인증(authentication) 및 전송정보의 암호화처리를 위해 필요한 경우에 공인인증기관(certificate authority)이 정보처리부분이 포함된다(그림 11-5 참고).

전자이체형 지불의 경우 매 전자지불마다 지불자의 잔고가 지불금액보다 커다는 것을 확인한 후 지불이 허락될 것이다. 마찬가지로 신용카드형의 지불은 신용지불 한도금액 내에서 지불이 승인될 것이다.

이와 같은 과정의 흐름을 전체 거래상에서 나타내면, 전자지불정보의 흐름은 〈그림 11-5〉와 같이 설명할 수 있다. 여기서 이중실선(=)은 전달되는 정보가 보안을 위해 암호화 처리되는 부분이다. 웹(web) 상에서 지불정보가 전달(그림 11-5의 ②)되는 가장 흔한 방법은 웹에서 일반적으로 제공되는 SSL(Secure Socket Layer)을 이용하는 방법이다.

이 방법은, 나중에 설명할 비대칭형 방식에 의해 지불자에게 전달된 일회성 비밀키로 암호화한 지불정보를 피지불자에게 전달하는 방법이다. 피지불자는 지불이 승인되었다는 정보를 확인한 후 거래상품을 전달하게 된다. 지

표 11-1 SET 상의 참여자 간 세부구성 전송 메시지 종류

receiver / sender	C (Cardholder)	M (Merchant)	PG (PG)	CCA (Cardholder CA)	MCA (Merchant CA)	PCA (PG CA)
C	-	PInitReq PReq InqR		CardCInitReq RegFormReq CertReq CertInqR		
M	PInitRes PRes InqR	-	AuthReq CapReq AuthRevReq CapRevReq CredReq CredRevReq PcertReq BatchAdminR		Me-AqCInitReq CertReq CertInqR	
PG		AuthRes CapRes AuthRevRes CapRevRes CredRes CredRevRes PCertRes BatchAdminR	-			Me-AqCInitReq CertReq CertInqR
CCA	CardCInitRes RegFormRes CertRes CertInqR			-		
MCA		Me-AqCInitRes CertRes CertInqR			-	
PCA			Me-AqCInitRes CertRes CertInqR			-

불금액의 실제 정산은 지불형태에 따라 다양하게 처리된다.

인터넷상의 신용카드에 의한 지불을 위해 1997년 제안된 SET(secure Electronic Transaction) 표준에서 여러 참여자, 즉 지불자(payer, cardholder), 피지불자(payee, merchant), 지불게이트웨이(PG), 인증기관(certificate authority) 간에 정의한 전송 메시지를 참고하면 〈표 11-1〉과 같다.

제2절 전자지불의 유형

전자지불의 유형은 분류기준에 따라 여러 형태로 나누어 볼 수 있다. 분류기준은 사용자(지불자 및 피지불자)의 입장, 지불서비스 제공자의 입장, 지불시스템의 특성, 기존 금융기관과의 관계 등에 따라 여러 가지가 있을 수 있고, 필요에 따라 적절한 기준을 적용할 수 있다. 본서에서는 기존의 「전통적 지불방식」, 「상품거래 · 지불의 시점」, 「지불정보의 보관 · 전달 방식」 등의 기준에 따라 전자지불의 유형을 알아보기로 한다.

2.1 전통적 지불속성에 따른 유형

전통적인 실생활의 지불수단에서 가장 기본이 되는 사항은, 지불하는 금액의 금전적 가치의 기준을 실제 유통되는 현금에 둔다는 것이다. 그 외에 신용카드나 전자이체서비스 등이 활용된다. 전자지불시스템에서도 사용자에게 기존의 지불형식 개념을 활용할 수 있도록 지불서비스를 제공하는 경향이 크다. 실생활에서 사용되는 지불수단의 유형을 분류하고자 전통적인 속성별로 분류하면 〈표 11-2〉와 같다. 이러한 분류방법은 새로운 지불수단을 설계 · 분석하는데 유용할 수 있다.

〈표 11-2〉에서 나열된 몇 가지 속성과 내용에 따라 전자지불의 유형을 분류하면 〈표 11-3〉과 같이 정리된다. 각 형태의 기본적인 특징은 다음과 같으며, 지금까지 국내 · 외에서 개발되고 제안되어온 여러 유형의 전자지불 시스

표 11-2 전자지불의 유형을 분류하기 위한 속성

분류속성	내 용	속성값
현금 등가성	익명유통(circulation with anonymity), 현금과 교환가치가 동일, 지불자와 피지불자 간 정산 불필요	Yes or No
이체시기	지불시점과 지불자 계좌로부터 지불금액 이체 시점 간 시간 차이	Before, Direct or After
정산과정	지불자(payer)와 피지불자(payee) 간 지불에 따른 현금 정산(clearing) 과정	Direct or Indirect

표 11-3 기존 지불수단의 속성에 따른 전자지불의 유형 분류

전자지불유형	속성·속성값		
	현금등가성	이체시기	정산과정
전자현금형태	Yes	Direct	Direct
전자수표형태	No	After	Direct
전자이체형태	No	Almost Direct	Direct
신용카드형태	No	After	Indirect

템이나 표준 등을 (현재 서비스 제공여부에 관계없이) 〈표 11-3〉과 같이 전자지불의 유형으로 분류하여 정리하였다.

(1) 전자현금형태

실세계에서 사용하는 현금처럼 지불의 익명성(즉, 지불수단인 현금에 지불자 및 피지불자를 확인할 아무 정보도 포함되지 않는다)과 현금과 동일한 화폐가치를 가지며, 지불시점에 지불 금액이 전달되어 이체 · 정산이 완료된다.

(국내) 충전형 교통카드, K-Cash 등

(국외) DigiCash의 eCash, VisaCash, Mondex 등

(2) 전자수표형태

익명성이 보장되지 않으며(지불시, 지불자와 피지불자의 신분 및 계좌번호 등이 노출), 지불시점 이후 지불자가 명기한 날짜 또는 정해진 일자에 지불금액이 피지불자에게 이체되며, 지불자의 계좌에서 직접(Direct) 이체된다.

(국외) NetCheque, NetBill, CheckFree 등

(3) 전자이체형태

전자수표형태와 거의 같으나, 지불 즉시(Directly) 지불금액이 지불자의 계좌에서 피지불자의 계좌로 이체된다.

(국내) 데이콤의 eCredit 등

(국외) SFNB의 QuickPay 등

(4) 신용카드형태

익명성이 보장되지 않으며, 지불시점 이후(After)에 지불자 또는 피지불자의 계좌(account)에 대하여 지불금액이 차감 또는 적립된다. 그리고 지불자와 피지불자 사이에 계좌 간 직접 정산되는 것이 아니라 신용카드사 또는 은행을 사이에 두고(Indirect) 계좌 간 정산이 이루어진다.

(국내) 데이콤의 eCredit, 이니시스의 이니페이, KICC의 EasyPay 등
(국외) First Virtual, CyberCash, SET, Visa의 3-D Secure, MasterCard의 Secure Payment Application 등

이상에서 전자지불유형의 사례를 보면, 신용카드형태의 전자지불유형이 상대적으로 많으며, 국내의 경우 전자수표형태의 전자지불유형은 거의 없는 편이다. 국내 전자지불의 유형에 신용카드형태가 많은 이유로는, 기존의 신용카드 지불서비스의 상당부분이 전자적으로 처리되어 왔고 사용자의 지불 선호도가 크다는 것으로 설명이 된다. 그리고 전자수표형태는 비교적 큰 금액 위주의 지불에 선호되는 지불유형이라고 할 수 있으며, 기업간 전자상거래의 발전이나 인터넷상의 신용조회 또는 지불상의 안전 등에 따라 그 규모가 커질 것으로 예상된다.

최근에 부쩍 증가하는 전자지불의 형태로서, 전화사업자와 같이 대규모 고객을 상대로 하는 과금체계를 활용하는 경우도 있다. 전자지불 확인 후, 실제 지불금액은 특정 서비스요금청구서(전화요금고지서 등) 합산되어 지불된 후 정산된다. 이와 같은 방식은 〈표 11-3〉의 전자수표와 속성상 특징이 유사하나, 관습상 전자수표라고 부르기는 곤란하다.

또한, 〈표 11-3〉에서 분류한 지불유형 이외에 "익명으로 유통되고 정산시점을 즉시(direct)" 처리하는 전자지불형태를 고안할 수도 있다. 이를 실현하기 위해서는 시스템 처리방법이나, 여러 협력자의 역할, 사용자의 지불 선호도, 서비스의 사업성 등을 같이 고려해야 한다. 그리고 데이콤의 eCredit 서비스를 통해서 전자이체형태와 신용카드형태의 지불을 같이 처리할 수 있는데, 이는 전자지불 시스템 체계상 유사성을 최대한 활용한 사례라고 볼 수 있다. 즉, 기존 금융기관의 역할에서 전자이체형태에서는 '은행'이, 그리고 신용카

드형태에서는 '신용카드사'가 지불승인 기능을 수행하는 것이다. 그러나 지불에 따른 이체시기와 정산과정은 두 형태에서 엄연히 다르게 처리된다.

2.2 상품거래 · 지불 시점에 따른 유형

지불자 또는 피지불자의 입장에서 구매 또는 판매에 따른 지불(화폐가치의 전달)의 시점은 거래의 조건을 결정하는데 필수적인 요소이다. 특히 거래상품의 가격이 큰 경우이거나 기업 간 거래에 있어서는 보다 더 중요하다. 전자지불서비스를 제공하는 입장에서는 시스템의 구성이나 관련되는 금융기관과의 서비스 제휴에 중요하게 고려되는 부분이다.

흔히 상품거래 · 지불 시점에 따른 전자지불의 유형을 분류할 때에는, '지불자의 입장'에서 실제 지불금액에 해당하는 화폐가치의 전달(이체)이 상품의 거래에 따른 지불시점보다 「먼저」, 「동시」, 또는 「차후」에 이루어지느냐에 따라 구분한다. 이는 〈표 11-3〉의 속성 중 '이체시기'와 유사한 개념이다. 「먼저」 이루어지는 경우는 '선불(pre-payment)', 「동시」에 이루어지면 '직불(direct payment 또는 debit)', 「차후」에 이루어지면 '후불(post-payment)'로 구분할 수 있다. 〈표 11-3〉에서 전통적인 지불방식에 따라 분류한 전자지불유형을 상품거래 · 지불 시점에 따라 전자지불유형을 판단해 보면 〈표 11-4〉와 같다.

〈표 11-4〉의 전자현금형태는 지불자가 미리 실제 화폐가치를 지불하고 해당 금액만큼의 화폐가치를 전자현금의 형태로 보관하는 형태로서, 지불자의 입장에서는 선불로 분류할 수 있다. 그리고 전자수표형태는 전자이체형태와 유사하나, 실제 금전적 가치가 지불자 및 피지불자가 동의하는 지불시점 이후의 날짜에 이루어진다는 차이점이 있다. 신용카드의 경우 피지불자의 입장에

표 11-4 상품거래 · 지불 시점에 따른 전자지불유형

전통적 지불방식에 따른 유형	상품거래·지불 시점에 따른 유형	
	지불자의 입장	피지불자의 입장
전자현금	선 불	직 불
전자수표	후 불	후 불
전자이체	직 불	직 불
신용카드	후 불	직 불

서는 거의 지불시점과 동시에 거래금액을 신용카드사로부터 지급받으므로 직불의 성격을 가지나, 지불자는 일정기간 이후에 거래금액을 신용카드사에게 지불하는 후불의 성격을 가진다.

그리고 상품거래 · 지불 시점에 따른 전자지불의 유형을 「원스톱(one-stop) 형태」와 「비원스톱(non one-stop) 형태」로 나누기도 한다. 지불자의 입장에서, 하나의 응용시스템(application system)을 통해 상품의 거래와 지불을 동시에 처리되는 경우를 '원스톱 형태'라고 한다. 대부분의 인터넷 쇼핑몰에서는 원스톱 형태의 방식을 취하고 있다. '비원스톱 형태'는 상품주문과 지불이 별도로 이루어지는 경우를 말한다. 상품주문은 인터넷 쇼핑몰에서 처리하고, 지불은 은행의 무통장 입금이나 인터넷 은행(Internet banking)을 통해 처리하는 경우를 예로 들 수 있다.

2.3 화폐가치의 저장/전달 방식에 따른 유형

〈표 11-3〉의 전자현금형태의 전자지불유형에 대하여 「네트워크형 전자현금」과 「IC카드형 전자현금」으로 나누기도 한다. 이때 분류기준은 현금가치를 저장하고 전달하는 방식에 따라 두 가지로 나눈 것인데, 각각의 처리과정과 특징을 살펴보면 다음과 같다.

(1) 네트워크형 전자현금

네트워크(network)형 전자현금은 사용자 컴퓨터의 저장장치(하드디스크, 플로피디스켓, IC카드 등)에 저장된 화폐가치(금액정보)로부터 지불금액만큼 인터넷(네트워크)을 통해 피지불자의 컴퓨터로 전달되는 형식으로 처리된다. 전자현금의 발급, 저장, 지불을 처리하기 위한 별도의 소프트웨어(프로그램)가 필요하다. 네트워크(network)형 전자현금의 사례로서 eCash가 있으며, 다음과 같은 eCash의 기본적인 처리과정을 통해 네트워크형 전자현금의 사용과정을 이해할 수 있다.

- 사용자(지불자 또는 피지불자)는 eCash서비스를 위하여, 웹(web)상에서 eCash 서버에 등록한다(서비스제휴 은행의 계좌를 온라인 또는 오프라인상

그림 11-6 | 네트워크형 전자현금(eCash) 사례

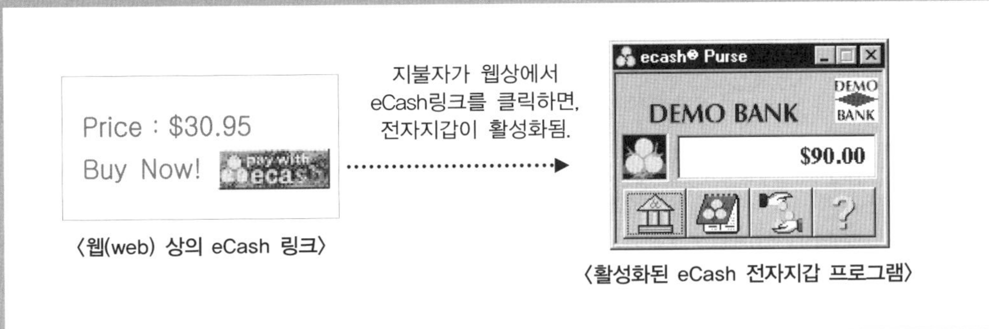

에서 미리 개설하여야 함).

- 지불자는 서비스제공기관(주로 은행)에서 관리하는 자신의 계좌로부터 전자현금(전자기호) 형태로 네트워크(인터넷)를 통해 현금을 인출하여 컴퓨터에 설치된 전자지갑 기능의 소프트웨어에서 보관한다. 〈그림 11-6〉의 우측에 나타난 eCash 전자지갑의 4가지 버튼은 각각 전자현금 인출 또는 적립, 거래일지, 지불, 안내 등의 기능을 위한 것이다.
- 웹상에서 상품주문시에 eCash로 지불하는 경우에는, eCash 전자지갑을 통해 현금가치를 인터넷상에서 피지불자(상인)의 전자지갑으로 전달한다.

네트워크형 전자현금은 항상 네트워크(인터넷)를 통해 충전되고 지불된다. 단점으로는 개인 컴퓨터에 설치된 전자지갑 프로그램 또는 저장된 현금가치가 개인의 실수나 바이러스 등으로 유실될 가능성이 있다는 것이다.

(2) IC카드형 전자현금

IC카드형(Integrated-Chip type) 전자현금은 네트워크형 전자현금과는 달리 현금의 가치를 가지는 전자기호를 IC카드에 보관한다는 것이다. 이는 개인 컴퓨터의 저장장치(주로 하드디스크)에 보관되는 네트워크형 전자현금에 비해 다음과 같은 장점을 가진다.

- 대부분의 IC카드는 일반 신용카드와 동일한 크기로 제작되는 경우가 대부분으로, 사용자의 휴대성이 편리하다. 최근에는 기존의 IC카드에 포함

그림 11-7 | IC카드형 전자현금의 활용(MONDEX 사례)

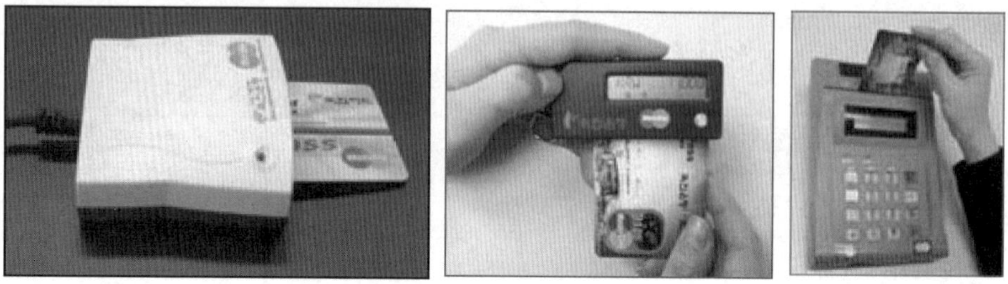

① 컴퓨터에 부착하는 IC카드리더기　② IC카드내 충전잔액 확인　③ 전자현금 충전

된 IC칩(IC chip)만을 휴대전화 내에 장착하여 서비스를 제공하는 경우도 많다.

- IC카드가 분실이 되는 경우를 제외하고는 네트워크형 전자현금에 비하여 화폐가치의 유실위험이 거의 없어 전자현금을 안전하게 보관할 수 있다.

일반적으로 IC카드형 전자현금은 휴대성이 용이하므로 이용자가 사무실 밖의 ATM(automatic teller machine)기를 통해서 전자현금을 충전할 수 있다. 카드리더기를 보유하는 식당이나 공중전화 등의 이용도 가능할 것이다(그림 11-7 참고). 한편, 사용자의 컴퓨터에 연결할 수 있는 카드리더기(card reader)를 통해 인터넷 쇼핑도 가능할 것이다. 인터넷에 연결된 컴퓨터를 통해 IC카드에 저장된 전자현금을 충전 또는 지불하는 경우에는 네트워크형 전자현금과 IC카드형 전자현금의 구분이 모호해지는 상황이 된다.

IC카드가 단순한 저장기능 이외에 카드운영체제(COS: chip operating system)와 계산기능을 갖추고 있는 경우에는 스마트카드(smart card)라고 불린다. 전자현금을 충전하거나 인출하기 위해 IC카드가 외부시스템과 자료교환을 하는 경우에는, 스마트카드(smart card)는 독립된 내부의 연산기능을 통해 암호화된 정보를 교환함으로써 전자현금 정보의 보관 및 전달을 안전하게 처리한다. 스마트카드의 외양 및 내부구조는 〈그림 11-8〉과 같다. 스마트카드 내부의 EEPROM(electrically erasable & programmable ROM)에 전자현금의 금액가치를 기록하거나 보안에 관련한 데이터를 저장할 수 있다. IC카드 또는 스마트카드

그림 11-8 | IC카드의 외양과 내부구조

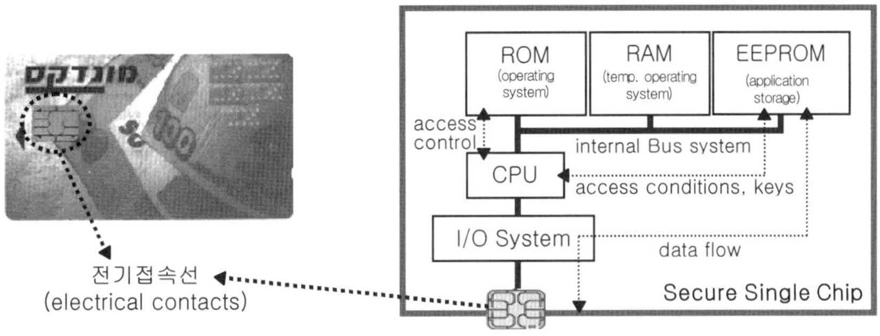

① 외양 ② 내부의 마이크로프로세서

의 처리에 카드리더기와의 I/O 접촉여부에 따라 접촉식(contact type)과 비접촉식(contactless type)으로 나누어진다.

IC카드 내에 전자현금을 저장하는 방식의 IC카드형 전자현금은 앞서 언급한 바와 같이, IC카드의 분실은 현금의 분실과 마찬가지로 사용자에게는 피해가 발생한다. 그런데, 일부 IC카드형 전자현금은 IC카드용의 화폐가치를 마치 은행의 예금계좌처럼 별도의 계좌에서 보관한 후, 기존의 직불(debit) 형태로 전자지불하는 경우도 있다. 이러한 경우에는 IC카드가 분실되더라도 현금의 분실과 같은 피해는 막을 수 있으나, 사용자(지불자와 피지불자) 간에 직접 전자지불(화폐가치의 이전)은 불가능하다. 즉, 전자현금을 보관하는 전자지불서비스제공자의 서비스를 거쳐야 하며, 지불자와 피지불자가 이용하는 전자지불서비스제공자가 동일하거나 서로 제휴관계에 있는 전자지불서비스 제공자끼리여야 한다.

이와 같은 형태의 전자지불은 마치 전자이체형 · 직불형 전자지불과 비슷한 방식이며, 특별히 '폐쇄형 IC카드 전자현금'이라고 부르기도 한다. 상대적인 의미로 사용자(지불자와 피지불자) 간에 직접 전자지불(화폐가치의 이전)이 가능한 경우를 '개방형 IC카드 전자현금'이라고 한다. 개방형 IC카드 전자현금의 사례로서 충전식 교통카드, 영국에서 개발된 MONDEX 등을 사례로 들 수 있다. 폐쇄형 IC카드 전자현금의 사례로서는 미국의 VisaCash, 독일의 GeldKarte, 덴마크의 Danmont, 벨기에의 Proton 등을 들 수 있다.

제3절 전자지불의 발전

3.1 모바일 전자지불서비스

모바일 전자지불서비스를 통한 지불자의 지불양식은 지불자의 사용단말기가 모바일이라는 측면에서 기존의 PC기반의 전자지불과는 다소 차이가 있으나, 기본적인 기술적 개념은 유사하다. 음성통화뿐만 아니라 다양한 디지털 통신서비스가 휴대전화나 PDA 등을 통하여 모바일로 제공됨으로써, 전자지불을 비롯한 다양한 분야로 구성되는 전자상거래 산업분야에서 기존의 유선채널(wired channel)과 무선채널(wireless channel)간 제휴 또는 경쟁관계가 새롭게 구성되어 가고 있다.

기존의 금융망을 고려한 전자지불 참여자의 구성을 도식화한 〈그림 11-4〉와 함께, 우리가 흔히 사용하는 휴대전화 서비스를 같이 고려해 보자. 그리고 〈그림 11-5〉의 전자지불에 필요한 정보흐름의 방식의 가능한 방식을 정리하면, 모바일 전자지불서비스에 필요한 기능구성과 기능구성 방식의 여러 대안을 생각해볼 수 있다. 필요한 기능과 현실적으로 가능한 방식들에 대해서 정리해보면 다음과 같다.

(1) 지불정보의 전송 및 사용자 인증

지불할 금액, 지불자의 계좌번호 또는 신용카드번호, 비밀번호 등의 지불정보와, 지불자 또는 지불수단사용에 대한 인증(authentication)정보를 지불서비스제공자에게 전송함으로써 전자지불이 시작된다. 가능한 방식은 다음과 같다.

① ARS(automatic response system) 방식 : 기존의 텔레뱅킹(tele-banking)과 같은 방식으로, 지불서비스 제공자의 ARS 시스템과 연결된 후 음성안내에 따라 지불정보 또는 인증정보를 휴대전화의 버튼으로 입력하는 방식이다. 지불자는 무선통신을 통하여 필요한 정보를 전송하지만, 지불서비스 제공자의 ARS 시스템은 대개 유선 전화선(PSTN)을 통하여 정

보를 교환한다.

② SMS(short message service) 방식 : 휴대전화 회사에서 제공하는 SMS를 통해 지불 · 인증 정보를 입력하여 전송하는 방식이다. 지불서비스 제공자의 시스템은 주로 유선전화선을 통하여 지불자가 전송한 SMS정보를 통하여 지불처리를 할 수 있다. SMS 메시지의 구성이 비구조적이고 전송정보의 보안처리가 어려운 단점이 있으므로 활용이 어렵다.

③ 소프트웨어 시스템 방식 : 무선 인터넷을 통하여 지불서비스 제공자와 접속하거나, 무선단말기에 장착된 지불전용 소프트웨어를 통하여 지불 · 인증 정보를 처리하는 방식이다. 이 경우에는 시스템의 통제를 통해 전송정보가 구조적이고, 암호화 처리가 용이하다. 필요한 모든 정보를 지불자가 직접 입력하는 것도 가능하지만, 지불에 필요한 정보를 IC칩(chip)에 미리 저장하여 처리하는 경우도 있다. IC칩에 저장하는 경우에는 〈그림 11-8〉의 ①에서 원으로 표시한 부분의 IC칩만을 지불자의 단말기(휴대전화 또는 PDA)의 내부에 설치하고 필요한 정보를 저장시켜야 한다.

(2) 인증 및 지불의 처리

지불자로부터 지불정보와 지불자(또는 지불수단사용)에 대한 인증(authentication)정보를 특정한 전송방식으로 전달받은 전자지불서비스 제공자는 정하여진 인증절차(비밀번호 확인, 주민번호 확인 또는 PKI방식에 따른 전자인증서 확인 등)에 따라 지불자의 인증과정을 처리한다. 그리고 전자지불서비스 제공자는 〈표 11-3〉의 신용카드형태, 전자이체형태 또는 전자수표형태 등과 같은 전자지불서비스를 처리하는 PG의 역할(그림 11-5 참고)을 수행하게 된다. 전자지불이 완료되면 적절한 방식(SMS, 음성통화, 이메일 등)으로 처리결과를 지불자와 피지불자에게 통지한다.

(3) 전송방식

ARS 또는 SMS에 의한 지불정보 또는 인증정보는 일반적인 셀룰러 무선음성통신 채널을 통하여 무선으로 이동통신회사로 전달된 후, '무선' 이동통신을 통하여 지불서비스를 제공하는 (대개 이동통신회사와 금융지불서비스 제휴를 가지는) 금융기관으로 '유선' 네트워크(주로 전용망)를 통해 전달되어 계좌이체 등으로 처리된다. 처리결과는 지불자 또는 피지불자에게 서비스에서 정해진 방식(무선 또는 웹 등 다양한 방식)으로 통지된다.

그리고 휴대 단말기에 장착된 지불전용 소프트웨어를 활용하는 경우에는, ① 지불관련 정보가 셀룰러 무선음성통신 채널을 통한 '무선 인터넷'을 활용하여 이동통신사를 거친 후 유선 네트워크로 지불서비스 제공자의 서버로 전달되거나 또는 ② 'RF(radio frequency)방식', 블루투스(Bluetooth) 또는 'IrDA (Infrared Data Association)방식'의 근거리 무선통신방식을 통하여 유선 네트워크에 연결된 POS단말기(또는 신용카드조회기)로 전달된 후 지불서비스 제공자의 서버로 전달될 수도 있다. 지불에 필요한 정보(신용카드번호 등)가 휴대단말기 내에 비접촉식(contactless type) IC칩(chip)에 미리 저장되는 경우에는 POS단말기와 휴대 단말기 내의 IC칩 간에 직접 RF방식으로 정보를 전달할 수 있는데, 사례로서 지하철 또는 버스 등에서 사용되는 휴대전화 요금방식이 있다.

3.2 P2P 전자지불방식

전자상거래 거래분류상에 P2P(peer-to-peer) 방식이 있는데, 여기 'P2P 전자지불방식'에서의 P2P는 개인간이라는 뜻의 person-to-person의 의미이다. 1999년 미국의 페이팔(www.paypal.com, 〈그림 11-9〉)에 의해 시작된 P2P 전자지불방식은 이메일(web mail)을 통해 개인간에 마치 직접 지불이 이루어지는 형태로 보이기 때문에 'P2P 전자지불', 'e-mail지불' 또는 'e-mail뱅킹' 등으로 일컬어진다.

P2P 전자지불방식의 서비스는 '전자지불의 우수한 기능성(보안성, 편의성, 안정성 등)'과 '기존 금융기관 서비스와 원활한 연계'를 장점으로 하여 폭발적인 성장세를 누리고 있으며, 현재 동일한 서비스로 빌포인트닷컴(www.billpoint.com) 등 20개가 넘는 업체가 경쟁하고 있다고 한다. 페이팔을 비롯한 P2P 전자지불방식의 일반적인 지불과정은 다음과 같다.

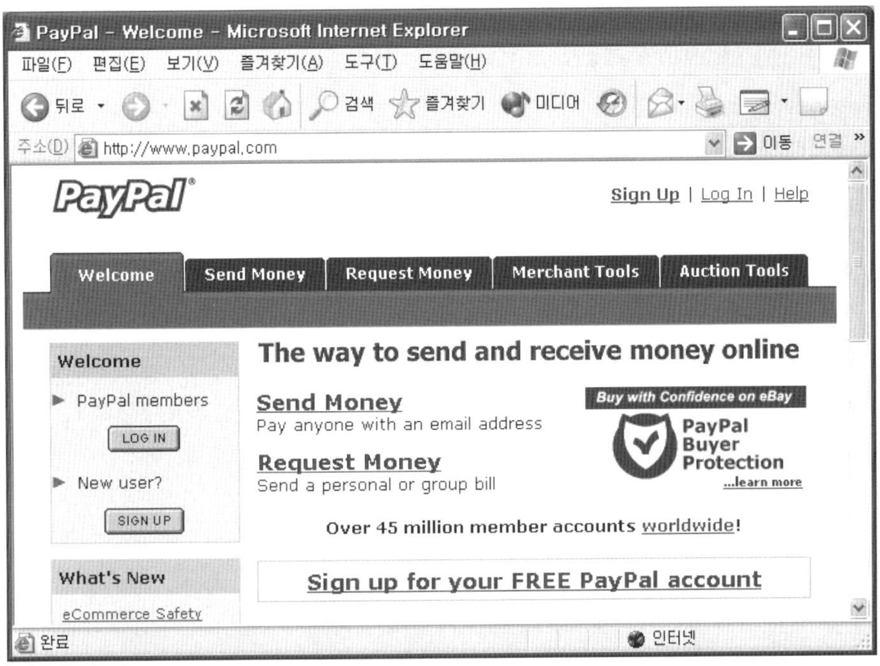

그림 11-9 | 페이팔(Paypal)의 서비스 사이트

지불자 'A'가 피지불자 'B'에게 금액 'C'원을 지불하는 경우

① 지불자 'A'는 P2P 전자지불서비스의 웹 사이트(web site)를 통하여 회원으로 가입한다. 회원가입시 개인의 ID는 반드시 본인의 개인 이메일(e-mail) 주소로 한다. (신규가입시 신원확인은 웹상에서만 처리하며, 국내 인터넷뱅킹 서비스와 같이 은행을 방문할 필요는 없다.)

② 회원가입시에 자신이 '지불 또는 청구할 은행 및 은행계좌번호'(또는 '지불할 신용카드번호')를 서비스제공자의 웹에서 저장한다. 이때 복수개의 은행계좌나 신용카드도 무방하다.

③ 피지불자 'B'에게 지불할 경우, 〈그림 11-10〉과 같은 방식으로 P2P 전자지불서비스 사이트에게 'B'의 이메일과 지불금액 'C'를 중심으로 내용을 명시한 후 지불(송금)을 확인한다.

④ P2P 전자지불서비스 제공자는 명시된 'B'의 이메일 주소로 송금이 되었

그림 11-10 | 국내 P2P 전자지불서비스의 지불사례(www.mailbanking.co.kr 참조)

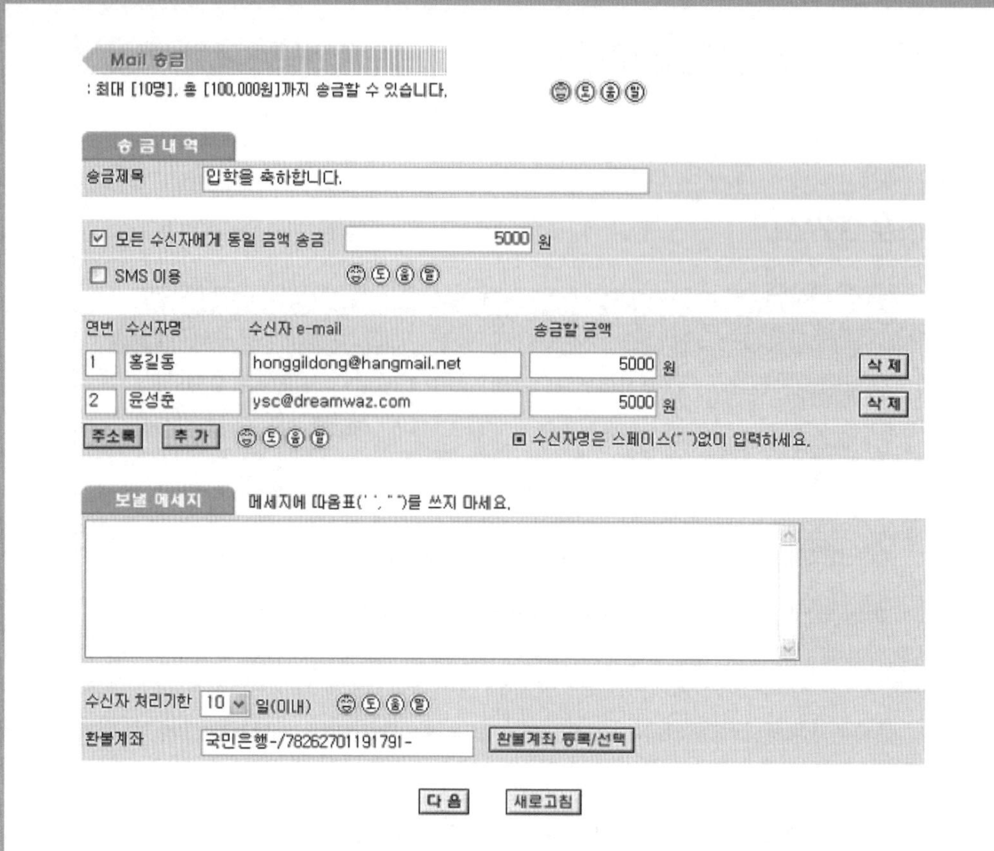

다는 내용을 이메일로 전송한다.

⑤ 이메일을 받은 'B'는 P2P 전자지불서비스 사이트에 접속하여 지불받을 은행계좌를 입력 또는 미리 입력된 은행계좌 중에서 선택한다. (만일, 'B'가 해당 서비스에 회원이 아닌 경우 신규로 회원가입을 하여야 한다.)

⑥ P2P 전자지불서비스 사이트는 'B'가 지정한 은행계좌로 지불금액을 입금한다.

이상과 같이 지불자와 피지불자는 상대방의 은행계좌 또는 신용카드 등의 정보에 대해서는 전혀 알 필요가 없으며, 오직 상대방의 이메일주소와 해당 서비스의 회원가입여부만이 필요한 요소이다. 현재 이와 같은 P2P 전자지불서비스는 국내에서도 제공된 바가 있는데, 페이레터(www.payletter.com), 메일캐스터(www.mailbanking.co.kr), 주택은행(www.npaykorea.com), 신한은행(www.moneymail.co.kr) 등이다. 페이레터와 주택은행에서는 동 서비스 제공을 위한 별도의 가상계좌를 인터넷에 만들고 여기에 입금시켜 놓은 후 사용하는 방식이며, 메일캐스터와 신한은행의 경우에는 실제 은행계좌나 신용카드에서 돈이 빠져나가도록 하는 방식을 사용하고 있다. 또한 미국의 페이팔(paypal)도 국내 시장진출을 준비 중인 것으로 알려지고 있다.

P2P 전자지불서비스의 시스템 구성은 〈그림 11-4〉와 거의 유사한 방식으로 구성되어 있다. 단지 P2P 전자지불 시스템은 가입자의 계좌 또는 신용카드 정보를 보관해야 하고 피지불자들에게 지불을 통지할 이메일 기능 등이 추가로 필요할 것이다. 그리고 P2P 전자지불 시스템은 지불게이트웨이(PG)와 연결되어 금융망의 서비스와 간접적으로 연계된다.

요 약

(1) 인터넷 전자지불의 참여자는 기본적으로 지불자, 피지불자, 전자지불서비스 제공자로 구성된다.

(2) 기존의 금융사와 연계된 인터넷 전자지불서비스에서 인터넷과 금융망간의 가교역할을 하는 기능으로 지불게이트웨이(payment gateway)가 있다.

(3) 인터넷 전자지불방식의 구분을 기존 지불형태와 같이 전자현금형태, 전자수표형태, 전자이체형태, 신용카드형태 등으로 나눌 수 있다.

(4) 화폐가치의 저장 및 전달 방식에 따라 네트워크형 전자현금, IC카드형 전자현금 등으로 구분할 수 있다.

연습문제

(1) 전자지불서비스 제공에 있어서 지불게이트웨이의 기능은 무엇인가?

(2) 전자지불서비스 제공의 주요 역할을 하는 지불게이트웨이 서비스의 사업적 수익에 관하여 토의하시오.

(3) 인터넷 쇼핑몰에서 상품주문을 위해 신용카드로 지불한 경우, 기존 금융사(신용카드사, 은행, 금융결제원 등)가 처리하는 내용을 설명하여 보시오.

(4) 국내 로열티 점수(loyalty point)로써 전자지불이 가능한 okcashbag.com 서비스에서 시스템 체계를 〈그림 9-4〉처럼 작성해 보시오.

(5) 페이팔(Paypal) 서비스와 같은 전자지불서비스의 가능한 수익모델을 제안하여 보시오.

사례 온라인 전자결제, '디지털 토큰(Token)' 태풍의 눈으로 부상

온라인 전자결제 시장에서 디지털 토큰이 태풍의 눈으로 부상했다. 비자카드는 사상 초유의 고객정보 유출 사태 여파로 국내 신용카드업계가 큰 어려움을 겪고 있는 가운데 '토큰(Token)'이라는 강력한 온라인 보안 결제 기술을 도입하기 위해 그동안 차근차근 준비해 왔다. 전 세계로 연결된 모든 온라인 카드 거래 체계를 이 토큰 하나로 연결해 일종의 디지털 카드결제 맵을 만들겠다는 야심찬 계획이다. 추구하는 목표도 명확하다. 카드 위변조를 방지하는 것은 물론, 가맹점에서부터 고객 카드정보에 관심을 둘 필요가 없도록 만들겠다는 것이다.

전 세계 시장점유율이 60%에 달하는 비자카드가 카드번호 대신 토큰을 들고 나온 것은 여러모로 의미가 상당하다. 우선 비자카드는 국제신용카드사 연합체(EMVCo)소속이다. 이 안에는 아멕스, 디스커버리, JBC, 마스터카드 등 전 세계 망을 구축한 글로벌 프로세싱 카드사들이 포진해 있다. 온라인 거래 초점을 칩 기반 카드 결제에서 토큰화 결제로 연합할 가능성이 높다는 것이다. 연대 조짐도 일찌감치 나타났다. 이들 연합체에 속해 있는 카드사는 올해 말까지 토큰을 국제 표준으로 만들겠다는 계획이다. 스마트폰뿐 아니라 태블릿PC, 개인PC 등 모든 스마트기기에서 디지털 결제 방식으로 토큰을 사용하겠다고 선전포고한 셈이다.

구분	내 용
정의	- 신용카드번호를 고유의 암호화번호(토큰)로 대체하는 기술 - 자체 암호화, 보안 설정으로 특정기기와 상점, 거래형식·경로에 제한을 걸 수 있음
강점	- 스마트폰, 태블릿PC, 개인PC 등 모든 스마트기기에서 디지털 결제 가능 - 가맹점은 신용카드번호를 저장할 필요가 없음 - 소비자는 기존 거래시 카드정보를 입력하는 번거로움 사라짐 - 불법 카드복제, 위변조 원천 차단
추진 현황	- 미국 전자상거래 가맹점 대상을 결제방식 변경 공지, 의무화 - 비자·마스터·아멕스 등 국제신용카드사연합체, '토큰'을 글로벌 표준으로 추진

해외 언론과 비자, 마스터 등에 따르면 비자·마스터·아멕스는 지난해 10월 1일 토큰화(Tokenization) 추진을 공식화했다. 토큰 방식의 거래는 모바일, 온라인 상거래 이용 시 기존 신용카드정보를 디지털 토큰으로 전환하는 게 핵심이다. 기존 ISO규격에 바탕을 두고 운영되기 때문에 시스템 변경도 거의 없다. 기존 전자상거래 카드거래와 동일한 프로세스가 적용돼 추가 투자비용을 최소화할 수 있다는 강점이 있다. 소비자는 내 카드 정보가 가맹점에 저장되지 않고, 설령 외부로 유출되더라도 사용할 수 없는 디지털 쓰레기 정보가 되기 때문에 보안성 측면에서도 우수하다. 카드 위변조는 불가능한 셈이다.

카드 정보를 입력하는 번거로움도 사라진다. 가맹점은 불필요한 소비자 카드정보 저장을 방지하는 효과가 있다. 자의로든 타의로든 정보 유출 위협은 사라지게 된다.

아마존, 페이팔 등은 카드번호를 한 번만 등록하면 계속 결제가 이뤄지는 '카드 온 파일' 결제 체계를 갖추고 있다. 하지만 수십억 건에 달하는 고객의 카드정보 저장과 관리는 이들에게도 상당한 골칫거리다. 토큰이 도입되면 자연스레 이 난제도 해결된다. 비자를 필두로 미국 현지 은행과 카드사들이 토큰 거래를 준비하고 있는 것으로 확인됐다. 카드 정보 유출 문제는 전 세계적으로도 큰 이슈이기 때문이다. 국내 카드업계도 이에 대한 만반의 준비가 필요하다는 지적이다. 토큰 표준화가 확정되면 국내 카드사 또한 이 시스템 연동은 불가피하다.

현재 공인인증서 의무화가 폐지된 이후 국내 카드사는 보안인증이 강화된 새로운 결제 체계 도입을 주저하고 있는 상황이다. 해외 직구 결제가 폭증하고 있는 상황이고, 온라인 결제 비중이 갈수록 높아지고 있지만 결제 방식에 대한 투자와 공동 대응은 부재한 상황이다. 비자카드 관계자는 "미국에서 비자는 이미 토큰화에 대한 가맹점 적용 스케줄이 나온 상황"이라며 "국내 카드사 또한 어떤 방식으로든 전자상거래 결제에 대한 명확한 대응 논리를 갖춰야 할 것"이라고 지적했다.

(전자신문, http://www.etnews.com, 2014년 6월 1일)

토 의

1. 현재 국내에서 전자결제처리 수단에 활용되는 결제체계와 디지털 토큰 시스템의 차이를 설명해 보시오.
2. 위의 사례를 참고하여 향후 가능한 전자지불의 전망에 대해서 설명해 보시오.

12

e-비즈니스 기술

제1절 웹기반 시스템
제2절 정보보안
제3절 통신네트워크

e-비즈니스를 가능하게 해주는 기술(enabling technology)의 범위와 종류는 분류기준에 따라 여러 가지로 정리될 수 있다. 예를 들어 e-비즈니스의 구현에 필요한 기술의 범위를 다음의 기본 인프라(infra)에 속하는 정보통신기술과 이를 기반으로 하는 상위의 서비스 응용기술의 두 방향을 기준으로 기술범위를 분류해 볼 수도 있다.

① **기본 인프라 기술** : 인터넷을 비롯한 컴퓨터통신 기술 및 데이터 처리 기술
② **서비스 응용기술** : 웹(web)상의 거래 및 수익을 위한 사업모델(business model)

이와 같은 e-비즈니스 기술의 범위는 통신기술로부터 데이터 및 인터넷상의 정보처리, e-비즈니스 또는 전자상거래, 나아가 기술주도형 경제(technology-driven economy) 또는 디지털경제로 연결된다고 할 수 있다. e-비즈니스 기술의 범위를 e-비즈니스가 가능하게 하는 정보기술의 범위로 한정한다면, e-비즈니스 기술을 인터넷 통신기술, 메시징(messaging) 기술, 정보처리기술, 보안기술, 프로세스 지원기술 등으로 분류할 수 있다. 본 절에서는 e-비즈니스 기술의 범위나 분류 등에 관한 논의보다는 e-비즈니스를 구현하는데 필요한 정보기술 위주로 다루기로 하며, 웹기반 시스템, 통신네트워크, 정보보안, 데이터베이스 응용, 지능형 에이전트 등에 대하여 알아보기로 한다.

제1절 웹기반 시스템

인터넷(Internet)은 1969년 미국의 ARPANET으로부터 시작되었으며, 인터넷을 통한 전자상거래라는 용어와 개념의 확산은 1992년 World-Wide Web을 의미하는 WWW 서비스가 인터넷에서 가능하게 되고 1994년경 처음으로 WWW를 이용한 인터넷 전자쇼핑몰이 생기면서부터 시작되었다. WWW은 HTTP(Hyper Text Transfer Protocol)라는 통신표준(protocol)을 활용하는데, 사용자는 흔히 사용하는 웹브라우저(web browser)를 통하여 인터넷에 연결된

지구상의 모든 웹서버(web server)가 제공하는 정보를 HTTP의 통신방식에 의하여 접근할 수 있다. 본 절에서는 WWW를 이루는 정보교환방식에 대하여 정리해 보기로 한다.

1.1 HTTP를 통한 인터넷 정보교환

(1) TCP/IP와 HTTP

인터넷은 흔히 TCP/IP 통신프로토콜(통신규약)을 활용하여 정보교환을 한다고 하는데, 실제로는 TCP/IP가 아니라 TCP/IP suite(TCP/IP 꾸러미)를 활용한다는 말이 더 정확한 표현이다. 왜냐하면, 일반 사용자들이 인터넷이라는 통신네트워크(communication network)를 통한 전자정보의 교환방식이 TCP (Transmission Control Protocol) 또는 IP(Internet Protocol)와 같이 하나의 통신방식만을 사용하는 경우는 거의 없다. 대개 일반 사용자들은 Telnet, FTP, HTTP 등과 같이 〈그림 12-1〉에 나타난 상위의 통신프로토콜을 사용한다.

인터넷상의 여러 통신 프로토콜 꾸러미를 TCP/IP 또는 TCP/IP 꾸러미라고 표현하는데, 그 이유로 TCP와 IP는 인터넷으로 이루어지는 일반적인 정보시스템에서 사용되는 전자정보의 통신프로토콜에서 거의 공통적으로 사용하는 통신프로토콜이기 때문이다. TCP/IP 꾸러미의 구성은 〈그림 12-1〉과 같으며, 웹브라우저와 같이 인터넷을 활용하는 응용시스템들의 통신규약(HTTP, Telnet 등)은 TCP와 IP가 일반적으로 공통적인 기본 프로토콜로 활용한다. 그리고 TCP와 IP는 통신매체별(동축케이블, 이중나선, 무선매체 등) 신호전달방식에 연결되어 원격지의 컴퓨터와 필요한 정보를 교환한다.

TCP/IP 꾸러미의 하위 프로토콜로서 전송매체를 통한 전자신호의 전달방식에는 일반 LAN에서의 이더넷(Ethernet), 일반 가정에서 사용되는 DSL(Digital Subscriber Line) 방식 등의 프로토콜이 될 것이다. 〈그림 10-1〉에서 TCP와 IP는 하위의 네트워크 접속 프로토콜(이더넷, DSL 등)을 활용하여 패킷(packet) 단위의 정보를 교환한다. HTTP를 포함하는 TCP/IP 꾸러미의 상위 프로토콜은 인터넷 사용자들이 실제로 인터넷을 이용하여 정보를 교환하는 규칙들이며, 모두 TCP를 통하든지 아니면 UDP(User Datagram Protocol)를 통하여 인터넷에 접속된다.

그림 12-1 | TCP/IP 꾸러미(suite)의 구성과 OSI모델과의 비교

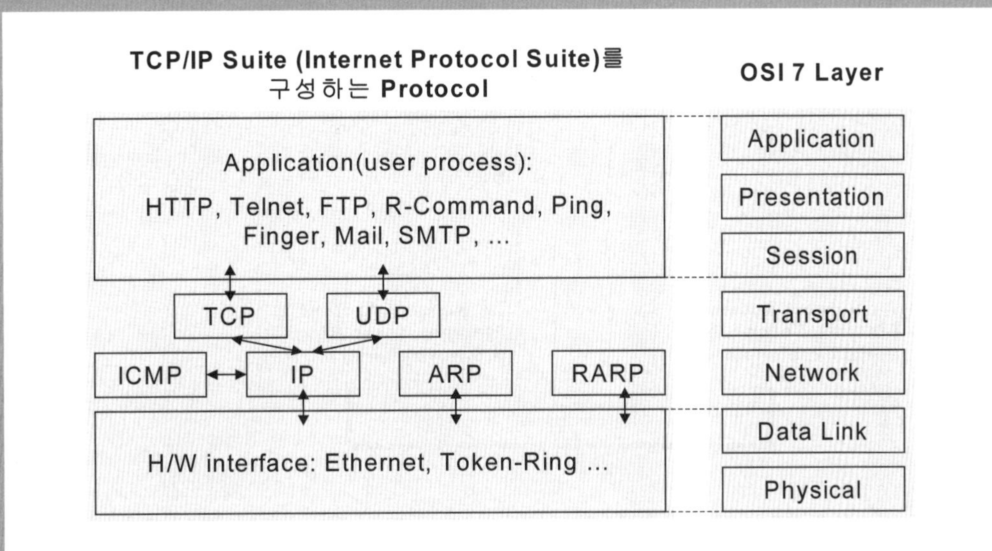

우리가 흔히 사용하는 HTTP를 포함하는 Telnet, Email, FTP 등은 TCP를 통하여 처리되지만, 인터넷 동영상이나 인터넷 실시간 방송 등은 UDP를 주로 사용한다. 그 이유로 TCP의 경우에는 전송할 전자문서를 구성하는 모든 패킷의 수신확인이 두 컴퓨터 간에 이루어져야 전송이 완료되지만, UDP에서는 패킷 단위별로 전송을 할 뿐 수신 컴퓨터의 패킷별 수신확인을 확인하지 않고 전송도중 일부정보의 손실이 발생하더라도 정보전달을 유지해야 하는 특성을 고려했기 때문이다.

흔히 사용하는 웹브라우저는 HTTP 프로토콜을 활용하여 인터넷상에서 정보를 제공하는 웹서버(web server) 컴퓨터에 정보를 요청하고 전달받는 역할을 한다. 웹브라우저와 웹서버는 인터넷을 연결매체로 하는 클라이언트-서버(client-server) 형태이며, 앞서 언급한 하위의 통신 및 네트워크접속 프로토콜을 통하여 〈그림 12-2〉와 같이 웹브라우저(웹클라이언트)의 정보요청에 대하여 웹서버가 응답하는 형식으로 이루어진다. 웹서버는 필요시 〈그림 12-3〉의 CGI(Common Gateway Interface)로 불리어지는 실행 프로그램을 활용하여 필요한 정보를 생성하여 웹브라우저에게 전달하기도 한다.

그림 12-2 | HTTP를 통한 인터넷 상의 정보요청과 제공

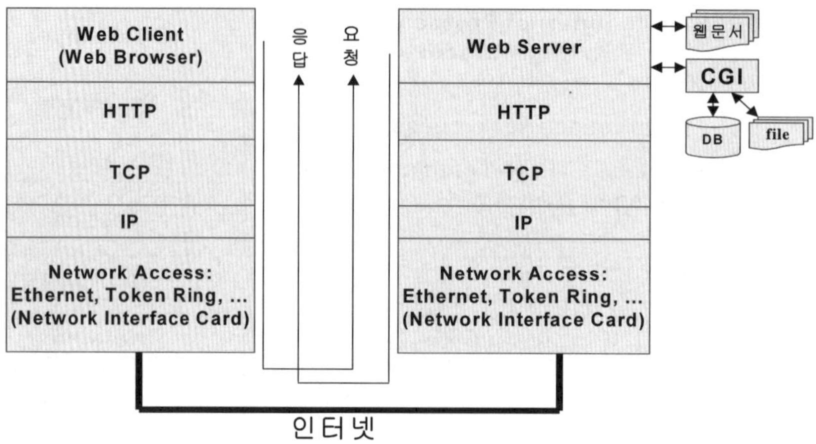

(2) HTTP의 처리방식

1992년 스위스 CERN(Conseil Europeen pour la Recherche Nucleaire: 유럽 입자물리학 연구소)에서 수행한 하이퍼미디어(hypermedia) 프로젝트의 결과인 WWW(Worldwide Web 또는 Web)은 인터넷기반 정보시스템의 기본 플랫폼으로 널리 활용되고 있다. 웹(web)은 웹브라우저와 웹서버간 클라이언트/서버 형태로 웹서버가 관리하는 웹사이트(web site)의 정보(웹페이지)를 제공하는 서비스이다.

웹브라우저와 웹서버간 HTTP 프로토콜에 의한 정보의 요청(request)과 답신(response)을 위한 처리과정은 〈그림 12-3〉과 같다. HTTP는 인터넷상에서 클라이언/서버 시스템을 구성하지만, 연결 상태를 유지하지 않는(stateless) 특징이 있다. 이는 클라이언트가 URL을 통하여 필요한 정보를 서버에게 요청(request)하고, 서버는 요청을 처리하여 응답(response)한 후 해당 클라이언트와 연결하는데 필요한 정보를 기억하지 않고 잊어버리게 됨을 의미한다. 즉, 기본적으로 HTTP를 사용하는 클라이언트와 서버는 필요시마다 〈그림 12-3〉의 처리과정을 반복한다고 할 수 있다.

인터넷 웹은 정보를 요청하고 응답하는 HTTP 프로토콜을 포함하여 여러 필요한 기능요소를 포함하고 있다. 즉, 인터넷 주소체계인 URL(Uniform Re-

그림 12-3 | HTTP의 처리과정

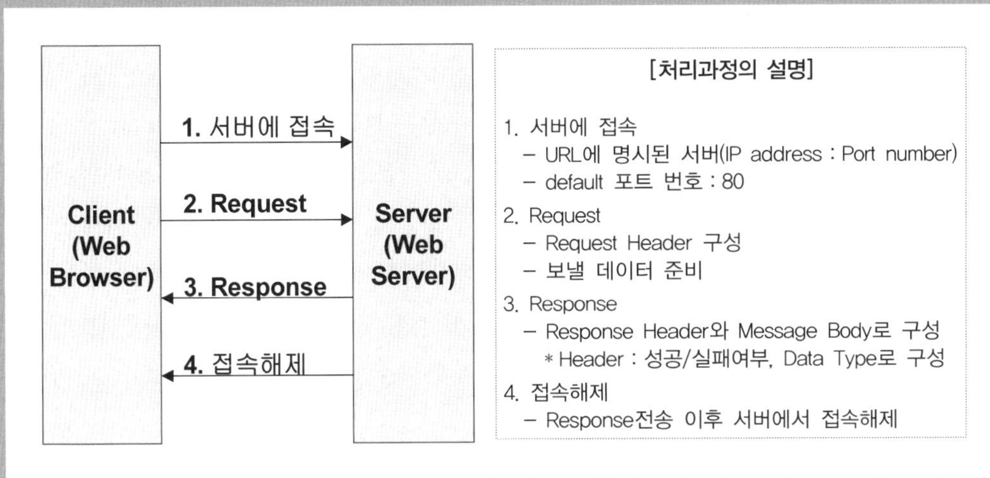

source Locator) 및 요청(request)와 응답(response)의 위한 전송문서(message)의 해석, 실제 응답(response)의 내용을 구성하는 전자문서, 실제로 웹상의 클라이언트와 서버의 역할을 하는 소프트웨어들이다.

URL은 인터넷에 접근가능한 모든 자원의 주소를 고유하고 일관되게 식별하기 위해 부여된 주소체계를 뜻한다. URL은 문서, 이미지, 음성, 프로그램 등의 주소를 모두 표현할 수 있으며, 예를 들어 "**http://www.w3.org:80/2001/**Annotea/User/Writeclient.html"을 보자. 여기서 'http'는 사용하는 프로토콜이 http임을 의미한다. Internet Explorer와 같은 웹브라우저에서는 http 이외에 ftp, telnet, mailto 등도 지원하고 있다. 'www.w3.org'는 웹서버의 이름을 뜻하며 네임서버(name server)에 의하여 IP주소로 전환된다. ':80'은 웹서버에서 제공하는 http 서비스의 포트(port) 번호를 뜻하며, http 프로토콜의 디폴트(default) 포트번호는 80이며 임의의 포트번호를 사용할 수도 있다. '/2001/Annotea/User/Writeclient.html'은 웹서버가 관리하는 요청 정보자원의 위치경로와 파일명(file name)을 나타낸다.

웹브라우저와 웹서버가 〈그림 12-3〉의 요청(request)와 응답(response)을 하기 위하여 서로에게 전송하는 전자문서는 헤더(header)와 보디(body)로 구성되며, MIME(Multi-purpose Internet Mail Extensions) 표준에 의하여 작성된다. 헤더(header)에는 컴퓨터가 인식해야 하는 여러 가지 정보를 포함한다. 요청

문서의 보디(body)에는 사용자가 입력한 데이터를 포함할 수 있으며, 응답문서의 경우에는 웹브라우저에서 요청한 웹페이지의 내용을 포함한다.

웹페이지는 문자, 그림, 소리, 영상을 포함하는 멀티미디어 문서의 성격을 가진다. 기본적인 웹페이지 문서의 구성은 HTML(Hyper Text Markup Language)로써 이루어진다. HTML은 웹 문서의 내용을 기술하는 태그(tag) 언어이며, 인터넷상의 다른 웹페이지나 그림, 동영상, 음성 등의 멀티미디어 자료에 접근할 수 있는 하이퍼링크(hyper link)를 포함할 수 있다. HTML로 작성되는 웹페이지는 ASCII 파일로 구성되어 웹서버 컴퓨터가 저장하며, 클라이언트(웹브라우저)의 요청에 의하여 웹브라우저에게 전송된 후 화면상에 출력(display)된다.

1.2 웹브라우저와 웹서버의 기능확장

인터넷 웹(web) 상에서 HTTP에 의한 웹브라우저의 요청과 웹서버의 응답 서비스는 기본적으로 요청받은 웹페이지(web page, 즉 html file)를 전달(응답)하는 형식으로 이루어진다. 그런데 웹(web)에서는 모든 정보처리가 요청과 응답으로만 이루어진다면, 다음과 같은 문제가 발생한다.

(문제 1) 웹서버는 모든 필요한 정보를 웹페이지로 준비하여 응답해야 하는 부담이 있다.

(문제 2) 기본적인 웹서버의 역할은 요청에 따른 웹페이지의 전달이기 때문에 복잡한 데이터나 정보의 처리가 불가능하다.

위 (문제 1)과 (문제 2)는 〈그림 12-3〉의 요청과 응답으로 이루어지는 웹브라우저와 웹서버의 기능을 확장함으로써 해결이 가능하다. 각각에 대하여 정리하면 다음과 같다.

(1) 웹브라우저의 기능확장

웹브라우저가 웹서버에게 모든 처리내용을 요구하지 않고, 웹브라우저의 기능을 확장하여 가능한 정보처리를 직접 실행한다고 하자. 그러면 〈그림 12-3〉의 요청과 응답을 상당부분 생략할 수 있고, 웹서버의 입장에서 일일이 응답을 준비하지 않아도 되며 요청건수가 줄어들어 부담도 줄게 된다. 웹브라우저의 기능확장은 다음의 두 종류로 나눌 수 있다.

- 실행 프로그램을 통한 기능확장 : 자바애플릿(Java Applet), 플러그인(Plug-In) 프로그램, ActiveX 등
- 스크립트(script)를 통한 기능확장 : VBScript, JavaScript 등

실행 프로그램을 통한 기능확장에는 컴파일되어 실행이 가능한 프로그램을 웹브라우저 측의 컴퓨터에 설치되어 있거나 웹서버가 지정한 URL을 통하여 프로그램을 미리 다운로드 받아 필요한 설치를 하여야 한다. 자바애플릿의 경우에는, 자바가상머신(Java Virtual Machine)이라는 Java byte code에 대한 해석기 기능을 웹브라우저가 갖추어야 한다. 경우에 따라, 실행프로그램은 웹브라우저가 설치된 사용자 컴퓨터의 보안에 문제가 되기도 한다.

그리고 흔히 활용되는 VBScript 또는 JavaScript는 거의 모든 웹브라우저에서 사용가능한 스크립트(script)형 프로그래밍 언어로써 간편하게 사용할 수 있다. 스크립트(script)형 프로그래밍 언어는 컴파일(compile)이 필요없이 웹브라우저가 가진 해석기(interpreter) 기능에 의해 번역되어 수행되는 프로그램을 의미한다. 필요한 스크립트는 HTML 웹페이지 내에 일반 문자열로 포함되어 있으며, 코드가 웹브라우저 상에서 사용자에게 노출된다. 실행은 웹브라우저에 의해서 이루어지지만, 스크립트의 작성 및 저장은 웹서버 측에서 관리한다.

(2) 웹서버의 기능확장

웹브라우저의 요청에 대하여, 웹서버가 직접 처리하지 못하는 정보처리 부분은 웹서버와 정보를 주고받을 수 있는 다른 컴퓨터 또는 다른 프로그램을 통해 실행이 가능할 수 있다. 그리고 다른 외부 프로그램이 실행한 결과는 웹브라우저가 인식할 수 있는 웹페이지의 구성형식, 즉 html 문서형식을 맞추어야 한다.

이와 같이 웹페이지 형식을 갖춘 처리결과를 웹서버가 받아서 웹브라우저에게 전달하는 과정하게 되는데, 기본적인 HTTP에 범위에 국한되는 웹서버의 기능이 다른 외부 프로그램의 기능을 빌어 확장되는 형태로 구성된다. 이를 통해 웹 환경이 단순히 인터넷상의 정보제공을 위한 범위를 넘어서 일반

기업이나 조직의 복잡한 정보 처리 · 제공의 수단이 될 수 있다. 웹서버의 기능확장의 방법에는 다음과 같은 방식들이 있다.

- CGI(Common Gateway Interface) 방식 : C, C++, Visual Basic 등
- 웹서버 API(Application Program Interface)방식 : ISAPI, NSAPI 등
- 자바서블릿(Java Servlet) 방식
- 스크립트(script)를 통한 기능확장 : ASP, JSP 등

CGI방식은 C와 같은 기존의 3세대 언어로써 작성한 프로그램을 통해 웹을 지원하는 방식이다. CGI의 단점으로는, 웹서버를 통한 웹브라우저의 특정 CGI프로그램에 대한 매 접속마다 CGI프로그램이 설치된 컴퓨터에서 별도의 프로세스(process)에 의해 실행되어 사용자가 많은 경우 CGI프로그램이 실행되는 컴퓨터의 성능에 문제가 발생할 수 있다.

웹서버 API방식은 특정 웹서버와 연동할 수 있는 프로그램 라이브러리(library)를 통하여 필요한 기능을 개발하는 방식이다. IIS(Internet Information Server) 웹서버 또는 Netscape 웹서버의 경우, 각 웹서버의 개발사(Microsoft사 또는 및 Netscape사)에서 필요한 기능을 개발할 수 있는 라이브러리를 제공하고 있다. 단, 특정 라이브러리 기능을 확인하는 것이 복잡하고 구현하는 새로운 기능이 웹서버의 성능에 영향을 미칠 수 있다.

자바서블릿(Java Servlet) 방식은 Java라는 프로그래밍언어에 기반을 둔 것으로, 웹서버와 연결 및 자바가상머신(Java Virtual Machine)의 역할을 수행하는 서블릿 엔진(Tomcat, Jrun 등)을 설치하여야 한다. 자바애플릿(Java Applet)이 웹브라우저 측에서 실행되는 것이라면, 자바서블릿(Java Servlet)은 웹서버 측에서 실행되는 Java 프로그램이다. CGI 프로그램의 경우 특정 CGI프로그램에 대한 접속이 개별 프로세스로 실행되는 것과는 달리, 서블릿 엔진을 통해 특정 서블릿 프로그램에 대한 접속은 멀티쓰레드(multi-thread) 방식으로 처리된다. 따라서 서블릿이 실행되는 컴퓨터의 부담이 효율적으로 관리된다.

다음으로 서버측 스크립트(server-side script)를 활용하는 방법으로는 ASP(Active Server Page)와 JSP(Java Server Page)가 있다. ASP는 Microsoft사의 IIS 웹서버와 연동하는 스크립트형 언어이며, JSP는 자바서블릿의 상위에 존재하면서 손쉽게 웹서버의 기능구성을 위해 고안된 언어이다.

1.3 XML과 웹서비스

(1) XML

XML(eXtensible Markup Language)은 인터넷 및 응용 소프트웨어에서 자료 처리를 가능하게 할 목적으로 개발된 것으로 문서를 이루는 구성요소의 의미를 태그(tag)로써 표현하는 마크업(markup) 언어이다. XML은 이미 표준화된 SGML(Standard Generalized Markup Language)을 단순화시킨 언어로서, 주어진 태그만을 사용하는 HTML의 한계를 극복하기 위한 것이다. XML은 차세대 웹 언어로 받아들여지고 있으며, 여러 인터넷 응용시스템에서 자료의 처리 및 전달방식으로 그 활용이 늘어가고 있다.

XML은 첫 번째 특징은 문서의 내용과 정의 규칙(문법)을 분리할 수 있다. XML은 주어진 태그만을 사용하는 HTML과는 달리 사용자가 스스로 태그를 정의할 수 있는데, 이와 같이 정의할 태그는 DTD(Document Type Definition) 또는 XML 스키마(XML Schema)를 통하여 이루어진다. 그리고 DTD 또는 XML 스키마로 구성되는 XML문서의 문법 및 실제 XML 문서와 별도로, XSL(eXtensible Style Language)이라는 형식의 파일을 통하여 XML문서를 HTML형식으로 변환 및 웹브라우저상에서의 표현이 가능하다.

XML은 웹브라우저상의 색깔, 글자크기 등과 같은 표현방식이 아닌 주문량, 주문번호 등과 같이 문서의 의미요소에 의한 태그를 사용함으로써 컴퓨터에 의한 전자문서 처리에 유용하다. 따라서 XML문서는 문서내용에 포함된 자료를 체계적으로 관리할 수 있으며, 컴퓨터 시스템을 통하여 분석 · 조작할 수가 있다.

(2) 웹서비스(Web Services)

XML은 인터넷상의 전자상거래를 위한 체계화된 의미와 형식을 가지는 전자문서를 만들 수 있으나, 실제 컴퓨터 시스템을 통한 인터넷상 전자상거래에 활용하기 위해서는 추가적인 사항이 필요하다. XML을 활용한 인터넷상 전자상거래의 자동화를 위한 제시된 중요한 표준이 XML 웹서비스(XML Web Services)이다. 웹서비스는 XML기반 메시징(messaging) 표준인 SOAP(Simple Object Access Protocol) 및 서비스 레지스트리(service registry) 개념을 활용하고 있다.

XML 웹서비스는 인터넷을 이용한 개방형 네트워크를 통해 다수 기업 간의 응용 시스템을 연결시키는 표준화된 방법으로 이해할 수 있다. XML 웹서비스에 관한 W3C 표준은 SOAP, WSDL(Web Services Description Language) 및 UDDI(Universal Description, Discovery and Integration) 등으로 구성된다. 각각에 대하여 살펴보면 다음과 같다.

SOAP은 인터넷과 같이 네트워크로 연결된 분산 환경에서 XML 메시지를 통해 원격 프로시저를 호출하고 이에 응답하기 위한 통신 프로토콜이다. SOAP 표준은 크게 메시징 시스템 기술과 원격함수 호출을 위한 XML 데이터 표현방식을 정의하고 있다. SOAP는 텍스트(text) 방식의 XML기반 메시지를 사용하여 다양한 응용 프로그램 간 분산객체 사용을 쉽게 이룰 수 있다. 기본 전송 프로토콜은 HTTP를 사용하기 때문에 대부분의 방화벽을 통과할 수 있다. HTTP 이외에 SMTP(Simple Mail Transfer Protocol), FTP(File Transfer Protocol) 등의 프로토콜도 사용할 수 있다.

WSDL은 제공되는 XML 웹서비스의 내용, 즉 교환 데이터의 종류, 사용되는 프로토콜, 웹의 위치 등을 기술(description)하기 위한 XML 기반의 언어이다. SOAP가 실제 원격함수의 호출에 필요한 데이터를 전송한다면, WSDL은 원격함수를 호출한 프로그램의 인터페이스를 정의하는 역할을 한다. WSDL을 이용해 웹서비스 제공자는 사용자에게 해당 XML 웹 서비스의 정확한 인터페이스와 사용되는 데이터 종류, 그리고 전송 프로토콜에 대한 상세 정보를 전달할 수 있다.

UDDI는 XML 웹서비스에 대한 디렉토리(directory) 서비스에 해당한다. 즉, XML 웹서비스를 온라인 디렉토리(online directory)에 등록하여 외부에 공개하기 위한 규약이다. 제공할 수 있는 XML 웹서비스의 정보는 UDDI 레지스트리(registry)에 등록·보관되며, UDDI 레지스트리에 등록된 서비스는 SOAP 메시지 형식으로 외부에 검색된다.

이와 같이 인터넷상에서 SOAP에 의한 통신방식 및 XML의 문서형식에 의해 정보교환을 이루는 웹서비스는 기업 내 또는 기업 간 시스템을 공유함으로써 통합을 이루는 서비스지향구조(SOA: Service-Oriented Architecture)의 보편적인 기본기술로 받아들여지고 있다. SOA 또는 웹서비스는 기업 내 나아가

기업 간 응용시스템 간의 연결 및 통합에 관한 기술을 통칭하는 EAI(Enterprise Application Integration)의 발전선상에 존재하는 기술로 평가하여도 무방하다.

제2절 정보보안

정보보안은 컴퓨터의 사용이나 인터넷과 같은 컴퓨터 네트워크(computer network)의 확대와 함께 중요성이 커지는 분야이다. 본 절에서는 정보보안의 일반적인 설명과 함께, 인터넷 전자상거래에서 의미가 큰 암호화 기술 및 방화벽의 구성방안도 살펴보기로 한다.

2.1 정보보안의 의미와 구성

컴퓨터와 네트워크로 확대 · 발전하는 정보환경에서, 모든 정보자원(하드웨어, 소프트웨어, 데이터 등)을 위 · 변조, 유출, 훼손 등과 같은 정보보안 사고로부터 보호하는 것을 정보보안(information security 또는 정보보호)이라고 광범위하게 정의할 수 있다. 정보보안을 위하여 이루어지는 여러 활동은 대개 다음과 같은 정보보안 구성요소로써 이루어진다.

① **물리적 보안(physical security)**: 컴퓨터실이나 중요한 정보를 보관하는 공간에 대하여 물리적인 접근이나 출입을 통제하는 방식이다.

② **관리적 보안(administrative security)**: 정보보호의 지침이나 기준 등을 규정한 보안정책(security policy) 수립, 정보관리자 또는 사용자의 업무처리 중에 필요한 보안절차(security procedure) 관리, 정보보안에 밀접한 관리자 또는 사용자의 채용에서부터 정보보안 교육에 이르는 보안인원(security personnel)의 관리, 정보보안 사고시 피해를 최소화하는 복구절차(recovery procedure) 수립 등으로 구성된다.

③ **컴퓨터 보안(computer security)**: 기본 서버시스템, 응용시스템, 데이터베이스 등으로 구성되는 컴퓨터 시스템이 여러 보안위협으로부터 정보보안 사고를 당하지 않도록 하는 것이다.

④ **네트워크 보안(network security)** : 근거리통신망(LAN), 광역통신망(WAN), 공중전화망(PSTN), 인터넷(Internet) 등과 같은 네트워크를 통한 컴퓨터 통신상에 발생하는 보안위협을 막자는 것이다.

위 4가지 보안의 구성요소는 주어진 정보환경에 대한 정보보호 활동에 상호보완적으로 고려되어야 한다. 예를 들어, 특정 컴퓨터 시스템과 관련 데이터베이스에 대한 정보보안을 위해 최신 기술로써 보안시스템을 구성하더라도 외부의 불법접근이나 관리자의 부주의 또는 불법사용 등에 대한 방안을 없다면 효과적인 정보보안을 이룰 수 없다.

그리고 위 4가지 보안 구성요소 중 본 장에서 다룰 정보보안 기술은 주로 컴퓨터 보안과 네트워크 보안을 이루기 위한 기본 기술적인 요소이다. 정보보안 기술의 분류와 정보보안 기술별 응용분야를 몇 가지로 정리해 보면 다음과 같다.

(1) 암호화(encryption)

암호화의 기술적인 방법은 앞에서 살펴본 바와 같이 비대칭형 방식과 대칭형 방식 그리고 해쉬 알고리즘을 기본으로 한 전자서명 또는 전자봉투의 방법으로 정보를 전달하게 된다. 암호화 또는 복호화의 효율을 위해 비밀키의 교환에만 비대칭형 방법을 사용하고(즉 전자봉투를 사용하고), 전달정보는 비밀키로만 암호화하는 경우가 많다.

응용분야로는 전자지불, 인터넷상의 응용시스템에서 전송문서의 보안(S/MIME), 네트워크 상에서 사용자나 코드(code)의 인증, 데이터의 보호, 가상사설망 등을 들 수 있다. 특히 가상사설망(virtual private network)은 두 개 이상의 네트워크 간에 정보교환을 인터넷을 통해 처리하는 방법인데, 교환되는 모든 정보를 암호화 처리하여 인터넷을 통해 정보가 교환되더라도 전송정보가 외부로 유출되거나 훼손되지 않도록 하는 방법이다.

(2) 방화벽(firewall)

인터넷과 같이 여러 개인이나 단체가 접속하는 공유망를 통해 특정 기업의 내부에서 활용하는 근거리통신망(LAN)으로 원격침투하는 것이 가능하다. 즉 인터넷을 통해, 인터넷에 접속된 기업 내부의 LAN에 설치된 서버 컴퓨터에 불법으로 로그인(login)하거나 데이터를 엿보거나 파괴할 수 있다는 것이다. 또는 LAN이나 WAN 등으로 구성된 기업의 내부망을 여러 개의 하부망(sub-net)으로 구성하여 하부망 간에 정보접촉을 단절할 필요도 있을 것이다.

이와 같이 외부로부터의 내부망에 대한 불법침입이나 하부망의 정보보호를 위해 사용되는 기술이 방화벽(firewall)이다. 방화벽의 기본원리는 정보의 전송단위인 패킷(packet)의 헤더(header) 정보에 포함된 송·수신 컴퓨터의 주소(address)와 응용시스템을 구별하는 포트번호(port number)로써 패킷의 출입을 통제하는 것이다. 또는 특별한 패스워드 등을 통한 사용자의 인증을 통해 네트워크의 접근을 통제할 수도 있다. 방화벽은 주로 내부망과 인터넷이 연결되는 위치(gateway)에 방화벽이 설치되며, 구성하는 방법과 기능에 따라 패킷 필터링(packet filtering), 스크린 호스트(screened host), 듀얼 홈 게이트웨이(dual homed gateway), 스크린 서브넷(screened subnet) 방식 등이 있다.

(3) 백신(Vaccine) 프로그램

흔히 컴퓨터 바이러스라고 일컬어지는 악성코드(malicious code)는 활동가능시기, 감염능력에 따라 바이러스, 트로이목마 및 웜으로 분류한다. 바이러스(virus)는 숙주가 되는 컴퓨터 파일이 실행되는 경우에만 다른 파일을 감염시켜 증식하거나 바이러스 자신의 보안 침해행위(정보의 삭제, 훼손, 백도어 등)가 가능하다. 트로이목마(Trojan horse)도 바이러스처럼 숙주가 되는 컴퓨터 파일이 실행되는 경우에 보안침해행위를 할 수 있으나, 다른 파일을 감염시키지는 않는다. 그리고 가장 최근에 나타난 웜(worm)의 경우에는 숙주 파일의 실행에 관계없이 독립적으로 실행가능할 뿐만 아니라 자기증식이 가능한 경우이다.

이러한 여러 악성코드를 막는 방법은 백신(Vaccine) 프로그램을 사용하는 방법인데, 백신 프로그램은 컴퓨터상에 저장된 정보 또는 네트워크를 통해 전달되는 정보를 일일이 확인하여 악성코드의 정보 패턴(pattern)을 확인하고 제거하는 기능, 즉 코드 스캐닝(code scanning)을 수행한다. 그러나 백신 프로그램은 이미 알려진 악성코드의 패턴에 대해서만 확인이나 치료가 가능하며, 신종의 악성코드에 대해서는 효과를 가지기 어려운 한계를 가진다.

2.2 암호화와 응용

인터넷상의 안전한 전자상거래, 즉 전자적으로 안전한 거래를 하는데 필요한 거래정보의 보안을 위해 암호화(encryption) 기술을 활용할 수 있다. 그리고 인터넷 전자상거래에서 안전한 거래를 위해서는, 거래 상대자의 신분과 자격을 인증(authentication)하는 방법이 필요하다. 이와 같이 전자상거래의 기본적인 필요사항에 암호화 기술은 효과적으로 응용된다. 본 절에서는 일반적인 암호화 기법과 인증기술, 그리고 암호화 기술의 몇 가지 응용분야에 대해서 살펴보기로 한다.

(1) 암호화의 목적

암호화는 정보보안을 구현하기 위한 수단이다. 즉, 정보 암호화의 궁극적인 목적은 정보의 보안이다. 정보 또는 데이터를 암호화하는 기본적인 목적, 또는 암호화를 통해 구현해야 할 목표를 세부 사항으로 나누어 정리하면 다음의 4가지로 요약된다.

① 기밀성

기밀성(confidentiality)은 비밀성(secrecy)이라고 불리기도 하며, 허가된 사용자 이외에는 암호문을 해독하여 원문을 확인할 수 없도록 한다는 것이다.

② 인증

인증(authentication)의 기본적인 의미는 암호문(ciphertext)을 통해 원문의 작성자 또는 작성원(source)을 파악할 수 있어야 한다는 것이다. 이를 인증(authentication) 또는 메시지 인증(message authentication)이라고 한다. 예를 들어, A라는 사람이 전송한 정보가 실제 A라는 사람이 작성하여 전송하였는가의 여부를 확인하는 문제이다.

특히, 폭증하는 인터넷(Internet)의 컴퓨터 통신망을 통하여 수많은 전자메시지가 전달되는 상황에서는 더욱 중요한 요소이다. 내가 접하는 또는 전송받은 정보의 작성자 또는 전송 컴퓨터가 IP(Internet Protocol) 주소나 사용자ID를 도용하여 위조한 불법정보가 아니고, 적법한 사용자가 작성한 정보임을 증명할 수 있어야 한다.

③ 완전성

완전성(integrity)은 무결성으로 불리기도 하며, 보관정보 또는 전송정보가 작성시점 이후 사용자(또는 수신자)가 내용을 보거나 전달받는 과정까지 훼손되거나 불법으로 변경되는 것을 방지하는 것을 의미한다. 암호화 방법을 통하여 원래의 정보내용이 훼손되거나 변경되는 것을 방지하거나, 훼손 · 변경이 발생한 경우 이를 확인할 수 있어야 한다.

④ 부인방지

부인방지(non-repudiation)는 암호화 방법을 활용하여 정보의 작성자나 수신자가 작성 · 전달과정 또는 수신과정을 거쳤는데도 불구하고 작성이나 수신을 부인하는 것을 방지하는 것이다.

(2) 대칭형 또는 비대칭형 암호화

대칭형 암호방식(symmetric cryptography)은 대칭키 암호방식(symmetric key cryptography) 또는 비밀키 암호방식(secret key cryptography)으로 불리기도 한다. 용어가 의미하는 바와 같이, 대칭형 암호방식은 암호화 키(encryption key)와 복호화 키(decryption key)가 동일한 암호방식을 말한다. 정보의 보안을 위하여 암호화 키와 복호화 키는 제3자에게 공개하지 않고 비밀로 해야 하며, 동일한 값을 가지는 암호화 키 및 복호화 키를 비밀키(secret key)라고 한다. 이러한 의미에서 대칭형 암호방식을 비밀키 암호방식이라고 하며, 원문에 대한 암호화와 복호화 처리과정은 〈그림 12-4〉와 같이 나타낼 수 있다.

대칭형 암호화를 구현해 주는 암호화 알고리즘은 〈표 12-1〉과 같이 여러 가지가 있다. 여기서 블록크기(block size)는 암호화하기 위하여 원문을 나누

그림 12-4 | 비밀키(key)를 통한 대칭형 암호방식

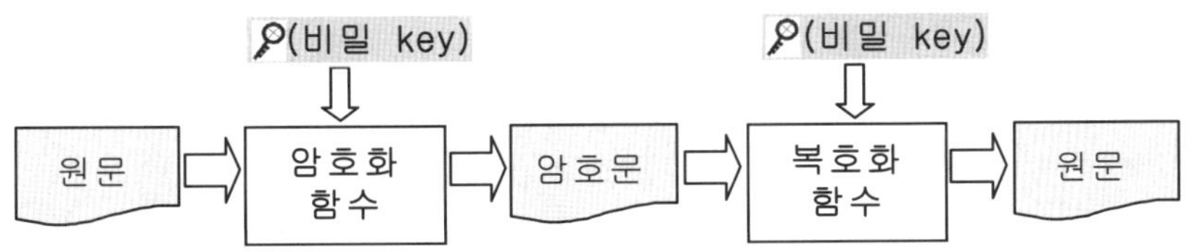

표 12-1 대칭형 암호 알고리즘 종류

대칭키 알고리즘	블록 크기(bits)	비밀키 크기(bits)
DES	64	56
3DES(Tripple DES)	64	56, 168
IDEA	64	128
Rijndael	128	128, 192, 256
Seed	128	128

는 단위를 말하며, 블록 단위로 암호화키를 통하여 암호화 또는 복호화한다. 대칭형 암호화 알고리즘 중 DES(Data Encryption Standard)가 널리 사용되고 있으나, 암호의 안전성 문제로 최근에는 AES(Advanced Encryption Standard)로 불리는 Rijndael 알고리즘으로 대체되어 가고 있다.

한편, 비대칭형 암호방식(asymmetric cryptography)은 공동키 암호방식(public key cryptography)으로 불리기도 한다. 용어가 의미하는 바와 같이, 비대칭형 암호방식은 암호화 키(encryption key)와 복호화 키(decryption key)가 동일하지 않은 암호방식을 말한다. 〈그림 12-5〉와 같이 암호화 키와 복호화 키는 반드시 키짝(key pair)을 이룬다. 짝을 이루는 두 키(key)를, 하나는 공동키(public key) 그리고 다른 하나는 개인키(private key)라고 부른다. 개인키는 반드시 키짝(key pair)의 주인(owner)만이 보관하며 누구에게도 유출하지 않아야 하고, 공동키는 키짝 주인 이외에 누구나 보관할 수도 있고 활용할 수 있다.

〈그림 12-5〉와 같이, 두개의 키(key)중 어느 하나의 키로써 암호화하면, 반

그림 12-5 | 비대칭형 암호방식의 암호화와 복호화

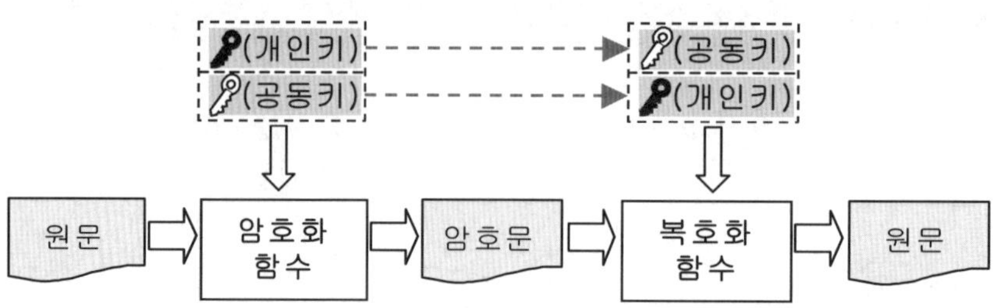

표 12-2 비대칭형 암호화 알고리즘

알고리즘	개발년도	활용이론
RSA	1978	소인수 분해문제
Knapsack	1978	부분합 문제(배낭문제)
McEliece	1978	대수적 부호(coding) 이론
ELGamal	1985	이산대수 문제
ECC	1985	타원곡선 이산대수 문제
NTRU	1996	다항식의 혼합(격자이론)
Lattice	1997	근접벡터 탐색문제

드시 나머지 다른 하나의 키만이 암호문을 복호화할 수 있다. 즉, 공동키로 암호화하면 개인키로만 복호화할 수 있고, 개인키로 암호화하면 공동키로만 복호화할 수 있다. 키짝의 주인은 키짝(2개의 키)을 보관하다가, 정보를 교환할 상대방에게 공동키를 제공한다. 그리고 자신의 공동키를 가진 누구와도 암호문으로써 정보를 교환할 수 있다.

비대칭형 암호화 알고리즘은 〈표 12-2〉와 같이 여러 알고리즘이 개발되고 있으며, 현재까지 RSA 알고리즘이 여전히 대표적인 비대칭형 암호 알고리즘으로 활용되고 있다.

대칭형 방식과 비대칭형 방식은 암호화를 통한 정보보안에 가장 기본적으로 사용되는 방법이다. 이 두 가지 방법은 '키(key)의 운영규칙'에 따라 앞에서 언급한 암호화의 목적을 이루는데 차이를 보인다. 키운영 규칙이란, 대칭형 방식에서는 서로 다른 비밀키를 정보를 교환하는 모든 거래자간 보관하여야 하는 반면, 비대칭 방식에서는 정보를 교환하려는 각 참여자가 자신의 키짝(공동키와 개인키)만을 보관하면 된다는 것이다. 암호화 목적에 대해 두 암호화 방식의 충족에 관한 사항은 다음과 같으며, 대칭형 방식으로는 부인방지를 이룰 수가 없으므로 인터넷상에서는 비대칭형 방식을 통해 암호화하는 것이 일반적이다.

① 기밀성

대칭형 방식에서는 정보교환의 당사자만이 비밀키를 가진다. 따라서 제3자는 암호문을 복호화할 수 없으므로 기밀성을 유지할 수 있다. 반면 비대칭

그림 12-6 | challenge and response 프로토콜

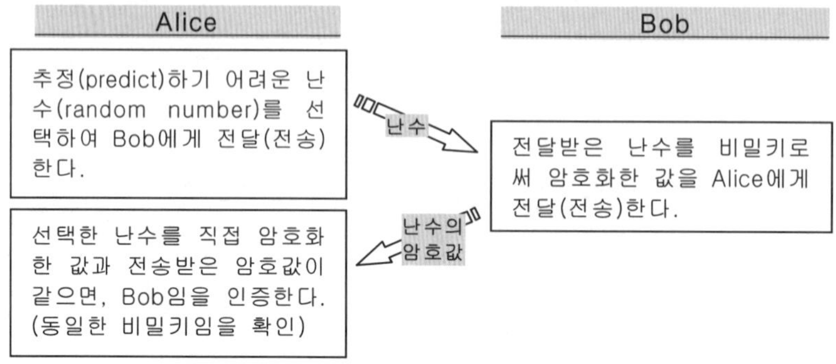

형 방식에서는 수신자의 공동키로 암호화하면 수신자만이 보관하는 개인키로 복호화할 수 있으므로 기밀성의 구현이 가능하다.

② 인증

대칭형 방식에서는 정보교환의 상대방이 동일한 비밀키를 가지고 있다는 것을 확인함으로써 상대편을 인증하게 되는데, 상대편 비밀키가 자신의 것과 동일하다는 것은 〈그림 12-6〉의 'challenge and response 프로토콜'로써 가능하다. 비대칭형 방식에서는 개인키를 키짝의 주인만이 보관한다는 키운영 규칙을 활용하면, 정보의 수신자는 작성자의 개인키로 암호화된 암호문으로써 정보의 전달자가 원문의 작성자임을 인증할 수 있다. 원문의 작성자 신분을 확인하는 인증은 나중에 살펴볼 '전자서명'을 통해 일반적으로 이루어진다.

③ 완전성

대칭형 및 비대칭형 방식 모두 해쉬함수(hash function)가 생성하는 메시지 다이제스트(message digest)를 활용하여 완전성을 보장한다. 해쉬함수(표 10-3 참고)는 원문의 내용이나 크기(size)에 관계없이 일정한 크기(대개160 bits)의 랜덤(random)한 이진수(binary digit)로 구성된 정보(메시지 다이제스트)를 생성한다. 따라서 서로 다른 원문의 메시지 다이제스트가 같을 확률은 거의 없다.

대칭형 또는 비대칭형 암호방식을 통해 완전성(integrity)이 보장되는 과정

을 살펴보면 다음과 같다.

- Alice는 원문과 원문의 메시지 다이제스트 DAlice를 각각 대칭형 방식의 비밀키(또는 Bob의 공동키)로 암호화하고, 두 암호문을 Bob에게 전달한다.
- Bob은 Alice로부터 받은 원문의 암호문과 다이제스트의 암호문을 비밀키(또는 자신의 개인키)로 복호화한다.
- Bob은 복호화한 원문에 대해 Alice의 것과 동일한 해쉬 함수로 다이제스트 DBob를 구한다.
- 'DAlice=DBob'임이 확인되면, Bob은 Alice가 작성한 원문이 변경 · 훼손되지 않았음을 알 수 있다.

④ 부인방지

대칭형 방식으로 Alice가 작성한 어떤 원문의 암호문을 Bob이 전달받은 후, 복호화하였다. Bob이 전달받은 암호문에 대하여, Alice는 자신이 보낸 것이 아니라고 부인(repudiation)하고, Bob이 받은 암호문은 Bob이 직접 작성한 것이라고 주장한다. 이러한 상황에 대해서, 대칭형 암호방식에서는 반박할 근거가 없다. 따라서 대칭형 암호화로는 부인방지를 보장할 방법이 없다.

비대칭형 암호화 방식에서는 인증(authentication)과 마찬가지로 전자서명을 활용함으로써 부인방지(non-repudiation)가 가능하다. 전달받은 원문과 전자서명을 일정기간 보관하고 작성자의 공동키를 확보할 수 있다면, 이후 원문의 작성자가 부인하더라도 보관중인 작성자의 전자서명과 원문으로부터 2개의 다이제스트간 비교를 통하여 부인방지를 할 수 있다.

표 12-3 해쉬 알고리즘의 종류와 메시지 다이제스트 크기

해쉬 알고리즘	메시지 다이제스트 크기
MD2, MD4, MD5	128 bits
SHA-1	160 bits
SHA-2	256, 384, 512 bits
RIPEMD	128, 160, 256, 320 bits

(3) 암호화 알고리즘의 응용

인터넷과 같은 컴퓨터 통신기능을 통하여 정보(전자문서)를 교환하는 경우, 암호화를 통하여 교환하는 정보의 보안을 위해 일반적으로 사용하는 방법은 전자서명 및 전자봉투이다. 개인키로 암호화한 암호문을 통틀어 전자서명(digital signature)이라고도 하지만, 대개 원문의 해쉬 함수 결과(메시지 다이제스트)를 작성자의 개인키로 암호화한 결과를 전자서명이라고 말한다. 전자서명을 통해 메시지 인증뿐만 아니라, 전달정보의 완전성까지 확인할 수 있다. 전자서명의 생성 및 처리과정은 다음과 같다.

① 송신자의 문서(또는 해쉬처리로 구한 다이제스트)를 전자서명 프로그램에 의하여 개인키로 암호화하여 전자서명을 생성한다.

② 전자서명된 문서를 전자인증서와 함께 전송한다. 전자인증서는 전자서명 작성키가 누구의 소유라는 것을 증명하는 것으로 인증기관의 전자서명, 비밀키 소유자 이름, 주민등록번호, 유효기간, 일련번호, 공개키 등을 포함한다.

③ 수신자는 인증서에서 송신자의 공개키를 꺼내 전자서명을 원문으로 변환한다.

④ 원문서(또는 원문서의 다이제스트)와 변환된 문서(또는 전자서명에서 구한 다이제스트)의 일치성 여부를 검증한다.

전자봉투는 대칭형 방식을 비대칭형 방식에 활용하는 경우인데, 수신자의 공동키로 암호화된 일회용 비밀키가 전자봉투이다. 즉, 전자봉투는 암호화된 일회용 비밀키를 뜻하고, 전자봉투의 내용은 일회용 비밀키로 암호화된 내용이다. 일반적인우편봉투에서 적법한 수취인만이 봉투의 내용을 볼 수 있듯이, 암호화된 원문의 내용을 복호화할 수 있는 일회용 비밀키의 암호문을 수신자만이 자신의 개인키로써 복호화할 수 있다.

(4) 공인인증기관 및 전자인증서

비대칭형 암호화 방식에 의하여 특정 전자상거래 서비스의 보안을 위해서는 인증기관(certificate authority)이라는 별도의 기능이 필요하다. 인증기관의 주요 임무는 전자인증서(digital certificate)를 적법한 사용자에게 제공하는 것이다. 전자인증서는 사용자의 공개키와 공개키에 대한 인증기관의 전자서명을 포함한다.

이와 같이 인증기관은 판매자, 구매자, 지불자, 피지불자, 지불게이트웨이 등 다수의 전자상거래 참여자에 대하여 전자인증서를 발급하는 공공성을 띠는 임무를 수행하여야 하므로 정부나 공공기관 등에서 인증기관 서비스를 제공하는 기관을 공적으로 인증하는데, 이러한 공적인 인증을 갖춘 인증기관을 공인인증기관이라고 한다. 공인인증기관의 역할을 다음과 같이 서술할 수 있다.

① 인증서 발급 신청자로부터 신상정보를 제출받아 본인 여부를 확인하고(오프라인으로 이루어지는 경우가 많음), 인터넷상의 시스템을 통해 제출한 전자서명 검증키(공개키)가 신청자의 전자서명 생성키(개인키)와 합치하고 안전한지를 확인한다(challenge and response 프로토콜 등을 활용).

② 인터넷상의 시스템을 통해 인증서 신청자에 대한 필요정보를 기재한 전자서명 인증서를 발급한다. 인증서에는 신청자의 공개키가 포함된다.

③ 인증서를 보안장치가 된 인증기관의 저장소에 저장하고 관리한다.

④ 외부의 요청이 있을 경우 인증서를 공개하고, 효력변경(정지, 폐지)이 발생한 경우 이를 관련 사용자에게 통지하고 공표한다.

그림 12-7 | 웹브라우저에서 볼 수 있는 전자인증서

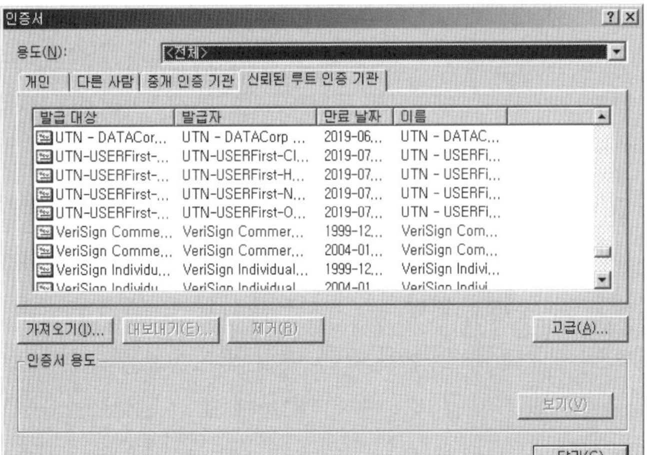

전자인증서는 비대칭형 암호화를 사용하는 사용자의 적법성을 인증(user authentication)할 수 있는 수단이 된다. 웹브라우저(web browser)인 인터넷 익스플로러(Internet Explorer)에서 보관하는 인증서의 사례는 〈그림 12-7〉과 같다. 참고로 루트(root) 인증기관의 인증서는 자신의 공개키를 스스로 전자서명하는 체계를 가진다.

2.3 방화벽을 활용한 네트워크 접근통제

방화벽(firewall)의 원래 의미는 화재발생시 불이 번지는 것을 막기 위하여 건물의 경계 지점이나 내부에 불연성 재료로 만들어 세운 벽을 의미한다. 컴퓨터통신 분야의 보안수단으로서의 방화벽이 뜻하는 바는, 단위조직(기업 등)의 컴퓨터통신 네트워크(LAN) 전체 또는 일부분에 대하여 모든 통신 내용의 출입을 통제하는 시스템(프로그램)이다.

조직내부의 근거리통신망(LAN: local area network)은 외부의 인터넷(Internet)과 연결되어 있으며, 외부와의 통신연결은 라우터(router)라는 통신장비에 의해서 처리된다. 흔히 비교적 간단한 수준의 방화벽 기능이 라우터에 포함되는 경우가 많으며, 모든 출입 통신내용을 통과하도록 설치한 게이트웨이 컴퓨터에 방화벽을 설치하여 출입통제를 할 수도 있다.

TCP/IP 통신프로토콜에 기반을 둔 인터넷상에서 방화벽의 통제는 기본적으로 전달되는 통신 패킷(packet)의 헤더(header) 내에 기록되어 있는 ① 송신 컴퓨터(source)와 수신 컴퓨터(destination)의 IP(Internet Protocol) 주소(213.255.7.81 등의 32bits로 표현)와 ② 통신서비스의 ID를 의미하는 포트(port) 번호를 통해 이루어진다. 즉, 허용하지 않은 IP주소 또는 포트번호에 대하여 통신을 허용하지 않음으로써 출입을 통제하는 것이다. 또는 접속행위의 패턴에 이상한 징후가 발견되는 경우에도 접속을 차단하여 내부의 정보자원을 보호하게 된다.

방화벽은 역할과 구성에 따라 패킷 필터링(packet filtering), 스크린 호스트(screened host), 듀얼 홈 게이트웨이(dual homed gateway), 스크린 서브넷(screened subnet) 방식 등이 있으나, 기본적인 전자상거래 서비스 방식인 웹서버(web server)에 접근하는 것을 통제하는 방화벽의 패킷 필터링(packet filtering)과 게이트웨이(gateway) 방식에 대하여 정리해 보면 다음과 같다.

(1) 패킷 필터링

패킷 필터링 방식은 인터넷의 TCP/IP 통신 프로토콜 중 IP Layer의 IP 패킷 헤더에 명시된 출발지(source) 및 목적지(destination) 컴퓨터의 IP주소와 서비스 포트(port) 번호를 이용하여 접속을 제어한다. 패킷 필터링을 적용한 방화벽은 인터넷의 최하위 통신 패킷에 대하여 직접 동작하기 때문에 다른 방식의 방화벽에 비해 접속차단과 통과를 처리하는데 속도가 빠르며 효율적이다.

그러나 외부에서 IP 패킷의 헤더 부분(IP주소와 포트번호)을 임의로 수정한 후 접속을 시도한다면, 패킷 필터링에서 필터링되지 못하고 내부망에 연결된 컴퓨터와 접속이 가능한 위험이 있다. 그러나 패킷 필터링은 적용하기 쉽고 사용이 간편한 방화벽 기능이다.

(2) 게이트웨이 방화벽

게이트웨이 방화벽 방식은 내부 네트워크에 접속된 웹서버(web server)의 IP주소와 포트번호 등을 외부에 노출시키지 않도록 프록시 서버(proxy server) 방식을 활용한다. 프록시 서버는 웹서버에 접속하고자 하는 클라이언트의 접속통로(gateway)에 위치하며(그림 12-8 참고), 웹서버와 클라이언트 간의 접속 관리와 데이터 전달을 수행한다.

그림 12-8 | 프록시 서버를 통한 웹서버 접근방식

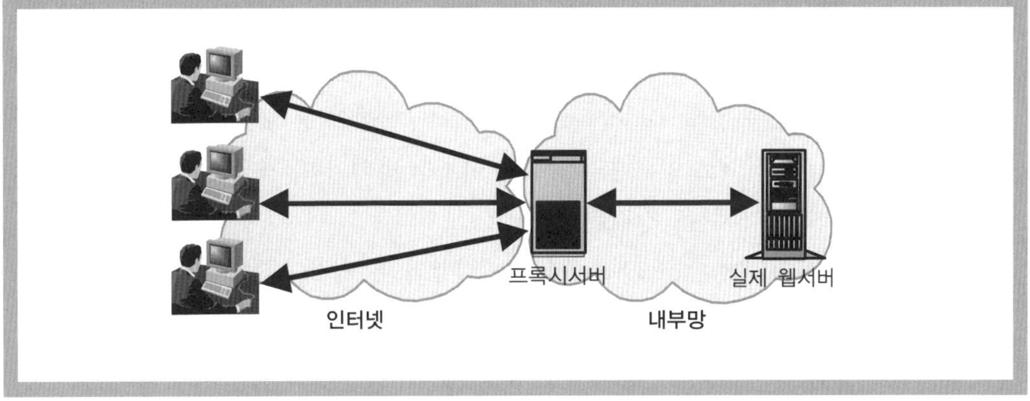

클라이언트(사용자 컴퓨터의 웹브라우저)가 웹서버로의 접속을 요구하면, 클라이언트의 요구는 프록시 서버로 접수된다. 프록시 서버는 클라이언트가 웹서버에게 원하는 내용을 재요구하고, 웹서버의 답변(response)을 클라이언트에게 전송하는 동시에 프록시 서버의 캐쉬(cache) 메모리에 저장한다. 만일 클라이언트가 요구하는 내용이 이미 프록시 서버의 캐쉬에 저장되어 있었다면, 프록시 서버와 웹서버의 접속은 생략된다. 이와 같이 프록시 서버를 웹서버의 게이트웨이로 사용하며, 클라이언트는 웹서버와의 직접적 접속이 허용되지 않는다. 프록시 서버를 사용하면 웹서버의 IP주소는 외부에 공개되지 않기 때문에, 패킷 필터링과는 다른 웹서버의 보안효과를 가진다. 이와 같이 목적이나 용도가 다른 방화벽은 서로 상호보완적으로 활용된다.

제3절 통신네트워크

3.1 통신네트워크의 구성

데이터 통신망을 이루는 통신네트워크의 구성은 흔히 통신망의 구성과 통신단말기의 접속형태에 따라 〈그림 12-9〉과 같이 3가지 구성형태(topology)로 분류한다.

버스형 접속형태(bus topology)는 중추(backbone)를 이루는 네트워크에 컴퓨터들이 탭(tap)과 유도선(drop line)으로 연결된 구조이다. 근거리통신망을 버스형 접속형태로 구성하는 경우, 중추 네트워크와 유도선은 각각 동축케이블(coaxial cable)과 비차폐 이중나선(unshielded twisted pair)으로 구성된다.

성형 접속형태(star topology)는 허브(hub)를 사용하여 모든 컴퓨터를 비차폐 이중나선으로 방사형의 연결을 이루는 방식이며, 가장 많이 사용되는 방식으로 관리가 쉬운 장점이 있다.

환형 접속형태(ring topology)는 컴퓨터간 링(ring) 형태로 중계기(repeater)에 의해 접속한 네트워크 구성형태이며, 관리에 있어서 비효율적이다.

그림 12-9 | 네트워크의 구성형태

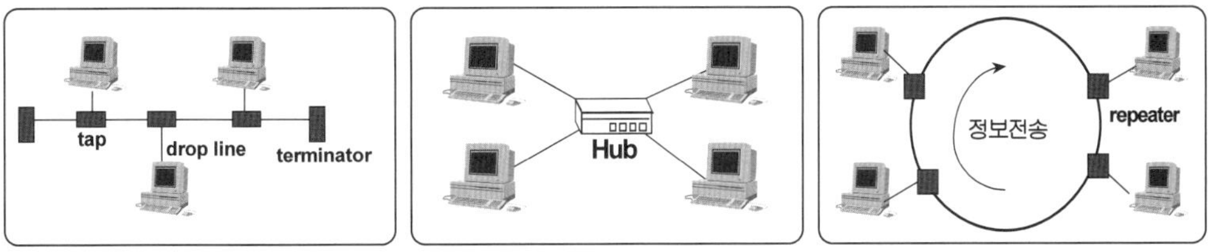

(1) 버스형 접속형태 (2) 성형 접속형태 (3) 환형 접속형태

통신 네트워크를 네트워크의 규모, 소유자, 물리적인 연결구조 등에 따라 근거리통신망(LAN: local area network), 도시통신망(MAN: metropolitan area network), 광역통신망(WAN: wide area network) 등으로 나눌 수 있다. LAN은 주로 단위조직의 사무실이나 학교 등의 내부사용을 목적으로 구성되는 통신망이다. MAN은 케이블 TV망과 같이 단위도시 전체를 대상으로 하는 통신망이며, WAN은 국가나 대륙 또는 전 세계와 같이 장거리의 통신을 위한 네트워크이다.

이와 같이 네트워크의 규모가 커지면 여러 통신제어장치(communication control unit)가 필요하며, 대표적으로 네트워크 상호간 연결과 신호전달을 처리하는 스위치(switch)와 통신경로를 결정하는 라우터(router)가 있다. 그리고 개별 컴퓨터에서 네트워크를 이용하기 위한 소프트웨어로써는 네트워크 운영체제(network operation system)와 통신기기간 데이터의 통신방법에 대한 약속인 프로토콜이 구현되어야 한다.

단위조직 또는 단위서비스를 위한 지역의 네트워크들을 상호연결함으로써 다양한 정보교환이나 정보서비스를 가능하게 하고 상거래까지 이루어지게 된 인터넷은 〈그림 12-10〉과 같이 여러 네트워크를 상호연결하는 개념으로 구성된다. 인터넷은 개별 네트워크를 연결하는 기본적인 네트워크를 소유하는 인터넷서비스제공자(ISP: Internet service provider)에 의하여 제공되는 컴퓨터통신 네트워크 서비스이며, LAN을 비롯한 여러 단위 네트워크를 연결해주는 컴퓨터통신 서비스라고 할 수 있다.

그림 12-10 | 단위 네트워크와 인터넷의 구성

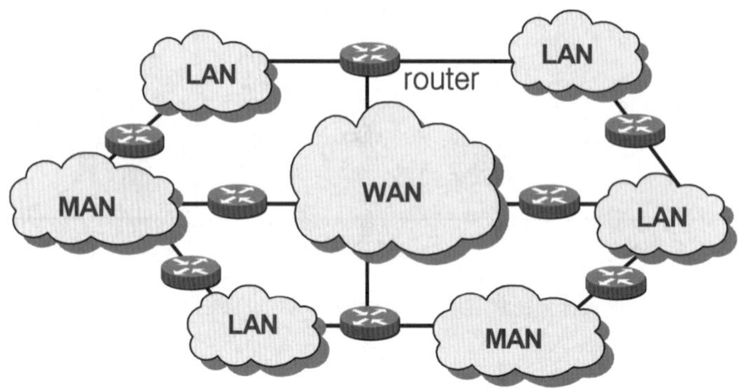

한편, LAN(근거리통신망, Local Area Network)은 제한된 공간 내에서 유선 또는 무선의 통신회선으로 연결된 다수의 독립된 컴퓨터 장치들이 직접 통신할 수 있는 데이터통신 시스템을 의미한다. 보통 한 기관의 빌딩 내에 설치된 컴퓨터 장비들을 직원들이 효과적으로 공동사용할 수 있도록 연결한 컴퓨터 통신망으로 이해할 수 있다. LAN에서의 신호전송 표준은 전송매체와 구성형태(위상, topology)에 따라 여러 표준이 정하여져 있는데, 흔히 스타형(star topology) 또는 버스형(bus topology)으로 구성되는 CSMA/CD(Ethernet), 링형(ring topology)로 불리는 토큰링(token ring) 등이 있다.

그리고 WAN(광역통신망)은 원격지에 존재하는 LAN을 서로 연결하거나 원격지의 사용자가 특정 LAN에 접속하는 형태를 일컫는 컴퓨터네트워크 형태를 의미한다. 기업의 대규모 WAN인 경우, 여러 지역의 사업장(지점 등)에서 사용하는 LAN들을 서로 연결하고 원활한 통신흐름을 위하여 스위치(switch)나 라우터(router)와 같은 통신장비를 사용한다. WAN을 설치하기 위해서는 개별기업이 별도로 네트워크를 설치할 수도 있으나, 대개의 경우 통신전문회사로부터 임대한 네트워크(leased network)에 대하여 사용자 기업이 전용(dedicated use)으로 사용하는 경우가 많다.

3.2 인터넷상의 접속

(1) 통신 네트워크상의 연결

이진방식의 디지털 전송신호를 통신네트워크상에서 교환하는 컴퓨터통신의 기본기능은 〈그림 12-1〉의 하위에 존재하는 계층(OSI모델의 Data Link계층과 Physical계층)에서 이루어진다. 일반 개인사용자의 입장에서 〈그림 12-11〉와 같이 우리가 흔히 볼 수 있는 LAN 케이블을 이더넷(Ethernet) LAN카드가 설치된 컴퓨터의 LAN포트에 끼우거나, 일반 가정에서 DSL모뎀을 설치하고 컴퓨터 LAN 케이블과 전화선을 연결하는 과정을 통하여 이루어진다. 일반 가정에서 사용하는 DSL 서비스는 기존의 전화선을 연결하는 경우에는 다음의 연결장치와 연결방식이 필요하다.

- 연결장치 및 연결방식 : 컴퓨터 내 LAN카드 ⇔ LAN케이블 ⇔ DSL모뎀 ⇔ 분배기(splitter) ⇔ 통신사(전화국)

위 분배기는 컴퓨터통신 케이블과 전화선 케이블이 동시에 접속되어 전화국으로는 한 개의 통신케이블(전화선)로 연결된다. 그러나 디지털 컴퓨터신호와 음성신호의 사용주파수가 다르기 때문에 전화국에서 다시 분류될 수 있고, 분류된 각 신호는 컴퓨터통신망(인터넷) 및 전화망으로 각각 전달된다. 최근에는 전화선 대신 광케이블을 활용하는 FTTH(fiber to the premises) 또는 FTTC

그림 12-11 | 네트워크 접속장치 사례

(1) LAN카드 사례

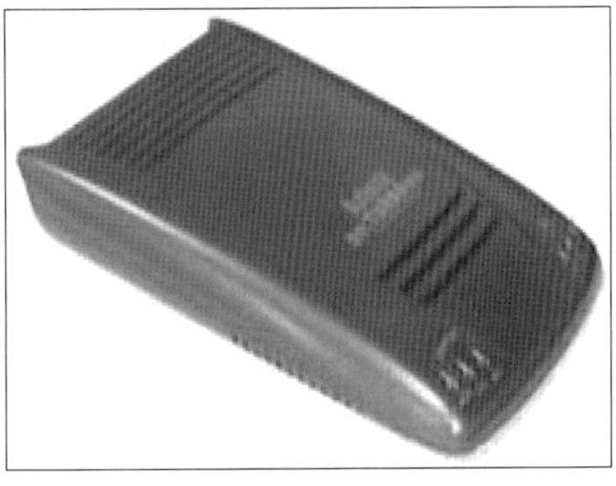

(2) ADSL MODEM 사례

(fiber to the curb) 등이 도입되어, 웹(web)의 활용을 포함하여 IPTV, 인터넷전화 등과 같이 인터넷을 통해 여러 디지털 서비스의 복합적 제공이 가능하다.

TCP/IP를 통신프로토콜로 하는 인터넷은 〈그림 12-11〉에서 나타난 바와 같이 이러한 하위계층의 상위에서 운영되는 프로토콜이며, IP프로토콜이 하위계층과의 연계와 관리를 맡게 된다. TCP/IP를 통하여 인터넷에 접속되면, 사용자는 TCP/IP 상위의 여러 응용프로그램을 사용하여 인터넷에 연결된 모든 컴퓨터와 필요한 정보를 교환할 수 있다. 그리고 여러 개별 네트워크는 TCP/IP 통신프로토콜과 라우터(router)라는 통신장비에 의해 인터넷에 접속하며, 인터넷에 의해 〈그림 12-10〉과 같이 서로 연결된 네트워크가 된다. 인터넷에 접속된 전 세계 컴퓨터는 인터넷을 통하여 거대한 정보 네트워크를 통한 가상공동체를 형성할 수 있다.

(2) IP주소와 도메인이름

인터넷에 연결된 각 지역의 단위 네트워크는 라우터(router)로 연결되어 있고, 인터넷에 접속한 네트워크의 모든 컴퓨터들은 유일한 IP(Internet Protocol) 주소(address)를 갖는다. 사용자는 IP주소를 통하여 목적지 컴퓨터에 접속이 가능하다. 단위 네트워크의 연결통로가 되는 라우터 이외에 인터넷 통신서비스를 제공하는 회사인 ISP는 ISP간 협조하에 주요 통신라인을 관리하며 주요 통신라인의 연결점에 라우터를 설치하여 원활한 통신이 이루어지도록 통신경로를 설계한다.

인터넷에 접속하기 위한 개별 컴퓨터는 32개의 이진수로 구성되는 IP주소를 0~255 사이 값을 가지는 4개의 십진수(205.255.8.207 등)로 표현하여 사용한다. 이렇게 숫자로 표현되는 IP주소값의 사용을 편하게 하기 위하여, IP주소의 컴퓨터에 대하여 도메인 네임 서버(DNS: domain name server)가 등록한 호스트 이름을 연결시켜 준다. 즉, 인터넷에 접속한 서버컴퓨터(server computer)는 ISP에서 제공하는 DNS(domain name server) 또는 도메인(domain) 내에서 관리되는 DNS에 자신의 IP와 호스트 이름을 등록함으로써, 인터넷에 연결된 다른 컴퓨터가 호스트이름을 통하여 접속할 수 있다. 참고로 인터넷상의 호스트 이름은 다음과 같이 구성된다.

그림 12-12 | 인터넷 프로토콜 등록정보 사례

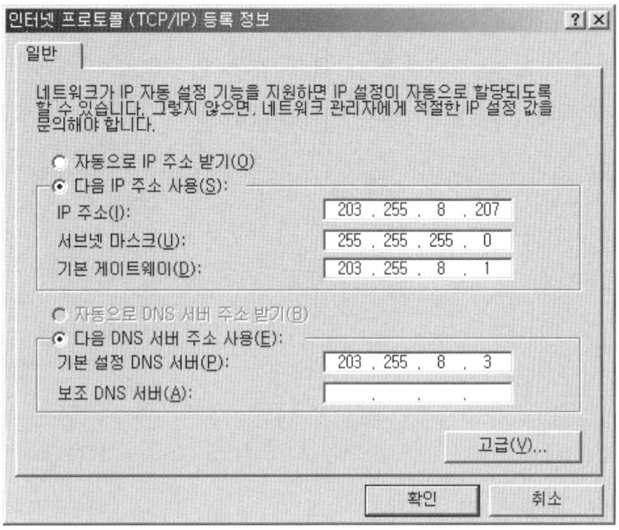

- 인터넷상의 호스트 이름 : (서버 이름 : server name) + (도메인 이름 : domain name)
  〈예〉 www.gsnu.ac.kr 및 mis.gsnu.ac.kr은 각각의 인터넷상의 서버 컴퓨터로서, 도메인 이름은 'gsnu.ac.kr'이며 서버 이름은 각각 'www'와 'mis'이다.

〈그림 12-12〉은 개별 컴퓨터에서 관리하는 인터넷 주소에 관한 내용이다. 〈그림 12-12〉의 사례에서 자신의 IP주소는 '203.255.8.207'이며, 서브넷마스크(subnet mask)를 통하여 단위 네트워크를 분할하여 접속할 수 있다(그림 12-12의 사례에서는 분할되지 않음). 그리고 기본 게이트웨이는 외부 네트워크와 연결되는 통신장치(라우터 등)의 IP주소를 의미한다. DNS서버는 위에서 언급한 IP주소와 호스트이름을 연결하는 기능을 가지는 컴퓨터의 IP주소이다.

요 약

(1) 웹기반 시스템의 기본 프로토콜은 HTTP(Hypertext Transfer Protocol)이며, 웹문서의 기본형식은 HTML(Hypertext Markup Language)이다.

(2) 웹상의 프로그램 기법은 크게 웹브라우저 확장방식과 웹서버 확장방식으로 나누어진다.

(3) 정보보안은 여러 방식으로 분류되는데, 일반적으로 물리적 보안, 관리적 보안, 컴퓨터 보안, 네트워크 보안 등으로 나눌 수 있다.

(4) 암호화의 목적에는 기밀성, 인증, 완전성, 부인방지 등이 있으며, 방식으로 비밀키 방식과 공개키 방식이 있다.

(5) 인터넷은 ISP(Internet Service Provider)에 의해 여러 소유 네트워크가 하나로 연결되는 거대한 단일 통신망으로 이루어진다.

(6) 인터넷에 접속된 컴퓨터는 유일한 IP주소를 가지며, 서버컴퓨터는 도메인네임(domain name)이 가지는 여러 서버이름 중에 하나를 가진다.

연습문제

(1) 웹브라우저의 웹 주소(URL)에 명시한 컴퓨터로부터 정보가 전송되어 자신의 웹브라우저에 표현(display)되기까지 HTTP 프로토콜은 어떻게 동작하는가?

(2) 자바 애플릿이 웹상에서 실행되기 위해서 웹브라우저가 가져야 하는 기능을 설명하시오.

(3) 전자서명으로써 이룰 수 있는 보안의 효과를 설명하시오.

(4) 국내 공인인증기관을 조사하고, 사용자가 국내 가상은행의 전자인증서를 활용하는 과정을 설명하시오.

(5) 가상사설망의 서비스 근거를 경제적 측면과 정보보안 측면에서 토의하여 보시오.

사례 인터넷 빅브라더 시대의 도래?

유럽 도시 몇 곳을 다니려고 숙소 예약하러 인터넷에 들어가니 편리하기가 그지 없었다. 숙소 가격은 물론이고 숙소 위치, 주변 시설, 숙소 평가 글까지 나와 마치 그곳을 한 번 다녀왔던 사람처럼 숙소를 선택할 수 있었다. 물론 정보를 이용하기 위해서는 주소·이메일과 신용카드 정보를 제공해야 했지만 말이다. 인터넷으로 연결된 서버가 늘고, 저장 용량이 늘어나고, 또 정보를 생산하고 인터넷을 통해 정보를 공유하는 개인이 늘어나면서 우리가 이용할 수 있는 정보가 이처럼 다양해진 것이다. 통계에 의하면 70억 지구촌 사람 중에 24억 인구가 인터넷을 이용하고 있다고 한다. 페이스북과 트위터가 등장하면서 개인의 정보 생산이 더욱 쉬워져 인터넷으로 이용할 수 있는 정보는 더 늘어나게 됐다.

이렇게 인터넷을 통한 정보 이용이 개인에게 편리함만을 주는 것일까. 최근 에드가 스노우든에 의해 실체가 드러난 미국 국가안보국(NSA) 비밀정보수집 프로그램 '프리즘(PRISM)'의 존재는 인터넷 역시 빅브라더가 될 수 있음을 보여줬다. 스노우든 사건을 계기로 공개된 바에 따르면 미국 국가안보국은 프로그램을 이용해 세계 일반인 통화 기록은 물론 인터넷 사용 정보 등 개인 정보를 무작위로 수집·저장·분석해 왔다는 것이다. 정보 수집이 가능했던 것은 인터넷 데이터 망이 대개 미국을 경위하고 있었기 때문. 과거 도청 기술과 달리 실시간으로 정보를 분석하는 것이 아니라 프리즘은 컴퓨터의 늘어난 저장 용량과 처리 속도에 기초해 한 달에 5억 건 이메일, 전화기록, SMS를 수집·저장해 두고 분석할 수가 있다. 컴퓨터 하드웨어 기술 발달에 국가안보국이 저장할 수 있는 세계 데이터양은 더욱 늘어날 수 있다.

이렇게 수집된 엄청난 데이터 중에서 소위 '테러' 의심이 가는 데이터를 발견해 내는 기술도 발전하고 있다. 천문학적인 데이터 분석을 위해 개발해 온 데이터마이닝 기술, 구글에서 사용하는 검색 기술이 이 분석에 이용되고 있다고 한다. 기술이 발달하면서 엉뚱한 사람을 테러 분자로 모는 경우는 줄고 있다고 하지만 분석 기술이 실패할 가능성은 여전히 높다. 그럼에도 국가안보국은 기술 의존을 더 높여갈 것으로 보인다. 최근 보도에 따르면 국가안보국에서는 유타에 현존하는 슈퍼컴퓨터보다 더 거대한 규모의 컴퓨터를 설치하고 있다고 한다.

프리즘 프로그램 존재는 인터넷 정보사용의 자유가 얼마나 제한될 수 있는지를 잘 보여준다. 인터넷에 널려 있는 정보를 이용하고자 접속하는 순간, 미 국가안보국의 무차별 정보 수집 대상이 될 수 있다는 위험을 안게 된다. 또 개인의 자유를 책임진다는 국가가 인터넷 공간에서는 그 의무를 할 수 없는 상황임을 드러내주었다. 테러 위협을 사전에 방지한다며 NAS에서는 우리나라를 비롯한 각 국가 국민의 정보를 수집하고 있었다. 해당 국가로부터 아무런 제재도 받지 않은 채 말이다. 개인정보 보호가 테러 위협을 이유로 무시될 수 있는 것인가.

인터넷 빅브라더의 기술적 가능성이 드러난 현재, 자국 내 개인정보 보호를 위해 국가는 어떤 역할을 해야 하는가. 국제법은 또 어떤 역할을 할 수 있는지 논의가 필요하다. 과학기술의 발달은 앞으로 상상 이상의 능력을 지닌 컴퓨터 출현을 가능하게 할 것이다. 광케이블을 대체하는 새로운 기술로 정보 소통 또한 새로운 차원에 올려놓을 것이다. 이는 NAS와 같은 기관의 감시 능력 향상도 함께 가져온다. 인터넷 빅브라더 시대, 개인적으로 암호화된 이메일을 보내자는 것으로만 대처할 수 있을 것인가. 인터넷 정보의 바다가 주는 편리함에 도취해 있을 때가 아닌 것 같다.

(전자신문, http://www.etnews.com, 2013년 9월 4일)

토의

1. 인터넷과 같은 정보매체에서 정보의 보호와 공개에 적절한 경계선과 정보보안의 문제점을 해결하기 위한 방법에 대해서 설명해 보시오.
2. 다양한 형태의 정보가 결집되는 빅데이터에서 유용한 정보를 찾아내는 방안에 활용될 수 있는 기법들에 관하여 조사해 보시오.

참고문헌
Bibliography

강진구, "강한 조직을 만드는 프랜드십 경영", LG경제연구원 웹진 게시자료, 2007.

권익현 · 임병훈 · 안광호, 마케팅, 경문사, 1999.

그란트 노리스 외, "e-비즈니스와 ERP-엔터프라이즈 혁명", 풀무레, 2000.

김범열, 디지털환경과 e-SCM, 2000, LG경제연구원.

김성희 · 장기진, e-비즈니스.com, 청람, 2004.

김성희 · 장기진, 전자상거래 이해, 2003, 무역경영사.

김재범 · 문병준, 인터넷 비즈니스, 경문사, 2001.

김재일, 인터넷 마케팅, 박영사, 2001.

김정구, 미래형 e마케팅, 영진Biz.com, 2000.

김정아, 제일기획 사보, 1999년 10월호.

김정아, 제일기획 사보, 2000년 3월호.

김정원 · 박준철, '기업과 경영', 한경사, 2008.

김진우, 인터넷 비즈니스.com, 영진.com, 2000.

김창수 · 윤한성 · 정기호 · 김승욱 · 문태수 · 김민철 · 윤종수 · 박준철, "e-비즈니스 원론", 법문사, 2006.

김태현, 21세기를 대비한 Supply Chain management 개념과 사례, 박영사, 2000.

김형택, 마켓캐스트, "유통저널", 2003년 9월호.

박명호 · 박종무 · 윤만희, 마케팅, 경문사, 2002.

박용찬, e-Business Power, 시그마인사이트컴, 2000.

박재기, 인터넷 마케팅, 형설출판사, 2002.

변대호 · 윤한성 · 도남철 · 전홍대, 디지털경영을 위한 e-비즈니스전자상거래, 생능출판사, 2004.

송계의, '최신경영학원론', 두남, 2007.

안광호 · 김상용 · 김주영, 인터넷 마케팅원론, 법문사, 2001.

안광호 · 하영원 · 박흥수, 마케팅원론, 학현사, 1998.

안중호, 디지털경영과 정보통신, 홍문사, 2003.

워드핸슨, 박규현 역, 인터넷 마케팅, 영진.com, 2001.

윤정모 · 삼성SDS 공저, e-Business를 위한 uniERP 실무사례연구, 상조사, 2001.

윤한성, '정보보안과 암호화: 개념과 해설', 21세기사, 2001.

윤훈현 외, '기업과 경영', 석정, 2007.

이동길, ERP 전략과 실천, 대청출판사, 2000.
이두희, 통합적 인터넷 마케팅, 박영사, 2003.
이영아 · 하재구, 멀티미디어 콘텐츠 기획, 영진출판사, 1999.
이유재, 서비스마케팅, 학현사, 2004.
이은령 · 이황규 · 허계범, 전자상거래 시스템 구축과 운용, 이한출판사, 2001.
이재규 외, '전자상거래원론', 법영사, 2003.
이훈영, e마케팅 플러스, 무역경영사, 2002.
임춘성, e-Business File, 영진Biz.com, 2001.
정기한 · 강태경 · 김권수 · 오재신 · 장형유, e-비즈니스 이론과 실제, 문영사, 2003.
정지훈, '웹서비스', 한빛미디어, 2002.
조동훈, 전자상거래개론, 한올출판사, 2002.
조원길, 전자상거래 입문, 두남, 2001.
주우진 · 김재범, 인터넷 마케팅, 경문사, 2002.
최용록, 전자상거래와 e-비즈니스개론, 두남, 2003.
한동철, 공급사슬관리, 시그마인사이트컴, 2002.
홍웅식 · 노환주, 전자상거래 기획에서 활용까지, 도서출판 정일, 2000.
홍종필, 제일기획 사보, 1999년 10월호.
황하진 · 고일상 · 박경혜, 전자상거래와 e-비즈니스, 경문사, 2003.
후쿠시마 요시아키 지음/한국능률협회; 컨설팅 SCM 팀 옮김, "SCM 경영 혁명", 21세기북스, 1999.
후쿠시마 요시아키, SCM경영혁명, 21세기북스, 1999.
김병곤 · 오재인, "ERP 패키지의 성공적인 커스터마이징 전략", 경영정보학연구, 10원 3호, 2000년 9월, pp. 121~143.
김창수 · 조은석, "e-CRM에 기반한 온라인 커뮤니티 사이트 활성화 모형: 방송사 사례를 중심으로", Information Systems Review, 한국경영정보학회, 제6권 제2호, 2004.12.
김철완 · 김선민 · 오영석, 국내기업환경을 고려한 SCM의 전략적 도입방안 연구, 정보통신정책연구원, 1999, pp. 58~62.
문태수, "자동차부품산업의 ERP시스템 개발과 구현사례", 자동차산업연구, 제1권, 2003년 봄, pp. 167~196.
박용재 · 정경수, "e-비즈니스 발전단계에 따른 경쟁전략과 e-비즈니스 성과와의 관련성 분석", 정보시스템연구, 2007, pp. 1~33.
박준철, "e-Marketplace 이용기업의 신뢰가 몰입, 장기거래지향성, 협력에 미치는 영향", 정보시스템연구, 2007, pp. 123~144.
박준철 · 정기호, "인터넷뱅킹에 관한 인식이 유용성, 이용용이성, 이용의도에 미치는 영향", 인터넷전자상거래연구, 2008, pp. 1~14.
박준철 · 정기호 · 서민교, "블로그 이용자의 개인가치가 블로그 참여행위에 미치는 영향",

인터넷전자상거래연구, 2007, pp. 77~96.
서혜옥, "디지털영상의 발전과 애니메이션의 변화에 관한 연구", 시각디자인학연구, 제12호, 2003.
윤석진, "중소기업의 성공적인 ERP시스템 도입전략에 관한 연구", 세무회계연구, 2002.
윤정모 · 김계철 · 도철구, "ERP시스템의 개념과 발전과정", 정보처리학회지, 6권 5호, 1999, pp. 163~173.
이명섭 · 김병기, "무선인터넷 환경에서 콘텐츠 분류체계의 개선에 대한 연구", 한국정보처리학회, 정보처리학회논문지A, 2003.
정기호 · 박준철, "인터넷 쇼핑몰 이용자의 신뢰, 몰입이 고객충성행위에 미치는 영향"-신뢰형성요인과 몰입형성요인을 중심으로, 인터넷전자상거래연구, 2007, pp. 1~28.
조규락, "e-Learning의 개념적 이해와 기업교육에서의 e-Learning 실천적 동향 분석을 통한 학교교육에서의 e-Learning 실천 방향성 제고", 한국정보교육학회, 학술발표논문집, 2003.
경향닷컴, www.khan.co.kr, 2007년 5월 31일.
내일신문, http://www.naeil.com, 2014년 4월 16일.
뉴시스, http://newsis.com, 2014년 6월 2일.
델 컴퓨터, www.dell.co.kr
디지털데일리, www.ddaily.co.kr, 2013년 5월 29일.
디지털타임즈, www.dt.co.kr, 2008년 3월 28일.
디지털타임즈, www.dt.co.kr, 2007년 4월 17일.
디지털타임즈, www.dt.co.kr, 2008년 5월 21일.
디지털타임스, www.dt.co.kr, 2014년 8월 4일.
매경ECONOMY, 2007년 1월 19일.
매경ECONOMY, 2007년 7월 15일.
매일경제, http://news.mk.co.kr, 2014년 6월 27일.
맥스무비, www.maxmovie.com, 2008년 4월 24일.
물류신문, www.klnews.co.kr, 1999년 8월 30일.
물류신문, www.klnews.co.kr, 1999년 10월 4일.
서울경제, http://economy.hankooki.com, 2014년 7월 8일.
세계일보, www.segye.com, 2008년 4월 24일.
스포츠동아, http://sports.donga.com, 2014년 5월 21일.
아이뉴스24, http://news.inews24.com, 2013년 12월 11일.
아이뉴스 24, http://news.inews24.com, 2014년 2월 2일.
이투데이, http://www.etoday.co.kr, 2014년 7월 18일.
전자신문, www.etnews.co.kr, 2007년 12월 13일.
전자신문, http://www.etnews.com, 2013년 9월 4일.
전자신문, www.etnews.com, 2014년 3월 10일.

전자신문, http://www.etnews.com, 2014년 6월 1일.
조선일보, www.chosun.com, 2008년 6월 28일.
중앙일보, www.joins.com, 2008년 1월 14일.
한국경제매거진, http://magazine.hankyung.com, 2014년 5월 29일.
ITWORLD, http://www.itworld.co.kr, 2014년 8월 5일.
디지털콘텐츠, 모바일콘텐츠의 글로벌생존전략, 2003.
아이비즈넷, 인터넷비즈니스, 21세기북스, 2000.
한국소프트웨어진흥원, '디지털콘텐츠산업백서', 2004.
한국전산원, "정보화백서", 1998.
한국표준협회, "한국기업의 SCM사례 및 구축전략세미나 자료집", 2000.7.
SCM 연구회, "창립기념 세미나 발표논문집", 2000.6.
http://www.supplychainlink.com
http://www.supply-chain.org(Supply Chain Council)

Anton, J. and Hoeck, M., *e-Business customer Service*, The Anton Press, 2002.
Bocklund, L. and Dave, B., Call Center Technology Denystified: The No-NoTechnology, Operations and Strategy, *Call Center Press*, June 2002.
Brady, J. A., Monk, E. F., and Wagner, B. J., *Concepts in Enterprise Resounce Planning, Coruse Technology*, Thomson Learning, 2001.
Brown, S. A., *Customer Relationship Management: A Strategic Imperative in the World of E-business*, John Wiley & Sons, 2000.
Bruce Schneier, "*Applied Cryptography* (2'nd Ed.)", John Wiley & Sons, Inc., 1996.
Buttle, F., *Customer Relationship Management*, Butterworth-Heinemann, 2003.
Cooper, K. and Cooper, K. C., The Relational Enterprise: Moving Beyond CRM to Maximize All Your Business Realtionships American Management Association, 2002.
Cote, L., Vezina, M. and Sabourin, V., "The Strategic Management Process in E-business", *Ivey Business Journal*, 69(5), pp. 1~7, 2005.
Drucker F. Peter and Maciariello J.A., 'The Daily Drucker', *Haper Business*, 2004.
Edward J. Marien, "The Four Supply Chain Enablers", *Supply Chain Management Review*, 2000.4.
Evans, C., "An E-Strategy for Online E-business", *Information Systems Management*, 18(4), pp. 8~21, 2001.
Fang, W., *bRINGING "E" to Corporate America: The Divers of E-Business Adoption and Its Impact on Firm Permance, Doctoral Dissertation*, University of Texas at Austin, 2001.
Flanagan, T and Safdie, E., *Building a Successful CRM Environment*, Technology Guide, 1998.

Gartner Group, "Customer Relationship Management: Perspective", *Gartner Group Tech-Repuglic*, 1999 May, 2000.

Graham, Pauline, "Mary Parker Follett - Prophet of management: a celebration of writings from the 1920's", HPR Press, 1995.

Harvard Business School Case, "Ford Motor Company: Supply Chain Strategy", 1999.4.

Krell, T. and J. Gale, "E-business Migration a Process Model", *Journal of Organization Change Management*, 18(2), pp. 117~131, 2005.

Kalakota, R. and Robinson, M., *E-Business Roadmap for Success*, addison Wesley, 1999.

Lee, Jae Kyu and H.S. Yoon, "An Intelligent Agents-Based Virtually Defaultless Check System: The SafeCheck System", *International Journal of Electronic Commerce* 4(3), 2000, pp. 87~106.

Lee, Jae Kyu and W. Lee, "An intelligent Agent-Based Competitive Contract Process: UNIK-AGENT", *International Journal of Intelligent Systems in Accounting, Fianace & Management*, 7, 1998, pp. 91~105.

Levi, M. and P. Powell, "Exploring SME Internet Adoption: Towards a Contingent Model", *Electronic Markets*, 13(2), pp. 173~181, 2003.

Lin, H. F. and G. G. Lee, "Impact of Organizational Learning and Knowledge Management Factors on E-Business Adoption", *Management Decision*, 43(2), pp. 171~188, 2005.

Lewis, D. D. and Ringguette, M., "A Comparison of Two Learning Algorithms for Text Categorization", Proceeding of the 3rd annual Symposium on Document Analysis and Information Retrieval, 1994, pp. 81~93.

Logistics Management & Distribution Report, "The Supply Chain Series", 1998.

Meta Group, "The Customer Relationship Management Ecosystem", e-CRM Analysis Report, 2000.

Pan, S. L. and Lee, J., "Using e-CRM for a Unified View of the Customer", *Communication of the ACM*, Vol.46, No.4, 2003, pp. 60~71.

Peppers, D. and Rogers, M., *Managing Customer Relationship: A Strategic Framework*, John Wiley & Sons, 2004.

Pettinger, Richard, '*Introduction to Management*', Palgrave Macmillan, 2007.

Porter, M.E., *Competitive Strategy*, The Free Press, 1980.

Porter, M.E., *The competition advantage of nations*, Free Press, 1990.

Robert B. Handfield, Ernest L. Nicholas, *Introduction to Supply Chain Management*, 1999.

Robert P. Derocher & Jim Kilpatrick, *Six Supply Chain Lessons for the Millennium*, 2000.1.

Ronald, S. S., *Accelerating Customer Relationships*, Prentice Hall, 2001.

Schermerhorn, John, *Management*(7'th ed.), John Wiley & Sons, Inc., 2002.

Slyke, C. V. and Belanger, F., *E-Business Technologies*, Wiley, 2003.

Trepper, C., "e-CRM: Customer Care Goes End-To-End", *InformationWeek*, May 2000.

Turban, E., King, D., Lee, J., Warkentin, M. and Chung, H. M., *Electronic Commerce: A Managerial Perspective*, Prentice Hall, 2002.

Turban, Efraim et al., *Electronic Commerce: A Managerial Perspective*, Pearson, 2006.

VanLengen, C.A. and J.D. Haney, "Creating Web Services Using ASP.NET", Proc. of the Consortium for Computing Sciences in Colleges, pp. 262~275, 2004.

Wigand, R. T., "Electronic Commerce: Difinition, Theory, and Context", *The Information Society: An International Journal*, Vol.13, No.1, 1997, pp. 1~16.

William Stallings, *Business Data Communications*(4'th Ed.), Prentice Hall, 2001.

Zikmund, W. G., McLeod, R. and Gilbert, F. W., *Customer Relationship Management: Integrating Marketing Strategy and Information Technology*, Wiley, 2002.

찾아보기

[국문]

찾아보기

[영문]

저자소개

윤한성

서울대학교에서 학사, 한국과학기술원에서 석사 및 박사 학위를 취득하였으며, ㈜SK와 SK C&C ㈜에서 DSS, Internet 응용 시스템 및 사업 분야 등에서 근무하였다. 현재 경상대학교 경영학부 교수로 재직하고 있으며, 주요 관심분야로는 e-비즈니스 전략 및 시스템, 조직정보 관리, 정보 보안, SCM 등이다

박준철

대구대학교에서 경영학사, 한국외국어대학교에서 경영학석사(경영정보시스템 전공), 대구대학교에서 경영학박사(e-Business 전공)를 취득하였으며, 아모레퍼시픽, 가야대학교 경영학부, 대구사이버대학교에서 교학처장, 학생처장, 사무처장, 기획홍보실장 등을 역임하였다. 현재 강릉원주대학교 산업경영공학과 교수로 재직하고 있다. 주요 관심분야로는 기술경영, e-Business, 경영정보시스템, 인터넷마케팅 등이다.

정기호

울산대학교에서 학사, 한국과학기술원에서 석사 및 박사 학위를 취득하였으며, 한국과학기술연구원(KIST)에서 소프트웨어공학 관련 연구원으로 근무한 바 있으며 현재는 동명대학교 경영정보학과 교수로 재직하고 있다. 한국디지털경영학회, 한국유비쿼터스학회, 한국전문경영인학회 등에서 이사로 활동했으며 주 관심분야는 전자상거래, 기술경영, 기술평가, 의사결정분석 등이다.

저자와의
협의로
인지생략

기업경영과 e-Business [개정판]

저 자	윤한성 · 박준철 · 정기호
발행자	한헌주
발행처	도서출판 **경문사**
	서울특별시 서대문구 독립문로 21-9
	전화 738-7035 FAX. 722-4678
	E-mail : kmsp@korea.com
	홈페이지 : http://www.kmsp.co.kr
등 록	1995년 11월 9일 제300-1995-138호

2008년 8월 25일 초판발행
2015년 1월 26일 개정판발행

정가 24,000원

ISBN 978 89-420-0824-7 93320